季辛吉

KISSINGER

1923-1968年 理想主義者

尼爾·弗格森(Niall Ferguson) 著

顧淑馨 譯

AGORA

廣場

目錄 CONTENTS

序

> 我確實想不出更完美的撰寫任何個人生平的模式，不僅將所有重要事件依序相聯結；並交織著其私下的文字、言論及想法；人類藉此得以彷彿如實見到他的一生，當他實際走過人生數個階段，與他一同「經歷每一場景」。……我可大膽的說，本著作中見到的他會比至今所有活過的人更完整。所見的也將是其真面目；因我矢志撰寫非全然讚美的吹捧之作，而是寫出他的人生。……每幀照片均應有亮點與暗影。
>
> ——《約翰森傳》（Life of Johnson）作者包斯威爾[1]

傳記作者的任務如詹姆士·包斯威爾*所認知，是協助讀者得以在腦海中重現記述對象。為此，傳記作者須了解其傳主。這代表要遍讀傳主的著作以及別人對他的諸多書寫。也代表若傳主仍在世，不僅對他進行

* 包斯威爾（James Boswell），英國著名傳記作家，最有名作品即《約翰森傳》，一七四〇—一七九五年。

訪談，還要努力去認識他，一如包斯威爾認識約翰森*：與他交談、共餐，甚至一起旅行。其挑戰當然在於了解傳主卻不致受他太大影響，以免讀者不再相信，傳記內容是記錄人生而非歌功頌德的說法。逐漸喜愛約翰森的包斯威爾，自二方面做到此點：明白指出約翰森的粗魯舉止與邋遢外貌，同時（如波赫士所說）不吝於開自己玩笑：相對於約翰森的機智，他直來直往；相對於約翰森喜怒不形於色的英格蘭人，他是易於過度激動的蘇格蘭人[2]。但筆者的應對方式有所不同。

除去謝詞中致謝的每一位提供協助，筆者較前輩傳記作家有一項明顯優勢：我可取用亨利．季辛吉的私人文件，不僅是存放於國會圖書館他任公職時的文件，還有二〇一一年他捐贈耶魯大學的私人文件，包括百餘箱個人著述、信函、及始自一九四〇年代的日記。我也有幸在多種場合以相當長的時間訪談傳主。本書不但獲季辛吉配合，更是因他的建議而寫。

因此筆者可肯定預言，具敵意的書評家會指稱，我多少曾受影響或引誘而描繪出虛假諂媚的景象。事實不然。我雖獲准取用季辛吉的文件，也得到安排訪談家人和前同事的某些協助，但我唯一的承諾是，盡「最大努力，根據廣博地研究相關文獻及其他可取得證據，『如實』記錄〔其〕人生」。此承諾記載於二〇〇四年起草的我倆法定協議，其結尾條文如下：

> 本著作之權威性雖因授權者〔即季辛吉〕協助之程度而加強……但因作者之獨立性將更為強化；由此經了解及同意……作者享有對本著作最後文稿的完整編輯控制權，授權者無權審查、編輯、修改或阻止本著作最後定稿之出版。

唯一例外是季辛吉要求，勿直接引用其私人文件中含敏感個人資訊部分。筆者樂於指出，他只在少數情況行使過此權利，並均與純個人且確屬私密家務事有關。

本書從無到有剛過十年。在此漫長努力過程中，我自認始終忠於本身決心，套用蘭克名言：即「如實」（*wie es eigentlich gewesen*，）寫下亨利．季辛吉的人生。蘭克（Leopold von Ranke）認為，史家的職責是自文獻中推演史實：並非十二則（廣為閱讀的關於季辛吉某著作引用的文獻總數）而是數千則文獻。我確實無從計算，我與研究助理傑森．羅克特（Jason Rockett）在寫作過程中讀過多少文件。我只能計算我們認為值得納入數位資料庫中的那些。目前總計有八千三百八十件，共三萬七千六百四十五頁。這些不止取自季辛吉的私人與公開文件。我們合計起來曾向世界各地的一百十一個檔案庫取材，包括重要的總統圖書館以至名不見經傳的私人藏書。（本書參考文獻的完整清單見於書後的資料來源。）當然仍有未公開的檔案及未解密的文件。然而與其前後大多數時期相比，一九七〇年代以原始資料豐富著稱。那是影印機和錄音機的年代。影印機使各種機構易於把重要文件多複印幾份，提高其中之一能由未來史學家取得的機率。而尼克森及季辛吉喜歡用錄音機，加上水門事件（Watergate）後資訊自由範圍擴大，確使許多原本可能永遠進不了歷史紀錄的談話，如今可任人自由取閱。

我蒐羅資料時盡可能把網撒得最開最深，動機很單純。我決心不只從對季辛吉有利的觀點，也要自多重觀點，不只從美國角度，也要從朋友、敵人和中立者的角度，來看他的人生。季辛吉在權力最高峰時，可公道地說是支配著全世界。這麼一個人的生平需要全球化的傳記。

---

* 約翰森（Samuel Johnson），英國文學家、字典編纂者。

我一直計畫要寫兩卷。問題在於自何處分段。最後我決定，第一卷結束於尼克森向世人宣布，季辛吉將出任他的國家安全顧問，但在季辛吉遷入白宮西側地下室辦公室並實際開始上任前。如此選擇的理由有二。一來，一九六八年底時季辛吉是四十五歲。我下筆寫此書時，他九十一歲。所以本卷或多或少正好涵蓋他的前半生。再者，我想明確分隔思想家季辛吉與行動者季辛吉。一九六九年以前，季辛吉的確不只是學者。他擔任總統及總統候選人的顧問，整個一九六〇年代均直接參與外交政策的制定。即使之前不是，但到一九六七年他已積極參與和北越政府開啟談判，希望結束越戰的外交努力。不過他缺乏政府行政經驗。他比較像是軍師而非真正的顧問，更別說決策者。其實，那正是艾森豪前總統反對其任命的理由。當他聽到尼克森的選擇時嚷道：「可是季辛吉是教授。你請教授研究東西，但絕不會讓他主管任何事……。我要打電話給迪克談這件事。」[3]季辛吉在跨入實務界前確實是教授。因此先把他視為我所認定的一九六九年前的他：美國有史以來培養的最重要外交政策理論家之一，是合理的。要是季辛吉從不曾進入政府，這一卷仍值得寫，就如同史基德斯基*仍有很好的理由，寫他精彩的凱因斯（John Maynard Keynes）傳記，即使凱因斯從未離開劍橋校園，來至英國財政部的權力走廊。

包斯威爾是在倫敦一家書店裡首次見到約翰森。我首次見到季辛吉也是在倫敦，在布萊克（Conrad Black，英國知名報人兼作家）的派對上。當時我是牛津大學研究員，研究新聞學。當此位年長的政治家表達欣賞我所寫的關於一次大戰的書，我自然感到受寵若驚。（當名模艾莉・麥佛森進來後，我被拋開的速度也令我印象深刻。）但數月後季辛吉向我提議，我可以寫他的傳記時，我是驚嚇多於歡喜。我消息夠靈通，知道有另一位英國史學家曾獲得並接受寫傳的委託，後來卻臨陣逃脫。那時我心中只有種種理由，別自討那麼明顯的苦吃。我已簽約要寫別的書（包括另一本傳記）。我並非研究美國戰後外交政策專家。我必須陷溺於海量般的文件中。我必定會被希欽斯†及其他人猛批。因此經過數次會面、數通電話及信件往來後，我在二〇〇四年三月初，表達婉拒。這是我首次領教到季辛吉式外交作風：

> 委實可惜！收到來信時我正在找你的電話號碼，要告訴你有一堆我以為已遺失的檔案找到了：共一百四十五箱，被已故的檔案管理員存放於康乃迪克州某貯藏室內。裡面包含我所有的檔案：著作、信件、零星日記，至少可溯自一九五五年，很可能更早自一九五〇年，再加上約二十箱我擔任公職時的私人信函。……
>
> 無論如何，即便不可否認我有過遲疑，但我們的交談使我有信心，你當可做出就算不一定正面、但必定具決定性的評價。
>
> 對此我心懷感激，即便那令我益發感到遺憾。[4]

數週後我已在康州肯特（Kent）翻閱一頁頁文件。說服我的是那些文件，不只是其作者。我讀過的那些依舊歷歷在目。一封一九四八年七月二十八日致其父母的信：「在我看來事情不是只有對錯之分，其間還有許多層次。……人生真正的悲劇並非在對錯間做選

---

* 史基德斯基（Robert Skidelsky），英國經濟史家，凱因斯傳作者。

† 希欽斯（Christopher Hitchens，生於英國卒於美國，一九四九—二〇一一年），為著名記者、專欄作家及評論家，以苛評聞名，抨擊對象包括季辛吉。

擇。唯有最冷酷者會選擇他們明知不對的事。」一九五六年二月十七日邦迪*的來信：「我常認為哈佛給予其子弟：大學部學生，由自身所愛形塑自我的機會。身為哈佛人的你已享有此機會。對教職員，哈佛保留由所恨形塑他們的危險、甚或致命機會。」一九五七年二月十二日克雷默（Fritz Kraemer）來信：「至今以前一切還算容易。你只須抗拒對有企圖心者全屬尋常的誘惑如貪婪，及學術界的鉤心鬥角。當前的陷阱在於你本身性格。引誘你的……是你最深層的原則。」一九六四年共和黨全國大會一則日記：「我們離去時……某高華德†支持者正在查核清單上的姓名。我不在上面。但他認識我並說：『季辛吉，別誤會我們會忘掉你的名字。』」另一則一九六五年秋訪問越南日記：「克利福德‡後來問我對總統的立場有何看法。我說我十分同情總統的難處，但此事攸關美國未來的世界地位。……克里福問我，我是否覺得越南人值得救。我說這已非問題所在。」讀的越多越發現我別無選擇。我必須寫這本書。自十多年前我第一天進入倫敦羅斯柴爾德檔案館（Rothschild Archive）起，從未對一整部文件收藏如此興奮過。

所以本書是十年辛勤鑽研檔案的產物。下筆時我信守偉大歷史哲學家柯林伍德（R. G. Collingwood）的三大命題。

一、所有歷史均是思想史。

二、歷史知識是史學家在其心中重演研究對象的思想。

三、歷史知識是於當代思潮脈絡範圍內，重演某一過往思想，現代思潮採取對立面，以將之侷限於不同水平上。[5]

在重建季辛吉與其同輩者過去的思想上，筆者幾乎總是寧取當年的文件或錄音，而不用多年後的訪談證詞，並非因為文件必然是撰寫者想法的準確紀錄，而是記憶通常比信函、日記及備忘錄更不可靠。

然而無論讀史料者訓練自己有多強的批判眼光，傳統史學方法仍有其限制，尤其當研究對象有一招牌特徵是（或據說是）行事隱秘。容我說明此點。寫完本書第二十章，關於季辛吉欲透過北越駐巴黎代表梅文博（Mai Van Bo），與北越展開談判卻終究未成，數週後我與季辛吉夫婦共進晚餐。此章可謂至今全書最難寫的一章。但我覺得我成功寫出他人所未及，說出詹森政府代號賓夕法尼亞（PENNSYLVANIA）秘密和平提議的意義。我以為我已證明，外交新手季辛吉（先前在學術上對相關主題雖多所非難）卻被自己推動的談判困住，令其延宕至遠超出合理範圍，並落入河內的陷阱，河內只是玩弄談判的構想，並未做出實際承諾，希望藉此就算不能終止也要削弱美國對北越重要城市的攻擊。

季辛吉夫人原不打算加入我們用餐，卻令我意外的坐下來。她有問題要問。停頓一下。她問我：「你為何認定所有那些巴黎之行真的全是亨利做的？」

我完全未掌握到，因無任何紀錄可考，季辛吉一九六七年在巴黎的主要動機，是她那年在巴黎大學（Sorbonne）讀書。

---

* 邦迪（McGeorge Bundy），美國外交暨國防政策專家，曾任甘迺迪及詹森總統國家安全顧問，一九一九－一九九六年。

† 高華德（Barry Morris Goldwater），美國共和黨老牌參議員，保守派重要領導人，對台灣友好，一九〇九－一九九八年。

‡ 克利福德（Clark Clifford），曾任美國多位民主黨總統的重要政治顧問。

季辛吉與第二任妻子的關係史對所有傳記作者，尤其是季辛吉傳作者，是一警訊。艾薩克森（Walter Isaacson）正確的考據出，季辛吉首遇南希．麥金斯（Nancy Maginnes）於一九六四年舊金山共和黨全國代表大會[6]。但艾薩克森記錄季辛吉擔任尼克森國家安全顧問期間，談不上秘密「追星者」那一面時，僅認定她不過是季辛吉「最常約會的對象」。他寫季辛吉與「名人」那一章，列出不下十二位一九七〇年代初季辛吉約會過的其他女性[7]。

艾薩克森是對的，其記者同行並未掌握到這則新聞。《紐約時報》（The New York Times）完全未提過南希．麥金斯，直至一九七三年五月二十八日，他倆初遇九年後，才報導（被形容為「季辛吉博士常見伴侶」的）她安排了季辛吉的五十歲生日晚宴，在她所屬會員的殖民地俱樂部（Colony Club）舉行[8]。四個月後，為聯合國外交使節團在大都會美術館（Metropolitan Museum of Art）舉行的晚宴上，她是季辛吉的座上賓時，《時報》自國務卿季辛吉的發言人得知：「她只是一般賓客，不是女主人。」[9]一九七三年十二月二十一日，另一季辛吉發言人「斷然否認」他將娶南希．麥金斯[10]。一九七四年一月三日，季辛吉本人拒絕「評論個人計畫」[11]。次日他倆被發現，不是別人而是與《華盛頓郵報》（The Washington Post）老闆同進晚餐；很快地該報刊出季辛吉否認他倆打算結婚[12]。這一對儘管後續被發現一起看冰球賽，與福特副總統一同參加雞尾酒會，卻成功地讓媒體對他們三月三十日的婚禮完全狀況外。季辛吉真的是直接從記者會到婚禮現場，他在記者會上支字未提私生活[13]。直到兩人出發前往阿卡波可（Acapulco）渡蜜月後半小時，結婚的消息才宣布。《郵報》便以委屈的語氣報導：

這對新人如此在意隱私，導致目睹他們離開〔國務院〕的記者，遭制服警衛強力壓制，不讓她接近他們。之後她的通行證被取走，經抄錄上面的資訊才發還。季辛吉的助理把車停在出入口，以阻止任何人自地下室停車場追蹤他們[14]。

此時正是《華盛頓郵報》主導揭發更為重大的秘密：水門醜聞案中尼克森的陰謀！

季辛吉再婚保密到家，無法僅以「有家教的淑女應避免招搖」來解釋[15]。因季辛吉也確保他倆的關係純屬私事將近十年。為了解其緣由，傳記作者需要一種文獻中不見得看得到的知識：了解男人當兒子、兄弟、戀人、丈夫、父親、離婚者的少見於文字的內心世界。此外要了解季辛吉夫婦如何保有隱私如此之久，傳記作者須懂得，當年新聞媒體與政治菁英間仍存在的共同默契。事實上媒體大亨們與政治圈記者都十分清楚季辛吉與麥金斯的關係；知道多年來他們約每隔一週的週末便在紐約或華盛頓相聚。只是大家默許不刊出所知道之事。

沒有傳記作者是無所不知，因你不可能知道傳主的每件事，連傳主本人亦然。無疑地會有我遺漏的重要事件、誤解或低估的關係、或只是傳主未寫下或現已忘記的想法。即便如此，並不代表不夠用心。筆者扮演某種程度的季辛吉的包斯威爾有多成功，我避開傳記作者的陷阱有多遠，有待讀者來判定。

麻州劍橋
二〇一五年四月

謹獻給譯書期間先後辭世的雙親

並感謝一路支持鼓勵的外子

還有摯友呂佩玲女士鼎力相助

——顧淑馨

導論

畢竟發生在我身上的事其實並非意外嗎？天哪，我是完全默默無聞的教授。我怎麼可能對自己說：「現在我要大幹一場，讓我變成國際知名？」那純粹是亂講……於是人們可以說，該發生的事就會發生。對已發生的事他們總是這麼說。對未曾發生的事就從不那麼說。從沒有人寫過未發生的歷史。

——季辛吉對法勒齊，一九七二年十一月四日[1]

一

確實再無現代政治家、當然也無美國國務卿，曾像亨利・季辛吉如此獲推崇，後又如此遭貶斥。一九七二年十一月歐莉安娜・法勒齊*訪問他時，季辛吉尚未登至名望的巔峰。數年後回首那次接觸，

* 歐莉安娜・法勒齊（Oriana Fallaci），義大利記者，以報導戰爭及革命、訪問世界領導人聞名，一九二九—二〇〇六年。

法勒齊嘲諷地模擬著當時的雜誌封面：

> 這位太有名、太重要、太幸運的男士，人稱超人、超級巨星、超級德國佬，他撮合矛盾的盟友，達成不可能的協議，讓全世界摒息，彷彿全世界都是他在哈佛的學生。這位不可思議、不可解釋、不可容忍的要人，想見就見毛澤東，想進就進克里姆林宮，自認適時就走進美國總統臥室叫醒他。這位荒謬人物戴著牛角框眼鏡，詹姆斯·龐德站在他旁邊相形失色。他不同於龐德，他不開槍，不用拳頭，不從飛快的汽車上往下跳，但他對戰爭提出建議，促成戰爭結束，假裝改變我們的命運，也確實使之改變[2]。

一身超人打扮，緊身衣、披風、全套裝束的季辛吉，確實出現在一九七四年六月《新聞周刊》（*Newsweek*）的封面漫畫「超人K」（Super K）中。其後幾期的《新聞周刊》封面將他形容為「白宮地下室那個人」、「尼克森秘諜」及美國格列佛，被代表「一大群敵人」的大人國人物所湮沒。《時代》（*Time*）雜誌更是看中他。季辛吉在位期間，出現於其封面不下於十五次。某一期《時代》雜誌曾介紹他是「世上不可或缺之人」[3]。

當然所有這些均具有暗諷意涵。那則笑話一九七二年末已開始流傳：「試想季辛吉若死了怎麼辦。尼克森才會成為美國總統！」[4]複合字「尼辛吉」（Nixinger）流行過一陣子，暗指季辛吉與總統等量齊觀。艾希曼（Charles Ashman）所著、一九七二年出版的《季辛吉：超級德國佬的冒險之旅》（*Kissinger: The Adventure of Super-Kraut*），在封面上惡搞書名所指的超級人物，在他臉頰上塗著別有用心的口紅。

然而季辛吉得人望是千真萬確。就在同一年的蓋洛普（Gallup）「最獲青睞男性」（Most Admired Man

Index）調查中，他排名第四；一九七三年他升至第一。同年五月，百分之七十八的美國人認得出季辛吉，其他能達到如此比例的唯有總統及總統候選人，還有運動及演藝明星[5]。到一九七四年年中，據哈里斯（Harris）定期民調，他的滿意度高達驚人的百分之八十五。

每位國務卿遲早都會接受羅斯（Charlie Rose）的專訪。唯有季辛吉上羅斯的節目近四十次，更別說客串演出肥皂劇《朝代》（Dynasty）[6]及《荷伯報告》（The Colbert Report）。每位國務卿都在報紙的諷刺漫畫中現過身。唯有季辛吉在三部電視卡通影集中成為卡通人物，《Freakazoid》[7]*、《辛普森家庭》（The Simpsons）[8]、《蓋酷家庭》（Family Guy）[9]。

但季辛吉太清楚，即使在一九七二年，名氣這麼大很易於招來惡名。他曾向法勒齊保證：「我行事作為的後果，我是指民眾的評斷，從未煩擾過我」。

> 我不求受歡迎，我不期待受歡迎。反而，如果你真想知道，我是不在意滿意度。我完全不怕失去民眾；我允許自己說出心中想法……假使我讓自己受民眾反應所干擾，假使我只按照算計去行動，我將一事無成……我不認為這名聲種種會永久持續下去。它其實可能去的像來的一樣快。[10]

他是對的。

名聲是雙面刃；享有盛名也得受到嘲弄。一九七一年伍迪艾倫（Woody Allen）在半小時的「諷刺紀錄片」

* 《Freakazoid》史蒂芬史匹柏監製之電視卡通，一九九五—一九九七年播出。

中曾戲謔季辛吉，那是為美國公共電視（PBS）攝製的《危機人物：哈維・華林格故事》（*Men of Crisis: The Harvey Wallinger Story*）。艾倫於拍完《性愛寶典》（*Everything You Always Wanted to Know About Sex* *But Were Afraid to Ask*）後，匆忙編劇及拍攝預定一九七二年二月播出的此片，但幾乎確定是因政治理由而延後播出[11]。（公視宣稱若不能給其他候選人同等時間，即無法在選舉年播放此片，事實上是政府資助的公視無法說服艾倫，剪掉對尼克森夫人等多人最尖酸的挖苦，也怕激怒白宮。）[12]此片典型的場景是，艾倫飾演的華林格在電話那一頭，要求「對《時報》發出禁令。那是紐約、猶太、共產、左翼報紙，而且光是體育版就該禁。」在另一幕中，華林格被問到評論尼克森總統（真正的）聲明：「我們應結束〔越南〕戰爭，贏得和平。」艾倫嘟噥道：「尼克森先生的意思是，哦，贏得戰爭也贏得和平很重要；或是最起碼戰敗，失去和平；或，噢，至少贏得部分和平，或贏得兩個和平，也許，失去幾個和平，但贏得一個戰爭。另一種可能是贏得一個戰爭，或失去一個尼克森先生。」

訪問者：華盛頓有很多指你社交生活極為活躍的流言。

華林格：我覺得那很誇大，我……我……喜歡有魅力的女人，我喜歡性事，但，哦，但一定要是美國性。我不喜歡非美性*。

訪問者：那你如何區分美國性？

華林格：如果你覺得羞於談它，那就是美國性。你也知道，哦，很重要的是你有罪惡感……和羞恥感，否則我認為沒有罪惡感的性不好，因為那幾乎變成享樂。[13]

對公視最高層以此片品味差為由而加以反對，艾倫嘲諷地回道：「這政府的一切，要說品味不差的簡直沒有。」[14]

早在尼克森垮台前很久，開其政府玩笑便是曼哈頓喜劇演員的標準表演內容。季辛吉在政府中的地位僅次於尼克森，那意味著當做目標也僅次於他，而且是所有媒介。諷刺歌曲作家雷爾†的作品如今多已被遺忘，但他的名言卻不然：「當季辛吉獲得諾貝爾和平獎，政治嘲諷已無意義。」[15]在之前法國創作歌手薩瓦多（Henri Salvador），曾譜寫令人火大地易傳唱的〈季辛吉、黎德壽（Le Duc Tho）〉，來諷刺美國與北越的談判進展牛步。漫畫家勒文（David Levine）曾繪出可能是所有攻擊季辛吉最猛烈的畫作，總計有十餘幅，其中兩幅連左翼自由派的《紐約書評》（New York Review of Books）都認為太過分而未刊登：一是裸體季辛吉，背部有令人毛骨悚然的刺青，另一是季辛吉蓋著星條旗被單，歡愉地奸淫著頭部是地球的裸女。（納瓦斯基（Victor Navasky）不顧其部屬的抗議，仍在《國家》（The Nation）周刊登出後面這幅諷刺漫畫。）[16]

那彷彿是季辛吉的人格，他的名字本身，打中了一代人集體思惟的神經痛點。在海勒‡一九七九年的小說《像戈爾德一樣好》（*Good as Gold*）裡，主人翁中年英國文學教授戈爾德（Bruce Gold）正在寫書，主題正是：

---

* 非美性（un-American sex），反諷一九三八至六九年眾院設立的非美活動調查委員會。
† 雷爾（Tom Lehrer），也是哈佛大學數學教授。
‡ 海勒（Joseph Heller），美國諷刺文學名作家，代表作是《第二十二條軍規》。

季辛吉。

他對那辛辛作響的姓多麼又愛又恨。

即使不談其嫉妒，十分強烈的嫉妒，戈爾德自亨利．季辛吉以公眾人物出現那一刻起即仇視他至今。[17]

儘管歌詞無甚意義，但艾鐸*為巨蟒劇團†寫的歌顯示，這神經痛點遍及大西洋兩岸：

亨利．季辛吉，
我多麼想念你，
你是我的夢博士，
你綣曲的頭髮，
和眼鏡後的目光，
和馬基維利式的計謀。[18]

當大家都看完拳王阿里（Muhammad Ali）的拳賽後，艾鐸與滾石樂團（Rolling Stones）的羅尼伍德（Ronnie Wood）在季辛吉身後作「鬼臉」，一整個時代都濃縮於麥迪遜廣場花園（Madison Square Garden）那一刻[19]。

二

有人嘲笑季辛吉。有人嫌他冰冷。「比冰更冰冷的圓滑之人」是法勒齊的說法。「老天，多冷酷的人！」整個訪談過程中，他從未改變那面無表情的面容，那僵硬或冷嘲的樣子，也從未變過那傷感、單調、一成不變的聲音。當說話的音調有高有低，錄音機的指針會擺動。可是錄他指針始終不動，我不止一次要查看，以確認錄音機在運轉。你知道雨打在屋頂上那種擾人的咚咚聲嗎？他的聲音就像那樣。基本上他的想法也是如此。

進入關於季辛吉的新聞領域，就會遭遇不少此種歇斯底里的處理方式。法勒齊繼續說，他是「那種權力最萬惡的代表，即羅素（Bertrand Russell）所謂：他們說『死』，我們就得死。他們說『活』，我們就得活。」他仗恃「保密、專制、及尚未覺醒發現自身權利者的無知而行事」[20]。

有時歇斯底里高漲過頭，變成根本胡言亂語。對季辛吉的荒唐指控見於許多網站，聲稱要揭發畢德堡集團‡、外交關係協會§、三邊委員會¶等的邪惡活動，那些網站指上述組織係由「光明會」（Illuminati）成立，旨在實現其「世界政府」的邪惡陰謀[21]。反季辛吉的謬論至少有四類論調：恐英、偏執恐共、錯亂幻

* 艾鐸（Eric Idle），英國喜劇演員、詞曲作家。
† 巨蟒劇團（Monty Python），英國六人喜劇團體。
‡ 畢德堡集團（Bilderberg Group），每年召開會議，由政商及媒體精英參與，但對外不公開，作風神秘。
§ 外交關係協會（Council on Foreign Relation），美國極具影響力的外交政策智庫。
¶ 三邊委員會（Trilateral Commission），以促進美歐日密切合作為宗旨的民間團體。

想、左翼民粹。

恐英論衍生自喬治城大學史學家奎格利（Carroll Quigley），他追溯某次英國欲對美國不利的陰謀，至羅德*及米納†，並指摩根（J.P. Morgan）、外交關係協會及《新共和國》（*The New Republic*）為主要共謀者[22]。據前托派拉羅奇（Lyndon LaRouche，美國學者暨政治運動人士）所說，亨利・季辛吉「爵士」一直是「有影響力的英國間諜」（證據：他獲有榮譽爵位及一九八二年的漆咸樓‡演講）[23]。拉羅奇的同黨也指控季辛吉在哈佛的業師艾里特（William Yandell Elliott），隸屬「一群透過文化及其他手段，延續英國反美南北戰爭的不知悔改南方份子」。其目標為「於美國及任何力求仿效美式原則的國家之廢墟上，建立……遍及全球的中世紀封建制度新『黑暗時代』」。這群人結合三K黨、田納西聖殿騎士會（Tennessee Templars）、圓桌會（Round Table）、皇家國際事務研究所（漆咸樓）、及季辛吉主持的哈佛國際研討班（Harvard International Seminar）[24]。

比這嚴重許多但同樣毫無根據的另一種控訴，指季辛吉為蘇聯間諜。布起協會§成員、也是贊成種族隔離的華萊士¶文膽艾倫**說，季辛吉不僅是「美國政壇權勢、金融及影響力最強大組合：洛克菲勒家族（The House of Rockefeller）的代理人」；也是有KGB代號「波兒」（Bor）的共產黨人。他靠騙術進入白宮，其「陰謀活動」是「藉拖延越戰造成美國暗中單邊戰略性裁軍」。有一本隨筆式的大部頭書《沙發上的季辛吉》（*Kissinger on the Couch, 1975*）[25]也提出類似指控，作者是極端保守派反女性主義的舒勒萊（Phyllis Schlafly）與退休海軍上將華德（Chester Ward），他們指控季辛吉使「全體美國人成為克里姆林宮的人質」[26]。關於蘇聯人在戰後德國吸收了季辛吉這種匪夷所思的說法，可追溯至一九七六年史當（Allen Stang）發表於極右派雜誌《美國意見》（*American Opinion*）的文章，文中引述波蘭投誠者戈倫紐斯基††的證詞，指季辛吉曾為蘇聯代號ODRA的反情報網工作。戈倫紐斯基提供的證據足以曝露至少六名在西方情報單位臥底的蘇聯間諜，包括英國叛徒布雷克（George Blake），他在韓戰被俘時遭「策反」，其活動曾使至少四十名英國軍情六處（MI6）特工喪命。但針對「波兒」的指控從未經證實，而戈倫紐斯基後來自稱是尼可拉維奇（Tsarevich Alexei Nikolaevich）：沙皇尼可拉斯二世（Nicholas II）之子、俄國皇位繼承人，使頭腦清醒者對他的可信度徹底瓦解。

無中生有的幻想者則連假裝有文件佐證都不假裝。德州記者馬爾（Jim Marr）的暢銷書《機密統治》（Rule by Secrecy），指季辛吉曾參與一樁純為想像的陰謀，涉入者有外交關係協會、三邊委員會、共濟會（Freemasons）[27]。相似說法有，陶德蕭（Wesman Todd Shaw）稱季辛吉為「新世界秩序主建構者……仍存活或曾活在世上最邪惡的個人之一」[28]。霍洛維茲（Len Horowitz）聲稱，季辛吉涉入數家製藥公司故意散播HIV病毒及愛滋病的全球陰謀，此說似是根據拆解季辛吉姓氏的字母為數字計算而來（我們得知，「解碼

---

* 羅德（Cecil Rhodes），英屬南非政商要人，一八五三—一九〇二年。

† 米納（Alfred Milner），英國政治家暨殖民地首長，一八五四—一九二五年。

‡ 漆咸樓（Chatham House），英國民間智庫皇家國際事務研究所（Royal Institutefof International Affairs）所在地。

§ 布起協會（John Birch Society），美國極右保守派團體。

¶ 華萊士（George Wallace），曾任阿拉巴馬州長，也曾競選美國總統，一九一九—一九九八年。

** 艾倫（Gary Allen），美國保守派記者作家，一九三六—一九八六年。

†† 戈倫紐斯基（Michael Goleniewski），共黨統治波蘭時期波、蘇、美三面間諜，一九六一年投誠美國。

得出的是666」）[29]。據華特*表示，季辛吉「愛滋病計畫」的動機出於為因應人口過多問題；他也怪罪季辛吉造成伊斯蘭基本教義派興起[30]。一個顯然精神失常以「布萊斯·泰勒」（Brice Taylor）為名寫作的女子，堅稱幼年時季辛吉將她變為「心神受控制的奴隸」，一再強迫她以倒反的次序吃字母穀片，並帶她乘坐迪士尼樂園的「小小世界」[31]。最瘋狂的當屬艾克†，其「著名撒旦崇拜者黑名單」（List of Famous Satanists）不僅列入季辛吉，還包括亞斯特‡、布希、柯林頓、杜邦、哈布斯堡（Habsburg）、甘迺迪、洛克菲勒、羅斯柴爾德等家族，以及整個英國皇家，更別說英國前首相布萊爾、邱吉爾、希特勒、戈巴契夫及史達林。（喜劇明星鮑伯·霍伯也在這名單上）。照艾克說法，季辛吉是「光明會議題最主要擘劃者之一」。他不僅是「撒旦崇拜者、心神控制者、虐童者、大規模屠殺及摧毀式戰爭製造者」；也是有「爬蟲類血統的變形者」。艾克特意解釋道：「當然所謂『撒旦崇拜者』，我是指涉及以人當做祭品者。」[32]

有理性的人不會把這胡言亂語當真。但左翼陰謀論者的指控便不能同等視之，他們的影響力大很多。津恩（Howard Zinn）在所著《美國人民的歷史》（*People's History of the United States*）中指稱，季辛吉在智利的政策，至少有部分是為服務國際電話電報公司（International Telephone and Telegraph）的經濟利益[33]。這類誹謗沒有證據，卻往往做出無理的侮辱。津恩說，季辛吉「輕易屈從於好戰及毀滅的君主」[34]。電影導演奧利佛史東（Oliver Stone）與〔史學家〕庫茲尼克（Peter Kuznick）在《不為人知的美國史》（*Untold History of the United States*）中，指季辛吉為「精神病患」（顯然是引述尼克森）[35]。「聳動」（gonzo）新聞鼻祖湯普森（Hunter S. Thompson）稱他為「滑頭小惡魔，有濃重德國口音的世界級騙子，對權力結構頂端的弱點觀察敏銳」，怕不夠還添上「墮落」[36]。某中間偏左網站最近指控季辛吉，不明所以地涉入二〇〇一年九月的炭疽攻擊，當時有炭疽菌寄至不同媒體及參議院辦公室，造成五人死亡[37]。就學術研究而言，陰謀論者對歷史知識之貢獻價值，就等同於卡通片集《冒險兄弟》（*The Venture Bros*）的創作者，片中主角是「一位穿著黑色制服的神秘人物，身攜醫袋，他摯愛地稱此『魔法謀殺袋』為……亨利．季辛吉博士。」

三

所有這些諷刺乍看之下令人費解。一九六九年一月二十日至一九七五年十一月三日，季辛吉擔任總統的國家安全事務助理，先是在尼克森之下，再到福特總統。一九七三年九月二十二日至一九七七年一月二十日，他是國務卿，是首位在外國出生而擔任此一行政部門繼總統、副總統之下的最高職位。他對美國外交政策的影響也不限於這幾年。一九六九年前，他曾出任甘迺迪及詹森總統的顧問及非正式特使，地位已很重要。雷根總統時期，他主持全國兩黨中美洲委員會（National Bipartisan Commission on Central America），一九八三至八五年均曾召開會議。一九八四至九〇年，他是總統的國外情報顧問委員會（Foreign Intelligence Advisory Board）委員。他擔任委員的尚有整合長期戰略委員會（Commission on Integrated Long-Term Strategy，一九八六—八八年）及國防政策委員會（Defense Policy Board，二〇〇一至今）。一九七三年挪威諾貝爾委員會同時頒給季辛吉與黎德壽諾貝爾和平獎，以表彰他們鍥而不捨地談判，完成巴黎和平協定

---

* 華特（Alan Watt），英國哲學家、作家，一九一五—一九七三年。

† 艾克（David Icke），英國作者兼演說者。

‡ 亞斯特（Astor），跨英美的富商及政治家族。

（Paris Peace Accords）。四年後季辛吉獲總統自由勳章（Presidential Medal of Freedom），一九八六年得自由獎章*（Medal of Liberty）。一九九五年他獲頒〔英國〕聖米迦勒暨聖喬治爵級司令勳章（Honorary Knight Commander of the Order of St. Michael and St. George）。

要說這些職位和榮譽他全不夠格，難以輕易令人接受。僅舉他最顯著的成就：他曾負責與蘇聯談判第一階段限制戰略武器條約（Strategic Arms Limitation Treaty, SALT）及反彈道飛彈條約（Anti-Ballistic Missile Treaty）。他服公職期間，美國批准核武不擴散條約（Non-Proliferation Treaty）、禁止生物武器國際公約、赫爾辛基最終法†，此法第十條（季辛吉並不喜歡它）要求鐵幕內外的簽署國，「不分種族、性別、語言或宗教，尊重所有人的人權及基本自由，包括思想、良心、宗教或信仰自由。」打開美國與中華人民共和國外交溝通的是季辛吉與周恩來，此舉可謂冷戰的轉捩點之一。多虧季辛吉的折衝結束了以阿贖罪日戰爭（Yom Kippur War），也是他的穿梭外交為大衛營協議‡舖路。

那我們如何解釋亨利．季辛吉這個名字引發的非理性敵意呢？英國記者希金斯（Christopher Hichens）在《審判季辛吉》（*The Trial of Henry Kissinger*）中，過分到指控季辛吉「在中南半島、智利、阿根廷、塞浦路斯、東帝汶及若干他處，犯下戰爭罪及反人道罪」（其實書中談到的他處僅有孟加拉），並稱季辛吉「下令和批准殲滅平民、刺殺礙事的政治人物、綁架妨礙他的士兵和記者和教士使之失蹤」[38]。他的控訴遍及種族滅殺、屠殺、刺殺和謀殺。

希金斯辯才無礙；做史家的能力則較值得質疑。無論如何，他提及的每一案例均有更周全的研究存在，且得出類似卻較不誇大的評斷：沙克羅斯§研究柬埔寨的「災難」及「罪行」[39]；貝斯¶孟加拉血洗事件

[40]；東帝汶有拉莫斯—奧爾塔[41]**；智利有哈斯蘭††與孔布魯[42]‡‡；也別忘了杭士基§§研究錯失的一九七〇—七一年中東和平契機[43]。不止於此，以上各種罪行指控的可信度因二〇〇一及〇二年的一些動作而提高：在阿根廷、智利、法國、西班牙各有法官及律師，試圖迫使季辛吉至少提供與禿鷹行動（Operation Condor）相關案件的證據，那是南美六國政府讓左翼活躍份子「消失」的秘密行動。基於所有這些，無怪乎今日有這麼多記者在季辛吉的名字出現時，會任意套用如「屠夫」、「殺手」、「怪獸」（monster）等名詞。

本卷涵蓋季辛吉的前半生，止於一九六九年他進入白宮，擔任尼克森的國家安全顧問之際。因此不會觸及上列問題。但會討論尼克森前的四位總統的外交政策。我們將看到，這每一任政府均很易於被控犯下戰罪及反人道罪。僅舉一例，中情局（Central Information Agency ）毫無疑問曾直接介入，一九五四年推翻瓜

---

* 自由獎章，慶祝自由女神像一百週年，由雷根頒給傑出歸化公民的獎章。

† 赫爾辛基最終法（Helsinki Final Act），一九七五年八月舉行的國際安全與歐洲合作會議，共三十七國簽署最後達成的協議，又名赫爾辛基最終法。

‡ 大衛營協議（Camp David Accords），一九七八年九月以色列總理與埃及總統在美國總統度假地大衛營簽署和平協議，次年正式簽定和平條約。

§ 沙克羅斯（William Shawcross），英國作家、評論家。

¶ 貝斯（Gary Bass），普林斯頓大學政治暨國際事務教授。

** 拉莫斯—奧爾塔（José Ramos-Horta），東帝汶政治家，曾任總統並獲諾貝爾和平獎。

†† 哈斯蘭（Jonathan Haslam），普林斯頓及劍橋大學史學教授。

‡‡ 孔布魯（Peter Kornbluh），美國國家檔案館分析人員。

§§ 杭士基（Noam Chomsky），美國哲學家、語言學家、政論家。

地馬拉民選亞本茲（Jacobo Árbenz Guzmán）政府的政變。在後繼反瓜國左派的暴力運動中它也扮演積極角色。死於此次運動的人數（約二十萬），近百倍於一九七三年後於智利「被失蹤」者（二二七九人）。但遍尋圖書館要找《審判杜勒斯》（*The Trial of John Foster Dulles*，杜勒斯為艾森豪總統的國務卿，藉此與季辛吉對比）卻找不到。據布魯金斯研究所（Brookings Institution）一項研究，甘迺迪年代美國採行軍事行動或軍事行動威脅，比季辛吉年代多三倍[44]。其干預行動包括侵入古巴不成，以至南越血腥軍事政變。卻無重要的好辯者費心去指控魯斯克（Dean Rusk，曾任甘迺迪及詹森的國務卿）為戰犯。

類似說法或可套用於一九七六年後的美國政府。沙克羅斯在《插曲》（*Sideshow*）出版二十五年後，指出：「九一一後美國別無選擇，只能推翻海珊（Saddam〔Hussein〕），他藐視全世界多年，也是唯一讚揚那次冷血攻擊的國家領導人。」[45]在與季辛吉友人兼同事羅德曼（Peter Rodman）合寫的一篇《紐約時報》專文中，沙克羅斯說：「若美國在伊拉克失敗，將助長穆斯林世界極端份子氣焰，打擊許多溫和友好政府士氣或使之失去穩定，並加速中東每次衝突激越化。我們在伊拉克的作為是美國公信力的關鍵考驗。」[46]把伊拉克換成越南，穆斯林換成共黨，就會得出正是季辛吉一九六九年反對放棄南越、任其自生自滅的論述。希金斯晚年也發現，世上有許多比美國武力更糟的事，甚而在二〇〇五年這樣說：「巴格達中央監獄（Abu Ghraib）的情況自盟軍抵達巴格達後有大幅顯著改善。」[47]〔事實是美軍占領伊拉克期間此地曾發生美軍虐囚醜聞。〕

那麼有趣的問題是，為何有此雙重標準？一個可能而簡單的答案是，再多自我調侃的幽默也不足以抵擋同輩者對季辛吉的妒羨。有一次在華盛頓的隆重晚宴上，一名男子走上前對他說：「季辛吉博士，我要謝謝你拯救世界。」季辛吉毫不猶豫地回以：「不客氣。」[48]在宣誓就任國務卿後，記者問他現在應如何稱呼他，季辛吉答：「我不拘這些禮數。你們只要稱我閣下（Excellency）就好。」眾多季辛吉語錄全都收有以下的金句：

人們通常都很驚訝，我居然對需要我閉嘴三小時的論壇感興趣。

我離開公職越久，越覺得自己不會有錯。

當名人的好處是，如果你讓人們感到無聊，他們會以為是他們的錯。

下週不可能有危機。我的行程已經排滿。

以上每句都使用同樣的反諷修辭法。季辛吉傲慢名聲在外，會故意說些傲慢到顯然是自我嘲諷的話，以化解批評者的批評。看馬克思兄弟（Marx Brothers，馬克思家五兄弟組成的喜劇演員組合）長大者，無疑能體會格魯喬（Groucho，馬克思五兄弟之一）的影響力。但一九六〇、七〇年代「反文化」（counterculture）世代有一特點，就是不覺得馬克思兄弟好笑。「違法的事我們立刻做，違憲的則要多花點時間」是季辛吉最常引述的話之一。它很少被視為笑話，而季辛吉會先說「在〈資訊自由法〉（Freedom of Information Act）以前，我開會時會說……」後面在官方「談話紀錄」中就會出現「（笑聲）」。假使季辛吉在〈資訊自由法〉生效後，真的「害怕說那種話」，想必他就不會有此一說了。[50]

在名言字典中，歸於季辛吉名下的俏皮話，多過大多數的專業喜劇演員。「九成的政治人物使另外那一成蒙上惡名」、「若有百分之八十的營業額來自百分之二十的品項，那只銷售那兩成商品就好」這一句當得起伍迪艾倫自己掛名：「性別戰爭沒有贏家。與敵人的交情太深了。」他最雋永的格言也值得傳誦：「要對某件事具絕對的把握，你必須對它無所不知或一無所知」；「每次成功只是買到更困難問題的入場券」；或許最著名的當屬：「權力是終極春藥。」然而季辛吉的機智鋒芒到頭來似乎與受歡迎度成反比。或許吹噓性事就是錯誤。季辛吉有關權力春藥這一句仍是意在自貶。他曾談到他約會過的女子，「她們……只被我的權力所吸引。可是我失去權力時會如何？她們可不會坐下來跟我下棋。」[51]這不是情聖唐璜（Don Juan）會說的話。季辛吉還是對法勒齊太坦白：

> 我與黎德壽對談時，我知道該怎麼與他打交道，我與女生在一起時，我知道必須怎麼做。再者，黎德壽完全不同意與我談判，因為我代表道德正直。……這輕佻之名……當然有部分誇大……重要的是女性在我生命中占多大分量，是關注的重心。噢，完全不是那麼回事。對我而言女人只是消遣、嗜好。沒有人會在嗜好上花太多時間。[52]

這是真話。季辛吉再婚之前那些年，他非常公開地一起用餐的那些迷人女士，通常在吃完甜點後，他回到白宮或國務院時，就任由她們自來自去。我們現在知道（參看序言）這些關係都不超過友誼程度：季辛吉愛上南希．麥金斯，她忍受八卦專欄的煙幕彈，做為保護個人隱私的代價。但是那些八卦女友加上隨之而來的曝光率，只會激起他人更為妒忌。季辛吉也抗拒不了另一句話：他在電視脫口秀主持人芭芭拉．霍華（Barbara Howar）為女權主義者葛羅莉亞・史坦能（Gloria Steinem）舉辦的派對上自稱：「我是秘密追星的影迷。」[53]此事當然毫無秘密可言。一九七二年一月《生活》（*Life*）雜誌刊出二頁跨頁，不僅有季辛吉與史坦能和霍華的合影，與他合照的還有「小牌影星」茱蒂布朗（Judy Brown）、「電影明星」薩曼莎艾加（Samantha Eggar）、「電影女演員」姬兒聖瓊（Jill St. John）、「電視明星」瑪蘿湯馬斯（Marlo Thomas）、「小明星」安潔湯金斯（Angel Tomkins）、「美胸海報女郎」瓊威金森（June Wilkinson）[54]。季辛吉的女伴也不全是演技二流者。挪威女星麗芙烏嫚（Liv Ullmann）曾獲奧斯卡提名，兩年後是她導致季辛吉錯過自己被提名為國務卿的消息發布。甘蒂絲柏根（Candice Bergen）將紅未紅時，季辛吉曾在晚餐時令她「有共享機密之感，很可能他給每位反戰女星都是同樣感覺」。新聞界無法不報導這樣的新聞：邋遢哈佛教授在好萊塢變身為「德國口音的卡萊葛倫（Cary Grant）」[55]。當馬龍白蘭度（Marlon Brando）退出《教父》（*The Godfather*）在紐約的首映時，監製羅伯・伊凡斯（Robert Evans）毫不猶豫地打給季辛吉，季辛吉義不容辭不顧暴風雪的天氣飛過去，次日他還有一早與參謀總長開會，討論北越海防港布雷，最後是秘密飛往莫斯科的行程：

記者：季辛吉博士，你今晚為什麼會出席？

季辛吉：我是被逼的。

記者：誰？

季辛吉：巴比〔伊凡斯〕。

記者：他是否提了你拒絕不了的提議。

季辛吉：沒錯。[56]

當他們奮力穿過人群時，伊凡斯一手拉著季辛吉，另一手拉著女星艾莉麥克勞（Ali MacGraw）。

對所有這些的明顯答案是，季辛吉因海防港布雷這類行動而招致的敵意，多過因出席電影首映會而起。然而較不平和的敵意動機無法一概否認。早在一九七一年一月，專欄作家克拉特（Joseph Kraft）即說出，季辛吉的「密友及同黨們」逐漸視他為「可疑人物，知識份子叛國行為之表徵」，因他致力於「強化及合理化總統對大多數國際主要事務的強硬路線直覺」[57]。在前一年五月，十三位他的哈佛同事，包括巴托（Francis Bator）、卡普倫（William Capron）、朵提（Paul Doty）、基夏柯斯基（George Kistiakowsky）、紐斯達（Richard Neustadt）、謝林（Thomas Schelling）、亞莫林斯基（Adam Yarmolinsky），專程到華盛頓去見他。季辛吉原打算以私人午餐招待他們。但根據一項對此次會面著名的記述，謝林開門見山便表示，他應說明來者是誰。季辛吉感到困惑。

他說：「我認得你們，你們都是哈佛來的好朋友。」

謝林說：「不，我們是一群對白宮執行外交政策的能力完全失去信心的人，我們是來告訴你此事。我們不再是任憑你徵詢的個人顧問。」然後他們——上前厲言責備他，每人五分鐘[58]。

這群人與季辛吉決裂明講的理由是入侵柬埔寨。（如其發言人謝林所說：「有兩種可能。要不就是總統不懂……他在侵略另一國；要不就是他懂。我們只不知哪個更為可怕。」）[59]謝林及其同事無疑有可信服的理由抨擊尼克森的決定。然而他們對季辛吉攤牌仍有可疑的意圖在。上述列名的每一位都有替政府工作的經驗，而且是高階職位。比方巴托曾任尼克森的前任詹森總統副國家安全顧問，因此當年升高對北越戰爭他也無法全然撇得乾乾淨淨。一如巴托對《哈佛校刊》（*The Harvard Crimson*）坦承：「我們哈佛這邊有些人在政府內部做過很長時間。」紐斯達也承認他曾「以行政部門……為家達二、三十年……這是多年來我首次到華盛頓，住在亞當斯甘草酒店（Hay-Adams，華盛頓特區的五星級豪華旅館），還得自掏腰包付帳。」

對這些人而言，公開與季辛吉決裂，且事先即告知記者要決裂，是某種形式的自我辯白，更別說是一種保險，因為後方哈佛校園裡激進的學生正在暴動。當紐斯達告訴《哈佛校刊》：「我想，說我們是害怕應該不會錯」，他未指明是怕什麼。其他人較坦白。如謝林所說：「若柬埔寨成功，那會是災難，不止因為我回去時，我的哈佛研究室可能會被燒掉，甚至對〔政府〕本身也是災難。」史學家梅伊（Ernest May）開完應學生對考試的要求而召開的緊急校務會議後趕來，對季辛吉說：「你正造成國家內部撕裂。」他指的國家並非柬埔寨。紐斯達及另二人與季辛吉見過面後，彷彿為強調對過去不當行為的悔悟，加入了發起反戰運動的孟德遜（Everett Mendelsohn）領導、規模要大上很多的哈佛師生「和平行動罷課」（Peace Action Strike）。但那些校園激進份子並未手下留情。同一天哈佛國際事務中心（Center for International Affairs），也是巴托及謝林的研究室所在地，遭示威者入侵並「搗毀」[60]。

四

即便批評者並非一律反對季辛吉的政策，卻始終不滿他的行事模式。他受「過度野心」所趨使，是「頂尖建立網絡高手，運作範圍幾乎遍及全世界」[61]。他是「媒體最佳友人」[62]。「某著名記者曾抱怨，每次與季辛吉談過，要過三天才能恢復自己的批判意識；可惜此期間他已寫好專欄。」[63]有人說，季辛吉愛保密幾乎不亞於魔鬼尼克森，他與尼克森（至少在哈佛眼中）做出浮士德式約定[64]。他甚至竊聽自己的幕僚，尤其是哈佩林[65]*。他是諂媚者，願忍受尼克森可憎的反猶太思想[66]。但他也極度缺乏安全感，需要尼克森的幕僚長霍德曼（H. R. Haldeman）「幾乎每天，至少必然是每週」向他保證，「總統確實喜歡他、賞識他、少不了他」[67]。批評季辛吉最不留情者之一，《紐約時報》的路易斯（Anthony Lewis），曾這麼問：「季辛吉怎〔能〕……讓自己涉入他們的恐怖作為〔？〕……怎能羞辱自己，說不登大雅之堂的話，涉入像竊聽這種事？」[68]答案，路易斯認為：「無疑在於：他為取得並保有權力，且是在暗中行使，不得不這麼做。」在所有這些言論中，季辛吉有如鮑爾（Anthony Powell）的小說《與時代樂章共舞》（*Dance to the Music of Time*，共十二部的巨著，出版於一九五一至七五年）中，美國版的威梅普（Kenneth Widmerpool，書中的主要反面人物），又可恨又制止不了。

另一個可能原因，是許多不利於季辛吉的說法源自於妒恨他者。例如當波爾†指季辛吉「自我中心且詭計多端」時，是在轉達國務院某內部人士的看法，此人憎惡他破壞尼克森如今已被遺忘的國務卿羅傑斯（William P. Rogers）的手法[69]。賈瑟夫‡是另一位有怨言的官員：與蘇聯代表談判限制戰略武器條約條款時，季辛吉與蘇聯大使「暗通款曲」，他卻一直被蒙在鼓裡[70]。摩根索§曾令人難忘地描述季辛吉，像奧德賽一般「polytropos，即有『多重面向』或『多種外貌』」。

> 由此特質致使朋友與敵人、同事與陌生人均對他著迷。他成功的秘訣全在於那特質。季辛吉像是個好演員，並非今天扮演哈姆雷特的角色，明天扮演凱撒，而是今天他就是哈姆雷特，明天又是凱撒。[71]

以色列新聞界後來將此歸結為「雙面外交」（two faced diplomacy）指控[72]。但摩根索的批判全然公正無私嗎？他比季辛吉大將近十歲，也是是德國猶太裔，至今仍被視為美國外交政策「現實主義」學派鼻祖。然而他在華府的事業：詹森時期擔任國防部顧問，終止於拒絕順從有關越南的路線。若說有人害怕聽到季辛吉被稱為超級現實主義者，此人便是摩根索。

有個批評季辛吉者最愛的主題，即指他根本敵視、至少是漠視民主。摩根索寫道：「承諾採行穩定政策，並認定共產主義等同於不穩定，因其解讀現實的邏輯，勢必以反共為名，壓制一切人民不滿的表現……於是在基本上不穩定的世界，專制成為以穩定為終極標準的政策的最後手段。」[73]有不少論者均持類似觀點。據福克¶所言，季辛吉的行事成效源自「他有能耐視而不見對……內政胡作非為令人不快的批評」——一種「馬基維利式態度」，對世上獨裁者是樂見的寬慰[74]。為何一個逃離第三帝國並在美國成功的人會反民主，原因並不顯而易見。但一個接一個的作者解決此矛盾的方式是主張，借用藍道**的說法，季辛吉是「威瑪之子」，揮之不去「革命及政治失序、所有公認權威消失的可怕幽靈」[75]。蘇里††寫道：「季辛吉親身目

---

* 哈佩林（Morton Halperin），美國外交政策專家，當時季辛吉為總統國家安全顧問，哈佩林為國安會主管。

† 波爾（George Ball），美國外交官，也曾是三邊委員會成員，一九〇九—一九九四年。

‡ 賈瑟夫（Raymond Garthoff），美國外交家，曾任駐保加利亞大使。

§ 摩根索（Hans Morgenthau），二十世紀研究國際政治重要學者，一九〇四—一九八〇年。

¶ 福克（Richard Falk），普林斯頓大學國際法榮休教授。

** 藍道（David Landau，英國／以色列記者及報紙總編輯，一九四七—二〇一五年。

†† 蘇里（Jeremi Suri），德州大學奧斯汀分校歷史暨公共事務學教授。

睹這些事件，唯有認定民主在打擊毀滅性敵人上脆弱而無效。……解決之道是……為訴諸個人魅力、具前瞻性、非民主的政府決策製造空間。」[76]因此他「經常違反他認為危險的國內民意而行事。在他看來，不這麼做將重蹈一九三〇年代民主純粹主義者的覆轍，屈從於民粹政治的弱點和極端……屈從於街頭抗議者。」[77]後面我們會看到，對這種說法的反證是，威瑪共和（Weimar Republic）告終時，季辛吉尚未滿十歲，即使相當早熟的兒童在此種年紀也不可能形成強烈的政治意見。他最早的政治記憶是繼之而來的政權。在希特勒統治下長大，是否多少造成季辛吉對民主的偏見？馬茲利*提出精神分析式詮釋，指季辛吉「認同侵略者」是他「處理納粹經驗」的方式[78]。但後面會提到，有可能對此做更為直接許多的解讀。

在此脈絡下，有那麼多批評季辛吉行事模式者，均暗藏微妙的反猶情緒，這對有關季辛吉的著作是一種奇怪的反諷。我讀越多關於季辛吉的書，越會想起二十年前寫羅斯柴爾德（Rothschild）家族史時，不得不讀的可怕著作。其他十九世紀的銀行貸款給保守政權或交戰國，好像無人在意。但羅斯柴爾德家族這麼做時，那些好發議論者簡直控制不了其憤慨。的確需要很多書架才擺得下，今日陰謀論者的維多利亞時代前輩，所有尖銳的反羅斯柴爾德論著（如我們所見，今日這些人仍喜歡把羅斯柴爾德家族扯進來）。這引發一個疑問：季辛吉引起的批評如此強烈是否與羅斯柴爾德家族一樣，與他是猶太人有關？

這並非意指批評他的人是反猶太。有些抨擊羅斯柴爾德家族最劇烈者本身就是猶太人。季辛吉的某些批評者也一樣。海勒筆下妒恨季辛吉的教授戈爾德，提出「隱密而不同於一般的假說，指季辛吉非猶太人」，此說部分是根據其父的見解：「從無牛仔是猶太人。」

以戈爾德保守的看法，季辛吉在歷史上不會令人想起俾斯麥、梅特涅或卡斯爾雷†，而是面目可憎的傢

> 伙，樂於發動戰爭，且不太表露猶太人常受讚譽的傳說中對弱勢或苦難的同情心。猶太好漢是不會與那種人一起跪在地毯上向雅威神（Yahweh）祈請，蠢蛋尼克森，或如此殘酷對待智利自由人民的偽善者。……痛打如此大言不慚的無名小卒！[79]

若說對這位可謂猶太社群最傑出的子弟，美國猶太人看法莫衷一是，尚屬保守說法。即使持同情態度的傳記作家如馬茲利和蘇里，也使用質疑的語彙如「在朝猶太人」或「政策猶太人」，來形容季辛吉與尼克森的關係[80]。

五

然而癥結在於我們如何評斷季辛吉的外交政策，包括理論與實務。在絕大多數評論者看來，理論方面一清二楚。季辛吉是現實主義者，借用路易斯對「季辛吉主義」（Kissinger Doctrine）的粗略定義，那意味著「迷信秩序與權力而犧牲人性。」[81]據馬文及伯納．卡爾布‡，尼克森與季辛吉「均認同全球現實政治（realpolitik），置務實主義於道德之上。」[82]一九六〇年代，霍夫曼§不僅是季辛吉的同事，也是朋友兼仰慕

* 馬茲利（Bruce Mazlish），麻省理工學院歷史系榮休教授，一九二三—二〇一六年。

† 卡斯爾雷（Castlereagh），曾任英國外相，一七六九—一八二二年。

‡ 馬文及伯納．卡爾布（Marvin and Bernard Kalb），兩人均曾任記者及新聞學者，合著有季辛吉傳。

§ 霍夫曼（Stanley Hoffman），曾任哈佛榮譽政治學教授，一九二八—二〇一五年。

者，樂於見到他獲尼克森任命。但到季辛吉出版第一卷回憶錄時，他也加入此一陣營。他在一篇惡意的評論中寫道，季辛吉擁有「近乎邪惡的心理直覺、可抓住暗藏性格根源的本能、知曉什麼會驅使或毀滅他人的本能。」他也有「操弄權力的天賦：善於利用對手性格的優缺點。」但是

假設有超越地緣政治的見識，假設創造均衡及節制麻煩製造者，須做有賞有罰的複雜操作，以求達到某種理想的世界秩序，則那會是一番什麼景象任憑你我猜測。……在他的世界裡權力代表一切：均衡不只是秩序的必要條件、正義的先決條件，均衡就是秩序，就等於正義。[83]

霍夫曼與眾多所學不精的作者一樣，結論是尼克森與季辛吉均屬馬基維利信徒（前者「出於本能」，後者「出於認知」），相信維護國家（在馬基維利眼中，與維護君王不可分）需要無情及欺騙，不惜犧牲內外敵人。」[84]此種評斷一再重複出現。艾薩克森（Walter Isaacson）便說：「權力導向的現實政治及秘密外交操作……乃〔季辛吉〕政策的基礎。」[85]加迪斯*稱尼—季組合代表「地緣政治對意識型態的勝利」，其美國國家利益概念總是凌駕一切[86]。蘇里說，季辛吉「強硬地反對，理想主義論調忽略廣建武力及預備使用武力的『現實』重要性。」[87]，他總是置「國家需求於其他道德顧慮之上。」[88]

以季辛吉為不道德的現實主義者——「不會犧牲絲毫美國利益的現實政治強硬大師」，此種觀點極為根深柢固，以致壓倒性多數的作者逕自推斷，季辛吉以他的「英雄」梅特涅和俾斯麥為榜樣[89]。季辛吉確實分別在一九五〇、六〇年代，寫過此二位人物的專著。但唯有未讀過（或故意誤讀）他真正寫的內容者，才可能認為他在一九七〇年代，開始複製他們的外交政策作法。有關「季辛吉」的書有一怪現象，即相較之下，

季辛吉所著《核武與外交政策》（*Nuclear Weapons and Foreign Policy*）極少被論及。以此書中針對逐步使用核武提出的冷靜而有條理的論點，很易於拿來當做證據，證明季辛吉博士確實是史丹利・庫柏力克†創作奇愛博士‡的靈感來源。但季辛吉的批評者寧可選擇其他戰場，而不選一、二次大戰核心衝突區的中歐戰場，那裡一旦發生有限核戰，將會造成一片廢墟。

六

冷戰是季辛吉由學者轉為決策者，兩種事業發展的關鍵事件，它以許多形式呈現。一是核武競賽，曾不止一次險些釀成毀滅性熱核戰。在某些方面它也是美蘇兩大帝國角力，各自將其軍隊派至世界各地，但極少正面遭遇。它是兩種經濟制度的競爭，資本主義與共產主義，以一九五九年尼克森在莫斯科與赫魯雪夫的「廚房辯論」為代表（時任副總統的尼克森與蘇聯總理赫魯雪夫，在美國展覽會開幕式上，辯論社會主義與資本主義的優點）。它是情報單位間會送命的大鬥法，在佛萊明（Ian Fleming）的小說（指詹姆斯・龐德系列）中被美化，勒卡雷（John le Carré）的作品呈現得較準確。它是文化戰，交換意見的教授、巡迴演出的爵士樂團、投誠的芭蕾舞者，均參與其事。然而冷戰在根源上是二種敵對意識形態之爭：具體而微見於美國憲法的啟蒙運動理論，及蘇聯歷任領導人力陳的馬列理論。就理論原則來說，此二意識形態僅有其一以鬥爭

* 加迪斯（John Gaddis），耶魯大學講座教授，冷戰史專家。
† 史丹利・庫柏力克（Stanley Kubrick），美國名導演，經典作品包括《奇愛博士》、《發條橘子》等。
‡ 奇愛博士（Dr. Strangelove），諷刺一九六〇年代冷戰荒謬、不安氛圍黑色喜劇片。

為目的。此二國也僅有其一完全不受法治約束。

冷戰時期的大規模屠殺並未發生於華盛頓，更別說美國的西歐盟國首都。據《共產主義黑皮書》*估計，二十世紀整體而言，「共產主義受害者總計在八千五百萬至一億之間[90]。如馮克†指出，僅因毛澤東而死即有數千萬：一九四九至五一年有二百萬，到一九五〇年代末再增三百萬，「大躍進」人為饑荒時期駭人的四千五百萬，而文革傷害的人更多[91]。據最低估計，直接因史達林政策而喪生的蘇聯公民總數超過二千萬，其中四分之一死於二戰後那幾年[92]。即使未如此嗜血的東歐政權，殺害及監禁人民也達令人咋舌的程度[93]。史達林死時，蘇聯有二百七十五萬人在勞改營（Gulag）裡。其後人數大減，但直至蘇聯體制垮台，勞改者始終心知肚明，對專制腐敗的政府，他們唯有自求多福。這些鮮明且不容置疑的事實，對自威廉斯（William Appleman Williams）以降的所謂修正主義史學家，認為冷戰期間美蘇在道德上半斤八兩，無異是一種嘲弄[94]。

各地的共產政權無一例外，自北韓金氏到越南胡志明，自衣索比亞的馬里亞姆（Mengistu Haile Mariam）到安哥拉的內圖（Agostinho Neto），處理「階級敵人」均殘酷無情。〔柬埔寨〕波布（Pol Pot）是其中最狠毒者，但即使卡斯楚的古巴亦非工人天堂。共產政權也侵略成性，冷戰時期曾明目張膽入侵多國。一九五六年蘇聯戰車鎮壓布達佩斯反抗運動時，美國戰車可曾駛過哪些外國城市？一九六八年蘇聯裝甲部隊進入布拉格時，西貢及順化則有美軍戰車，其指揮官十分確定，不到半年內便須捍衛那些城市抵禦北越大規模攻勢。南韓曾侵入北韓嗎？南越曾侵入北越嗎？

再說，我們現在自米特羅欽（Vasili Mitrokhin）帶到西方的機密文件中〔米特羅欽為KGB檔案管理員，趁蘇聯解體期間，將其手抄的部分檔案內容交予英國軍情六處，這批檔案於二〇一四年開放〕，可知KGB

（蘇聯情報機構國家安全委員會）的國際間諜與顛覆系統有多無遠弗屆而無所不用其極[95]。與歐洲各帝國瓦解密不可分的全球冷戰中，蘇聯幾乎總是先發制人，美國只得想方設法加以還擊[96]。其報復形式無疑有許多是醜陋的。葛林（Graham Greene，英國著名小說家）說得對，他嘲笑《沈靜的美國人》（*The Quiet American*），大談「第三勢力」，聽在其他人耳裡卻像是帝國主義。不過在經濟成長及政治自由這二方面，若美國獲勝對一般人及其子女必然會比較好。因此舉證之責應由批評美國政策一方承擔，他們應證明，當蘇聯、納粹及法西斯義大利在西班牙內戰中選邊站，當德國要求拆解捷克時再度如此，西方強國所採取的那種不干預政策，在冷戰中會有更好結果。如季辛吉向法勒齊指出：在對已發生的歷史做任何評斷之前，必須先考慮「未發生的歷史」。我們不只需要考量美國政府冷戰時期作為的結果，也要考量若採取不同的外交政策可能會有什麼結果。

設若美國從未採行肯楠（George Kennan，美國外交家暨史學家，一九〇四—二〇〇五）的圍堵政策，一九四五年後而是再次選擇孤立主義，會如何？反之，要是美國對「反轉」蘇聯侵略所得，採取更激進的戰略，以致引發核戰風險，又如何？當年此二方案均有支持者，正如季辛吉在位時，也有贊成政策更強勢或較緩和者。自以為是想要譴責決策者在某處的作為者，必須能夠令人信服地論證，他們認為更高明的政策，可減少美國與非美國人的死傷，也不致對世界其他地區造成重大間接負面效應。特別是著重於在戰略邊緣國家造成死亡的論述——無其他方式描述的國家即阿根廷、孟加拉、柬埔寨、智利、塞普路斯和東帝汶等，必須

* 《共產主義黑皮書》（*Black Book of Communism*），一九九七年於法國出版，在美國由哈佛大學出版社出版。

† 馮克（Frank Dikötter），荷蘭籍中國史學者，現任香港大學教授。

經過此一問題的檢驗：對每一個案不同的決策，會如何影響美國與戰略重要國家，如蘇聯、中國及西歐主要強國的關係？理由是，如季辛吉自己說過，政治家不同於法官，法官可就個別案例本身案情加以審理。而冷戰期間制訂大戰略者，須在與敵對且窮兵黷武的敵手長期對峙的背景下，同時考慮所有個案。

由此觀之，冷戰真正令人不解之處，在於美國為何拖那麼久才獲勝。無論根據什麼標準，美國均比蘇聯富有太多（依可取得的最佳估計，整個冷戰期間蘇聯的經濟規模平均不及美國的五分之二），技術上幾乎也總是領先，又有顯然更吸引人的政治制度及流行文化，在季辛吉獲任命為國家安全顧問前夕，美國已然是強大的帝國，但非武力強制而是「眾望所歸的帝國」[97*]。美軍駐守於六十四國[98]。其中不少於四十八國與美國簽有盟約[99]。美軍不止裝備普遍優於他國；美國也不畏動用武力。據一項估計，一九四六至六五年間，美國曾在海外進行一六八次軍事干預[100]。美軍長期駐紮於重要國家，包含二戰兩大主要侵略國：德國和日本。可是冷戰卻又再延續了二十年。此外整個美蘇超強對立期間，美國要在境外施行其意志，往往比對手辛苦。依照對美國七次冷戰干預行動的一項評估，就建立穩定民主制度而言，唯有四次成功：二戰後在西德、日本及一九八〇年代在格瑞納達、巴拿馬。即便擴大此清單納入南韓，越南的重大失敗仍像苦澀的烏雲般籠罩著美國的紀錄[101]。

一九四七年夏，肯楠匿名於《外交政策》（*Foreign Affairs*）發表〈蘇聯行為根源〉（The Sources of Soviet Conduct）一文，是為他所稱「圍堵」（containment）戰略的基礎文本之一。肯楠在令人吃驚的某段中，把蘇聯看似強大的國力比作托瑪斯・曼（Thomas Mann）小說《豪門世家》（*Buddenbrooks*）中的商人大家族。

> 眼見人類組織外在顯得最光輝之時，卻經常內在其實腐壞得最為嚴重，於是〔曼〕將布頓柏魯克家族最

風光時期，比作在地球上看是最閃耀的星球之一，但實際上它早已不存在。誰敢斷言，克里姆林宮對西方世界不滿的人民仍顯現的強光，並非真正在衰敗中的星座發出的強大餘暉？仍有可能……蘇聯強權……內部帶有令其腐爛的種子，且這些種子已發芽成長不少。[102]

肯楠寫出以上文字時是四十三歲。當蘇聯終於在一九九一年十二月解體時，他已八十七歲。何以致此？冷戰為何如此沒完沒了，棘手難解？本書一大關切主題在於：季辛吉在個人事業早期反對歷史唯物論及經濟命定論，因而得以對此問題提出令人信服的答案。冷戰非關經濟。甚至無關核武儲備，更別說戰車部隊。冷戰主要是理想之爭。

七

季辛吉是否像幾乎所有批評者所推斷的，確實是現實主義者？此問題的答案事關重大。因為他如果其實並非梅特涅或俾斯麥再世，則他的決策行為即不應以標準現實主義的準繩：不論手段，只問是否守住美國最佳利益？來加以評斷。卡普蘭†曾寫道：「現實主義講的是外交政策的終極道德野心：透過有利的權力平衡避免戰爭……季辛吉身為歐式現實主義者，對道德與倫理的考量多過大部分自詡的衛道人士。」[103]此說如同

*「眾望所歸的帝國」（empire by invitation），意指相較於蘇聯靠武力征服，許多國家卻是主動邀請美國扮演更積極角色。

† 卡普蘭（Robert Kaplan），美國作家，外交事務為其寫作主題之一。

馬利茲對季辛吉「更高道德目的」的懷疑說法[104]，比起陰謀論者喜歡胡亂指控他不顧道德及違反道德，已較接近實情，但仍有很大距離。

季辛吉在一九七六年被問及自己當政治人物的成就，他答：「我曾嘗試堅守一個高於一切的概念，其成就有待史家評斷。」。後面會看到，一九六九年季辛吉毫無疑問是帶著這樣的概念進入白宮。在之前的二十年裡，他確實把大半時間用於構思及定義此概念[105]。一如他的名言：「高階職位教的是決策而非實質。它只會消耗不會創造智力資本。居高位者大多帶著就任時的觀念與見地離職；他們學習做決策，卻並非該做什麼決策。」[106]但在某種程度上，這番話也透露不少現代學術的標準，那些以評斷季辛吉為己任者，除翻閱他已發表的著作外，能更進一步的是少之又少，一九六九年以前他已出版過四部重量級著作、十多篇為《外交事務》等雜誌所寫的深入專文、及相當多報紙文章。撰寫學者生平的傳記作者，即便那位學者後來出任高階公職，其首要任務必然是細讀傳主的著作。讀過季辛吉的著作後發現，其智力資本具雙重基礎：研習歷史及理想主義哲學。

季辛吉的戰時導師克雷默（Fritz Kraemer），曾形容此位門生「與歷史像音樂般合拍。無論你多麼聰明，這是學不來的。那是上帝的恩賜。」[107]在哈佛與他同期的史多辛吉*憶及他倆讀研一初期的一次會面：「他極力為歷史永遠重要而辯護。他引述修昔底德，主張現在雖絕不會完全重複過去，但必然會類似過去。因此未來亦然……如今更勝以往……人應該研究歷史，以明白國家興亡與個人得失的成因。」[108]這應當是終身職志。使季辛吉有別於同代大多數其他國際關係學者的單一因素，即他重視歷史高於理論，或說季辛吉的外交政策理論取決於他的見解，即國家及政治人物是基於本身的歷史自覺而行事，並且無法以其他方式加以理解。

可是先於史學家季辛吉的，是歷史哲學家季辛吉。最根本的誤解便發生於此。法勒齊與幾乎所有研究季辛吉的學者一樣，理所當然地認為他受馬基維利「影響很大」，因此會仰慕梅特涅。季辛吉坦白而地答覆她：

當今之世可接受或運用馬基維利之處其實很少。我唯一對馬基維利感興趣的一件事，是他對君王意志的想法。有興趣但還不到會影響我的地步。若你想知道誰影響我最大。我會回答兩位哲學家的名字：史賓諾沙（BaruchSpinoza）和康德（ImmanuelKant）。所以你把我與馬基維利聯在一起很奇怪。人們倒是把我與梅特涅的名字相提並論。那實在是幼稚。關於梅特涅我只寫過一本書，是有關十九世紀國際秩序建立及崩解的長系列著作的第一部。最後一部預計寫到一次大戰結束。只有如此。我跟梅特涅之間不可能有共通處。[109]

就筆者所知，之前唯有一位作者充分了解以上坦白答覆的重要意義†。季辛吉遠非馬基維利式實用主義者，讀大學時即已沈浸於普魯士哲學大師康德的哲學，自事業伊始其實便是理想主義者。確如史學家狄克森‡早在一九七八年指出，季辛吉自認「比康德還康德」[110]。他未曾出版的大四論文：〈歷史的意義〉（The

* 史多辛吉（John Stoessinger），美國作家，以國際政治為主題，一九二七—二〇一七年。

† 這有部分乃因季辛吉本人往往避談此主題。史學家蘇里二〇〇四年曾問他：「你的核心道德原則，即你不會違背的原則為何？」季辛吉答：「我尚未準備好分享這些。」

‡ 狄克森（Peter Dickson），英國牛津大學榮休教授。

Meaning of History），對康德的歷史哲學有基本上眼高手低但極真誠的批評。此文完成超過二十五年後，季辛吉仍引用康德來說明，他為何看出外交政策「在兩種道德需要間的明顯衝突」：有捍衛自由的義務，又必須與敵對者和平共存[111]。狄克森說，季辛吉雖習慣性被歸類為現實主義者，其實他比摩根索一類學者更傾向理想主義[112]。筆者以為此說正確。季辛吉九十一歲出版的《世界秩序》（*World Order*）長篇引用康德，便是令人不得不信服的明證[113]。筆者也認為，一位又一位的作者因不了解季辛吉的理想主義，即便未全盤否定、也嚴重動搖他們對季辛吉的歷史評價。

在此當說明，筆者所謂季辛吉年輕時是理想主義者，指的並非常用於描述美國外交政策傳統特點的那種含意，強調「實力」從屬於超越國家之法律及法庭[114]。我使用「理想主義」（idealism）是取其唯心論的哲學意涵，意指可上溯至阿那克薩哥拉*及柏拉圖的西方哲學傳承，認為（依康德說法）「我等永遠無法確定，是否所有推定之外在經驗非僅屬想像」，因「外在物體之真實性無從嚴格檢驗」。並非所有唯心論者都是康德派，自不待言。柏拉圖認為物體是真實的，且獨立存在於認知之外。柏克萊主教†堅持現實只在心中；經驗本身是幻象。相比之下，在康德的「先驗」唯心論（transcental idealism）中，「整個物質世界不過是我們主觀感受的外在表象」，但也有本體，即「事物的本身」，心智依經驗而非「純理性」將其塑造為現象。後面會看到，季辛吉鑽研康德深遠而持久地影響到他本身的思想，不只由於那使他懷疑美國社會科學家為反制馬列主義，提出的各種資本主義優越性的唯物論。黑格爾針對全面歷史提出的唯心論版本，即世界在正反合辯證推動下勢不可擋地前進，他也毫無興趣。對季辛吉而言，歷史的迫切問題是，康德對人類處境的看法：個人以自由意志面對的有意義的道德兩難，以及他對世界最終注定將邁向「持久和平」的遠見，能調和到什麼程度。季辛吉一九七三年九月二十四日，在國會同意他出任國務卿二天後，於聯合國安理會演講時引用康德文章，並非信口道來：

> 兩世紀前，哲學家康德預言，持久和平終將到來：或因人類道德渴望所創造，或因實質需要所導致。當年看似烏托邦，如今眼看明日即成事實；很快便會別無選擇。我們唯一的選擇在於，〔聯合國〕憲章中設想的世界，會因我們的遠見，抑或會因我們的短視引發浩劫而出現。[115]

眾所皆知，冷戰並未終結於重大災難。冷戰過後，持久和平雖仍很遙遠，但世界已明顯和平許多，世界各地除中東和北非外，有組織的暴力已強度遽減[116]。如此結果有多少是拜季辛吉遠見之賜，至少可謂尚未有中肯的答案。目前只說此點即已足夠：以戰事導致的死亡總數為準，一九六〇年代全球暴力危險升高，一九七一至七六年則顯著下降。

狄克森有先見之明，預見到若冷戰果真結束，也確實結束了，而美國獲得差不多未流血的勝利，季辛吉將面臨何種困境：

> 〔季辛吉的〕意見不合仍可暗中導致合作觀念、自我限制概念、及外交政策為有先後次序的系列必要行動等說法，均旨在為整體美國政治文化注入明確的目標……當美國人開始認真質疑其國家在世上的角色時，以恢復歷史的意義……季辛吉的政治哲學與所有戰後政策的基本理念，產生重大分歧，後者立基於

---

* 阿那克薩哥拉（Anaxagoras），古希臘哲學家，將哲學帶至希臘，影響了蘇格拉底的思想。

† 柏克萊（Bishop George Berkeley），著名英國愛爾蘭裔哲學家，也是聖公會主教，美國加州柏克萊市便是以他命名。

美國是救世主、自由民主保證者的概念。若未來某個時間點，美國扮演救世主角色成功，則季辛吉會被視為失敗主義領導者，歷史悲觀主義者，低估了民主理想與原則的吸引力及適切性。[117]

當蘇聯的威脅彷彿經由魔法，消失無蹤後，對季辛吉最不留情的譴責紛紛出籠，此事絕非偶然。

八

筆者過去二十年投入不少時間，想要對權力本質及戰爭與和平的成因更為了解。起初我著重於德意志帝國與大英帝國，但自移居大西洋對岸，或許不可避免地便專注起那個不敢自稱帝國的奇怪帝國：美利堅合眾國。我的評論至少無政黨之分。二〇〇一年我總結柯林頓的外交政策為「未充分發揮實力」（understretch），因其政府忙於應付國內醜聞，又過於反對死傷，以致無法善用美國龐大國力[118]。三年後，布希政府佔領伊拉克初期，我曾發表關於美國困境的省思：英國自由帝國主義（liberal imperialism）傳統的繼承者，深信自由貿易及代議政府的優點，卻受制且可能是致命地受制於三項赤字：財政赤字（指不斷攀高的社福津貼及負債勢必擠壓到可用於國家安全的資源）、人力赤字（指沒有多少美國人願多花時間去搞懂炎熱貧窮的國家）、及最嚴重的專注力赤字（指在四年一回的選舉週期內，任何對外重大干預有可能失去民心）[119]。遠在還不知道是誰以前，我預見到在布希繼任者下我們會選擇什麼方向：「立即自先發制人原則退卻，並實行單邊主義」。我也預期到即將發生的美國退卻的某些後果[120]。

但在研究亨利．季辛吉的生平及時代當中，筆者逐漸體認到自己的方法有欠細膩。特別是我未慮及美國外交政策的歷史赤字有多麼重要：關鍵決策者不但對他國的過去幾乎一無所知，連本國的過去亦然。更糟的是，他們往往不明白這種無知有何不對。而最最糟糕的是，他們對歷史的認識足以帶來信心，卻不足以產生了解。正如二〇〇三年初某位官員向我保證，後海珊的伊拉克，將來會十分類似後共黨的波蘭，有太多成就傲人的美國人，就是不懂得歷史類比的價值及其危險。

本書是一位知識份子的傳記，但不止於此，因在季辛吉思想的演變中，研究與經驗的交互作用格外密切。因而，我把此卷視為德國的教養小說（bildungstoman）：涵蓋哲學與情感教育的故事。再細分為五部。第一部自季辛吉在戰間期德國的童年，講到他被迫移民美國，再又穿著美國陸軍制服回到德國。第二部是關於他早期在哈佛的經歷，唸大學，讀博士，當新進教授，也談由於替外交關係委員會做核策略研究，使他成為著名知識份子。第三部描寫他擔任顧問的初體驗，先是為總統候選人尼爾森．洛克菲勒（Nelson Rockefeller），後是為總統甘迺迪。第四部季辛吉走過曲折的越南之路，以至於醒悟到美國贏不了越戰。第五也是及最後一部，詳述他獲尼克森全然無預警任命為國家安全顧問前發生的事件。

季辛吉酷好閱讀，因此所受教導不言自明是來自康德以至赫爾曼．康恩*等作者。然而在許多方面對他影響最大的並非書本而是人師，第一位即克雷默，他有如季辛吉的浮士德魔鬼（比喻浮士德為追求知識的交易對象）。而他最重要的學問，來自本身經驗與師長教誨的不相上下。筆者總結特別有四點心得，應視作季辛吉一九六九年一月進入白宮時，隨身攜帶的智識資本重要資產：他認知大多數策略選擇是兩害相權取其輕；他相信歷史是由他人自我體悟中獲取類比和洞見的寶藏；他明白做決定基本上是靠推測，而某些行動方

* 赫爾曼．康恩（Herman Kahn），美國軍事戰略家、未來學家，一九二二—一九八三年。

向的政治回報可能低於按兵不動或報復，儘管後者的最終代價也許更高；最後一點是，他明白外交政策的現實主義，如表現於俾斯麥身上的，是充滿危險，不只導致民眾疏離，政治人物淪落到只顧追求權力而已。

筆者認為，季辛吉年輕時胸懷大志，確實是理想主義者。

第一部

第1章　德國故鄉

富爾特對我無關緊要。

——亨利．季辛吉，二〇〇四[1]

一

當傳主斷然否定自身童年對其日後的人生有重要意義，則傳記作者究竟該從何寫起？常有人說，在一九三〇年代的德國長大，對「（季辛吉的）青春期造成創傷性的陰影」。如：「不斷受到無法預期的暴力威脅，此種感覺顯然形成季辛吉內心深處的某種根基，他日後的各種態度（甚至是對核戰）均可能奠基於此。」[2]另一個作者臆測，一九七〇年代季辛吉「害怕回到威瑪德國（Weimar Germany）的暴力、混亂及崩潰」。根據這種論調，他對越戰及水門醜聞的態度，唯有自他年少時在德國的經驗去看才看得懂。的確他整體的哲學及政治觀，據說有很深的德國根源。「威瑪德國崩解的經驗……令〔他〕相信……民主政治有十分黑暗的一面。」按此同一經驗也使他終生抱持文化悲觀主義[3]。

季辛吉本人一再駁斥這類理論。一九五八年他造訪巴伐利亞出生地時表示：「我在富爾特的生活好像過得沒有〔留下〕什麼較深的印象；我記不得任何有趣或好玩的事。」[4]一九七四年三月，他接受《紐約郵報》（*New York Post*）艾倫柏（Al Ellenberg）訪問時曾簡短承認，小時候在納粹德國長大，「經常……在街上被追逐，和痛毆」。但他隨即追加一句：「我童年的那一部分並不重要。我不曾有意識地感覺不快樂，我不曾敏銳地覺察周遭發生的事。在孩子眼裡，這些事沒那麼嚴重。……現在很流行用心理分析解釋每件事。可是我要告訴你，我幼時發生的政治迫害並未控制我的人生。」[5]

季辛吉在公職生涯的回憶錄中，只提到一次在德國的少年時代[6]。二〇〇四年他說過，出生地對他的意義不大[7]。因此想從他德猶裔出身找出他事業關鍵的那些人，只是在浪費時間。

> 我經歷過納粹思想的影響，那是非常不愉快的經驗，可是並未干擾我與同齡猶太人的友誼，所以我不覺得那是創傷……我一直反對精神病學式的解釋，說我養成熱愛秩序多於正義，說我把它轉用於對國際體系做深遠的詮釋。我當年不關心國際體系，我在意的是我們當地足球隊的排名。[8]

而季辛吉日後願意重返富爾特，對他的青春期並非創傷期的印象具增強作用。一九五八年十二月他訪德時到過富爾特，當地報紙登出兩段篇幅的報導，那時他是哈佛大學國際事務中心（Center for International Affairs）副主任[9]。十七年後他是美國國務卿，媒體的關注度高出許多，他由父母、弟弟與妻子陪同，到富爾特接受「公民金質獎章」[10]。此次活動經過精心安排，是為慶賀（依季辛吉所說）「美德人民的友誼不同凡響地再次恢復」。在巴伐利亞達官顯貴觀禮下，他與德國外長根舍（Hans-Dietrich Genscher）分別發表今日看來或像是外交辭令的談話。

> 〔季辛吉表示〕在核災難的陰影下……我們切不可屈服於歷史悲劇總歸避免不了的想法。……我們共同的任務是協力建立一個國際關係體系，確保各大洲穩定及各民族安全、透過共同利益結合世上各民族、並要求對國際事務保持節制及適度。我們的目標是，全體不分大國小國共同致力於和平，這和平因大家不分強國弱國都希望維繫而得以持久。[11]

然而更令人難忘的是，季辛吉父親路易斯臨時起意的演講，此次是他一九三八年以來首度訪德。他雖指出是在那一年「被迫離開」德國，卻慷慨陳詞提及富爾特早期對宗教容忍的傳統。（「過去數百年，偏見與不寬容雖盛行於很多德國市鎮，在富爾特卻是各種宗教和諧共處。」）其子在出生地獲獎，不僅由於俗世的成就，也如同阿里斯托芬* 喜劇《和平》（Peace）中的主人翁特里加厄斯（Trygaeus），因為他

> 以奉獻個人時間精力，促進及維持世界和平為終生職志。他與美國總統合作，胸懷大志要開創各國相互了解及和平協作的時代。……今天季辛吉這一姓氏在世界各地被視為可與「和平」一詞互用；季辛吉成

* 阿里斯托芬（Aristophanes），古希臘代表喜劇作家。

為和平的同義詞，我們作父母的深感欣慰。[12]

那時是一九七五年十二月。安哥拉在葡萄牙殖民統治結束不到一個月即陷入內戰。距季辛吉一家訪富爾特前不過幾天，巴特寮*在越南和蘇聯支持下推翻寮國國王，印尼軍方侵入短暫獨立為國的東帝汶。頒獎儀式八天後，中情局雅典站主任遭射殺。當月的報上全是恐怖份子作亂的新聞：愛爾蘭共和軍（Irish Republican Army）在倫敦，巴勒斯坦解放組織（Palestine Liberation Organization）在維也納，南摩鹿加分離份子在荷蘭。紐約拉瓜迪亞機場（La Guardia）甚至發生致命炸彈攻擊。有些德國社民黨青年認為，似不合適在這種時候表揚美國國務卿[13]。或許唯有在場的老一輩德國人了解，季辛吉如此呼籲的重大意義：「一個和解而非武力會令各民族充滿驕傲的世界；一個信念是道德力量來源而非不寬容及仇恨來源的時代」[14]。以上並非空洞詞彙。對季辛吉一家人，此次「返鄉特別感動」之處，是他們一度逃離的國家現在盛大接待他們[15]。

一九二三年五月是亨茲・艾弗瑞・季辛吉（Heinz Alfred Kissinger）出生於富爾特（Fürth，又譯菲爾特）的月份。那也是世界動亂的一年。一月美國佛州羅斯伍鎮（Rosewood）因種族暴動被夷為平地，有六人死亡。六月保加利亞首相史坦博利斯基（Aleksandar Stamboliyski）遭政變推翻（隨後被殺害）。九月西班牙普里莫・德里維拉（Miguel Ángel Primo de Rivera）將軍掌權，日本遭關東大地震肆虐。十月另一軍事強人凱末爾（Mustafa Kemal）在鄂圖曼帝國（Ottoman Empire）廢墟上，宣布成立土耳其共和國。全球仍處於一戰後的政治餘震中。自愛爾蘭至俄羅斯，很多國家的血腥內戰才剛要結束。俄國革命是人類的一大災難，造成千百萬人喪生，包括領袖列寧，他在同月被迫引退至其高爾基的莊園，自一九一八年遭刺殺未遂後，他的健康始終未能恢復。

但一九二三年動亂最大的莫過於德國。一月法、比軍隊佔領煤產豐富的魯爾區，以報復德國未履行凡爾賽條約（Treaty of Versailles）義務。德國政府號召大罷工。此次危機對德國貨幣是致命一擊，使之貶到一文不值。德國眼看要分崩離析，萊茵區有分離運動，巴伐利亞、薩克森（Saxony）、甚至漢堡，有共黨企圖奪權。十一月八日在慕尼黑，希特勒自貝格勃勞凱勒（bürgerbräukeller）大啤酒館發起暴動。他並非藉大膽起事奪權的首個穿制服煽動家；墨索里尼的「向羅馬進軍」（March on Rome）運動成功才剛過一年。全靠威瑪防衛軍（Reichswehr）首長馮塞克特（Hans von Seeckt）、德國人民黨（German People's Party）領袖馮施特雷澤曼（Gustav von Stresemann）及銀行家沙赫特（Hjalmar Schacht）聯手，才恢復中央政府的權威，並展開改革及穩定貨幣的程序。

亨茲．季辛吉便是在如此亂局中，誕生於中法蘭哥尼亞（Middle Franconian，巴伐利亞西北部）富爾特鎮。

二

狹小沈悶得令人窒息，我們這無花園城鎮，煤煙瀰漫、煙囪林立、機械與鎯頭噹噹作響、處處啤酒館、商業或行會陰沉卑鄙貪婪、刻薄小人聚集，窮困無情。……周遭環境只見貧瘠沙地平原、髒污工廠廢

---

* 巴特寮（Pathet Lao），寮國共黨組織。

水、遲緩黯黑河流、筆直運河、枯瘦樹林、陰鬱村落、醜陋採石場、塵埃、泥土、金雀花。[16]

富爾特缺乏魅力。作家華塞曼（Jakob Wassermann）一八七三年出生於此，對它的記憶是「奇特地無形式可言，枯燥貧乏至某種程度」[17]。它與歷史悠久的鄰居紐倫堡對比特別顯著。紐倫堡是神聖羅馬帝國三大重要城市之一，市內全是「古宅、庭園、街道、大教堂、橋樑、噴泉、城牆」[18]。兩地僅相隔五哩，乘火車不要多久，照華塞曼的說法，卻不協調地「並陳著古老與現時、藝術與工業、羅曼史與製造業、設計與拆解、有形與畸形」[19]。對比更鮮明的是工業污染的富爾特，與其南方安斯巴赫（Ansbach）四周美麗的山坡鄉野，當地的景致是「花園、菜圃、魚池、廢棄城堡、滿是傳說的廢墟、村莊市集、單純居民」[20]。

富爾特之名首見於十一世紀，因中世紀及近代德國早期的政權分散，時而繁榮，時而敗落。有一度此鎮的主權由班堡（Bamberg）主教與安斯巴赫侯爵共享。如此鬆散的安排，使它在十七世紀前半肆虐德國的三十年戰爭期間慘遭蹂躪。（距富爾特西南方不遠是奧特維斯特〔Alte Veste〕，一六三二年馮華倫斯坦〔Albrecht von Wallenstein〕在此擊敗瑞典國王古斯塔夫二世〔Gustavus Adolphus〕）富爾特自一八〇六年起隸屬巴伐利亞邦，曾受惠於十九世紀二項並行的進程：歐陸工業化及德國統一。德國一八三五年修築的首條鐵路路德維希線（Ludwigsbahn），連接的是紐倫堡與富爾特實非偶爾[21]。當年雷德尼茨河（Rednitz）岸邊的小鎮已躍居南德製造業中心之一。富爾特因班迪蘇奈（S. Bendit & Söhne）等公司生產的鏡子，還有眼鏡及其他光學工具而出名。青銅製品、木質家具、金泊裝飾、玩具和墨水筆：富爾特都做，且經常出口至美國。其釀酒廠也聞名於南德各地。當地很少是大量生產。大多數公司規模不大，在世紀交替時，百分之八十四雇用員工在五人以下。所用的技術相對原始，工作環境不免危險，尤其密集使用水銀的製鏡業。然而當地的成長動能無庸置疑。一八一九至一九一〇年人口翻了五倍，由一萬二千七百六十九人增加至六萬六千五百五十三人。

追尋巴伐利亞美景而來的旅人發現，富爾特景觀可憎。英國藝術家喬治（Arthur George）與妻子於一九〇〇年代初，乘火車抵達富爾特。他們也對城鄉間的對比感到訝異：

田地牧場、葡萄園啤酒花園，一望無際，一群群農民為之增添活力。男女兒少全在埋頭苦幹，只見他們以笨拙農具，如別處早已不用的手鐮刀，採取原始方式辛勤耕耘。由一對母牛或公牛拖著打穀機緩緩而行，一旁半睡半醒的驅趕者踩著沈重步伐，如此景象並不罕見。

〔然而〕隨著火車駛近富爾特，所有這些原始、鄉村即景即將破壞的不祥預感愈加強烈，此行的最後階段經過濃密煙塵及一排排醜陋房屋才完成。[22]

簡言之，富爾特是塵霾瀰漫的醜陋血汗工廠大集合，是風景秀麗的王國中煞風景的現代贅瘤。但就算富爾特也保留著一些中世紀的遺跡。每年九月底（至今仍如此）鎮民會過聖米迦勒節（St. Michael's Festival，原稱：Michaeliskirchweih，當地方言稱Kärwa），這為期十二天的嘉年華會可上溯至一一〇〇年聖米迦勒教堂興建時代。富爾特也有自家的傳奇劇，衍生自聖喬治（Saint George）的傳說，劇中勇敢農民青年伍杜（Udo）自當地恐龍魔爪中救出鎮長之女[23]。縱有這些怪異習俗，富爾特如法蘭哥尼亞大部分地區，其實是道地的新教城鎮，三分之二以上人口屬路德教會。富爾特人也與十九世紀大西洋兩岸大多數新教城鎮一樣，有著豐富的俗世團體生活。世紀交替之際，鎮上有二百八十個社團，自合唱團到集郵社都有[24]。一九〇二年鎮上有新劇院開幕，經費全由三百八十二位私人捐助者出資。以文化中心而言，富爾特比不上紐倫堡，但至少聘得起專屬歌劇演員：他們首演的劇目是貝多芬的費戴里奧（Fidelio）[25]。不過富爾特人最愛的娛樂非歌劇。足球才是當之無愧。富爾特聯隊（Spielvereinigung Fürth）成立於一九〇六年，八年後在英國教練唐利（William Townley）帶領下，首次贏得全國冠軍。富爾特在足球上同樣須與那較大較壯觀的鄰市競爭。一九二〇年兩隊在冠軍決賽中遭遇（富爾特隊輸球）。四年後德國代表隊全部是富爾特及紐倫堡的球員組成，但兩隊極度不合，連乘火車都要不同車廂。

足球從過去到現在一直是勞工階級的運動，而它自一九〇〇年代初盛行於富爾特，正顯現出工業如何改變了此城鎮。政治也是同樣情況。一八四八年革命時，富爾特已有「民主黨人巢穴」之稱（當時這是指政治激進派）。富爾特也積極參與一八六三年新設巴伐利亞進步黨（Bavarian Progressive Party）的成立。五年後富爾特社會主義者魯溫斯坦（Gabriel Löwenstein）成立工人組織「未來」（Future，德文：Zukunft），不久便併入全國性的德國社會民主黨（German Social Democratic Party，簡稱SDP，社民黨）。一八七〇年代社民黨唯有結合左翼自由派人民黨，才能在埃朗根（Erlangen）—富爾特選區勝選[26]。但到一八九〇年代社民黨在國會選舉中已可掌握當地多數票；唯有「資產階級政黨」聯合陣線在第二輪投票時，得以淘汰社民黨候選人，所以直到一九一二年「赤色富爾特」始讓社民黨員當選國會議員[27]。

富爾特因兩個不同因素而有赤色之名。第一較明顯的是鎮上製造業的技術工人大量集中，且一般均加入工會。其次是人口中猶太人占很大比例。富爾特的猶太人確實並非全與魯溫斯坦一樣屬於左派。但以德國右翼煽動者愈來愈多，那已足可故意忽視，以對社會主義和猶太思想做貌似真實的誇張類比。

三

自一五二八年起富爾特即有猶太社群。更早的三十年前，紐倫堡仿效許多其他歐洲城市與州邦，將猶太人驅逐出境。富爾特則提供避難所。到十六世紀末，猶太人的確受鼓勵定居於此，好將生意自紐倫堡轉移過來[28]。及至一六〇〇年代初，富爾特已有自己的拉比、猶太律典學院、和首座猶太會堂，它模仿布拉格平卡斯會堂（Pinkas），建於一六一六至一七年。霍洛維茲拉比（Schabbatai Scheftel Horowitz）一六二八至三二年曾居於此，他讚揚「神聖的富爾特社區，城鎮雖小但在我眼裡是與安提阿一樣偉大（Antioch），因為此地博學之士日日齊聚一堂學習。」[29]三十年戰爭對德國猶太人是一段危險時日，但富爾特猶太人受害不大，僅會堂被克羅埃西亞（Croatia）騎兵團當做馬廄而有些損壞[30]。一六九〇年代他們建造二座新會堂：克勞斯（Klaus）及曼海默（Mannheimer）。到十九世紀初總共有七座，其中四座集中於會堂庭院（Schulhof）四周，並附設辦公室、洗禮室和潔食（kosher）肉舖。此時猶太人僅占富爾特近五分之一人口，後隨此鎮擴張占比降低（一九一〇年僅占百分之四）。一八八〇年人數最多時達三千三百人，在巴伐利亞排名第三，次於慕尼黑及紐倫堡，在全德排第十一[31]。

富爾特的猶太人在多方面緊密結合。如一九二〇年代，他們有三分之二以上集中於全鎮六十五個選區中的僅十五個。猶太家庭可自大門上的經文盒（*mezuzah*）加以分辨，那小金屬盒內有羊皮紙，紙上有希伯來字母（Ψ），是猶太教上帝之名沙代（*Shaddai*）的簡稱。猶太人確實絕大多數屬中產階級的商人、專業人士及公務員，在經濟上與周遭異教社會水乳交融。但在社會和文化上依舊獨特，有他們自己的社團網絡：健保聯合會（Bikkur Cholim，意為health insurance union）、三個兄弟會（Chewra Kaddicha，holy fraternities）、遺產協會（Hachnassat Kalla，dowry association）、旅舍業主公會（Hachnassat Orchim，association for innkeepers）、運動社團（Bar Kochba，sports club）[32]。無怪乎十九世紀諷刺作家薩菲爾（Moritz Gottlieb Saphir）稱富爾特為「巴伐利亞的耶路撒冷」。

但在一個關鍵點上，富爾特猶太社群是分歧的：占少數的改革或自由派，與占多數的正統派。支持改革者如一八三一年成為首席拉比的勒維（Isaak Loewi），其願望（之一）是猶太教禮拜更符合基督教禮拜的樣貌。在他影響下，主會堂的布置更接近教堂，站桌被長凳取代，一八七三年再增加風琴；做禮拜者已不再披戴祈禱巾（*tallit*）[33]。這些改變是德國猶太人的同化潮所促成，他們想要去除自身與德國基督徒的外表差異，希望藉此達到法律前完全平等。少數猶太人更進一步，或是改信基督教，或是擁抱政治左派的激進懷疑論。但富爾特多數猶太人反對改革運動。結果自由派會眾雖掌控主會堂，但校園周遭其他較小會堂則是正統派天下。這種分裂延伸至教育範疇。改革派猶太人的子女就讀公立中學（Gymnasium）或女中（Girls' Lyceum），與同齡異教徒做同學，而正統派家庭的孩子被送往布魯曼街（Blumenstrasse）三十一號的猶太中學（Jewish High School），那裡週六不上課[34]。

常遭遺忘的是，猶太人同化在一九一四年前的德國是成功的。再之前確實仍有對他們的限制。一八一三年巴伐利亞猶太委員會法令（Judenedikt）給予猶太人巴伐利亞公民身份，但對任一地方的猶太人數設有限額，這可說明十九世紀中葉富爾特猶太社群不見成長，及一八八〇年後有減無增。此法條雖在一八四八年革命後曾短暫放鬆，但持續有效至一九二〇年[35]。好在至遲至一九〇〇年，富爾特猶太人實際上已不再是次等公民。他們不只可在地方、邦及全國選舉中投票；也可擔任地方法官。他們在各地的法律、醫藥和教育業也位居要津。例如有個富爾特猶太人回憶，他的家鄉出過「首位猶太律師、首位巴伐利亞議會猶太議員、首位巴伐利亞猶太法官、首位猶太校長。」[36]出版商烏爾斯坦（Leopold Ullstein）即出身此鎮的猶太名人，他一八二六年生於富爾特，至一八九九年辭世時，已是德國報業大老闆。一九〇六年另一位傑出人物鉛筆製造商貝洛海默（Heinrich Berolzheimer），遺贈貝洛海默紀念館予富爾特做為「全民教育之家」，以「服務全體鎮民……不分社會階級、宗教或政治意見」。這棟建築加上其大型圖書館及禮堂，象徵南德猶太人融合的頂點。

然而懷疑的種子總是存在。作家華塞曼一八七三年生於富爾特，父親是不成功的商人。他在一九二一年出版的回憶錄中，回顧自己不快樂的童年，他提到十九世紀中葉「像是對人數、行動自由和職業」的限制，如何「為邪惡的宗教狂熱、猶太人聚集區的偏執和恐懼，持續提供滋養」[37]。顯然那些限制到他童年時已取消，以致他父親知足地大聲說道：「我們生活在寬容時代！」

> 就服飾、語言、生活模式而言，適應已大功告成。我就讀公立學校。我們與基督徒混居，與基督徒交友。家父便是其一的進步派猶太人，覺得猶太社群僅具宗教信仰和傳統的意義。宗教信仰為遠離現代生活的誘惑力，變得愈來愈集中於秘密、出世的狂熱教團。傳統則變成傳說，最後淪落到只是詞語，一個空殼。[38]

華塞曼的回憶須小心解讀。他是雙重外人，既是無師自通的無神論者，蔑視其父呆板地信奉宗教，又是德國文學愛好者，但連最輕微的種族歧視暗示都覺得是對個人的侮辱。然而他對富爾特猶太人宗教及社會生活的記述無人能比，並可讓我們了解許多。他憶道：「宗教是一種學習，而且是不愉快的學習。由鄙俗的老頭粗鄙地教課。至今我有時在夢中仍會看到他邪惡狂妄的老臉。……他硬把教規塞給我們，我們機械化地翻譯古老的希伯來禱文，卻完全不懂那種古文；他教的東西死板、毫無價值、已木乃伊化。」

宗教禮拜更為不堪。純屬公式化事務，非聖潔集會，喧嚷地執行儀式已成習慣性，全無象徵意義，僅止照本操演……。保守及正統派猶太人在名為祈禱室（shul）中作禮拜，那窄小禮拜處，常只是晦暗偏僻巷弄裡的小房間。在此仍可見如林布蘭所繪頭像及人物，狂熱的面孔，因記起難忘的迫害而燃燒的修道者雙眼。[39]

華塞曼幼時曾對史賓諾沙的著作表示有興趣，卻遭「以預言式陰沈的語氣」警告：「凡讀此類書者必定會發瘋。」[40]

他無誤地看穿同化的表象。有一晚家中信基督教的女僕把他擁入懷中並說：「你可以是個好基督徒，你有一顆基督徒的心。」她的話嚇到這男孩，「因為其中隱含對作個猶太人的非難。」[41]他在異教玩伴的家庭也感受到同樣的矛盾情緒：「童年時我及兄弟姊妹，與勞工及中產階級基督徒鄰居的日常生活關係緊密，我們的玩伴、保護者都在其中。……但警戒心陌生感始終存在。我只是客人。」[42]

猶太人要在富爾特生活，就得逐漸習慣華塞曼覺得難以忍受的事：「街頭嘲諷式呼叫，惡毒眼神，輕蔑打量的表情，不斷出現的某種不屑，全屬尋常事。」[43]更糟的是發現此種態度非富爾特所獨有。華塞曼服役於巴伐利亞軍中時也遭遇那滲入國家組織隱晦、牢固、幾無聲息的恨意。反猶太一詞尚不足以形容……其含內元素為迷信及故意妄想、盲從恐懼及教士鼓舞的麻木不仁、無知及遭冤屈背叛者的怨恨、肆無忌憚及虛假謊言，再加上不必要的自衛武器、愚昧恨意及宗教偏執。其間關係到貪婪與好奇、嗜血與怕受誘惑慫恿、愛好神秘與自尊不足。就組成者和背景而言，那是德國特有現象。那是德式仇恨。[44]

曾有外國人問魏塞曼：「德國人恨猶太人的原因是什麼？……德國人要的是什麼？」他的回答令人驚訝。

我應該答：仇恨。……

我應該答：他們要替罪羊。……

但我實際說的是：非德國人無法想像德國猶太人悲痛的處境。德國猶太人，這二方面你都不可放鬆。你必須了解那是長期演變過程的最終產物。雙重的愛與雙面的掙扎，將其推至幾近絕望邊緣。德國人與猶太人：我曾作過一個富寓意的夢。……我把兩個鏡子的正面靠在一起：我感覺鏡中存留的人像彷彿必須竭盡全力相互拼鬥。[45]

以上文字出版於一九二一年，距季辛吉出生前僅二年。華塞曼或許非常人，有人或許會說他是猶太「自恨」的一個範例，但他剖析德國猶太人的悲哀卻不幸言中[46]。

四

季辛吉家族是梅耶・羅布（Meyer Löb, 1767-1838）後裔，他是出身克萊奈布市（Kleineibstadt）的猶太裔教師，一八一七年他借用第二故鄉巴特季辛根（Bad Kissingen）為姓氏（遵照一八一三年巴伐利亞要求猶太人須有姓氏的法令）[47]。他與首任妻子育有二子以撒（Isak）和羅布（Löb），但一八一二年妻子生次子時過世。後來他再娶其姐妹順萊恩（Schoenlein）。他倆的十個子女中唯亞伯拉罕・季辛吉（Abraham Kissinger，1818—99）有後代。以撒和羅布・季辛吉的後人是裁縫；亞伯拉罕的後人是老師[48]。亞伯拉罕本人是成功的則織匠兼商人。他與妻子芬妮・史特恩（Fanny Stern）育有九名子女，四子分別是約瑟（Joseph）、邁爾（Maier）、西蒙（Simon）和大衛（David, 1860-1947），全都成為拉比。大衛・季辛吉在巴伐利亞—圖林根（Thuringia）交界的埃爾梅爾斯村（Ermershausen）教當地猶太人宗教。一八八四年八月三日，他娶妻卡洛琳（麗娜）・柴柏格（Karoline〔Lina〕Zeilberger, 1863-1906），其岳父是富農，給女兒一萬馬克為嫁妝[49]。他倆生育八名子女：珍妮（Jenny，一九〇一年，原文有誤六歲時夭折）〔應為一八九一〕、路易斯（Louis，一八八七年二月二日生）、艾達（Ida, 1888）、芬妮（Fanny, 1892）、卡爾（Karl, 1898）、阿爾諾（Arno, 1901）、莎瑪（Selma）、西蒙（Simon）[50]。

路易斯・季辛吉是在帝制德國，聰明勤奮的猶太男孩可有何成就的代表人物。十八歲時，他連中學文憑都沒有，更遑論大學學位，卻能找到教職。起先是在富爾特為男生（猶太人為主）所設私立海克曼學校（Heckmannschule）教書，待遇是每年一千馬克，外加每月二百五十五馬克健保與老年保險費，每日上課四小時，教德文、算數、理化。他教了十四年[51]。雖於一九一七年正式成為富爾特公民[52]，他卻似乎考慮過換工作，曾應徵巴伐利亞北部和上西里西亞（Upper Silesia）的教職，但獲聘用時又拒絕。反而到三十歲時，他做出遲來的決定，要在男生就讀的富爾特理科中學（Fürth Realgymnasium）參加畢業考（Reifeprüfung）。拿到高中文憑後他得以在艾朗根大學（Erlangen University）修課。更重要的是他可到富爾特一所公立學校：現名為海琳娜朗恩中學（Helene-Lange-Gymnasium）的女子中學，應徵更有名望的職位。一九二一年路易斯·季辛吉獲聘為「主任教師」（Hauptlehrer, chief teacher），他實質上成為高階公務員。他雖繼續教算數和理化，好像偶爾也在鎮上的商校（*Handelsschule*）[53]授課，不過他喜歡的科目是德國文學。女學生給他起綽號「基蘇」（Kissus），基蘇並非嚴格的老師。他樂於把德國經典詩作介紹給學生，如歌德（Goethe）的〈鷹與鴿〉（Der Adler und Die Taube, The Eagle and the Dove），海涅（Heinrich Heine）的〈今往何方〉（Jetzt Wohin, Now Where）。後面這首日後產生對他個人的痛苦意義。流亡海外的海涅在一八四八年革命後寫下這首詩，詩中對於要是會在祖國德國面臨死刑判決，他不知該何去何從。

今往何方？我愚蠢雙足
樂於走向德國
但明智頭腦在顫抖
似在對我說「不」：
戰爭很可能已結束，？
但戒嚴法仍實行中。……

我有時會想
我應航向美國，
來至可靠自由之地
擁護平等者歡呼之地

但我害怕此等國度
人民嚼食煙草
無君王各行其是
吐痰卻無痰盂。

路易斯．季辛吉確實認同海涅對出生地的偏愛。他與海涅所見略同，覺得自己既是猶太人也是德國人。路易斯．季辛吉毫無疑問是效忠德國。他加入專為代表「猶太教德國公民」（Centralverein deutscher Staatsbuger jdischen Glaubens，German citizens of the Jewish fatith）而成立的全國組織[54]。他不同於大多數同輩德國男性，並未打過一次大戰，但那是由於健康因素[55]。已知有季辛吉家族其他成員服役於巴伐利亞軍隊，儘管有華塞曼的經驗，那裡對猶太人比規模更大的普魯士軍隊明顯較友善。路易斯的弟弟卡爾積極從軍；後面會看到，他未來的岳父也被徵召。二個他的堂兄弟在一戰中陣亡[56]。對當年許多德國猶太人來說，沒有比如此犧牲更能證明對德意志帝國的忠誠。對於猶太人在前線和死傷名單上比例過低的說法，像路易斯所屬的那類愛國組織曾嚴加駁斥。但他有別於同時代的某些人，他不覺得有必須削弱宗教信仰以證明自己愛國的壓力。他堅守富爾特猶太社群正統派，加入布瑞斯勞爾（Yehuda Leib ）Leo） Breslauer）拉比主持的新校（Newschul）會堂，而未成為對立的改革派畢恆斯（Siegfried Behrens）拉比的會眾。路易斯像布瑞斯勞爾（但不同於其弟卡爾）對猶太復國運動感到不安，那是號召猶太人在巴勒斯坦建立自己的民族國家，這想法對巴伐利亞猶太人特別具吸引力[57]。其妻後來回憶：「他〔路易斯〕很清楚〔復國運動領袖〕赫澤（Theodor Herzl）和一切。他明白但從未信服。……他信仰虔誠但像個孩子，他什麼都相信……他研究復國運動但無法接受。他對德國感情深厚。」[58]

說這些話的寶拉・季辛吉（Paula Kissinger），一九〇一年二月二十四日生於富爾特以西三十五哩的洛伊特爾斯村（Leutershausen）。父親福克・史特恩（Falk Stern）是富農兼牛商，也是當地猶太社群領袖，曾任會長（Vorsitzender，chairman）十五年。女兒三歲時，他與兄弟大衛合資買下目前仍位於市場（Am Markt）八號的豪宅。寶拉在正統派家庭長大，希伯來文學到閱讀流暢，並一定在家中用餐以符合潔食教規。此村與富爾特相同，宗教分歧並不代表社會隔離。寶拉的童年密友是新教徒，名叫芭貝特・漢米爾德（Babette "Babby" Hammerder）。寶拉後來憶道：「你從未看到或感覺到反猶太，『直到希特勒來了』。其實他們會來接近你，尋找你，要跟你做朋友。」[59]她十二歲時，母親佩琵（Peppi）過世。悲傷的父親將聰慧的她送往富爾特女校，她與姨媽貝兒塔・佛萊希曼（Berta Fleischmann）同住，姨父經營赫爾辛街（Hirschenstrasse）的猶太肉舖。

福克雖是四十五、六歲鰥夫，卻在一九一五年六月被徵召，服役於派駐比利時的步兵隊，十一個月後退伍。他自前線返家後，寶拉被召回洛伊特爾斯村，為父親及叔叔作管家。她後來回憶：「我十八歲……在那小鎮寂寞死了，那裡沒有知性〔生活〕……沒有可用頭腦的東西。我不得不到鄰鎮圖書館去借書。」她曾夢想去「遙遠的地方」如卡布里島（Capri），卻身陷廚房中。「阿姨……教我烹飪，我討厭它。我想要看書，她來時我就坐在那裡看書，不做事。」[60]父親一九一八年四月再娶芬妮．華特（Fanny Walter），她得以解脫。不久後寶拉到北德哈爾貝爾市（Halbertstadt）去做事，以工換食宿，替有錢的猶太金屬廠老闆照顧四個子女。那裡算不上卡布里，但這家人在哈茨山脈（Harz Mountains）的夏季別墅比洛伊特爾斯村的廚房要好。寶拉是到富爾特探望親戚時，有人介紹她認識母校新來的老師。路易斯．季辛吉雖比她大十四歲，兩人卻墜入愛河。一九二一年十二月兩人訂婚。八個月後，於一九二二年七月二十八日結婚。

路易斯與寶拉季辛吉結婚時正逢一場革命，其激烈度不亞於九十年前造成他最愛的詩人海涅流亡海外的那次革命。即使在正式休戰結束一次大戰前，帝國政權已被橫掃全德的革命浪潮推翻。一九一八年十一月九日，富爾特短暫落於工人暨士兵委員會（Workers' and Soldiers' Council）控制下；委員會紅色旗幟飄揚於鎮公所上方。一九一九年四月，這群革命份子想要與慕尼黑仿俄國蘇維埃成立的「革命中央委員會」（revolutionary central council）結盟。但如同德國其他地方，富爾特社民黨拒絕布爾什維克模式，僅四天之內，政府當局各單位及首長（Magistrat and Kollegium der Gemeindebevollmächtigten）便重新掌權[61]。但革命並未就此停止。一九一九至二三年，每年至少有一次左翼或右翼想要推翻新威瑪共和的企圖（依其憲法草擬地所在的圖林根城鎮而名為威瑪）。政治暴力又伴隨著經濟不安全感。威瑪政府的部長們為證明，凡爾賽條約加諸於德國的賠償債務是強人所難，便刻意採取赤字財政及印鈔政策。短期效益是刺激投資、就業及出口。長期代價是災難性的超級通膨，對金融體系、社會秩序及共和國政治正當性造成永久傷害。一戰前夕德國馬克的匯率依金本位，固定於四．二〇馬克對一美元。到一九二三年五月二十七日：亨茲（Heinz）．季辛吉出生日，一美元可買到近五萬九千的紙馬克[62]*。年通膨率快到百分之一萬。同年年底通膨率達百分之一八二〇億。紙馬克剛好值戰前馬克的一兆分之一。

顯然季辛吉家的新生兒不會記得這一切，但他並非未受影響。因為受通膨打擊最大的正是像路易斯這種高階公務員。工人至少可透過罷工要求加薪，以部分保護自己對抗飛漲的物價。受敬重的老師不能做這種事。一戰後那些年，非技術工人的工資起先實質上是持平，最後在一九二二至二三年崩跌，減少約三成。相形之下，經通膨調整後，公務員薪資降低六至七成。而像季辛吉家這種中產階級家庭，現金儲蓄完全被吃掉。威瑪超級通膨造成的大均貧，使路易斯・季辛吉這類人成為最大輸家。直至一九二五年一月，他才有能力把人口漸增的一家子，由馬提登街（Mathildenstrasse）二十三號一樓擁擠的公寓，遷至附近的馬利恩街（Marienstrasse）五號，亨茲的弟弟華特便出生於此。

五

亨利・季辛吉曾開玩笑說，要不是希特勒，他可能一輩子「在紐倫堡靜靜地當中學或大學老師（*Studienrat*）」。其實他小時候不太像是會步好學的父親的後塵。其母憶及當他與弟弟剛上幼兒園時，他們「討厭上學……極為調皮，很難管教。……他們會逃跑，我得把他們找回來。」[63]之後兄弟倆就讀其父初任教職的老學校海克曼私校：一九三一年的一幀相片，是亨茲與老師梅爾茲（Merz）及另八個同學的合影（其中五個被認出是猶太人）[64]。往日舊識對亨茲當年的功課如何後來說法不一。最終定居以色列的萊

＊紙馬克（paper mark），指一戰爆發後放棄金本位的馬克，特別是超級通膨時發行的紙幣。

恩（Menahem〔原名Heinz〕Lion）承認，曾「羨慕他的文章。其形式、風格和構思都很突出，經常在班上唸給大家聽。」[65]但有人記得他在學校是「一般」學生[66]。讀猶太中學時教過他英文法文的艾達特（Shimon Eldad），回憶他是「好學生但並不特出。……他是活潑有才華的孩子，但我看不出有什麼特殊之處。他的英文不曾令我眼睛一亮，到今天好像依然如此。」[67]

季辛吉兄弟理當是在相當嚴格的正統猶太教家庭長大。萊恩記得「每天早晨上學前一起去會堂。週六萊恩的父親教他倆猶太教律。他倆一起加入正統派以斯拉青少年團[68]*約斯伯格（Tzipora Jochsberger）的記憶與此類似[69]。季辛吉七歲時寄住於表親海曼（John Heiman）家，他後來描述

> 某週六，他與亨利閒逛走出教律線†，那是指圍繞〔猶太社區〕的某種默認邊界。按照教律，正統派猶太人一旦走出此線，手上或口袋裡不能帶任何東西……他和季辛吉越界後，亨利停下腳步，提醒他禁止「攜帶」。他們便把口袋裡的手帕拿出來，綁在手腕上。[70]

一旦進入青春期，亨茲卻日益反抗父母的生活方式。父母認為的娛樂是在富爾特劇院聽歌劇《費德里奧》（*Fidelio*）。路易斯．季辛吉愛好閱讀席勒（Friedrich）及蒙森（Theodor Mommsen）的經典作品，甚至研究並撰寫地方誌。相對的，亨茲熱愛足球[71]。

在當年富爾特聯隊是值得追隨的球隊。他們一九二六及二九年兩度贏得全德冠軍，並且均是擊敗柏林赫塔隊（Hertha BSC），一九二三及三一年則打入準決賽。同一期間他們四度贏得南德杯（South German Cup）。富爾特與紐倫堡的對立，與其他鄰近城市為歐洲足球齟齬一樣激烈，如格拉斯哥（Glasgow）的遊騎

兵隊（Rangers）與塞爾提克隊（Celtic）。亨茲．季辛吉很快即成為富爾特忠實球迷。如他後來憶道：

> 足球在富爾特的地位有如〔美式〕足球在綠灣‡。那是個小鎮……十年內三度獲得德國冠軍。……我大概從六歲開始踢球。外祖父家在富爾特附近〔洛伊特爾斯〕有農場，農場上有個大院子，我們在那自由組隊比賽。我當過很短的守門員，但摔斷手。後來我先踢右內位置，再踢中場。一直踢到十五歲。我球技實在不怎麼好，但很認真。

亨茲雖非一流運動員，但他已是精明的戰術家，曾為其球隊設計「一套戰法，後來發現那正是義大利人的踢法。……戰術是把很多球員留在後方防禦，不讓對手得分，搞得對手火大……當十個球員排在球門前，你很難得分。」[72]他一度瘋足球瘋得太嚴重，以致父母禁止他去看富爾特的定期球賽。

導致亨茲與父母衝突的不只是迷上足球。如他少時的友人所記得：

> 亨茲．季辛吉會在我家待很久。他家與我家離得很近，他會騎單車過來。他喜歡跟我們一起。我感覺他好像與父親不和。假使我沒猜錯，他很怕父親，因為他是很學究型的人。……其父老是查亨茲的功課，緊盯著他。亨茲對我說過不止一次，他無法跟父親討論任何事，尤其是女生的事。

---

* 以斯拉（Ezra），猶太教聖經中一位重要人物，當巴比倫陷落時，他帶領一批猶太人返回應許之地。

† 教律線（eruv），為方便猶太人在週六安息日仍可照常活動而設定。

‡ 綠灣（Green Bay），在威斯康辛州，隊名包裝工（Packers），屬國家聯盟（NFL）北區職業隊。

萊恩後來則說：「季辛吉唯一一次拿不滿意的成績單回家，就是他開始注意女生、或女生開始注意他時。他當時才十二歲，女生就開始追他，但他未注意她們。他的初戀是一個迷人的金髮美女。」據萊恩說，他們兩個男生曾在週五晚上帶女友到當地公園散步。有一次萊恩因散步晚回家，他父母怪罪是季辛吉帶壞他，就禁止兒子一整週內和「季辛吉那小子」見面。後來父母送萊恩參加六週的夏令營，「以使他遠離花名在外的亨茲・季辛吉」[73]。記憶不一定可靠，這故事經過三十年很可能已加油添醋。不過連季辛吉的母親也說，她的長子很喜歡「什麼事都悶在心裡，從不談論內心最深處的想法！」[74]體罰對季辛吉家並不陌生，當時大多數家庭皆如此[75]。制止調皮搗蛋是值得的。

六

在外祖父家踢球，騎單車，交女友，過暑假[76]；乍看之下亨茲・季辛吉的童年，與若是在美國長大的經歷會差不多。但這聰明叛逆的男孩很難忘懷，德國由經濟恐慌倒向獨裁之際，發生於他四周遭的劇變，尤其被當成德國災難主要替罪羊的，是他所屬的宗教少數族裔。

為何德國猶太人的同化一九一四年前看似如此成功，之後卻如此戲劇化的翻轉，終至幾乎滅族？史上比這更難解答的問題不多。有一種論點是華塞曼所提出，他說同化從未完成，而德國文化始終存在著一股特別強勢的反猶太傳統。另一種論點是，我們應了解反猶政策支持度高漲是同化的反作用，而有很大一部分是經濟危機促成的。選民支持反猶政黨的高點緊接著一九二二至二三年超高通膨、及一九二九至三二年的經濟恐慌後出現，絕非偶然。猶太人相對而言是德國最成功的族裔：占總人口不到百分之一，卻擁有遠超過百分之一的財富。再加上德東的領土及政治變化導致被稱為東猶太人（Ostjuden）者大批湧入，正是由於他們未同化，引起民眾不滿[77]。反猶太雜誌《攻擊者》（*Der Stürmer*）自一九二三年四月，亨茲·季辛吉出生前一月，開始每週於紐倫堡出刊。每期刊頭就只這幾個字「猶太人是我們的不幸」。即使納粹未掌權前，巴伐利亞已採取步驟限制猶太人權利，特別是一九二九年邦議會通過，禁止猶太屠夫儀式性宰殺[78]。

某種程度上富爾特的猶太人可自我告慰，他們的異教鄰居在意識型態上敵視國家社會主義。當各種極右團體於一九二三年九月一至二日，在紐倫堡舉行特別的「德國日」時，參加者若行經富爾特會施以簡短懺悔，配戴卍字徽章者會被要求取下，否則強制摘除。他們到達富爾特火車站時，一隊慕尼黑來的褐衫軍，遭百餘人的群眾攻擊並高喊「打倒反革命！」、「幹掉他們！」、「希特勒下台！」，當衝鋒隊（SA，Sturmabteilung）開始唱起納粹早期最愛的〈隱士之歌〉（Erhardtlied），群眾以〈國際歌〉（*Internationale*）及高喊「聖莫斯科！（Heil Moskau）」加以反制[79]。「德國日」之後不久，國家社會主義德國工人黨（National Socialist German Workers' Party，NSDAP，納粹黨）在富爾特成立黨部，當時僅一七〇人加入[80]。一九二四年二月三日該黨試圖在富爾特舉辦集會，主講人卻遭共黨份子起哄落荒而逃，活動以混亂收場。同年五月的全國選舉中極右翼民族團（Völkische Bloc）確實成績頗佳，贏得富爾特百分之二十五以上的選票，全國得票率才百分之六·五。但七個月後再次選舉時得票率下降許多，只剩百分之八。德國整體的情況是，分裂出來的黨如經濟黨（Economic Party）興盛於一九二〇年代中期，經濟情況相對穩定。一九二五年九月納粹在富爾特舉行大型集會時，排出明星級講者陣容，包括希特勒本人及《攻擊者》主編史揣耶（Julius Streicher）。他們原希望能坐滿鎮上最大場地之一蓋斯曼廳（Geismann Hall），但預期一萬五千人只來了不到三分之一。地方黨部領導福斯特（Albert Forster），後曾任但澤（Danzig）大區黨領導人，滿懷歉意歡迎希特勒來到「猶太大本營」（Hochburg der Juden）。希特勒在演說中回應，哀嘆德國人已成為「猶太族奴隸」（Sklaven……für das Judentum）[81]。富爾特的納粹黨員在一九二七年降為二百人。一九二八年三月希特勒及一年後史揣耶先後來訪，並未扭轉頹勢。一九二八年五月的選舉中得票率落到僅百分之六．六。

富爾特與德國其他地方一樣，是經濟大恐慌救了希特勒的運動。一九一四至三三年整個期間是富爾特的經濟災難期，因為鎮上經濟極度仰賴出口。即使相對繁榮的一九二四至二八年，失業人口依舊很高，一九二七年初超過六千人，不過那年的釀造及營建業展望似乎不錯，景氣漸有改善。其後情況卻再度惡化。一九二九年六月底，領取三種失業救濟金的工人有三千二百六十八人。到次年二月激增至超過八千人。一九三二年一月則達到最高點一萬四千五百五十八人。等於富爾特有半數工人失業。一度活絡的製鏡業，雇工人數由五千遽減為一千。玩具外銷全垮[82]。受影響的不止工人，小行號也自身難保。一九三二年十月一百八十五個原本獨立的工匠也仰賴公家福利。但社福給付實在太少，許多人淪落到乞討和犯輕罪[83]。

經濟大恐慌的起因至今仍爭議不休。當然一大部分歸因於美國當年的政策錯誤。美國聯準會（Federal Reserve）使貨幣情況太寬鬆，導致股市泡沫膨脹在先，後又使貨幣情況太緊導致金融體系內縮。國會增加原已很高的保護主義關稅。聯邦政府直到一九三三年，才以像樣的財政刺激因應危機。國際政策協調也完全崩壞。一戰期間及戰後產生的巨大政府債務本可理性調整；奈何撙節政策失敗後出現拖欠及違約。德人又建立本身負擔不起的福利國家，允許工會提高實質工資，並容許產業反競爭力的作法，為自己製造更多問題。有些在運作的力量，則是決策者的影響力鞭長莫及。儘管有戰爭，年輕男子卻供過於求。也因為有戰爭，農業、鋼鐵及造船業均產能過剩。

住在法蘭哥尼亞鄉下工業鎮的失業貧民，對這些可謂一無所知。在提供給他們關於此次危機的種種說明中，他們最後接納的是希特勒的說法，要解釋怎會如此成為挑戰。納粹的大突破出現於一九三〇年九月十四日的國會選舉，其全國得票率由百分之二・六上升至十八・三。在富爾特他們贏得百分之二十三・六，比一九二八年成長四倍。這是持續攀升的開始。一九三二年總統大選第一輪，希特勒在富爾特贏得百分之三十四的選票。在巴伐利亞邦議會選舉中，納粹得票率升至百分之三十七・七，首度超越社民黨。一九三二年七月三十一日國會選舉的納粹得票率是百分之三八・七。他們在同年十一月六日的選舉中成績雖不理想，但一九三三年三月五日的選舉，他們在富爾特的得票率又衝上百分之四十四・八。那次選舉有二萬二千多富爾特人投給納粹（見下表）。

就全國來看，納粹搶走舊「資產階級政黨」：國家人民黨（National People's Party）、人民黨、民主黨（Democratic Party）不成比例的選票。原支持社民黨、共產黨、天主教中間黨（Catholic Center Party）而改投納粹的較少見。此種政黨支持轉移在許多方面是由一些團體所領導或牽線，有經濟次團體如德國國家主義行政人員協會（German Nationalist Clerical Workers' Association），也有保守組織如擁護君主制的皇家巴伐

富爾特及全德納粹得票[84]

	納粹得票數	占富爾特得票率	納粹占全德得票率
1924年5月4日	9,612	25.6	6.5
1924年12月7日	3,045	8.2	3.0
1928年5月20日	2,725	6.6	2.6
1930年9月14日	10,872	23.6	18.3
1932年7月31日	17,853	38.7	37.3
1932年11月6日	16,469	35.6	33.1
1933年3月5日	22,458	44.8	43.9

利亞故國聯盟（Royal Bavarian Homeland League）、「忠於富爾特」（Faithful to Fürth）社團，退伍軍人團體如基弗霍塞聯盟（Kyffhäuser League）[85]。威瑪時期盛行於南德的納粹原型組織中，巴伐利亞青年軍（Young Bavaria）即很典型，它驕傲地宣稱，反對「純理性獨霸的治理，法國大革命的遺緒」[86]。同樣重要的因素是某些新教牧師強烈的「德國民族」語氣，與某些納粹宣傳經常很明顯的宗教語言相呼應[87]。史學家法蘭克* 一九〇五年生於富爾特，十幾歲時已熱衷於德國民族主義，由其父的國家人民黨背景轉向國家社會黨並不難。他屬於眾多此時傾向納粹的成就過人的學者；同輩另一位有才華的富爾特人艾哈德†，得以免疫於納粹魅力而未成為社會主義者是特例[88]。

值得注意的是，所有這些社會尊敬的團體，最後都把票投給有系統運用暴力作為選舉戰術，並明白贊成以暴力為政府策略的運動。其部分原因很簡單：納粹的宣傳活動比對手更有效。一則富爾特的納粹黨員數，一九三〇年三月是一百八十五人，一九三二年八月已增至一千五百人。新進黨員努力為黨付出。自一九三二年初警方限制解除後，該黨幾乎週週在富爾特辦活動，在那年首次選舉前二週，舉行不下二十六次集會[89]。到同年第二次選舉前，納粹共舉辦八次大規模造勢活動，還有幾乎每晚進行的「夜間開講」（*Sprechabende*）。但暴力也是要角。

富爾特街頭變得愈來愈危險並不全是納粹的錯。左翼共產黨（KDP）及社會主義組織如國旗團（Reichsbanner），也喜歡發起粗暴的示威遊行及破壞政治對手的集會。如同一九二〇年代，此時納粹發現富爾特有不少人對它懷有敵意。一九三二年四月九日，十五名衝鋒隊員走出親納粹的黃獅（Yellow Lion）酒館時，遭鋼鐵陣線‡成員襲擊。二個月後納粹支持者萊恩格魯柏（Fritz Reingruber）因是「卍字黨羽」而遭痛毆，相同命運發生於另一名納粹身上，他被抓到販售納粹黨的《人民觀察家報》（*Völkische Beobachter*）[90]。

七月三十日晚警方束手無策地看著暴民，向由富爾特機場駛往紐倫堡體育場的納粹車隊，投擲馬鈴薯和石塊；希特勒本人的座車也被砸中[91]。更多無言的敵意見於一九三三年一月，納粹衝鋒隊、親衛軍（Schutzstaffel，SS，又譯黨衛軍）、希特勒青年團成員，參加了鎮上一年一度的狂歡節（*Fasching*，懺悔星期二〔Mardi Gras〕）遊行。而蓋斯曼廳舉行的一場公開集會，因德共黨員拒絕接受國歌，最後釀成更嚴重的暴力[92]。

富爾特不是芝加哥。共黨與納粹的拼鬥不涉及槍砲。但所有這些失序行為的效應已種下禍害。同時讓人們渴望德國舊有的「安定秩序」（Ruhe und Ordnung）理想，並接受可能須藉更多暴力來實現此理想。一九三三年一月三十一日希特勒獲任命為帝國首相，納粹把握時機發起穿越鎮中心的大規模火炬遊行，由庫爾加恩街（Kurgartenstrasse）行經紐倫堡街（Nürnbergstrasse）及國王街（Königstrasse），到三王廣場（Dreikönigsplatz）。現在他們反守為攻。二月三日晚，六七十名衝鋒隊員攻擊共黨鵝山（Am Gänsberg）酒館。繼二月底國會發生火災，提供「為保國衛民」緊急立法的絕佳藉口，一九三三年三月的選舉便可在官方脅迫的新氛圍下進行。三月三日又有一場大規模穿越富爾特的火炬遊行。三月九日傍晚，有一萬至一萬二千人群聚於鎮公所外，觀看紅色納粹旗幟升起，與令人安心的黑、白、紅舊帝國旗幟並列於鎮公所尖塔上，並聆聽邦議員及史揣耶同夥赫茲（Karl Holz）宣告「德國革命」開始。赫茲宣布：「今天代表巴伐利亞大清理的起點……即便曾是赤色且完全猶太化〔verjudet〕的富爾特，也會再次被造就成潔淨誠實的德國城

* 法蘭克（Walter Frank），納粹史學家，以領導反猶研究聞名。
† 艾哈德（Ludwig Erhard），政治人物兼經濟學家，一九六三至六六年曾任德國聯邦總理。
‡ 鋼鐵陣線（Iron Front），社民黨組成之反法西斯、反共、反君主制民兵組織。

鎮。」[93]

這番話對富爾特的猶太人，包括忠誠愛國者路易斯．季辛吉與家人，預示了比他們當中最悲觀者所能理解的還要嚴重太多的威脅。

第2章　逃難

若能重回十三年來的仇恨與不容，我將發現那是漫長艱難之路。飽含羞辱，失望。

——季辛吉對父母，一九四五[1]

一

時為一九三四年九月底。富爾特一年一度聖米迦勒節前夕，鎮牧師弗宏穆勒（Paul Frommüller）道出許多人的心聲，他感謝上帝「派來希特勒，是我們免於不信神異族攻擊的救星，新帝國締造者，在此基督宗教將成為全民生命的基石。」[2]

對富爾特大多數基督徒而言，納粹治理才只一年半後生活已見改善，並幾乎無間斷地持續改善到一九三八年。一九三三年一月領取社福給付者超過八千七百人。到一九三八年六月減至不足一千三百人[3]。

納粹經濟復甦是真的，富爾特感受得到。

鎮上景觀也有所不同。鎮公所懸掛鮮紅色國家社會黨旗幟；卍字徽及元首玉照變得無所不在。有些街名也改掉。國王發特街（Königswarterstrasse）現在是「希特勒街」；主廣場依納粹原型「烈士」施拉吉特（Albert Leo Schlageter）改名施拉吉特廣場，他是在季辛吉出生前夕，因圖謀破壞魯爾占領區火車遭法國人處決。富爾特的確比不上紐倫堡的聖米迦勒節盛會，那裡有長達一週的慶祝活動，吸引全德多達百萬納粹黨及附隨組織成員。但仍有至少十四天公定假日及節慶活動，如五月一日「人民節」（Festival of the People）（借用自社民黨的五朔節〔May Day〕）及四月二十日希特勒誕辰[4]。對喜歡晚上欣賞歌劇而非街頭遊行者，重新整修開幕的市劇院新總監默凱（Bruno F. Mackay），推出純德國口味劇碼，包括歌德的《艾格蒙》（*Egmont*）、席勒的《陰謀與愛情》（*Kabale und Liebe*）、萊辛（Gotthold Ephraim Lessing）的《巴恩赫姆》（*Minna von Barnhelm*，又譯《士兵的幸運》）。希特勒本人一九三五年二月十一日造訪富爾特時，劇院特為他演出無傷大雅的輕歌劇《當愛下令》（*Wenn Liebe befiehlt*，意為When Love Commands）。劇名貼切地呼應納粹口號「元首下令，我們遵從」（*Führer befiehl, wir folgen!*，意為：Führer Command, We'll Follow!）

但國社黨美好宣傳的背後卻是壓迫和恐怖的現實。納粹美其名為一體化（*Gleichschaltung*）的行動始於一九三三年三月十日，有十五至二十名共黨、共黨工會及社民黨幹部被捕，社民黨工會總部亦遭占領。左翼自由派市長（Oberbürgermeister）威德（Robert Wild）被強制無限期休假；副市長以年齡為由辭職。一週後清算左傾官員持續進行，警察局長、市立醫院院長、首席醫官、健保基金負責人均被強迫退休。三月二十八日及四月二十五日更多共黨活躍份子被捕：多數以「保護管束」（*Schutzhaft*）遭拘留，那是又一個納粹美化名詞，意指他們被送至南邊一百哩外達浩（Dachau）新闢的懲罰營。

一體化沒完沒了地進行；每週對納粹的政敵施以更多限制。四月一日起新聞自由取消，當局宣布今後《富爾特指示報》（*Fürther Anzeiger*）將成為「富爾特區納粹機關報」。市議會經重組使納粹成為多數，包含新市長雅可布（Franz Jakob）（前巴伐利亞納粹邦議員）及其兩名副手。當地各圖書館亦遭清算，於五月十至十一日晚進行焚燒「顛覆」書籍儀式[5]。次日搶先於六月二十二日對其活動的全國禁令，社民黨富爾特支部自行解散。六月三十日富爾特社民黨領袖紛紛遭到逮捕，送至達浩與共黨幹部關在一起。所有舊中產階級政黨有太多支持者流向納粹，此時或是解散或是與納粹合併。巴伐利亞青年團被納粹青年團吸收。富爾特所有獨立經濟組織和娛樂社團，連合唱團、園藝社，均難逃類似運命[6]。

然而自國社黨政權上台起，猶太人即是最殘酷鎮壓的目標。自共黨及社民黨領導人被捕後，這兩黨的一般選民有轉而順從擁戴國社黨的機會。但納粹依種族定義的猶太人卻未獲此機會，改信基督教、甚至跨族通婚的後代也不例外。想了解猶太人在納粹德國長大的遭遇，就得明白國社黨政權如何有系統地、週週月月地逐步剝奪猶太人的權利。一九三三至三八年，每過一年不安全感即更為加深。如富爾特這類城鎮的經驗更是悲慘。它不僅遭納粹貶為「猶太化」城鎮。又在「清算運動重鎮」之一的紐倫堡隔壁，那也是可憎的《攻擊者》雜誌主編史揣耶的家鄉，他此時已是中法蘭哥尼亞大區黨領袖。更何況富爾特位於巴伐利亞邦，納粹衝鋒隊首領羅姆（Ernest Röhm）是此邦首長，親衛隊全國領袖（*Reichsführer-SS*）希姆萊（Heinrich Himmler）則掌管其政治警察局。這一切意味着反猶太措施及「自發性」行動往往在富爾特發生得比別處快，執行熱度也更強[7]。

缺乏在集權國家生活經驗的讀者，必定很難想像那種狀況，在五年期間失去從事個人職業、使用游泳池以至學校等等公共設施、及言論自由等權利，更重要的是失去免於任意逮捕、傷害、攻擊和沒收等的法律保護。這正是一九三三至三八年德國猶太人的命運。在富爾特那始於一九三三年三月二十一日，市立醫院院長法蘭克（Jakob Frank）醫師遭停職並短暫被捕。另兩位猶太醫師及一位護士被解雇。一週後全富爾特九位猶太醫生均去職[8]。納粹接著把注意力轉至富爾特為數眾多的猶太商家。三月二十五日知名雜貨店鮑恩弗海恩─帕赫麥耶（Bauernfreund-Pachmayr）遭指控其食物中有老鼠屎及動物毛而被迫關門[9]。六天後的納粹示威預告，自次日起在全國抵制猶太企業，這顯然是為報復美國某些猶太組織提議的反德抵制。四月一日早晨，衝鋒隊員開始在市中心四處張貼海報，呼籲民眾「抵制猶太人！抵制猶太同黨〔*Handlangern*〕」，並列出富爾特總共七百二十家猶太人擁有的事業，那至少占百分之五十批發業者、百分之二十五製造廠商、百分之十五零售商店，以人口占比不到百分之四，這是可觀的市占率[10]。一個尤其明顯的抵制目標是猶太人開的幸運女神（Fortuna）電影院[11]。接下來輪到猶太公務員，包含像路易斯．季辛吉這種公立學校教師，他們被依一九三三年四月〈政府公職重建法〉（Law for the Restoration of the Career Civil Service）免職。另一重大的立法里程碑，是一九三五年納粹年會上草擬的所謂「紐倫堡諸法」（Nuremberg Laws），第一部是〈保護德國血統暨榮譽法〉（Law for the Protection of German Blood and Honor），禁止異族通婚及異族性關係，也禁止猶太人雇用非猶太人為幫傭。第二部是〈帝國公民權法〉（Reich Citizenship Law），剝奪猶太人完整的公民權。

歧視猶太人由中央下令、地方執行，但地方有時會加碼。將猶太人加以隔離：不准他們進入公共空間，在不同區域執行步調便不一致。以富爾特為例，一九三三年八月炎夏最熱時，猶太人不得使用雷德尼茨河（River Rednitz）公共游泳區。一九三四年四月對公立學校猶太學生比例設限，不得高於百分之一．五。到一九三六年富爾特所有主要學校：女中、文科中學、理科中學及商校，可驕傲地宣布已「無猶太人」

（judenrein）。此後所有猶太學童只能上猶太中小學[12]。

權利被剝奪，尊嚴也不保。《富爾特指示報》連續刊出史揣耶嘲諷式反猶文章。一則典型報導的作者描述聽見猶太學童唱著德國國歌。他幸災樂禍地說：「你們這些好笑的猶太傢伙。你們該是多麼害怕正在建立中的德國。」[13]一九三四年五月二十七日，史揣耶本人成為富爾特榮譽市民。他在受贈演說中毫不留情地表示：「我們正走向嚴肅的時日。若發生另一場戰爭，所有法蘭哥尼亞猶太人都將被槍殺，〔因為〕猶太人須為〔上次〕戰爭負責。」[14]次年的狂歡節遊行中，出現不少怪模怪樣的反猶花車，上面是小丑裝扮成可笑的猶太人，擺出各種帶侮辱意味的姿勢[15]。但巴伐利亞的反猶情緒不只是作戲。猶太人遭到怎樣的人身威脅，一九三三年衝鋒隊進行抵制的方式已不僅是暗示。明示則顯現於一九三四年三月二十五日晚，富爾特西南方約三十哩的古恩珍村（Gunzenhausen）爆發反猶迫害事件，造成當地猶太人二死：一人遭吊死，一人死於被刺傷[16]。

此時這場「全國革命」有失控之虞，在富爾特也在別處，已到須由軍隊介入以約束衝鋒隊的地步[17]。但即使在所謂長刀之夜（Night of the Long Knives，一九三四年六月三十日至七月二日清算羅姆在內的衝鋒隊領導階層的行動）後，迫害仍繼續進行，只不過現在是羅織罪名。富爾特猶太圈名人伯格曼（Theodor Bergmann），以侮辱「亞利安」婦女罪名被捕；他在集中營內自殺。一九三五年三月十日本納里歐（Rudolf Benario）博士雖在發高燒，卻自病床上被拖走逮捕。他與葛德曼（Ernst Goldmann）被送至達浩，兩人「試圖逃走時」遭槍殺，那又是一個不名譽的託辭[18]。一年後三個也來自富爾特的猶太青年，因膽敢講猶太人在德國所受待遇的「恐怖故事」（*Greuelnachrichten*），各被判刑一年、十個月、五個月[19]。這類殘忍、諷刺的事件在富爾特層出不窮。一九三七年十一月二十六日，一位七十二歲的富爾特猶太人，因大膽說出德國猶太人遭迫害而被判刑八個月。一年後三個富爾特猶太人被捕，並依紐倫堡諸法的「種族汙辱」罪名起訴，分別判刑五至十年[20]。

二

路易斯辛苦得來的公立中學資深教師的體面地位遭到剝奪，是令他困惑不解的夢魘。一九三三年五月二日，他與富爾特女校的猶太女教師艾米娜．巴斯弗恩（Hermine Bassfreund）同被「強迫休假」，數月後「永久退休」[21]。那時他還不到五十歲。兒子華特記得他如何在被辭退後「遁入他的書房」[22]。但令他吃驚的不只是事業提早終止。其妻後來回憶：「我先生的同事，以前的同事，完全無視於他，好像他從來不〔存在〕。」為免無所事事，他找到「無法再上公立學校的猶太學童可〔讀〕的學校……教他們他以前教過的商業科目。」[23]奇怪的是，他未轉至其二子一九三三年暑假已開始就讀的猶太中學教書。為何他們那麼早便進入那所學校，在公立學校對猶太人設下限額前，現有的紀錄交待不甚清楚[24]。照季辛吉的說法，父母打算讓他在那裡讀四年再進公立高中（對正統派家庭男孩這並不罕見）[25]。不過四年後限額已實施。

就在季辛吉家轉角的猶太中學絕非壞學校。校長普拉格（Fritz Prager）至少請到一位能幹的老師曼德堡（Hermann Mandelbaum），教算數、地理、作文，還有經濟學及速記。曼德堡喜歡用難題問得學生坐立不安。他上課時的口頭禪是「誰在聊天？」（*Wer schwätzt?*）[26]但季辛吉母親記得：「〔猶太中學〕師資並非一流，很聰明的亨利感到無趣。兩〔男孩〕在學校並不快樂……孩子有挫折感，是真的，他們並沒有盡全力。」[27]就保存下來的證據證實，季辛吉在那裡表現並不亮眼[28]。挫折感更增加的原因，是納粹的立法使這兄弟倆不得參加所有他們喜歡的課外活動。不能到公共泳池游泳，不能與異教徒踢足球，不能看他們所愛的富爾特足球隊比賽，他們只好加入擁護猶太復國的巴爾科赫巴*運動協會，及使用一九三六年十月新成立的猶太運動俱樂部（Jewish Sports Club）的設施，其場地位於卡羅萊納街（Karolinenstrasse）[29]。季辛吉日後憶道：

> 自一九三三年起猶太人遭致隔離……但有猶太球隊，我參加少年組。我們只能與其他猶太球隊比賽。……那時……看球和上場比賽給我避開周遭環境的安慰。我那時會溜出去趕看當地足球隊出賽，即便身為猶太人要冒風險，就是如果你在那裡被認出來，他們會把你痛打一頓。[30]

同時期也住富爾特的並非均記得有街頭暴力。與季辛吉兄弟同校的華萊士坦（Jules Wallerstein）記得，直至一九三八年「我的朋友有猶太人和非猶太人。我們玩軍人遊戲，也到彼此家中，還取笑一些納粹領導人。我的非猶太朋友從未用髒字眼罵我或叫我爛猶太人。」[31]但也有人證實季辛吉的記憶，特別是哈里斯†及孤兒院院長之子拉斐耶爾・哈勒曼（Raphael Hallemann）[32]。那時猶太男孩行走於富爾特街頭不再安全。

但運動之外還有其他形式的娛樂。少年亨茲・季辛吉在納粹時期某一時刻，曾加入猶太教正統派的「統一聯盟」（Agudath，意為Union）組織，那是一戰時阿什肯納茲猶太教‡成立的政治團體，一度名為「猶太

* 巴爾科赫巴（Bar-Kochba），古羅馬時期曾發動反羅馬政權革命的猶太領袖。
† 哈里斯（Frank Harris），原名Franz Hess，季辛吉中學同學，後來也移民美國。
‡ 阿什肯納茲猶太教（Ashkenazi Torah Judaism），阿什肯納茲指中世紀起即居住在萊茵河一帶的猶太人。

正信統一聯盟」（Shlumei Emunei Yisroel，意為Union of Faithful Jewry）。聯盟的宗旨是獨立於猶太復國運動之外，強化歐洲的正統派各機構，最終要統合東、西歐的正統派——四十年後正統派謝荷（Morris Sherer）拉比曾提醒季辛吉此事，並開玩笑說，他「上鎖好好地保存著你當年（為統一聯盟）寫的報告」[33]。這早已被遺忘的「報告」是現存季辛吉最早的作品。內容是以斯拉（Esra）正統派青少年團某次會議的紀錄，團長是年紀略大的猶太少年胡斯特（Leo Höchster）[34]。會議日期是一九三七年七月三日，當時亨茲・季辛吉才十四歲；胡斯特十八歲。另有五個團員也參加開會：貝希侯法（Alfred Bechhöfer）、哈勒曼、柯許蘭（Manfred Koschland）、凡埃斯海默（Hans Wangersheimer）和季辛吉同學萊恩。原件現在季辛吉手中，以古德文手書體（Sütterlin）及希伯來文寫成。在此值得全文引用，從中可看出他早期的宗教及政治觀。

> 我們準〔下午〕三時四十五分在我們的房間內開會。首先討論宗教律法（*dinim*）。自禁止（*tevet*）的律法開始。我們談到排除之事（*muktseh*），〔即安息日不可做的事〕。
>
> 排除之事可分為四種形式：
>
> 因特定禁止〔而排除，如筆，安息日不准寫字因此排除〕
>
> 因防止實行〔安息日不宜的戒律（*Mitzvah*）而排除〕（如〔穿戴〕經文護符匣（*Tefillin*））〔指嚴守教規的猶太人平日但非安息日晨禱時所戴的黑色小皮匣，裡面裝有經文〕
>
> 因避免犯罪（*avera*）〔而排除，如崇拜偶像的祭壇之類物品，屬教規罪行〕
>
> 因可憎（*hässlich*）〔所以安息日不宜而排除，如髒污物〕
>
> 還有第五種形式的排除，如某個安息日若排除某樣物品，你就在安息日前表明不會接受這樣東西。

再來是看組裡誰最擅於〔記住〕這些。決議是萊恩與我平分秋色。

此次會議主要只是研習猶太經典，讓較年幼的男生熟悉細部的教規。但最後幾句語氣完全改變：

然後我們討論即將進行的巴勒斯坦分割。分割領土將是地球史上最大的悖天行為。非依猶太教律法而以一般法典治理的猶太國令人難以置信。〔會議〕到此結束。

亨茲．K[35]

遠在巴勒斯坦的事件甚至影響到法蘭哥尼亞。自一九三六年四月，巴勒斯坦便發生阿拉伯反英國託管運動。這主要是對猶太移民增加的反應。反抗運動始於一次大罷工，但很快便升高為對猶太屯墾者及英軍的暴力，迫使英國人檢討對這前鄂圖曼帝國省份的治理。亨茲．季辛吉與朋友開會日只再過四天，由皮爾（Earl Peel）主持的皇家委員會便發布眾所切期待的報告，其中建議將巴勒斯坦沿海平原分割出來成一小猶太國，但也納入加利利（Galilee），是耶路撒冷至海岸邊（含海法）的一條殘餘託管走廊，而東邊南邊較大的阿拉伯區將加入鄰近的泛約旦（Transjordan）王國。（報告中建議的這些分割線，英國媒體自四月初即已預料到，所以富爾特默默無聞的正統派青少年團已知其內容不足為奇。）儘管猶太復國運動領袖魏茨曼（Chaim Weizmann）與本古里昂（David Ben-Gurion）想要比這大很多的領土，但他們願意接受以皮爾委員會的報告做為談判基礎，尤其鑑於報告中預設會有大規模人口移動，必須將多達二十二萬五千阿拉伯人遷出計畫中的猶太國。但阿拉伯人和統一聯盟等非復國運動的猶太團體都反對皮爾報告，最後英國人自己擱置這分割構想[36]。亨利．季辛吉才十四歲已堅決反對分割巴勒斯坦，此事很不尋常。即使認為那是「地球史上最大的悖天行為」並非他自己的觀點，而是他所屬團體的看法，但他在做會議紀錄時確實未加反對。團員拒不接受以非猶太教律法為基礎的世俗猶太國（如日後的以色列），他也未表異議。胡斯特團中至少有一人後來變成巴勒斯坦難民，再順理成章成為以色列公民。但這從來不可能是亨茲．季辛吉的命運，他似乎百分之百贊同父親的反復國立場。

三

不過該是離開德國的時候了。路易斯．季辛吉的兩個弟弟已經出走。一九三三年六月，協助岳父經營鞋店的卡爾．季辛吉被捕並送至達浩，在那裡飽受毆打及死亡威脅。一年多後，一九三四年十二月經其妻營救使他獲釋後，他們決定移居國外，一九三七年帶著三個孩子赫柏特（Herbert）、艾文（Erwin）、瑪歌（Margot）搬到巴勒斯坦。另一弟弟阿諾在一九三〇年代中期移居斯德哥爾摩，後來他們的父親大衛於一九三九年初投奔他。洛伊特爾斯村友人赫茲納（Karl Hezner）勸路易斯追隨弟弟們的腳步。但路易斯比卡爾和阿諾年長十歲以上。如其妻後來所說：「要放棄一切帶著兩個孩子離開，前往不確定的未來，並不容易。」[37]父親大衛和弟弟西蒙也敦促他們勿放棄德國。還有另一個移民的障礙。寶拉．季辛吉的父親診斷出癌症。

但寶拉須把孩子放在第一位。他們在德國有什麼未來？「希特勒國」顯現出會長存的一切跡象，而猶太人在此的地位似乎惡化的可能性超過改善。亨茲自猶太中學畢業後，因沒有更好的選擇，已進入符茲堡（Würgburg）一所訓練師資的猶太學院讀了三個月[38]。其母後來對艾薩克森說：「那是我的決定，我為了孩子才這麼做。我知道留下來他們不會有前途。」[39]

平心而論，季辛吉家幸好有一位寶拉的姨媽，在多年前希特勒還沒人聽說過時已移民到美國。她的女兒即寶拉的表姐莎拉．艾謝爾（Sarah Ascher），生於布魯克林（Brooklyn），但此時住在西切斯特郡拉奇蒙（Larchmont, Westchester County）。寶拉提議把亨茲與華特送至大西洋對岸的安全地，美國表姐則敦促他們全家都來。一九三七年十月二十八日，她簽署關鍵的「財力資助書」（affidavit of support），保證季辛吉一家來了之後提供經濟支援。（自一九二〇年代起實施的美國移民配額意味著，若無此種財力保證，即使逃離納粹的難民也不能入境。）* 儘管莎拉的年收入僅四千美元，但她有價值八千美元的股票及價值一萬五千美元的其他儲蓄，所以她的保證可以採信[40]。（季辛吉家其實在美國有更富裕的親戚，是住在匹茲堡的貝爾〔Louis Baehr〕後人，但無須他們伸出援手。）一九三八年四月二十一日，官方認定為德國公民、依信仰與種族為猶太人的路易斯和寶拉．季辛吉，通知慕尼黑的移民顧問局（Emigration Advisory Bureau）他們打算移民[41]。申請移民須通過層層關卡，但不到三週即完成手續並獲准出境。首先路易斯向富爾特警方申請護照[42]。接著蓋世太保須查證他們全家人均無前科。富爾特市長在四月二十九日批准，接著是蓋世太保五月五

---

* 根據一九二四年實施的配額，來自德國的移民數不可超出美國現有德裔人口的百分之二，每月入境人數不可超出全年配額的一成。所以一九三〇年代德國的配額是每年二萬七千三百七十人，每月最多二千七百三十七人。一九三八年的種種事件造成申請人數大增：到一九三九年六月三十日時，有十三萬九千一百六十三人，同年底達二十四萬七千四百四十八人。但入境的唯一途徑是獲得美國領事館的配額簽證，而簽證申請人須證明不會對美國社會造成負擔，因此需要現有美國公民的財力資助保證。

日[43]、市財政局五月六日[44]、德國海關五月九日核准[45]。警方收到十二馬克七十芬尼〔pfennig，一馬克等於一百芬尼〕，外加五馬克二十八芬尼品德證明書費後，在五月十日發出四本護照[46]。

可是直至八月十日季辛吉家才正式通知富爾特警方打算離境。他們必須作許多痛苦的道別，尤其是對寶拉重病的父親，那是亨茲和華特一輩子首次看到父親掉淚[47]。季辛吉多年後回憶：「我們一家人即將離開我的出生國時，我去看摯愛的外公，到他住的小村子去道別。他得的是癌症，我知道此後再也見不到他。外公不要把這次見面變成訣別，他告訴我，我們還不算真的分開，因為他幾星期後還會到爸媽家看我最後一次。雖然我並不真的相信，但有此期待令人安慰許多。」[48]他們也必須向大部分財產說再見；納粹的規定使出走的猶太人勢必要留下不只是大部分儲蓄，還有大多數家具（以季辛吉家來說，估計約值二萬三千馬克，包括鋼琴）[49]。離開第三帝國的猶太人只許裝滿規定大小的箱板條；季辛吉還記得母親難過地選擇要帶走什麼[50]。八月二十日全家人自英吉利海峽的比利時某港口上船，航向英格蘭。他們在倫敦停留一週多，住在寶拉阿姨貝兒塔與夫婿佛萊希曼（Sigmund Fleischmann）位於格德斯綠地（Golders Green）的家中，佛萊希曼原是富爾特的潔食肉商，寶拉唸書時曾寄住他家。然後在一九三八年八月三十日，他們乘火車到南安普頓（Southampton），登上法蘭西島號（Île de France）前往紐約。亨茲．季辛吉此時十五歲，他最要好的朋友萊恩已在三月前往巴勒斯坦。

同一年移民海外的巴伐利亞猶太人計一千五百七十八人，季辛吉一家只是其中四人[51]。他們離開得恰是時候。

四

季辛吉家通知富爾特警方要出境的同一天，紐倫堡的主會堂遭搗毀。慕尼黑的主會堂在六月也受到類似待遇。納粹黨內的激進反猶派，不只是希特勒本人，對僅是隔離猶太人愈來愈按捺不住。富爾特猶太社群有充分理由為麻煩預做準備。最珍貴的捲軸及銀飾自會堂中取下妥善保管[52]。風雨欲來的又一警訊出現於一九三八年十月十六日，一群暴民攻擊洛伊特爾斯村會堂，打破猶太住家窗戶，包括福克和芬妮・史特恩的農舍。亂事結束後，史特恩被迫賣掉三十四年前與兄弟合買的房子。他與芬妮搬到姐妹敏娜・佛萊希曼（Minna Fleischmann）在富爾特的家，一九三九年五月二十六日在此死於癌症。那時富爾特對猶太人也已非安全之地。

水晶之夜*是第三帝國史上的關鍵時刻。所有讓其政權的種族政策披上合法外衣的表面粉飾，均在一場全國性的暴力及破壞活動中完全揭穿。這是中世紀以來德國史上最慘烈的反猶迫害，前因是德國駐巴黎大使館外交官馮拉特（Ernst vom Rath），遭自漢諾威流亡海外的十七歲猶太人葛恩史班（Herschel Grynszpan）謀殺，他因國籍為波蘭公民的雙親被自德國驅逐出境憤而行兇。葛恩史班於一九三八年十一月七日，在近距離平射射程內對馮拉特開槍。兩天後馮拉特死亡。這給了希特勒提示。在戈培爾激情鼓勵下，他解禁對猶太人看似「自發性」的攻擊。

富爾特奉行此事的方式像是鬧劇。十一月九日是失敗的一九二三年「啤酒館起義」週年，納粹在這一天會紀念其烈士。因此攻擊猶太人、特別是摧毀鎮上猶太會堂的命令到達時，地方黨部高幹正在芬克小館（Café Fink）喝得酒酣耳熱。鎮長滿臉通紅，啤酒灑得到處都是。他絲毫不反對發起攻擊。但他擔心燒

* 水晶之夜（Kristallnacht），因街頭堆滿猶太人建築被打破的窗戶玻璃碎片而得名。

毀那麼多會堂的後果，因為會堂多半位於房屋密集的市中心。以納粹既冷酷無情卻一絲不苟的典型怪異特質，他召來鎮消防隊長拉赫法爾（Johannes Rachfahl），命他準備保護所有將被焚毀的猶太會堂附近的建築。拉赫法爾大吃一驚，他的直覺反應是：「鎮長大人愛開個小玩笑。」他耐心地向鎮長解釋，若學校廣場（Schulplatz）四周的會堂都起火，那種火勢不可能控制得了。鎮長不情願地妥協。只有主會堂會被燒毀[53]。

十一月十日下半夜凌晨一時左右，一百五十名衝鋒隊員破壞校園區鐵門，再砍破主會堂橡木大門。一旦進到會堂內，他們搗毀長凳及裝飾物，把所有找得到的經卷全部堆起來，潑上汽油，點燃火苗。猶太社群領袖紐柏格（Albert Neuburger）博士被從床上拖起，用其頭部當撞捶去撞倒猶太福利所大門，再丟下半昏迷滿身是血的他。凌晨三時十五分，主會堂陷入熊熊烈火，消防隊被召至現場，但衝鋒隊阻止他們對主會堂用水喉。鎮長也命他們任令火勢延燒到會堂管理人的家及鄰近的祈禱大堂（Betsaal）。當晚也被燒毀的有洗禮室及摩亨街（Mohrenstrasse）三十號的會堂。猶太墓地、醫院、學校、孤兒院及眾多猶太人開的店舖亦遭破壞，包括摩斯特街（Moststrasse）的芬克小館。孤兒院牆上被漆上反猶口號：「不許猶太人殺德國人」，猶太學校牆上也漆著：「叛徒該死！為巴黎復仇！」

迫害並未到此為止。整個猶太社群包括孤兒院學童，現在全被趕至史拉吉特廣場*，在十一月的寒風中罰站五小時。餘興節目是欺侮季辛吉家的拉比布瑞斯勞爾，最高潮是強剔其鬍鬚。羅森伯格†幼時曾驚駭地目睹此事，他的回憶不僅提及恐懼，更提及無助的受害者之間可怕的對立。

五時三十分左右……猶太人被命令齊步朝會堂庭院方向向後轉：天色轉紅；會堂焚毀。就在此刻我們之間由來已久的宗教派別之分，似乎即便在憤怒的日子也揮之不去並可怕地爆發出來。因為正統派猶太人：新會堂、曼海默會堂、克勞斯會堂的信徒，眼見自己的會堂在火海中，心碎地哀號；但這些好像特別令改革派猶太人心生畏懼，甚至怕得要命，他們想當然耳地認為這虔誠的呼喊只會惹惱兵士，釀成屠殺。對此他們是反應過度。[54]

沒有屠殺；不在這裡；時候未到。上午九時，所有婦孺被送回家，男子被驅趕到前貝洛海默紀念館（此處也已重新命名），繼續進行言語及人身傷害。羅森柏格記得「我的大鼻子同鄉們……湧上街，吐口水，用假音，尖叫著：『哇，太精采！』『正好趕上！』，然後放聲齊喊：『猶太豬』、『呱噪的叛徒！』……〔接著〕衝過褐衫軍隊伍，好近距離觀看猶太〔老兄〕，即虔誠信徒的鬍子被剔掉。」[55]之後共有一百三十二人被送至紐倫堡，再抵達浩，包括季辛吉兄弟的老師曼德堡，在那裡被關四十七天，以及後來逃往瑞士的羅森柏格父親[56]。

劫掠尚未結束。在富爾特這邊，猶太社群領袖被迫簽署文件，以可笑的一百馬克金額，將兩處猶太墓地、猶太醫院及許多其他公產，出售給市政府。他們也遭威脅，若不肯揭露一處被認定為藏匿但不存在的會堂下落，恐難活命。（攻擊他們的褐衫軍心中所想的是為病童而設的森林學校〔Waldschule〕，是一九〇七年某猶太慈善家建立的。）隨後的日子裡，許多猶太商號也被迫以同樣微不足道的金額出售不動產：那是一九三八年十一月十二日一項法律的先聲，該法正式將猶太人自德國經濟生活中排除，為正式「亞利安化」

* 史拉吉特廣場（Schlageterplatz），今日富爾特自由廣場（Fürther Freiheit）。
† 羅森伯格（Edgar Rosenberg），後成為在美國發展之英籍影視製作人，一九二五—一九八七年。

所有猶太商號舖路[57]。衝鋒隊在十一月十日上午稍後又回到富爾特，勝利地走過仍在悶燒中的會堂庭院。他們手上有鮮血也有灰燼。有一男子因前夜受的傷而死；另一人自殺。布瑞斯勞爾拉比倖存，但他受虐太重，即使多年後「仍因碎玻璃之夜納粹對他所施折磨而無法大聲說話。」[58]

此次風暴的受害者似乎無法相信它會發生。如某一不敢置信的目擊者說：「我年輕時上跳舞課，猶太人和基督徒一起上，水乳交融沒有一點問題。幾乎不存在反猶……直到希特勒時期。我們猶太人從不相信富爾特會有那麼強烈的反猶情緒。」[59]

然而那確實存在。經過十三年，才將一九三八年十一月十日富爾特種種事件的應負責者繩之以法。一九五一年仍活著面對起訴的五名首犯，僅一人被定罪，判刑二年半。一年後第二案在卡爾斯魯厄（Karlsruhe）審理；又有二名被告獲判有罪，刑期各為二年及四個月。但那時富爾特猶太人已遭遇過比這嚴重太多的罪行。

五

富爾特只是個無趣的市鎮，它在天底下有多不重要，在一九四五年……我可領略到了。〔當〕紐倫堡全是塵土，破碎坍塌的聖像堆積如山，對巴比倫式邪惡*是禮讚，但富爾特屹立不搖，完好無缺，平靜坐立陽光下。……當然失去的會堂在拼圖中留下某個缺口。……

紐倫堡……有……其黃金傳統及大事聲張的審判；讀者易於獲得導引：他會說，啊，紐倫堡我知道：杜勒†、納粹黨大會、電信塔、傑克森法官‡、絞刑、德式小香腸；可是每當我輕聲說出「富爾特」，回音一定是：把字拼出來。[60]

羅森柏格是二戰中倖存的富爾特猶太人，在碎玻璃之夜後經海地逃到美國。當他在戰爭結束時穿著美國制服回來，卻發現家鄉大多安然無恙，甚感啼笑皆非地驚訝。

倒不是富爾特未遭破壞。希特勒一九三九年九月發動的戰爭，比起二十五年前他自己打過的那場戰爭，德國遭遇的反抗似乎較弱。到一九四〇年夏，德國已控制歐陸，打敗法國，將英國遠征軍（British Expeditionary Force）由敦克爾克（Dunkirk）趕回英吉利海峽對岸，大獲全勝。但大英帝國資源依然豐厚。早在一九四〇年八月，接著又在十月，皇家空軍飛機向富爾特和紐倫堡投彈，它們是英國戰略轟炸目標清單上排名甚前的工業雙子城。這只是日後炸彈攻擊的前菜。一九四一及四二年有零星空襲，但到一九四三年，此時德國也同時與美、蘇作戰，轟炸的規模大為升高。四三年八月十至十一日，紐倫堡瓦德區（Wohrd）整個被炸毀。一九四四年盟軍總共十二次大規模空襲上、中法蘭哥尼亞，炸死超過一千人。一九四五年一月二日及二月二十一至二十二日的毀滅性攻擊，造成三倍於此的人死亡。到二戰結束時，富爾特百分之六的戰前建築全毀，百分之三十中等至嚴重毀損，百分之五十四輕微受損[61]。據一九四五年三月對某次紐一富小規模空襲的報告，「大部分炸彈落在大片廢墟上。」[62]

第三帝國最終瓦解前，富爾特最後上映的電影是一部輕喜劇，片名殘酷地貼切：《多麼無害的開始》（*Es*

---

* 古代猶太王國遭巴比倫滅亡，猶太人被流放成為「巴比倫之囚」。

† 杜勒（Albrecht Dürer），生於紐倫堡的中世紀末、文藝復興時期著名藝術家。

‡ 傑克森法官（Robert H. Jackson），紐倫堡納粹戰犯大審美國首席檢察官。

fing so harmlos an，意為It Began So Harmlessly）[63]。或許對一九三二及三三年投票給納粹的人而言，事後回想希特勒掌權的經過會有此種感覺。然而站在德國猶太人的角度來看，希特勒從來不是無害的。一九三九年一月大戰甚至尚未爆發前，他已作出令人不寒而慄的預言：「若歐洲內外的猶太國際金融家，成功地再次令各國陷入世界大戰，則其結果不會是全球布爾什維克化，從而猶太人獲勝，而是歐洲猶太種族將被消滅！」[64]

隨著戰爭爆發，納粹覺得有勇氣實現那個威脅。一九三三年住在富爾特的一千九百九十個猶太人，最後剩下不到四十人。戰爭開始時未移民的總計有五百十一人，他們大多以火車被驅趕至德國在東歐的占領區，然後遭槍決、毒氣毒死或勞動至死[65]。首批驅逐是一九四一年十一月二十九日送至里加〔Riga，拉脫維亞首都〕接著是四二年三月二十二至二十四日，大規模驅趕至伊茲比札（Izbica）。由此再送往索比堡（Sobibór）或貝爾烏塞克（Belzec）的死亡營或特拉夫尼基（Trawniki）的強迫勞動營。一個月後另一隊富爾特猶太人被送到克拉西尼真（Krasniczyn）。留下來的不是送往特雷津（Theresienstadt，在捷克；一九四二年九月十日），便是送往奧許維茲（Auschwitz，在波蘭；一九四三年六月十八日）。納粹清洗富爾特猶太社群的最後一步，是一九四四年一月十七日驅逐一小群改信仰者及混血兒（*Mischlinge*，意為half-breeds）。當中包括猶太孤兒院全體三十三個學生，與院長以撒·哈勒曼（Isaak Hallemann）博士及家人，一起被送往伊茲比札[66]。（他曾提議將孤兒院遷至巴勒斯坦，但遭猶太社群拒絕，理由是捐助孤兒院者指定要設在富爾特。）[67]到一九四五年「巴伐利亞耶路撒冷」只剩下少數倖存者及數棟已改變用途的建築。舊猶太墓園全毀，墓碑被當做興建防空設施的石材，墓地則灌水作為消防隊的臨時貯水池[68]。

若季辛吉一家當年未離開德國，他們的命運會如何可想而知。亨茲·季辛吉不太可能活到過二十歲生日。據他自己估計，他的近親有十三人死於納粹大屠殺，包括其父的三個妹妹：莎瑪、艾達、芬妮；她們的夫婿布拉特納（Max Blattner）、佛利德曼（Siegbert Friedmann）、勞歐（Jakob Rau）；他的伯公西蒙及伯公之子費迪南茲（Ferdinand）和尤爾納斯（Julius）；及寶拉・季辛吉的繼母芬妮・史特恩。她雖非血親，但季辛吉一直視她為外祖母[69]。他後來回想：「對〔她〕而言，我是真正的孫兒，對我而言，我不知道她是繼外祖母，所以我們是非常溫暖有愛的關係。」令人不解的是即便她被驅逐後，季辛吉家仍持續收到她的制式明信片。後來才知道她被送至貝爾烏塞克死亡營，此營解散後她在強制向西行軍途中過世[70]。福克・史特恩的姐妹敏娜死於特雷津，其夫麥克斯（Max）死於奧許維茲。季辛吉的表親路易絲・布拉特納（Louise Blattner）、莉莉・佛利德曼（Lilli Friedmann）、諾伯・勞歐（Norbert Rau）也是受害者[71]。

其實十三人是低估了亨利・季辛吉親人死於納粹之手的數目。據史丹頓（Charles Stanton）或馬丁・季辛吉（Martin Kissinger）編寫的家族史手稿「季辛吉家族」（The Kissingers），正確數目是二十三人。即使這個數字也可能太低。所有已知梅耶・羅布・季辛吉的後人中，有不下五十七人死於納粹大屠殺年代。其中當然可能包含在德國占領區外自然死亡者，但也可能未納入死於大屠殺但無正式紀錄者。二十三可以說是最低人數；季辛吉被害親人很可能接近三十人。

那次大難對季辛吉的影響為何？戰爭結束三十年後，時任國務卿的他受邀返回出生地，接受榮譽市民獎章[72]。他為父母而同意，父母則陪他同行。其父公開表示原諒，母親私下卻難平息。（她後來說：「那天我內心忿忿不平，但什麼都沒說。我心裡明白，我們若留下，他們會把我們與其他人一起燒死。」）[73]季辛吉本人總是極力撇清納粹大屠殺對他的成長影響很大。他在二〇〇七年受訪時說：「我最早的政治經歷是作為受壓迫猶太少數民族的一員。」

……有許多我的家族成員，還有約七成我的同學，死於集中營。所以那是忘不掉的事。……〔也不〕可能曾生活在納粹德國……在感情上卻對以色列的命運無動於衷。……〔但〕我不同意〔那種觀點〕，即以我所謂的猶太出身來分析一切。我從未自那些方面想過自己。[74]

季辛吉一九三八年八月離開德國時，仍是虔誠的正統猶太教徒。可是由此到一九四五年這當中的某個時間點，發生某件事改變了他的信仰。以致他成年後多半把自己歸類為族裔上而非信仰上的猶太人：「我不是信奉特定宗教的那種教徒。當然我是猶太人，也永遠肯定那一點，但我的信仰是我相信，是史賓諾沙所說的那種相信：宇宙間很可能有一種契合性，我們對它的理解，不會比螞蟻理解我們對宇宙的解讀更高明。」[75]

儘管猶太人大屠殺對其家族造成慘痛的影響，然而促使季辛吉如此體認到人類理解力限制的，並非那種恐怖。而是與納粹作戰的沈痛體驗。

第3章 哈德遜河富爾特

我離開德國已將近一年。你必定經常回想起我答應盡快寫信。但不只是懶惰造成我未寫。其實是這八個月來，我內心及周遭改變太多，使我無意願也靜不下來寫信。

——亨利・季辛吉，一九三九年七月[1]

「紐約不只是充滿活力的大都會，洋溢著政治和辯論，長久以來已成為感性的傳說；它也是殘酷、醜陋、駭人、惡臭的叢林……非我族類世界的體現，在此每個猶太移民家庭長大的男孩均被灌輸……應以懷疑眼光視之。

——歐文・豪伊[2]*

* 歐文・豪伊（Irving Howe），美國文學暨社會批評家。

一

對季辛吉家一九三八年夏天移出與移入的國度，你不免想要作個明顯的對照。德意志帝國此時牢牢地在希特勒無情的掌控中，正處於目無法紀加暴力的深淵邊緣。美國則是〈美好時光再現〉（Happy Days Are Here Again）之地，羅斯福一九三二年競選總統時，曾選此曲為主旋律。季辛吉一家驚險逃過富爾特的會堂被燒。當「法蘭西島號」在陽光迎人的日子，進港駛過布魯克林，迎接他們的曼哈頓天際線，聳立著炫目的帝國大廈（Empire State Building），是當時世上最高的摩天樓。德國是壓迫之地。美國是自由之地。

當然他們的新舊家園差別極大。但低估一九三八年時美國的問題也不對，那些問題很快便直接波及季辛吉家的生活。他們與大多數逃至美國的難民一樣，很可能帶著不切實際的期待抵達新選定的家鄉[3]。果真如此，他們很快就會有所省悟。

美國不同於德國，經濟大蕭條到一九三八年尚未結束。反之，經過四年復甦，景氣在一九三七年下半又回復到衰退。一九三七年十月股市不支倒地。財政部長摩根索（Henry Morgenthau）警告：「我們正邁向又一次大蕭條。」股價由高點至谷底跌掉三分之一。工業生產陡降百分之四十。一九三七至三八年的冬季結束時，總共有二百萬工人遭裁員，導致失業率又回升至百分之十九。羅斯福與其左右手抱怨「資本家打擊」經濟，資本家則反指新政（New Deal）造成太多不確定性，使企業沒有信心投資，政府內的新政支持者把「羅斯福衰退」（Roosevelt Recession）怪罪於貨幣和財政緊縮。美國最具影響力的凱因斯學者、哈佛大學韓森（Alvin H. Hansen），在一九三八年的論文〈完全復甦或停滯〉（*Full Recovery or Stagnation*）中，主張唯有政府的高額赤字始可維持完全就業，並且當然需要戰爭及前所未有的政府舉債等作為才能產生復甦。不過自共和黨的觀點來看，赤字是侵蝕企業信心的因素之一[4]。另外，經濟中佔比仍大的農業部門已在萎縮。藍恩（Dorothea Lange）與泰勒（Paul Taylor）所著、一九三八年出版的《出美國記：人為侵蝕紀錄》（*An American Exodus: A Record of Human Erosion*），即掌握到農民因黑色風暴*而成為經濟移民的痛苦[5]。

不止納粹德國可被指為「種族主義國家」。美國的種族隔離也擴及遠超過南方。如「限白人交易」（We Cater to White Trade Only）的告示幾乎在全美都有商店看得到。一九三〇至三八年私刑奪走超過百條人命。默達爾†自一九三八年開始的研究，最後寫成經典著作《美國的困境：黑人問題與現代民主》（*An American Dilemma: The Negro Problem and Mondern Democracy*）[6]。美國仍有三十州在憲法或法律上禁止異族通婚，其中有許多是不久前才擴大或緊縮其規定。受影響的不止是非裔或印地安人；某些州也歧視華人、日本人、韓國人、「馬來人」（菲律賓人）、印度人。此外優生學對美國的影響，也多加了新一層次的歧視性立法，其中不但有類似德國一九三〇年代制定的法律，也受到某些納粹立法所啟發。至少有四十一州使用優生學分類，限制精神病患結婚，有二十七州通過法律，針對某幾種人強制絕育。單是一九三三年，加州便強制一千二百七十八人絕育。希特勒曾公開感謝，多虧有美國優生學支持者的鼓吹[7]。

此期間美國國會中隔離主義者的政治實力在增強而非減弱。一九三八年他們成功阻撓反私刑的法案通過。他們也不讓羅斯福制定最低工資法；南卡羅來納州參議員史密斯（Ellison Smith，「棉花艾德」〔Cotton Ed〕）曾吹噓，在他那一州，男性——意指黑人男性，一天五十美分就夠生活[8]。在國會如此反對下，

* 黑色風暴（Dust Bowl），一九三〇年代因乾旱及風蝕導致北美發生一連串沙塵暴侵襲，使美加生態及農業大受影響。

† 默達爾（Gunnar Myrdal），瑞典經濟學家、一九七四年諾貝爾經濟獎得主，一八九八—一九八七年。

一九三八年象徵新政的實際終點。同年的期中選舉，共和黨贏得十三州州長，眾議院席次倍增，參議院增加七席。羅斯福想用新政支持者取代至少幾個南方民主黨的企圖慘遭滑鐵盧[9]。

美國右翼的反擊不止一端。一九三八年六月德州國會議員戴斯（Martin Dies），主持眾院非美活動調查委員會（House Committee to Investigate Un-American Activities）首梯次聽證會。恐共情緒更因美國勞工運動內鬨而火上加油，美國勞工聯盟*代表公開指控產業工會聯合會†的對手，在經營「共產主義煽動學校」[10]。勞動市場磨擦在紐約特別嚴重。一九三八年九月紐約市發生卡車駕駛非正式罷工[11]。另一次勞資糾紛導致西二十九街七間毛皮店發生爆炸案[12]。

德國是政府本身落入罪犯之手。美國則是罪犯以不同方式操弄權力。一九三〇年代是幫派份子的黃金時代，如藍斯基（Meyer Lansky，原名Meyer Suchowljansky）、席格爾（Bugsy Siegel，原名Benjamin Siegelbaum）、魯奇諾（Charles “Lucky” Luciano，原名Salvatore Lucania）等，他們自一九三三年禁酒令解除後，成功地由賣私酒轉型至賭博及其他酒色財氣行業。魯奇諾躍居紐約黑手黨社會的主導人物，他設立「委員會」（The Commission）以施行某種中央治理，不只是對紐約五大家族，更及於全美的組織犯罪。魯奇諾的統治實質上終結於一九三六年，當時他被捕並遭特別檢察官（後為州長）迪威（Thomas E. Dewey），以經營賣淫業成功起訴。但他的位置馬上由柯斯提洛（Frank Costello，原名Francesco Castiglia）取代[13]。這些人與掌管美國都市的黨機器有勾結是千真萬確的。每有一個迪威就至少有一個貪腐的黨幹部收受黑社會的錢。

然而在所有這些亂事中，美國社會的動能及創意依然驚人。亨利．季辛吉抵達紐約那年，正是埃洛弗林（Errol Flynn）演出《俠盜羅賓漢》（*The Adventure of Robin Hood*）（同一年他共演出四部電影）、詹姆斯賈格納（Jimmy Cagney）演出《狂徒淚》（*Angels with Dirty Faces*）、卡萊葛倫（Cary Grant）與凱撒琳赫本（Katharine Hepburn）《育嬰奇譚》（*Brining Up Baby*）、佛雷亞斯坦（Fred Astaire）與琴姐羅潔絲（Ginger Rogers）《自由自在》（*Carefree*），隆納雷根（Ronald Reagan）也忙於拍攝十部B級片，包括《意外總會發生》（*Accidents Will Happen*）、《四處遊玩》（*Going Places*）、《緩刑女孩》（*Girls on Probation*）。事實上一九三八年美國電影最佳影片是法語片尚雷諾瓦（Jean Renoir）的反戰傑作《大幻影》（*La Grande Illusion*），商業上最成功的是迪士尼的卡通長片《白雪公主與七矮人》（*Snow White and the Seven Dwarfs*）（前一年十二月即上映）。但奧斯卡最佳影片頒給法蘭克卡普拉（Frank Capra）改編自百老匯喜劇的《浮生若夢》（*You Can't Take It with You*），片中詹姆斯史都華（Jimmy Stewart）飾演銀行家之子，愛上行事怪異的移民家庭女孩。此片背景設在曼哈頓，以輕鬆方式描寫當時的社會鴻溝（儘管人們至今記憶猶新的是適用於任何時代的談論所得稅那一段）。季辛吉家抵達美國那年，經常出現在美國電影中的還有露西鮑爾（Lucille Ball）、亨弗萊鮑嘉（Humphrey Bogart）、平克勞斯貝（Bing Crosby）、蓓蒂戴維斯（Bette Davis）、費爾茲（W.C. Fields）、亨利方達（Henry Fonda）、茱蒂嘉倫（Judy Garland）、貝蒂葛萊寶（Betty Grable）、鮑伯霍伯（Bob Hope）、愛德華羅賓遜（Edward G. Robinson）、米基魯尼（Mickey Rooney）、史賓塞屈塞（Spencer Tracy）、約翰韋恩（John Wayne），也別忘了秀蘭鄧波兒（Shirley Temple）、勞萊（Stan Laurel）與哈台（Oliver Hardy），還有馬克斯兄弟（Marx Brothers）。好萊塢若有過真正的黃金時代，此其時也。

---

* 美國勞工聯盟（AFL），全名 American Federation of Labor。

† 產業工會聯合會（CIO），全名 Congress of Industrial Organizations。

像電影一樣與美式生活不可分的是廣播。一九三八年時大部分美國家庭可收聽國家廣播公司（NBC）的兩個主廣播網，節目內容自《阿莫斯與安迪秀》（*Amos 'n' Andy*）到托斯卡尼尼（Arturo Toscanini）的NBC交響樂團等應有盡有。一九三八年在空中最可能聽到的歌曲，有原為意第許語的暢銷曲《米爾的房子不見了》*，由安德魯斯姐妹（Andrews Sisters）灌唱；艾拉費茲傑羅（Ella Fitzgerald）的《踢斯基塔斯基》†；邦尼貝里根（Bunny Berigan）的《我無法開始》（I Can't Get Started）；艾爾唐納荷（Al Donahue）《横衝直撞》（Jeepers Creepers）；蓋希文兄弟作曲（the Gershwins）、佛雷亞斯坦唱《得之我幸》（Nice Work if You Can GetIt）。但美國紅遍半邊天的歌手當屬平克勞斯貝，他的一九三八年暢銷曲包含《你是漂亮寶貝》（You Must Have Been a Beautiful Baby）及《亞歷山大爵士樂隊》（Alexander's Ragtime Band）。當時縱有各種經濟困難，卻也是爵士大樂隊的黃金時代：貝西伯爵（Count Basie）、湯米多西（Tommy Dorsey）、艾靈頓公爵（Duke Ellington）、班尼古德曼（Benny Goodman）、亞提蕭（Artie Shaw）等，所有這些樂團的領導人均叱吒風雲於一時，帶著大規模管樂團巡迴全國演出。但一九三八年轟動一時的不是廣播音樂節目；而是奧森・威爾斯‡改編喬治・威爾斯§科幻小說《地球爭霸戰》（*The War of the Worlds*）的廣播劇，此劇十月三十日播出時曾造成全美恐慌。

同年的暢銷書有《鹿苑長春》（*The Yearling*），講述在佛州農村困苦的生活，作者勞林斯（Marjorie Kinnan Rawlings）因此書獲得普立茲獎（Pulitzer Prize）。英國作者那年在書市也表現亮眼，有克朗寧（A. J. Cronin）、史普林（Howard Spring）、杜莫里埃（Daphne du Maurier），後者所著《蝴蝶夢》（*Rebecca*）在美國是暢銷書。而大西洋對岸日趨嚴重的政治危機，因一本書而更加令人心驚膽戰，此即英國作者巴特米（Phyllis Bottome）的反納粹愛情故事《致命風暴》（*The Mortal Storm*）。百老匯則以音樂劇《地獄機械舞》

（*Hellzapoppin*）搬演不那麼令人心驚的戲碼，此劇在季辛吉家抵達紐約當月首演，共演出超過一千場。

大蕭條時期也是美國運動史上的光輝年代。一九三八年六月二十二日在一場極具象徵意義的拳賽中，美國非裔重量級拳擊手喬・路易斯（Joe Louise）在洋基球場（Yankee Stadium）當著七萬觀眾，到第二回合時打敗德國希梅林（Max Schmeling）。洋基隊本身自一九三六至三九年共贏得四次職棒世界大賽（World Series）冠軍，其間傑里克（Lou Gehrig）因病退休，年輕的迪馬喬（Joe DiMaggio）打出「洋基快艇」（Yankee Clipper）名號。紐約似乎主宰美國運動界。十二月巨人隊（the Giants）擊敗綠灣包裝工隊得到美式足球國家聯盟（National Football League）冠軍。正是這種表現激發華盛頓高地（Washington Heights）與哈林區（Harlem）等地帶，街頭遊戲都在模仿美式足球比賽[14]。運動或許是德美之間最鮮明的對比，至少對十來歲的少年是如此：這裡看不到足球。對十五歲的亨茲・季辛吉而言，現在該研究打擊率了。

二

很關鍵的一點是，紐約對季辛吉這種家庭並非全然陌生。它是世上最猶太化的城市之一。自一七〇〇年代初紐約市就有猶太社群，但直至十九世紀末因中、東歐的移民使猶太人口爆增。一八七〇年時紐約有六萬

* 《米爾的房子不見了》（Bei Mir Bistu Shein），意為Bye Mir his house is gone。

† 《踢斯基塔斯基》（A-Tisket A-Tasket），此曲原為兒歌，歌名只為歌詞押韻，本身無意義。

‡ 奧森・威爾斯（Orson Welles），美國名導演、編劇和演員。

§ 喬治・威爾斯（H. G. Wells），英國小說家、史學家。

左右的猶太人。到一九一〇年已超過一百二十五萬人，約占總人口四分之一。一九一五至二四年他們以每年五萬人的速率增加，直到法律（一九二一及二四年制定）限制移民，才將每年移入人數降至二萬以下。一九二〇年猶太人占比最高時，達略多於紐約總人口的百分之二十九。紐約的猶太人比歐洲任何城市包括華沙都多。的確到一九四〇年猶太人比例降至百分之二十四以下[15]。但紐約市仍保留獨特的猶太特色。或更精確的說，該市有某些部分是如此。

猶太人自一九二〇年代初便大批移出曼哈頓。尤其下東區（Lower East Side），猶太人口由三十一萬四千減到七萬四千。約克維爾（Yorkville）、晨邊高地（Morningside Heights）、東哈林（East Harlem）也是陡降[16]。到季辛吉家抵達時，布魯克林（八十五萬七千）和布朗克斯（Bronx）（五十三萬八千）的猶太人已多於曼哈頓（二十七萬）。位於曼哈頓島最北端的華盛頓高地則是例外，那裡仍有很多猶太人聚居在一起。期望新移民子女會被多數人口吸納或同化的人，結果證明是錯的。到一九二〇年代末，百分之七十二的紐約猶太人住在猶太人口至少占四成的地區[17]。當猶太房地產開發商在布朗克斯修築漂亮的新街道如大廣場街（Grand Concourse），族裔隔離在一九二〇年代其實是加劇，到一九三〇年代依然不減。華盛頓高地是「新一類猶太聚居區（ghetto），中產階級猶太人封閉社群，僅與地位相當的猶太人社交」的實例[18]。此種隔離並非完全自願。皇后郡傑克森高地（Jackson Heights Queens）及河谷市（Riverdale）費爾斯頓（Fieldston）區的某些公寓大廈，對猶太居民即有微妙的「限制」[19]。但大多數猶太人基於各種理由，偏好彼此住的很近。如薩羅維茲* 所說：

> 有外國出生猶太人聚居區，有土生土長猶太人聚居區。貧苦及中產及富裕猶太人各有聚居區，俄國猶

太人和德國猶太人也各聚一方。東區（East Side）是一種聚居區，華盛頓高地是另一種，西布朗克斯（West Bronx）第三種，河邊路（Riverside Drive）第四種……布魯克林自有十二種不同類別與風格的聚居區……〔結果〕五分之四的猶太人……與異教徒幾乎沒有社交接觸。[20]

因而此時的德猶移民是一個長期進程的新來後到者。如前所述，他們大多是一九三八年夏季後才來：一九三三年一月至一九三八年六月德國難民總數不過二萬七千人[21]。但一九三八至四〇年有十五萬七千人來到美國，其中近半數是猶太人[22]。儘管有跨宗派的「自助會」（Selfhelp）等組織努力想讓他們移往內陸，但他們多半定居紐約[23]。猶太人是社會移動多卻安土重遷。猶太移民經過十五至二十五年，有半數達到白領地位[24]。一九三〇年代，紐約二萬四千家工廠中，三分之二的老闆是猶太人，十萬多家批發、零售商及一萬一千家餐館，也是三分之二為猶太人所有[25]。他們大量搬遷至紐約五大區中較富裕的地帶，聚居在相同街道及公寓大樓。

猶太人其實並非紐約最大的宗教少數民族。一九三〇年代第一大的是天主教徒，多為愛爾蘭或義大利裔[26]。這間接有助於猶太人保留自身宗教及文化認同，因天主教徒不但人數更多，也十分抗拒經由通婚或教育與新教「本土」人口同化：在美國整體人口中新教徒仍是決定性多數。另一方面，紐約不同宗教和族裔團體尚不至於對立。一九三〇、四〇年代的族群衝突並非歐洲獨有。美國也發生過，只是暴力程度低很多。猶太人知道要避開如上西區約克維爾的明確德裔區。但反猶絕非德國專利。紐約的愛爾蘭裔美國人在十九世紀

* 薩羅維茲（Nathaniel Zalowitz），俄裔猶太移民，生前長年替紐約猶太報紙撰稿。

下半葉，曾承受當地人排外敵意的衝擊，等貧困的南義大利人和東歐猶太人來了，正好給他們機會反報復。於是猶裔難民還須遠離愛爾蘭裔所在地，如布朗克斯的班恩橋（Bainbridge）及國王橋（Kingsbridge）。不同族裔間為工作和住房競爭是常態。大蕭條促使這類衝突更惡化，因為紐約人的就業率自一九三〇年百分之四十六，降至一九四〇年百分之三十八。「羅斯福衰退」期間非技術工人失業率最高；這對愛裔和義裔的影響大於猶裔，因為猶太人進入經濟中較高的技術部門，比其他移民族群快很多[27]。

猶太人的向上移動擴展至政治領域。一九二〇年代期間，原支持共和黨的紐約猶太人，與其他移民族群一起被納入民主黨的「族裔聯盟」（ethnic coalition）。州長史密斯（Alfred E. Smith）和繼任者羅斯福，可仰賴索倫斯坦（Hymie Schorenstein）等民主黨地方領導人。另一個猶太人李曼（Herbert H. Lehman）一九三二年繼羅斯福後當選紐約州長；他連續當過四任。還有史坦古（Irwin Steingut）一九三五年成為紐約州議會議長。在此之前兩年，共和黨的聯合候選人拉瓜迪亞（Fiorello La Guardia）當選紐約市長，終結塔馬尼派*對公職的壟斷[28]。拉瓜迪亞勝選被譽為義裔的勝利，但同樣也是猶裔的勝利，因其母柯恩（Irene Coen）是義大利的港（Trieste）的猶太人（值得注意的是，純猶太人史特勞斯〔Nathan Straus〕決定不選市長，因他好像「極為懷疑……猶太人同時擔任州長和市長是可行的。」）[29]拉瓜迪亞不久即展現出他的忠誠，當上美國維護猶太權益聯盟（American League for the Defense of Jewish Rights）副主席，那是為報復德國納粹反猶抵制而成立的抵制德國貨組織之一[30]。一九三三年其實猶太選票相當平均地分別投給拉瓜迪亞和其對手，這說明為何所有候選人都極力爭取猶太選民。而拉瓜迪亞擔任市長期間，猶太人開始獲得愈來愈多民選和非民選市府職位。一九三七年有超過三分之二猶太人投給拉瓜迪亞，一九四一年則很接近四分之三。總統選舉方面，紐約猶太人在一九三二、三六、四〇年（這年贏得不下百分之八十八猶太選票）均壓倒性支持羅斯福

[31]。

拉瓜迪亞擔任市長期間，猶太人任職市府及當教師的大幅增加，惹惱了長期居主導地位的愛爾蘭裔。以愛裔為主的「基督陣線」(Christian Front) 公開敵視「猶政」(Jewish Deal)。反猶情緒表現於破壞行動及徵人廣告中的反猶條件[32]。連前州長史密斯（贊同政治改革者）都說：

> 我一生老是聽到世界某地的猶太人多窮苦多悲慘。……今晚我看看室內周遭，看到州長李曼在此。他是猶太人。再看市長，他是半個猶太人。我過去當過的市議會議長，現任德意屈 (Bernie Deutsch) 是猶太人，曼哈頓區長李維 (Sam Levy) 也是。我開始懷疑是否有人該替紐約的愛爾蘭窮人做些什麼。[33]

在經濟蕭條的拉扯下，民主黨的族裔聯盟有瓦解之虞。紐約共產黨的關鍵成員是猶太人無異雪上加霜[34]。一戰後支持社會主義最力的是紐約猶太人[35]。一九三六至四一年美國勞工黨（American Labor Party）在紐約的得票有二至四成來自猶太人[36]。在美國也與歐洲一樣，煽動者不難把「赤色份子」等同於「猶太人」。事實上廣義來說，猶太人在政治上的確是偏向自由主義[37]。

歐洲發生的種種只拉大美國國內的分歧。確實一九三八年十二月九日（碎玻璃之夜暴亂一個月後）一項蓋洛普民調顯示，美國民眾一面倒地譴責希特勒迫害猶太人[38]。但很少美國人願增加移民配額來容納難

* 塔馬尼派（Tammany Hall），一七八九年在紐約成立的政治組織，是民主黨政治機器，控制紐約州及紐約市政治多年。

民，卻有三分之二以上同意，「以他們的狀況，我們應設法不讓他們進來」。羅斯福本人是同情猶太人的，但委婉避談李曼州長主張（在希特勒併吞奧地利後）應增加移民配額。碎玻璃事件後記者問他：「你會建議放寬移民限制，好讓猶太難民能被我國接納嗎？」羅斯福斷然答道：「這未納入考量。我們有配額制度。」紐約聯邦參議員華格納（Robert Wagner）及麻州眾議員羅傑斯（Edith Nourse Rogers）曾提出法案，允許二萬名十四歲以下德國兒童不受配額限制進入美國，但一九三九年一月的民調中有三分之二反對此法案。到一九三九年年中，《財星》（Fortune）雜誌的民調問：「若你是國會議員，你會對替大量歐洲難民……開放門戶的法案投贊成或反對票？」有百分之八十五新教徒、八十四天主教徒、近二十六猶太人說不[39]。在一九四〇年的調查中，五分之二的美國人反對異教徒與猶太人通婚，略低於五分之一的美國人認為猶太人是「對美國的威脅」，近三分之一預期「本國會有廣泛的反猶運動」，而其中一成以上表示會予以支持。到一九四二年的調查，略低於半數的美國人認為，猶太人握有「太多美國權力」[40]。

納粹若在美國會是什麼情況，羅斯（Philip Roth）在小說《反美陰謀》（*The Plot Against America*）中的想像並非不可信。一九三八年十月季辛吉家抵美數週後，他們可能讀到一則美國革命女兒會（Daughters of the American Revolution）紐約分會開會的報導，會上有講者呼籲遏止「外人威脅」，包括終止允許難民進入美國，並調查紐約大學（New York University）及杭特學院（Hunter College）的「外來、無神論、共產論、激進教授」[41]。也有些組織明白表示反猶，著名的如基督信仰衛士（Defenders of the Christian Faith），是堪薩斯州傳教士、認同納粹者溫洛德（Gerald B. Winrod）與銀衫團（Silver Shirt）成立於一九二五年。銀衫團創立人培利（William Dudley Pelly）是衛理（Methodist）會牧師之子，夢想成為「美國希特勒」，銀衫團在他領導下一九三〇年代於南卡羅來納州蓬勃發展。

對紐約特別有影響力的是全國社會正義聯盟（National Union for Social Justice, NUSJ），創辦人底特律宣教士卡夫林（Charles E. Coughlin）的反「猶太共黨威脅」廣播，最多時曾吸引高達三百五十萬聽眾，多半是低階層天主教徒。卡夫林過分到有一次在紐約WMCA電台的長篇大論中，為「水晶之夜」辯護，並在其期刊《社會正義》（*Social Justice*）中刊登偽造的《猶太長老協議》（Protocols of the Elders of Zion）。該聯盟在西五十九街有自己的分會，據說有不少警察為其會員[42]。卡塞迪（John Cassidy）等反猶愛爾蘭天主教徒一九三八年在布魯克林成立基督陣線，也是受卡夫林所啟發。更激進的團體是基督動員者（Christian Mobilizers），即使在一九三九年德蘇簽訂互不侵犯條約後，仍拒絕放棄支持希特勒的立場。此一日益激化的過程，最高點是聯邦調查局一九四〇年一月逮捕基督陣線成員。他們被控計畫對政府發動政變，同時對猶太社群進行恐怖炸彈攻擊和刺殺猶太國會議員[43]。

不過，紐約最明顯的親納粹組織是新德國之友（Freunde des Neuen Deutchland），自一九三六年起名為德美協會（Amerikadeutscher Volksbund，意為German-American Bund）。其紐約分部（集中於約克維爾）是美國納粹運動的中心。據司法部，到一九三〇年代後期他們有八千至一萬會員（美國退伍軍人協會〔American Legion〕的估計較高，有二萬五千人），大多是新到的移民或未歸化的德國人，他們有自己的德文報《德國警訊與觀察家報》（*Deutsche Weckruf und Beobachter*，意為The German Alarm Call and Observer）。有人以為該協會只是柏林的一個棋子，但很可能僅有少數成員是真正的第五縱隊[44]。它不限於舉辦活躍份子穿褐衫服的遊行[45]。也試圖施壓於發行已久的德文報《紐約客國家報》（New Yorker Staats-zeitung）及德裔美人社團，如美國斯托本協會（Steuben Society of America）、羅蘭協會（Roland Society），要求他們支持希特勒政權。直到美國反納粹情緒高漲，特別是在「水晶之夜」後，才遏阻更多德裔美國人支持德美協會[46]。

戰爭逐漸逼近只使得紐約各族裔的關係更緊張。有個贊成美國保持中立者寫道：「紐約是名符其實的火藥桶，我們參戰可能觸發它。」可想而知，卡夫林的追隨者強力支持反介入二戰的美國優先委員會（America First Committee），亨利．福特（Henry Ford）和林白（Charles Lindbergh）也是支持者。很少有愛裔美國人有興趣再與大英帝國同一邊作戰。反之，紐約各猶太組織認同政府的觀點，即要「在希特勒與文明之間做選擇」[47]。

三

季辛吉一家人住在曼哈頓的華盛頓高地，這裡與紐約大部分地方一樣，並非一個確切的地理區。若你在一九三八年問人它在哪裡，得到的回答可能是「一五九街靠近百老匯街與華盛頓堡道（Fort Washington Avenue）交叉口那一帶」或「哈林北邊西邊那一帶」。如今回顧，與季辛吉約略同時期的人對它有些許不同的定義：

> 依我看，那裡早先的界線是南到一七三街，北到一七七街，西至南派恩赫斯道（South Pinehurst Avenue），東至百老匯街。唯一例外是如果我在萊特公園（Jay Hood Wright Park），就可以走到最尾端，走到哈芬道（Haven Avenue），比南派恩赫斯道更往西一條街。要是在百老匯街，我可以走到一八一街去看電影；要是在華盛頓堡道，我可以到一七八街去「青年會」。……一八一街和百老匯街轉角是……哈林儲蓄銀行（Harlem Savings Bank），對面是RKO大電影院（RKO Coliseum）。[48]

華盛頓高地是丘陵地，三面環河，屬曼哈頓最晚都市化的區域，一九三〇年代其都市化尚未全部完成。開發商喜歡興建五、六層磚造公寓，好在有特萊恩堡（Fort Tryon）及英伍岡（Inwood Hill）等公園，使此地成為曼哈頓綠樹最多的地區之一。那或可解釋它為何吸引多為中產階級的逃離希特勒德國的移民。

到二戰爆發時，華盛頓高地的德猶難民人數之多，因而被戲稱為「第四帝國」[49]。其他綽號有「辛辛那提」，取德語「你不是某某夫人嗎？」的諧音（*Sind Sie net' die Frau soundso?*，意為Aren't you Mrs. So-and-so?），或「英語無言」（*Kanton Englisch*），取不發一語〔Kein Ton〕諧音[50]。總共有二萬至二萬五千德猶難民定居於此，相當於自希特勒德國逃至美國近十萬猶太難民的近四分之一[51]。但猶太人占華盛頓高地人口從未超過八分之三，到戰時比例更低[52]。難民年齡相對較長（百分之二十二超過四十歲）且偏向小家庭，意味著他們絕非愛爾蘭人和希臘人的對手[53]。部分由於這個原因，華盛頓高地在外觀上，猶太味不及如布魯克林的布朗斯維爾（Brownsville）等地。

幾乎根據任何定義，華盛頓高地均屬中產階級住宅區。一九三〇年的中等家庭所得剛過四千美元，是下東區的三倍，但僅及上西區有錢「暴發戶」的一半[54]。可是難民未攜帶什麼現金。如季辛吉家，他們往往僅有一板條箱的家具。華盛頓高地如此吸引人，即在於它環境不錯又負擔得起。房租相對便宜，且大多數公寓有六到八間臥房（當中有些原是給僕人住），可再轉租收取現金[55]。這裡如同紐約其他地方，不同族裔的住處會依街道甚至整棟公寓自我隔離，於是有幾條街上，全是猶太人住的公寓相隔不遠處就是全愛爾蘭人的公寓[56]。

猶太社群對外隔絕的程度令後來者驚訝。法蘭克福出生的史達克（Ernest Stock）一九四〇年來到紐約，他在一九五一年寫作時憶道：「你會震驚地發現〔美國〕多麼像是一連串相當緊密的族群孤島。……德猶裔專業人員經常造訪其他德裔專業人員的家，而在紐約，猶裔醫生和律師多半是到別的猶裔醫生和律師家。」[57]這些專業人員難於找到工作。醫師必須通過州執照考試；而德國訓練出來的律師幾乎不可能再執業。最佳選擇是開一家迎合猶太同胞需要的小店。一九四〇年時華盛頓高地已有八家潔食肉舖。猶太烘焙店也一一開張，專作罌粟籽辮子麵包[58]。華盛頓高地有些商家開發出更廣的市場，著名的有奧登沃鳥公司（Odenwald Bird Company）和巴騰（Barton）糖果店。但大多數規模不大。許多男性只能選擇遊手好閒或挨家挨戶推銷；許多女性也只能選擇做自家或別人家的家務[59]。

即便同是紐約的猶太同胞，難民某種程度仍是外人。有個難民說，美國猶太人認為新來後到者「自以為是」：「他們『聚在一起，不與我們其他人打成一片』，他們『傲慢』，他們『心機深』，他們『唯利是圖』——一長串指控，聽起來與反猶者一般對猶太人的看法差不了太多[60]。華盛頓高地幾乎每個人都是，在希特勒前的德國過得比移民後的新生活要好。當時流行一則笑話，一隻達克斯獵犬對另一隻說：「我在德國天天吃白麵包。」另一隻答：「那沒什麼，我在德國是聖伯納犬。」[61]

對起先找不到工作的難民，包括路易斯．季辛吉，在華盛頓高地的日子圍繞著「咖啡配蛋糕加愉快的社交」[62]。魯布洛棕櫚園（Lublo's Palm Garden）提供「維也納菜」（雖然老闆其實是斯圖加特人）。附近其他的德猶餐廳還有歐爾納（Orner's）、學院客棧（College Inn）、德瑞客餐館（Restaurant Derrick）。你在此可看報打發時間，有《建設報》（*Aufbau*），是德猶社（Deutsch-jüdischer Club）（後改名German-Jewish Club，再改名新世界社〔New World Club〕）發行的週報，還有規模較小的對手地方報《猶太之路》（*Jewish Way*），是歐本海默夫婦（Max and Alice Oppenheimer）一九四〇至一九六五年發行的德文報[63]。或者也可參加社團，有展望團結社（Prospect Unity Club），總部設在西一五八街五五八號。另有猶太移民退伍軍人協會（Immigrant Jewish War Veterans）及華盛頓高地以色列聯盟（Agudath Israel of Washington Heights）。年輕人則有馬卡比運動社（Maccabi Athletic Club），地址在一五〇街，或忠誠會（ALTEO, All Loyal to Each Other）[64]。

不過這些社團對猶太難民社群生活的重要性，不及他們組成的無數宗教和慈善協會（chevras）。到紐約的猶太移民一開始往往是為自己和同胞成立小會堂，通常在租屋中集會。到第二代，在布魯克林和弗拉布什（Flatbush）等地的猶太人會建立較正式的「會堂中心」（synagogue center）（有游池加學校加會堂），兼顧宗教和世俗（由健身到復國）。世俗化很難抗拒。到一九三〇年代，典型的紐約猶太人並不定期作禮拜；他會參加猶太新年（Rosh Hashanah）和贖罪日（Yom Kippur）活動，此時須搭設臨時「蘑菇」會堂[65]。

華盛頓高地的猶太人不一樣。部分原因在於德猶難民未來之前的狀況。一九二〇年代中期，一群富裕的正統派猶太人出資，於阿姆斯特丹道（Amsterdam Avenue）與西一八五街（也是現址）設立葉什瓦學院（Yeshiva College）。在里維爾（Bernard Revel）領導下，它自艾克南拉比猶太神學院（Rabbi Isaac Elchanan Theological Seminary）發展出來，但設立宗旨要超出許多。里維爾有部分是著眼於一戰後常春藤（Ivy League）大學對猶太人入學的限制。他的目標是結合猶太法典研習與廣泛的人文課程，以促使正統猶太教「走出猶太區」[66]。因此早在季辛吉家抵達前十年，華盛頓高地已是一處猶太學術中心。這裡也有幾個猶太教團體：希伯來會幕會（Hebrew Tabernacle）、特萊恩堡猶太中心（Fort Tryon Jewish Cener）、華盛頓高地會（Washington Heights Congregation）等。但新移民來了後並不願加入。

在其他紐約猶太人眼裡，德國猶太人是耶客（*Yekkes*），特點為「誇張的日常生活紀律，喜好秩序到可笑的程度，及過度重視人文教育。」相較於由東歐到美國的猶太人，德國猶太人作禮拜當然正經八百得多。信徒很早就到會堂，禮拜準時開始，大家坐在一排排面對同方向的固定長凳上，有領唱者帶領的正式唱詩班，在此不會看到下東區或布魯克林會堂內的搖擺或吟誦祈禱[67]。他們雖嚴守教規——比其他紐約猶太人更注重潔食[68]；但不會像哈希迪那般穿著[69]*。正統派德猶男士隨時隨地都戴帽子（較少見是戴圓頂小帽），但會剃鬍鬚，在華盛頓高地唯有拉比留鬍鬚。女性穿著簡樸，但不致過時：「一件黑色連身裙，一件藍色，再一件褐色，就算是全部夠穿的衣服了。」[70]

這裡的難民絕大多數是正統派、南德人，他們帶著家鄉的信仰分歧，在美國卻無意義[71]。在德國每個猶太人均須隸屬單一的地方教區（*Gemeinde*）。班伯格（Seligman Baer Bamberger）領導的共有或統合正統派信徒，與赫爾希（Samson Raphael Hirsch）領導的分離正統派始終不和。令人不解的是，前者的崇奉模式較保守，卻願意與支持改革、甚至復國的信徒共存；後者的禮拜模式較接近改革派，卻強烈反對改革及復國。堅持這類信仰差異是正統派德猶難民建立那麼多新教團的緣由[72]。到一九四四年紐約已有二十二個「難民社群」[73]。在華盛頓高地成立的十二個社群中，有四個屬統合，四個屬分離[74]。最早成立的是一九三五年的希望之門科伊特斯（Kultusgemeinde Gates of Hope），三年後有華盛頓高地會堂（Synagogengemeinde Washington Heights）、新希望（Tikwoh Chadoshoh（New Hope））、克好永恆之道（K'hal Adath Jeshurun，又依其拉比〔Joseph Breuer〕而稱波爾亞會Breuer's）。唯一的自由派新教團是一九四〇年由慕尼黑及紐倫堡難民組成的讚美之家（Beth Hillel）[75]。

季辛吉家選擇加入克好永恆之道會具雙重意義。波爾亞生於匈牙利，但一九二六至三八年一直擔任法蘭克福赫爾希學校（Samson Raphael Hirsch School）校長，他主張嚴格分離，其理想是由純正統派、不分彼此組成的社群（*kehilla*）[76]。對他而言，會堂只是匯集各種機構與服務的中心，包括獨立的學校、洗禮儀式、監督飲食教規（潔食生產者），甚至每月發行刊物。德文版《通訊》（*Mitteilungen*，意為Notices）最初曾有一期警告新至美國者：

> 在此國……缺乏有組織的社群。凡任何組織都是志願的，受志願組織不可免的變化所左右。對飲食教規等的各項猶太問題，權威並未樹立。具律法知識的拉比具權威資格，但不見得獲猶太社群承認。其他不具律法知識者可能硬搶權威位置，並肆意發表言論。[77]

於是《通訊》列出可靠的潔食猶太零售商及產品。再者，波爾亞和季辛吉家在富爾特的拉比布瑞斯勞爾一樣，強烈反對猶太復國。他於一九四〇年九月刊出一篇對猶太人近期歷史具啟發性的總結。

> 解放導致同化，贊成同化的是所謂改革派猶太信仰〔運動〕者。完全異化及集體洗禮是其必然結果。同化造成反猶主義再現，按照神永恆的真理它必會發生。反猶激起復國運動，那只是在不同旗幟下持續同化的瘋狂行為，使之走向因完全非猶而災難不會少之道路。所有這些的結果便是當前的大災難，並以各種恐怖形式呈現。[78]

＊ 哈希迪（Hasidim），猶太教極端正統派的一支，男性平日均穿著深色長大衣，熱天也不例外。

同情復國運動的索羅凡奇克（Moses Soloveitchik）拉比，說服波爾亞設立自己的葉什瓦赫爾希學校[79]。唯一的謎團是，當季辛吉家的前拉比布瑞斯勞爾也來到紐約，設立自己的會堂，他們為何仍跟著波爾亞[80]。季辛吉猜測，是因為波爾亞更有魅力。他很快便習於每週聽他慷慨激昂的佈道[81]。

像波爾亞這種人的影響力，公立學校是一大反制力量。亨茲和華特・季辛吉等年輕難民，很快即發現自己身處兩個世界：所屬宗教社群是守舊的正統派世界，在世俗中學則是自覺的進步世界。乍看之下這好像很奇怪。美國公立學校大半屬基督教，因此都採取基督教假日。兩次大戰間的教育家優先要務也明顯放在俗世及社會融合上。自運動以至新聞等課外活動也以訓練「有效率的公民」為目的。然而正統派的父母卻相信，其子女可享受俗世教育的好處而不致喪失本身宗教信仰，這造成深遠的結果。當愛爾蘭及義大利裔美國人經常避開公立學校，偏愛天主教學校，猶太人卻熱衷於就讀住家附近的公立學校。猶太學生在新的課外活動中很快就超出比例[82]。執教的猶太老師也愈來愈多：一九四〇年紐約公立學校有超過半數的新老師都是猶太人[83]。此種共生關係表現於教育委員會承認希伯來文是值得學習的外語。

喬治華盛頓中學（George Washington High School）讓未來的哈佛大學教授季辛吉初次接觸美式教育，但它並非紐約市猶太人占比最高的中學。最高的是下東區的西華公園（Seward Park）中學，有百分之七十四的學生是猶太人，其次是新烏特勒支（New Utrecht）中學（在班森赫斯特〔Bensonhurst〕）和依凡德柴茲（Evander Childs）中學（在佩勒姆公園道〔Pelham Parkway〕）。不過一九三一至四七年間，喬治華盛頓中學約有百分之四十的學生是猶太人，百分之二十是新教白人，百分之五是非裔，百分之四是義裔或愛裔。此期間猶太男學生在學術性社團及鋒芒（Arista）榮譽學生會明顯超出比例，但在籃球之外的所有運動則比例偏低。不過學生能擔任的名聲最高的職位中，社團會長和校刊編輯他們的占比也不高。這些領域仍是土生土長者的天下[84]。

喬中提供聰明猶太學生的不只是正規教育，還有社會化。生於美國而非德國、日後的聯準會（Federal Reserve）主席葛林斯班（Alan Greenspan），對喬中歲月的記憶顯然是快樂多於痛苦：看巨人隊在波羅球場（Polo Grounds）比賽，聽收音機追蹤洋基隊的戰績，到電影院看卡西迪*，在賓州酒店（Hotel Pennsylvania）聽格倫米勒樂隊表演[85]†。

但華盛頓高地也有較不利於青少年生活的另一面。正如許多人擔憂的，戰爭爆發使已很嚴重的族裔摩擦更為加劇。阿姆斯特丹幫及三葉草幫（Shamrocks）等幫派高喊「幹掉猶太人！」[86]並攻擊猶太男生。基督陣線和基督動員者等反猶團體，攻擊華盛頓高地的猶太會堂和墓地[87]。卡夫林的全國社會正義聯盟公然抗議猶太社群，動員當地愛爾蘭人對抗被指為摧毀工作機會的猶太人創新，如自助商店[88]。德猶難民覺得，當局未能有效遏止這類暴力與威嚇，可悲地提醒他們，對新家園也不能掉以輕心。如某記者抱怨：「我們厭倦了卑躬屈膝地去找警察局長，說：『麥卡錫（或歐布萊恩）局長……我兒子因為是猶太人而被打。你能不能派個警員來？』我們也恨透、厭煩看著噁心的希特勒式微笑，聽見一貫的回答：『孩子們是鬧著玩的。』」[89]直到一九四四年才有幫派份子被起訴，天主教聖職人員才公開拒斥他們的行為。

華盛頓高地許多難民到臨終時仍覺得，外界也讓他覺得，自己是「美國猶太人」或「德裔猶太人」，而

* 卡西迪（Hopalong Cassidy），由作家Clarence E. Mulford於一九〇四年創作，是小說電影中的虛構英雄牛仔。

† 格倫米勒（Glenn Miller），美國著名爵士大樂團樂手兼領導人，一九三九至四三年曾是最暢銷錄音藝人，一九四四年前往法國勞軍時死於飛機失事。

非「美國人」[90]。隨著附近地帶的特色改觀，非裔和波多黎各人遷入一五八街以南地區，華盛頓高地的猶太人更感覺被圍困，那是他們一九五〇年代初在政治上轉向共和黨的一個理由[91]。

四

紐約讓十五歲的亨茲．季辛吉留下什麼印象？多年後他在回憶錄裡，強調美、德的對比。

直到我移民美國前，家人和我忍受日漸升高的排斥及歧視。……每次走在街頭都變成冒險，因為跟我同時代的德國人可任意毆打猶太兒童，警察不會干預。經由這一時期，美國對我具備了美好的特質。我小時候那是夢想，是難以想像的地方，在那裡容忍發乎自然，個人自由不受挑戰。……我始終記得首次走在紐約市街頭的激動心情。我看到一群男生，開始過到對街，避免挨打。然後我想起自己身在哪裡。[92]

但如前所述，華盛頓高地的猶太人仍有挨打風險。另一位作者猜測，年輕的季辛吉發現同化相對容易（「身為德國猶太人，本身文化已讓〔他〕準備好，大致接受另一種文化的外觀和精神，同時保有內在尊嚴」）[93]。再一個不同的假說是，他的父母屬於正統派社群，這其實有礙同化，特別是「增強季辛吉此時已深植的對大眾民主的不安」[94]。此類評估顯然距事實甚遠。

自季辛吉家所乘的輪船停靠在曼哈頓西區「地獄廚房」*的碼頭那一刻起，他們就忙著應付現實生活問題。儘管他們有足夠資財，可在船上處理完文件，免於艾利斯島無尊嚴的待遇，卻沒什麼餘錢過日子。他們在富爾特的公寓有五個房間。現在減為兩個。短暫與阿姨同住後，季辛吉家搬到華盛頓高地，先在西一八一街七三六號，後搬至華盛頓堡道六一五號一間擁擠的公寓（在百老匯很西邊，道道地地的猶太區）。他們能找到一棟公寓已不簡單；水晶之夜後的移民熱潮，使許多新來者發現必須先向共用屋分租房間，如西六十八街上，懷斯（Stephen Wise）拉比夫婦經營的會議屋（Congress House）[95]。季辛吉後來憶起當時的苦況。

> 我和弟弟……睡在起居室。我們沒有隱私。我現在無法想像當時怎麼辦到的，〔但〕當時我沒多想。……我不覺得自己可憐。我不認為我在受苦。……現今我到那間公寓去探望母親時，她一直在那邊住到過世，我不敢相信自己曾在那裡住過，睡在起居室的雙人長沙發上。〔我〕在廚房寫功課。可是有那麼多書都說我當難民很苦。……那非事實……一派胡言。[96]

季辛吉家最頭痛的問題是路易斯．季辛吉找不到工作。他受限於英語不好†，又難以適應新環境，他向妻子吐露：「我是這大都市裡最寂寞的人。」後來她回憶：「我不知道怎麼開始，他也不知道怎麼開始。」一起先他們靠匹茲堡另一個親戚的接濟過活[97]。後來路易斯終於在朋友的公司找到簿記工作，但深受病痛及憂鬱之苦；因此在猶太婦女會（Council of Jewish Women）訓練寶拉當女侍和外燴供食者後，她變成家裡的經濟來源[98]。她比丈夫年輕，適應力較佳，很快便學好英語，並馬不停蹄立即做起外燴小生意：這是典型的難

* 「地獄廚房」（Hell's Kitchen），是紐約市曼哈頓中城西岸一個近鄰社區的俗稱，傳統上，以南至三十四街、北抵五十九街、東到第八大道、西達哈德遜河這塊區域。

† 為加速學習過程，全家在家裡只講英語，並固定收聽公寓廚房裡的廣播。

民故事[99]。於是兩個兒子也背負要開始賺錢的壓力，尤其是長子。一等能力許可，兄弟倆便進入喬中就讀。那學校很大，有約三千名學生，並標榜「過不了便淘汰」的精神[100]。現存季辛吉學業的例子顯示，他很快即適應新環境[101]。但一九四〇年一月他轉到夜間部，以便在母親表姊夫的工廠做全職工作，週薪十一美元。那家修面刷工廠位於市中心西十五街二十二號，工作很難說愉快。季辛吉自上午八時做到下午五時，負責把做刷子的動物毛去除酸劑，直至他獲升至送貨部門，改到曼哈頓各地送刷子。下班後乘四十分鐘地鐵回到華盛頓高地，快速吃完晚飯，他得到夜校上三小時課。但十六歲的季辛吉成績不受影響。那學期他「法文三」拿到九十五分，「美國史」二九十五分，「美國史」一九十分，「英文六」九十分，「英文七」八十五分，「進階代數」七十五分[102]。富爾特的猶太中學縱有諸多不足，卻使季辛吉在數學、歷史和地理上優於同學[103]。他在其他方面也領先，此時他已閱讀杜斯妥也夫斯基（Dostoevsky）的作品當娛樂。

必須克服的單一最大障礙當然是語文。季辛吉日後回憶：「那時沒有人說：『這些可憐的難民，我們用德語教他們吧。』他們把我們　進學校，我們必須用英語受教……我得很快學會英語。我剛來的時候一句也不會。」[104]嚴格說來那並非事實，因為他在德國學過英文，具有基本閱讀能力。但學習外語和用外語學習，相距十萬八千里。把「亨茲」改「亨利」是一回事。要改成美國口音是則另一回事。據一項記述：

學校紀錄顯示，該新生有「外語障礙」。此「障礙」促使他就讀喬治華盛頓時害羞並感到孤獨。他對這新語文的掌握與運用日後贏得世界各地外交官的尊敬，但他的口音，曾被德國出生的友人形容為「可笑的巴伐利亞口音而非普魯士口音」，一直跟隨他到成年。他多年後說：「我對此極有自知之明。」[105]

季辛吉獨特的中歐口音有很多人提過，以其弟與大多數年輕到可上美國中學的難民一樣，已改掉大部分口音，季辛吉卻始終未改似乎很奇怪[106]。年長的難民則繼續說德文。遲至一九四一年四月，季辛吉家所屬會堂仍在辯論，是否要將禮拜及刊物由德文改為英文[107]。當時就有人說：「此事的重要性再怎麼也不會高估：德語口音常造成完全融入美式生活、或是永遠保持『外人』身份的差別。」[108]所以如此聰明又有企圖心的人，在講英語無口音是社會流動的先決條件的時代，卻維持德國口音如此之久，確實很特別[109]。但年輕的季辛吉是指望靠算術而非語文能力謀生。自喬中畢業後，他申請紐約市立大學（City College of New York）攻讀會計[110]。

舊世界逐漸失去左右此年輕人的力量。其父母虔誠地參與克好永恆之道會堂。另一由富爾特來到華盛頓高地的難民赫克斯特（Leo Hexter），還記得季辛吉「渴求宗教知識」[111]。但他反抗父母正統派信仰的最早跡象，是加入改革派讚美之家會堂成立的青年團[112]。季辛吉與許多德國來的新移民相同，他發現在紐約受到的新影響下，自己的信仰起了變化。他回憶他已不再「當然是正統派」，因為他經常在猶太假日工作，其弟也一樣[113]。當年就有人在戰後不久寫道：「眾多〔德猶難民〕除重大節日從不來會堂。……在美國……宗教儀典逐漸被放棄。……他們聲稱，在新國度為維生奮鬥已力不從心。……也有人說，在親人被燒死的世界不可能有神。」[114]

當然此階段在美國很少人預料到，日後會到達被稱為納粹大屠殺（Holocaust）那種恐怖的程度。但熟悉納粹政權暴力潛質的莫過於初到紐約的難民。現存極少數季辛吉此時期的文稿中，有一篇是為辦報而寫的藍圖，題為〈聯盟之聲：籌辦中的報紙〉（Voice of the Uion: *Eine Zeitung im Aufbau!*），日期一九三九年五月一日，並標明「全球版：德國查禁」。文中語調明顯地世俗化，並預見到需要對將來一波波逃離納粹的難民伸出援手：

聯盟各位成員：

一件規模大於任何天災、深深介入你我命運的重大事件，發生至今已過六載。其效應遠超出任何人可能的預期。國家社會主義橫行其種族滅絕的意志，絲毫不知節制！

起先猶太人受害最慘，但希特勒精神進一步散播毒素，跨越陸地海洋；摧毀家族、家庭及家園，深入我們生活的最小細節。僅少數人得以及早掌握這厄運的全貌。有太多人仍相信天無絕人之路，二十世紀的文明可保我們免於最悲慘的境遇。如今我們知道這希望是一大幻覺。隨著壓力有增無減，移民的大問題繼之而來。無須我再多說。我們全都知道移民的辛酸路，更因許多國家對我們不開放而益為顛簸。有一國仍是我們的希望：美國。而我們有幸來此，來到這傳統的自由之地，為示感恩，盼望透過成立「同志重聚會」（Reunion of the Comrades），替協助將來後到者的偉大體系盡一分心力。[115]

季辛吉對猶太復國的想法也在演變。一九三七年他曾對在巴勒斯坦建立世俗的猶太國，表示「無法想像」。但離開德國前他在寫給友人的信上說：「我的未來在美國，可是我的希望在巴勒斯坦……我們相互思慕之地。」可是到一九三九年夏他改變態度：「看看這幻想變成什麼。『我們的』巴勒斯坦是大國強權政治的玩具，被內戰撕裂並交給了阿拉伯人。」[116]以色列聯盟的成員中有些在富爾特即與季辛吉來往，其中有人移民美國後更是大聲疾呼反對復國。布瑞斯勞爾拉比也差一點要支持反復國的卡塔組織[117]*。但赫克斯特後來否認季辛吉追隨此領導[118]。

實情是十來歲的季辛吉發現，他正處於真實生活中的「同志重聚」：那迫使他不僅質疑自己早年的信念，也對過去的朋友失去信任。一九三九年七月他寫信給其中之一，坦白透露他對新家「紐－約」的又愛又恨：

> 我個人對美國的印象非常兩極：有些方面我欽羨它，有些方面我卻蔑視此地的生活方式。我佩服美國的科技、美國的工作節奏、美國的自由。美國在短短的歷史中能有如此成就，確實厲害。唯有在如此安全且從未經歷過嚴重危機的國家才辦得到。你必得到過紐約摩天大樓區，才能夠了解現代科技可做到什麼地步。你必得開車駛過美國公路進入鄉間，才能夠明白美國人誇張的愛國心。然而光線越亮，陰影面也越大。沿著世上最美麗的房屋，你卻在此看見最悲慘、難以言喻、與過度富裕共存的貧窮。然後是個人主義！你完完全全靠自己，沒有人在意你，你必須自己力爭上游。[119]

這當中有很多其實是德猶難民相當普遍的感受，他們對紐約體現的美式成就何其大立即感到目不暇給，但對美國較粗劣的面向感到氣餒[120]。而季辛吉有進一步更深層的怨言：「我最不喜歡的美式特徵是他們對生活很隨便。沒有人想到未來，只顧得了下一分鐘，沒有人有勇氣直視人生，總是避開困難〔之事〕。與我同齡的年輕人沒有一個認真地關心自己的任何靈性問題。」美式膚淺風氣對這熱切的德國少年造成直接的社會後果：他承認，這是「我難與任何美國人交友的主因之一」。

* 卡塔組織（Neturei Karta），此名稱直譯為「城市守衛者（Guardians of the City）」，成立於一九三八年，至今仍存在，宗旨為反對建立世俗國家，要求解散以色列。

但真正的問題不在缺少新朋友，而是老友的出現：三個「前同校同學」像季辛吉一樣，最後也來到紐約[121]。其中之一是華特・歐本海默（Walter Oppenheim），他家與季辛吉家有同樣的經歷，自富爾特來到華盛頓高地。另二人是漢斯・薩克斯（Hans Sachs）（後改名約翰）與庫爾特・萊歐德（Kurt Reichold）。表面上這些年輕難民仿傚真正的紐約客，認真工作，認真遊樂。他們不止白天做苦工，晚上唸書。他們也去看棒球*和美式足球賽，追逐洋基隊和巨人隊。他們打網球[122]。學跳舞。學開車。與女生約會，季辛吉日後的夫人安娜莉絲・弗萊雪（Anneliese Fleischer）也在其中[123]。

不過是另一位名叫艾蒂絲（Edith）的年輕女子自富爾特而來，導致朋友重逢變成情敵對立的漩渦。一九四〇年三月季辛吉對自己的英文寫作能力已感到自豪，他寄給艾蒂絲兩篇學校讀書報告。艾蒂絲一直沒回信。煎熬二週後，他寫下第三封信，毫無保留地道出他青春年少的心靈：

> 由於你似無回信的習慣，即使某人煞費苦心為你送上讀書報告，但我不得不勉為其難第三次也是最後一次寫信給你。我確實對你的沈默感到困惑，最起碼你可確認收到那些文件。但此刻我寫此信的目的是：若你能盡快寄還二份讀書報告及那篇文章，我會萬分感謝，因我正在收集它們。若你不想寫信給我，當你再見到漢斯或歐帕斯（Oppus）〔歐本海默綽號〕時，可將這些交給他們。
>
> 「或許我該就此打住。但關心你的福祉……促使我提供一些建議……這些可更自由的提出，因你可看出，那只是即將離去的友人無私的警語。」（引自華盛頓的告別演說）。我很久便想以口頭對你澄清我的立場，並盡可能澄清我們其餘幾個的立場，但我現在發現這是我唯一剩下的方式。我寫此信給你，因我覺得讓你以為，我們五個之間存在著友好關係，對你不公平，這種友好是人為製造出來的，目的是給我

們當中的某人有機會見你。簡言之，你看到的只是我們最好的一面，你看不到我們任何一個的真面目。因此我要警告你，別太輕率地與我們任何一個做朋友。

季辛吉當時十六歲。他到紐約不滿兩年。他受制於強烈的青春期迷戀，以及對對手強烈的妒忌：

你是本班來到此地的首位女生，又相當有魅力，所以大家很自然地都期望贏得你的友誼。有兩個主要的有意者，試圖或已試過贏取你的友誼，不包括我，是歐帕斯和庫爾特。我想有必要寫給你，他倆的一些缺點，因你僅看到他們的優點。我要提醒你小心庫爾特，因為他的邪惡，他為追逐其野心全然漠視任何道德標準，也不顧與歐帕斯的友誼，因為他想要在思想上主宰你，在形體上獨占你。這並不表示與歐帕斯不可能做朋友，我只是建議你，勿對他太著迷，以免你變得太依賴他。

為證實所言不虛，我有必要向你解釋，自你來到本國我們之間發生了什麼。歐帕斯是第一個得知消息的，所以他認為扣住你的地址，藉以空制（譯註：季辛吉此處拼為contol）別人接近你是他的特權。此舉特別是針對庫爾特，部分起因於舊爭執，那發生於你還在富爾特時，部分是由於歐帕斯覺得，庫爾特邪惡的作法不應每次都得逞。在此計畫下，他要我設法得到你的友誼。但我拒絕見你，此事下面會解釋。——一段時間後，庫爾特得知你來到本國。因庫爾特不想破壞取得你的地止（adress）的機會，才免於與歐帕斯吵起來。接著是長談，最終我們五個一起開會，決議邀請你到庫爾特家會面。

現在解釋我一開始拒絕見你。這是出於三個理由之一。首先我不願與朋友爭吵（quarell），以交換與你

* 季辛吉後來告訴史勒辛格（Andrew Schlesinger），是義大利裔朋友介紹他去看棒球賽。

不確定的友誼。其次，我不想讓自己出醜。我知道如果見到你，我會再度為你著迷，讓自己像傻瓜一樣，後來我確實是如此。三是我覺得你把我當成小丑多於其他。不過後來我修正所有這三點看法，因為我發現，我只是在逃避自我。

結束此信前請容我重申，若你認定我寫此信純出於自私動機，我會感到非常遺憾。我寫它是由於我已厭倦、反感偽裝成別人，那不是我，也為了對你可能有所幫助，鑑於你與我們以前同班其他同學的關係。

但願在所設範圍內此信是成功的，就此

祝順心

季穌[124]

許多聰明男生在追求遭拒時，都會寫同樣熱烈的信給愛戀對象。但這封信不同於一般之處，除它仍用條頓式〔Teutonic，即德式〕標點和偶有略拼錯字之外，在於其分析精闢及深入心理層面。雖值十六歲的狂飆期，季辛吉剖析了朋友間的關係及重逢如何改變了這些關係，使歐本海默與萊歐德原有的對立再起，也加重令季辛吉表現疏遠的不安全感（「我覺得你把我當成小丑……」）。到最後，「季穌」有足夠的理智，未寄出這自我中心的長篇大論，而是保留作為他年輕移民生活黑暗面的見證。

季辛吉之前曾寫信給另一女生，那次是用德文寫的較順暢，信中他敘述來到紐約以後的生活，「分二部分：精神及一般生活」。由他對前者的說法可看出一些端倪：

如我在〔本信〕一開始已提到，我的內在改變很大。在這裡八個月使我由理想主義者變為懷疑主義者。這並不表示我不再有理想。而是表示由於我過去百分之九十五的理想都破滅，我不再有明確勾勒的目標，但我有自己還不甚清楚的開闊想法。我正設法找尋可持久的理想，多過要去追求這種理想。[125]

來到美國幾乎改變這年輕男孩的一切。他在感情上與地理上均無著落。一九三九年七月，史上毀滅力最強的戰爭前夕，他絲毫不知自己追求的「持久理想」會先找上他—在看似不可能的場景：美國陸軍訓練營，為一路把他帶回德國的危險旅程做準備。

第4章　意外當了二等兵

我們為自我訂下任務，要將梅菲斯特視為獨特個人，我們須視他為不只是浮士德的另一（較次要）自我。……我們也須讓梅菲斯特走出浮士德投射在他身上的陰影，讓他站在其對手或夥伴身旁。……唯有透過矢志不斷地發展自我，我們始得終究來到通往超人*之路。

——克雷默，《梅菲斯特與浮士德之約》，一九二六[1]

政治與人類其他活動領域相同，品德、價值觀與信仰，至少與其他大致可稱為「經濟」的因素同等重要。我挑戰自己去思考，相信現實世界幾乎僅由「工資」、「原料」和「工業生產」所構成，那是太了不起想法。

——克雷默，一九四〇[2]

* 超人（Übermensch），超人論是德國哲學家尼采提出的著名理論。

一

飛行家轉行為煽動家的林白，一九四一年九月十一日在愛荷華州德梅因（Des Moines）演講時，指控「本國猶太團體鼓動參戰」。

林白一九二七年獨自完成，由紐約橫越大西洋直飛巴黎的壯舉後，便成為全國名人。到一九四一年他成為美國優先委員會（American First Committee）主要發言人，是促使美國別介入二戰的眾多聲音中，最具影響力者。林白號稱：「與其鼓動參戰，

> 本國猶太團體應以一切可能方式加以反對，因他們將屬最先感受其後果的人。容忍是美德，它有賴和平與力量。歷史顯示它經不起戰爭及毀滅。一些有遠見的猶太人明白這一點，主張反對介入。但大多數並非如此。
>
> 他們對我國最大的危險，在於他們對電影、新聞、廣播及政界握有大量所有權及影響力。

林白最後說，猶太領袖「基於以他們的觀點可理解、但以我們的觀點不可取的理由，基於不屬於美國人的理由，希望讓我們介入戰爭。……我們不能讓別的民族天生的熱情和偏見，領導我們的國家走向毀滅。」[3]

一九四一年十二月七日，不到三個月後，日本攻擊珍珠港，將主張美國中立的這種及他種論點一筆勾銷。

年少的季辛吉當然不致被指責「鼓動參戰」。當珍珠港的消息傳至紐約時，他「正在看美式足球賽……看紐約巨人隊對布魯克林道奇隊（Dodgers），當時道奇還有美式足球隊。那是我看的首場職業球賽……看完出來時，他們有一份星期天報紙……標題是關於珍珠港遭攻擊。我不知道珍珠港在哪裡。」[4]季辛吉此時是紐約市立大學學生，此校向來受有心向學術發展的移民所歡迎，距其父母家乘地鐵僅需二十分鐘。他的成績很好，幾乎每一科都拿A（好笑的是唯一拿B的是歷史）。餘暇時間他喜歡看美式足球或棒球賽，或在喬治華盛頓橋（George Washington Bridge）下的球場打網球[5]。將來看似將以會計為業[6]。

但好學的季辛吉對戰爭逐步逼近並非視而不見。華盛頓高地的德猶難民社群日益焦慮地關注著歐洲情勢發展，不只因為那麼多家庭包括季辛吉家，仍有親戚在德國。與林白所言相反，華盛頓高地很少有人在「鼓動戰爭」。然而戰爭來時對難民是一種解脫，只因猶太人得以洗刷，他們的利益與美國國家利益不同的指控。季辛吉家所屬教會出版的月刊引用〈耶利米書〉（Jeremiah）二十九章七節：「我所使你們被擄到的那城，你們要為那城求平安，為那城禱告耶和華，因為那城得平安，你們也得平安。」波爾亞拉比則說：「在此重大時刻，不僅最深切的感恩之情驅使我們善盡義務。我們民族的未來和平安與這國家的平安和未來息息相關。」[7]

但季辛吉與約九千五百個德猶難民，最後穿著美軍制服回到出生地作戰，絕非必然的結果。一九四〇年美國國會通過〈外僑登記法〉（Alien Registration Act），對出生於德國但尚未歸化的美國居民實施多項限制。其中之一是不得從軍。這造成問題，因〈義務役訓練暨服役法〉（Selective Training and Service Act）徵召所有二十一至三十六歲美國男性居民服役。直到一九四二年三月，〈二戰戰力法〉（Second War Powers Act）建立加速歸化制，允許「敵國外僑」在軍中光榮服役至少三個月者可成為公民[8]。不過唯有接著在十一月徵兵年齡被降至十八歲，季辛吉始符合徵兵資格。即便此時，德國出生的「入伍者」能奉派的任務仍受限制。季辛吉的弟弟華特的確便因德國背景，被撤出第二十六步兵師，轉派至太平洋戰區[9]。戰略情報局（Office of Strategic Services）局長唐諾文（William J.〔"Wild Bill"〕Donovan）需要時間說服軍方，德國出身者具有作戰單位「亟需的專門條件」[10]。

總計有大約五十萬猶太人在美國軍中服役，其中三萬五千人捐軀[11]。猶太難民的從軍率略高於全國平均[12]。既然美國已參戰，猶太人有其特別的多重作戰動機。如某難民士兵所言：「我被剝奪所有財物，趕出家鄉，比未受過其殘害的一般美國人，有更多更多理由想要痛擊希特勒。」[13]這些人「並非盲從領導者去打一場不知為何的戰爭。他們全體不只為美國而戰，也為猶太民族永恆的權利而戰……包括宗教自由權，讓每一士兵有權以自己想要的方式崇奉其宗教。」[14]不過後面會看到，現實軍旅生活有時似故意要嘲諷如此的良善美意。

二

亨利．季辛吉的召集令在他十九歲生日過後不久寄達。往日焦慮的難民少年如今已成為好學的年輕紐約客，正與父母認可的樸實本地女孩安娜莉絲〔安娜（Anne）〕．弗萊雪交往中，看似會在華盛頓高地當個平穩無名的會計過一生[15]。但歷史再次介入。一九四三年二月中旬，在時報廣場（Times Square）冰島餐廳（Iceland Restaurant）吃過家族踐行晚餐後，季辛吉搭上駛往克洛夫軍營（Camp Croft）的火車，此營位於南卡羅來納州斯巴達堡（Spartanburg）以南五哩，由一大片營房及靶場組成，可同時容納多達二萬人住宿及施以基本訓練。火車抵達時，如季辛吉對其弟的描述，他被任意地「推來推去、打預防針、數人頭、立正站好」[16]。此後的十七週他任憑排長處置，他愈來愈憎恨班長到「無以復加的程度而且很可能無真正的理由」[17]。六月十九日，熬過三個月基本訓練，季辛吉有資格歸化為美國公民。他舉起右手宣讀以下誓詞：

> 茲此宣誓……我絕對全然聲明及公開放棄，對任何我前此曾隸屬（或為公民）之外國君主、統治者、國家或主權，特別是德國之忠誠效忠；我將支持及捍衛美利堅合眾國憲法及法律，對抗國內外所有敵人；我將對美利堅合眾國秉持真正信念與忠誠；我基於自由意志接受此義務，絕無任何精神保留或迴避意圖：請上帝保祐。[18]

他現在是美國軍人了。

比起華盛頓高地隔絕、齊一的移民社會，克洛夫軍營的差別你想像有多大就有多大。理論上士兵享有宗教自由；實際上正統派猶太教徒應遵守的教規和儀式很少得到尊重。徵兵制在設計上便是要把各行各業、社會各階層的人變成一致。唯有持續隔離非裔美國人，使軍隊無法成為真正合一[19]。但新兵接觸到不只是軍事操演及打靶練習；還有賭博、喝酒、嫖妓，均是一般大兵最喜歡的娛樂。季辛吉坦白告誡其弟如何安度基本訓練，正是一切盡在不言中。

> 耳目要開，嘴巴緊閉。……
>
> 永遠站在中間，因為挑毛病總是自後面開始。永遠不引起注意，因為只要他們不認識你，就不會找上

> 你。所以請壓抑你的天生傾向，不要強出頭。……
>
> 勿與你在那裡一定會遇到的混混太友好。勿賭博！一群人裡總會有些職業老千，他們會活剝你的皮。勿借錢給人。那對你無好處。你很難把錢要回來，再者你也會失去朋友。勿上妓院。我跟你一樣喜歡女人。但我不會想去碰那些骯髒、染梅毒、逐軍營而生的。……
>
> 你我相處有時並不那麼融洽，但我想你知道，就像我也明白，在「緊要關頭」我們會相互扶持。如今我們就在緊要關頭。[20]

有些猶太士兵即使在訓練營裡，也盡可能遵守教規[21]。有些卻比自己預期的更不難「為山姆大叔破戒」。當然在克洛夫營這種地方侮辱性的反猶言詞不會少。但正像也是猶太兵的小說家梅勒（Norman Mailer）所見，在如此一視同仁的軍中，幾乎人人都逃不了種族或族裔歧視的字眼：猶太人、義大利人、愛爾蘭人、墨西哥人、波蘭人[22]。再者軍方正式禁止反猶言論，以宣揚美國是為「猶太—基督價值」而戰[23]。總之，對從未到過南方的北方士兵而言，如克洛夫這類軍營讓他們見識到全新的偏見世界。有個外國生的紐約猶太士兵，當聽到有些南方人稱他為「鬼北佬」（damn Yankee）時大吃一驚[24]。另一士兵則憶道：

> 有天主教徒、新教徒和猶太教徒。有些是幾近文盲的南方小農。有些男學生，教育程度高多了。有些快讀完大學。陸軍把他們放進同樣的模式裡：連……中學裡多話的書蟲也不例外。每個人如何認定家鄉不重要。此地是新世界，有新標準。……有一個評判你的主要標準，即危難當頭時你是否可依靠。[25]

即便難守教規，猶太人在一個重要層面特別突出：他們當中的「書蟲」不成比例的多。在每個新兵都要接受的陸軍總分類測驗（Army General Classification Test）中，猶太人表現通常高於平均值許多。這很重要，因為得分超過一百一十者有資格獲得軍中似乎最吸引人的機會之一：加入陸軍專業訓練計畫（Army Specialized Training Program, ASTP）。此計畫背後有三重考量：增加供應軍官人選；增加軍中技術專才；避免大學因徵兵而財務困難。一九四二年十二月宣布的此計畫，將可造就的士兵送至全美各大學，進修工程、外語、醫學、牙醫、獸醫等速成課程，即軍方認為有價值的科目。以每學期十二週，中間只休息一週，在三學期內，參與計畫者應可學到相當於大學前一年半的東西。到一九四三年十二月，約有三十萬人稱「神童」者（quiz kids）就讀於四百所大學與學院，其中七萬四千人學基礎工程，一萬五千人學進階工程[26]。亨利·季辛吉是其一；其弟弟也是。

對入選者來說，專訓計畫是天堂般的解脫，可免於基本訓練之苦及可能立即以補充兵員送去參戰。「神童」週六中午至週一凌晨一時放假，被分配到自家附近的學校就讀者可探視家人朋友。與克洛夫營的食宿相比，大學「只差天堂一步：食物盛在不鏽鋼餐盤上，冷牛奶喝到飽，宿舍內是乾淨寢具。」[27]課業確實吃重，課程極度濃縮，約五分之一受訓者在前二學期便退出。但密集工程學當然比另一選項好太多：於是有這首歌（採〈邦妮在海外〉〔My Bonnie Lies over the Ocean〕曲調）：

喔，母親，取下服役旗幟，
你兒已加入專訓計畫。
他不會被計算尺傷到，

所以金星* 永遠用不到。

他只是穿卡基服大學生，
更像童子軍而非士兵，
所以母親，取下服役旗幟，
你兒已加入專訓計畫。

所有榮耀或許都歸空軍。
所有勇氣都歸步兵。
等我們訴說我們的故事
我們如何坐打這場戰爭。

六個月前我們都是士兵，
我們以為會到海外打日本，
如今軍隊已成模糊記憶
自我們加入專訓計畫。

噢，等這場戰事結束後

> 當孫輩坐在我們膝蓋上，
> 我們不得不說時會臉紅
> 說我們在專訓計畫打仗。
> 表，若陣亡則換成金星。[28]

就連專訓計畫的徽章：一盞閃閃發光的燈，也被戲稱為「燃燒的夜壺」[29]。

季辛吉無可抱怨。經過南卡州克林遜學院（Clemson College）進一步審查後，他幸運地被送至賓州伊斯頓（Easton）的拉法葉學院（Lafayette College）讀工程學。這所人文學院典雅的十九世紀校園，距紐約僅略多於八十哩，使他得以在家中與家人和女友共度週末。他的室友兼同為「神童」的柯伊爾（Charles J. Coyle），鮮明地記得與年輕季辛吉同住的日子。柯伊爾後來說：「『正常』的修習課程他應付自如，然後把熱情用在……弄出一些新的論證上。他好像不太在意講師講的內容，而是很注意他們打算傳達的意義。」即便以專訓計畫的標準來說，季辛吉也是超愛看書。不過柯伊爾印象最深刻的是季辛吉特別拼命式的閱讀風格。

> 〔我〕有一半時間是絆到他狼吞虎嚥過的書本，另一半時間是被他無底洞似的大腦嚇到。……他不是看書，他是在吃書，用眼，用手指，在椅子或床上扭動著，喃喃自語地批評著。他會無精打采地瀏覽一本書，突然爆出一聲不滿的、帶德國口音的「鬼扯！」猛批作者的立論。然後他把書撕掉，依舊是怒罵字

* 自一戰起有直系家屬為美國作戰者可掛此旗，並以一人一藍星為代

眼，並自圓其說。……像他做得對的其他事，他選字與發音都精準，以我布魯克林的耳朵，聽到發怒的人還花時間在髒字眼後加「ing」，可是沒有過的經驗。這傢伙聰明絕頂，智力過人，我們大部分人未遇到過，而我們都是因智力高才獲選。他會走進我們套房的起居室。我們三、四個在那聊天，可能正談著性。他一屁股坐在沙發上，就開始讀像史丹達爾（Stendhal）的《紅與黑》（*The Red and the Black*）那種書，當作消遣！[30]

季辛吉求知認真的另一徵兆是他不符軍規的外表。

沒有人穿著比他更邋遢。借用他的話，此事「荒謬可笑」。軍服一定不合身，除非拿去改或訂做，可是亨利從未想過這兩件事。穿衣對他來說是鬧劇。他穿的速度比我換上制服快，卻每件都穿錯方向，每次都錯的不一樣。檢查儀容時，每個經過亨利的人都能發現不同的需要調整之處。[31]

但季辛吉在拉法葉並非學習當儀隊。自一九四三年十月他正式入學，至一九四四年四月，他總共修習十二門課，包含化學、英文、歷史、地理、數學、物理和軍事學。除化學拿到完美的一百分，數學令人失望的七十二分，其他成績在八十至九十五分之間[32]。其物理老師寫道：「季辛吉先生無疑是我所教過的學生當中最優秀的之一。他反應敏捷，對所有功課都極感興趣，每天準備充分地來上課，作業全部做完，還經常超出為其他同學設定的要求……我絕對最高度推薦季辛吉先生，擔任需要警覺、敏銳、周詳、分析、調查等能力的任何類型的工作。」[33]可惜軍方此時想要他做的並非這類工作。

其實專訓計畫在三軍需要增加戰鬥人力時總會被犧牲，一九四三年底，國會將軍力規模設為七百七十萬人，增員需求因而大增。陸軍地面部隊（Army Ground Forces）指揮將領麥克奈爾（Lesley J. McNair）向來（錯誤地）懷疑，大學教育能大幅提升士兵的作戰素質。在他看來，問題不在於戰技不足，而單純是人數不夠，原因則不只是國會太過慷慨的緩召規定，使五百萬男性因職業考量及有子女即可不受徵召。最後戰爭部長史汀生（Henry L. Stimson）屈服於軍中將領的壓力。一九四四年二月十八日，軍方宣布專訓計畫即將終止[34]。十分之八的「神童」立即奉令重回步兵。

這正是美國軍方著稱已久的那種邏輯混亂[35]。有超過十萬人因頭腦好被精挑細選出來。他們投入不少時間取得寶貴的新知識。那期間他們錯過升級機會。如今他們將被送回最基層，完全不顧其聰明才智或新技能。現在神童們苦澀地唱著：「把計算尺丟到海裡，向乘車點前進。」專訓計畫在胡德營（Camp Hood）的基本訓練中心縮寫是ASTPBTC，現在被說成是代表「全被國會射為碎片」（All Shot to Pieces by the Congress）。懂中文的派歐洲；會義大利語和德語的派亞洲（華特．季辛吉即是其一）。更糟的是回鍋的「神童」不免遭嘲笑為「童子軍」或更不堪的「你們大專笨雜種」。由於太多專訓計畫者被指派為步槍兵，有人半認真地批評道：「解散專訓計畫是否是陰謀，要把全國最好的頭腦放在最危險、最多人可能喪命的位置。」有新政策的受害者後來問道：「為什麼我們在軍中挑出最聰明的人，然後卻把他們丟進傷亡率最高的絞肉機裡？」[36]當消息傳至拉法葉：「我們全都要被送至步兵當二等兵」時，柯伊爾回憶：「大家都是又尖叫又嘆氣，亨利仍用他加上『ing』的方式。」[37]唯一避開之道便是轉到醫學院，因軍方仍認可需要更多醫生。季辛吉也參加考試，但唯一的缺額由懷斯（Leonard Weiss）獲得，後來季辛吉承認是他「救了我免於當醫生」[38]。

三

拉法葉學院古色古香的四方中庭與木板壁圖書館，正是路易西安納州克萊邦軍營（Camp Clairborne）的反照。營區位於平坦、炎熱的鄉間，就在森林丘鎮（Forest Hill）北邊，由一排排「瀝青紙板屋」組成，每一屋中有二十四張雙層床。夏天熱得令人汗流夾背，屋內狹小的窗戶聊勝於無[39]。一九四三年十一月起，這裡是八十四步兵師駐紮地，季辛吉與二千八百個前專訓計畫人員即派往這裡。這一師綽號「欄杆砍手」（Railsplitters），想必不很需要讀書人。季辛吉與前神童夥伴們要坐很久的火車，正可思考自身命運的反轉[40]。也是專訓計畫出來的愛德華茲（Donald Edwards）回憶在軍樂隊伴奏下抵達克萊邦。新到者有人喃喃道：「照我看，他們不如奏喪禮進行曲還比較好。」[41]這些人從堂堂優秀人才，變回美國龐大軍事機器中的區區小齒輪。

八十四步兵師屬於派往歐洲戰區的四十五個美國陸軍師。每一師員額充足時約有一萬四千人，再分成三個團，每團三千人，加上師砲兵部隊。團則由三個營組成，每營約八百五十人，分為五個連，每連有四排，每排有三個十二人的班[42]。經過六週加速基本訓練，二等兵亨利．季辛吉，兵籍號碼三二八一六七七五，被派至三三五步兵團第二營G連，他此刻僅是另一個大頭兵、步兵、小卒[43]。

拉法葉的生活有多輕鬆，克萊邦營的生活便有多艱苦。有些日子是強行軍「我們一小時多一點便須走完九哩」，有些日子是「全裝備二十五哩健行」。有「水配給」日，每人一整天只許喝一水壺的水。還有「戰地問題」，要睡在有蛇出沒的沼澤地三角帳篷內。有兩棲作戰前的游泳練習，有降落傘訓練。無聊時刻用於擦掉新步槍上的防鏽黃油，或用蠟紙把兵號印在粗呢袋、頭盔、軍靴上[44]。娛樂設施最近的大城鎮亞力山卓

（Alexandria）可提供，有酒吧，大兵們在此打架，有妓院，大兵們在此染上性病[45]。較接近營區的是「榮城（Boomtown）〔賭場〕……一堆可惡的棚屋」[46]。

季辛吉後來回憶：「我所屬步兵師主要是威斯康辛、伊利諾和印第安納州人，道地的美國中部人。我發現我很喜歡這些人。從軍的重大意義是使我覺得像個美國人。」[47]其實有些士兵戲稱他為「呀」（Ja），正是因為他的德國口音[48]。不過他是連教官，每週一次向士兵簡報「當前戰況」，使他甚得人緣[49]。柯伊爾回憶：「他能夠把每日每週的新聞來源，儘管矛盾、混淆、費解，他卻能提出對這些新聞的詮釋，以至於我們每個人……覺得對明天會如何發展多一分掌控力。……我們認定亨利是唯一見解比《時代》雜誌高明的人……而且具建設性。」[50]柯伊爾說，這書蟲已懂得藉幽默做為防護的價值。「他太聰明，不會與人起衝突。亨利就是會耐心地對待鄉下來的孩子，最後他們都喜歡上他。有時他開軍方玩笑，有時取笑自己，有幾次他拿我們當中幾個開玩笑。可是他說笑時面帶微笑。那是典型的紐約式幽默。」[51]

不過季辛吉偶爾也須當聽眾。軍中大多數演講在內容及講述方式上均具催眠效果。但有一天出現此一定律的例外。講者是克雷默。他如同季辛吉也是德國出生長大。也與季辛吉一樣只是二等兵。但借用其直屬長官的話，他是「那種最出人意料之外的『二等兵』」。

四

亨利．季辛吉日後稱克雷默為「對我成形年代影響最大的一個人」[52]。不免令人想稱他為季辛吉─浮士德的梅菲斯特；克雷默當然熟知歌德的戲劇，他十七歲便寫過一篇關於此劇頗有見地的文章[53]。佛瑞茲．古斯塔夫．安東．克雷默（Fritz Gustav Anton Krämer）（後來他捨去姓氏的母音變化）一九〇八年生於工業城埃森（Essen），父親是企圖心強的律師，娶富裕的化學品製造商之女為妻。佛瑞茲幼年多病，就學期間有四年是在家中請私人家教[54]。他也是那個年代相當罕見的破碎家庭的產物。父親在法界一路向上爬，最後先當上哈根（Hagen）、繼而當上科布倫茲（Koblenz）的首席檢察官（Erster Staatsanwalt），母親在法蘭克福市外山區的村落裡，為「困難兒童」設立寄宿學校[55]。

克雷默大季辛吉十五歲，他的成形年代歷經一次大戰、十一月革命*及威瑪共和。他因而認為戰爭「摧毀一切基石：生命、體制、價值、信仰。他歷歷如繪地記得戰爭、封鎖、饑餓、布爾什維克革命、反德皇政變、凡爾賽條約、法國占領萊茵區、因通膨失去家族財富、及德國街頭革命。克雷默那一代許多德國中產階級，正由於這些經歷使希特勒成為魅力十足的國家「救世主」。但克雷默不同於一般人。他曾留學國外，先在日內瓦，後至倫敦政經學院（London School of Economics），最後到羅馬。他娶瑞典人為妻。法西斯主義及社會主義同樣排斥他，而他贊同的保守主義，有時幾近於自我嘲諷。他自十七歲起便戴著單片眼鏡（「在視力好的那一眼……好讓弱的那一眼被迫更努力去看」），並習慣穿著馬褲和及膝馬靴[56]。然而他的保守思想非比尋常，與國家人民黨相去甚遠，史家常把該黨視為威廉二世時代保守黨（Wilhelmine Conservative Party）的後繼者，但它輕易便被納粹吞噬。

日後的管理「大師」彼得．杜拉克（Peter Drucker）一九二九年首遇克雷默，那時他倆都在法蘭克福求學。四月某個寒冷的日子。他走在美茵河（River Main）畔，驚見一小艇上坐「一憔悴男子，身穿最簡單的泳衣，戴黑色寬緞帶單片眼鏡，此外別無一物……拼命向上游划去」，而「已廢棄的德國皇家海軍黑、白、紅三角旗」則隨著他的划動而飄揚[57]。克雷默「三角形大尖鼻像船帆般突出於臉部〔，〕高顴骨〔，〕……

尖下巴〔，〕及銳利的青灰色雙眼」，令杜拉克想起「灰狗與灰狼的綜合體」。同學稱他為「年輕腓瑞茲（Fritz）」，因他長得像也仰慕腓特烈大帝（Frederick the Great）。「克雷默自認是真實的保守派，屬俾斯麥之前、路德及斯巴達舊信仰的普魯士保皇黨……一體反對在納粹旗幟後迅速顯現出的醜陋及野蠻，還有用意良善、正派但懦弱膽小的『德國良民』自由主義。」[58]當時尚不滿二十一歲的克雷默告訴杜拉克，他「人生僅有二大抱負：想當陸軍參謀總長的政治顧問；及偉大外交部長的政治導師。」杜拉克問克雷默為何他本人不想當「偉大的外交部長」。克雷默答：「我是思想家非行動家。……我不屬於眾所矚目的焦點，也不演講。」[59]

克雷默向來是菁英人士，更貼切的說，是道德貴族，對民粹政治之粗俗抱持尼采式的蔑視，但同樣厭惡他所謂「自作聰明的」知識份子。我們不應為這一點及他的衣著癖好所誤導。他到後期被視為新保守主義的幕後智囊，彷彿綜合施特勞斯†與奇愛博士‡。但克雷默絕非這種人。他的學術訓練其實是國際法，極不像正統普魯士保守人士會專攻的。他在日內瓦師承國際法權威波赫勒§及學者兼外交官拉佩德（William E. Rappard），拉佩德曾協助說服威爾遜總統，把國際聯盟（League of Nations）總部設於日內瓦，並擔任國聯的託管部（Mandate Department）首長[60]。克雷默在倫敦的教授包括諾埃爾—貝克（Philip Noel-Baker），曾任國聯首位秘書長的助理；麥克奈爾（Arnold McNair），曾與勞特派特¶創辦《國際法年度文摘》（*Annual*

* 十一月革命，指一九一八至一九年導致推翻德皇威廉二世帝制的一連串事件。

† 施特勞斯（Leo Strauss），德裔美國政治哲學家，芝加哥大學教授，一八九九—一九七三年。

‡ 奇愛博士，在電影中他是總忍不住要行納粹禮的前德國納粹。

§ 波赫勒（Eugène Borel），瑞士政治家，一八三五—一八九二年。

¶ 勞特派特，Hersh Lauterpacht，國際法庭的波蘭裔英國律師及法官。

Digest of International Law），後出任劍橋國際法惠威爾（Whewell）講座教授[61]。最後，克雷默在法蘭克福受業於德國頂尖國際法專家史綽普（Karl Strupp）[62]。他在史綽普指導下完成博士論文：〈法國同盟條約、國際聯盟盟約與羅加諾公約之關係〉（*The Relationship between the French Treaties of Alliance, the League of Nations Covenant, and the Locarno Pact*）。一九三二年出版，對深入認識克雷默的知性發展十分寶貴。

克雷默的核心論點是，國際聯盟及羅加諾公約（還有凱洛格—白里安非戰公約〔Kellogg-Briand Pact〕），與法國戰後跟比利時、捷克、波蘭、羅馬尼亞、南斯拉夫等的防禦同盟相抵觸。尤其法國這些盟約不相容於國聯盟約的第十條：簽署國須「尊重及維護聯盟所有會員國領土完整及現有政治獨立，抵禦外來侵略」。克雷默指出，此一條文不僅使雙邊防禦同盟多此一舉，法國的「同盟體系」也對德國（更別說匈牙利）施加「永久」及「全面政治壓力」，以致大幅且無法接受地限制德國的行動自由[63]。因而形成不可容許的「聯盟中的聯盟」[64]。以上論述有三點十分突出。一是歷史性強：文中幾乎有一半篇幅是分析一九一四年前的歐洲同盟體系。二是明白區別實力與法律（*Macht and Recht*），如克雷默大膽斷言，這「不證自明，英國〔一九一四年〕參戰並非為比利時，而是基於它是法國的盟國。」[65]他像指導教授史綽普一樣主張，無論共同防禦條約的正式條文怎麼說，實務上唯有它意指採取聯合行動對抗共同敵人，同盟關係始有意義。因此這種條約存在的本身即增加戰爭風險。他在很關鍵的一個段落警告說，不可忘記「一國絕對的安全，取決於排除敵對政治勢力的自由運作，並終止權力平衡，因此一定有必要成為享有那種安全的霸權，從而〔意味著〕所有其他國家均不安全。」

克雷默也像絕大多數當時的德國人，反對一九一八年後的條約體系所建立的國際秩序：不只是凡爾賽條約，及它可議地認定德國犯下「戰罪」，而是法國所有簽訂條約的複雜組合。不過（這也是他論文的第三突出點）克雷默表達反對的方式，等於暗示接受國際聯盟組織的合法性。無異於史綽普及同時代〔法學教授〕孟德爾遜—巴塞迪（Albrecht Mendelssohn-Bartholdy），他的立場是，威爾遜對集體安全的理想主義願景遭到英、法嘲諷的行為所破壞。依一九二〇年代德國的標準，這是自由派非保守派觀點。史綽普和孟德爾遜—巴塞迪都是猶太人，並非純屬巧合。兩人都在一九三三年納粹掌權後不久失去大學教職。以上便是日後成為季辛吉梅菲斯特（Henry Kissinger's Mephistopheles）之人的學術傳承。

儘管克雷默選擇自由派為師，他的外在表現卻是普魯士保皇黨：接近被諷刺的德國保守派，而時人全只看到他的表面。事實卻相當不同。其父喬治·克雷默（Georg Krämer）出生時其實是猶太人，到十九歲改信基督教；母親原姓戈史密特（Goldschmidt），也改過宗教信仰。喬治·克雷默是新教徒、博士、預備軍官，一直努力做個模範普魯士人。他雖是猶太人出身，離過婚，又遭戰爭耽誤其事業發展，但到一九二一年，他力爭上游升至夢寐以求的首席檢察官位置。以他資深的地位及「完全保守」的外表，老克雷默安然度過納粹對他們定義的猶太人最初的整肅，但一九三五年他被迫依帝國公民權法（Reich Citizenship Law）的條款退休，此法將所有「非亞利安人」當作二等公民[66]。一九四一年一月他因未配戴當時猶太人強制須戴的黃星標記而被捕。一九四二年五月他被迫把住家讓給「亞利安」家庭。二個月後他遭驅逐至特雷津集中營。一九四二年十一月一日因營養不良死於此營中[67]。

佛瑞茲·克雷默從未提過父親，也不像父親，他頭腦清楚，懂得在希特勒一上台，馬上放棄地方法院法官書記的職務，離開德國移居義大利。在羅馬大學（University of Rome）取得義大利認證其德國博士學位後，他應聘至一九二六年成立的國聯附屬機構「羅馬私法統一國際協會」（International Institute for the Unification of Private Law in Rome, UNIDROIT）[68]。學國際法的克雷默實踐他主張的理論。當德國駐義海軍武官企圖阻止他在小艇上懸掛德國皇家旗幟，他一狀告上法院，主張依國際法他有懸掛任何旗幟的自由[69]。但墨索里尼的義大利並非蔑視第三帝國的最佳國度，尤其是此二獨裁者走得越來越近。一九三七年克雷默擔心他在義大利已不安全，便將妻兒送回德國，與其母親同住。在杜拉克協助下他獲得赴美簽證[70]。他在美國找不到大學教職，先在緬因州的馬鈴薯農場打工，後在國會圖書館（Library of Congress）找到工作，在此他開始編寫「有關『一八一五至一九一四歐陸國會』的歷史—司法參考書」[71]。同時他試著協助業師史綽普夫婦，兩人已離開德國，但只到巴黎便無法再西進，史綽普也過世[72]。

克雷默自一九三〇年代經驗學到的重要一課，後來也灌輸給學生亨利．季辛吉，即道德高於物質。他在一九四〇年十一月的一封信中寫道：「我發現

> 連好友也指責我的信念不切實際、異想天開，我相信政治與所有其他的人類活動領域相同，品格、價值觀和信念，與其他可籠統稱為「經濟」的因素至少同等重要。我為自己辯護，我認為加倍異想天開的想法，是以為構成現實世界的幾乎只限於「工資」、「原料」及「工業生產」，或別種可用確切數字表達其價值的其他可測量實體。我的確完全無法理解，任何對歷史稍有認識的人居然不懂得，男人對妻小、國家的愛，男人的榮譽感、責任感、願意為理念或理想而犧牲自己，或許一幕美麗夕陽對其靈魂造成的反響，同樣可能影響到塑造你我的政治現實，譬如挪動一項勞工立法。即便有成千上萬輛最現代化的戰車，若戰車中的士兵不願為其國家奮戰到底，那對國防也一無用處。最好的法律、最進步的立法，若依法審案的法官道德素養令人懷疑，則連撰寫這些法條的紙張都不值。

克雷默終其一生信守此一信念。但他也明白，當年的時代精神是物質主義掛帥，各種社會主義相互競爭的歐洲如此，經濟學政治學占上風的美國亦然。大約即在此時，可能是接觸美國知識界的結果，克雷默對知識份子的敵意加深。他陰鬱地寫道：「那些驕傲、更常是傲慢地自詡為知識份子的人必須明白，有『聰明』的頭腦，僅只在思考及分析方法上做到技術完美無缺，並非這世上唯一的價值，甚至也非最高價值。若缺乏深刻的信念，沒有信仰，沒有自律，他們繼續玩弄自己的頭腦，則我們的文明很可能來日無多。」[73]

一九四三年五月克雷默獲得把文字付諸行動的機會，他被徵召入伍。他比季辛吉嚴重許多，美國軍方不得不懷疑他。他確實擁有軍方開始認真對德作戰所需要的那種知識。他不僅英、德語流利，還能說另外不下十種語言。可是仍有不少可疑之處。為保護仍在德國的妻兒（他們一直待在那裡到戰爭結束），克雷默曾在一份徵召前的表格上表明，不願對抗自己的出生國。事實上他絲毫不反對與納粹作戰，但「身為律師我小心措辭我的聲明，使我一方面能被接受服役，另一方面，萬一這非機密問卷落入不當者之手，理論上不致構成『重叛國罪』，連帶使德國報復我家人。」尚不止於此[74]。克雷默的聯邦調查局檔案透露，自一九四二年初起他一再遭到該局調查，先是因美利堅大學（American University）校長、虔誠的美以美教派信徒道格拉斯（Paul F. Douglass）所敦促，克雷默任職國會圖書館期間便借住在其華盛頓寓所。（道格拉斯會起疑，是由於克雷默的梳妝台上有德皇威廉二世肖像、他「明顯的猶太人」特徵、及他爬外牆自窗戶進入樓上房間的特殊習性。）另一線民被克雷默搞胡塗的是，他「很可能百分之百親德，卻又絕對反希特勒」。「一流舞展舞者」，因無別的衣服而穿著馬褲馬靴；普魯士保皇黨，也待過明顯自由派的新罕布什爾州奧巴尼（Albany）世界研習中心（World Fellowship Center）；已婚卻（據另一線民）與數十位女子過從甚密；他有諸多疑點[75]。這說明他雖直接（未經基本訓練）被送往馬里蘭州瑞奇營（Camp Ritchie）的特別軍事情報訓練中心（Military

Intelligence Training Center），那裡專門培訓偵訊員，但戰略情報局卻沒有用他，最後他到了第八十四步兵師。克雷默懷疑戰略情報局的決定，是否與他「對東歐〔俄羅斯〕獨裁政權明顯的疑慮」有關[76]。然而他的反蘇情緒是美國當局最不擔憂的。

所幸對克雷默而言，波林（Alexander R. Bolling）將軍並不像胡佛（J. Edgar Hoover，聯邦調查局長）那麼多疑，他於六月接任第八十四師指揮官，那正是D-Day諾曼第登陸的月份。波林是戰績彪炳的一戰老兵，在那之前他曾參與追捕墨西哥革命將領維拉（Pancho Villa）但未成功的遠征，他比大多數將領都清楚，士氣可藉由解說而建立。據傳某次演習時，他聽到克雷默用德語大喊口令。將軍問：「士兵，你在做什麼？」克雷默答：「長官，發出德軍作戰時的聲音。」為此他被派至指揮部[77]。其實波林未獲任命前，克雷默早已調至八十四師的G—2組，負責講授「敵軍作戰陣勢、一般宣導及時事」。但波林看出克雷默的才華；更重要的是他明白，能夠更具說服力地傳達對德作戰的理由，莫過於交由道地且顯然是上乘人選的德國人去做。照克雷默自己的說法：「我或許比大部分人都清楚獨裁的意義，及為何要打這場仗。」[78]重點是，克雷默始終是二等兵。但如某位軍官所說：「位階低是……他成功達成使命十分仰仗的一個條件。」[79]

五

時間是一九四四年夏，G連官兵頂著路州酷暑剛完成十哩行軍，正在休息。突然發現一位戴單片眼鏡、手持馬鞭的二等兵向他們打招呼。他大聲問：「誰是這裡的指揮官？」一位被嚇到的中尉承認他就是。克雷默說：「長官，是將軍派我來的，我要對貴連說明我們為何要打這場仗。」[80]

G連官兵對他所講內容留下深刻印象，其中又以二等兵季辛吉為最。他後來憶道：「講題是戰爭的道德與政治風險……克雷默講得如此熱誠、博學、並具吸引全場的力量，彷彿他在對每個成員個別講演。我人生首次，或許也是唯一一次……寫信給講者，向他表達他有多麼令我感動。」

季辛吉寫這封信直接到幾乎忽略禮數：「克雷默二等兵，你好。我昨天聽過你演講。演講就應該這樣講才是。有任何我能協助你的地方嗎？二等兵季辛吉上。」[81]但克雷默很欣賞不要花言巧語。他後來說：「他的信裡沒有虛矯詞藻。沒有那些『令人振奮』、『精采萬分』等等我不喜歡的東西。『這個——』我說——『這是個自立自強的男子漢。』」數日後他邀請那位年輕後輩到官兵俱樂部吃晚餐，季辛吉還記得：「那次他詢問我的一些看法，也對我談到他的價值觀。由此次邂逅衍生出改變我一生的關係。」[82]

對季辛吉人生的此一階段，似不必做他需要代理父親的心理學臆測[83]。克雷默是令人難忘的人物：年齡較長、飽讀詩書、有強烈意見，那是介於一戰二戰期間，在一些了不起的學術中心所形成並經得起考驗。他滿不在乎地用德語談論德國思想[84]。更不簡單的是，顯然克雷默幾乎一認識季辛吉，便看出他在學問上的潛力。據克雷默的記述，僅二十分鐘內他即發現，「這小小十九歲猶太難民，其族人對於正壓倒他們的歷史洪流毫無所知」，但他卻是同道。他「急切渴求不是了解事物的表面而是其背後的成因。他想要明白道理。」[85]季辛吉「與歷史很合拍。無論你有多聰明，這是學不來的。那是上帝的恩賜。」[86]後來克雷默曾極力否認他是季辛吉的「伯樂」，他說他只是「喚起他認識自己」。克雷默告訴徒弟：「亨利，你絕對是獨一無二的，你具有不可思議的天賦。」之後當他倆在歐洲共事時，季辛吉記得克雷默「有點像在教我歷史。他對歷史非常有興趣，我們晚上會一起散步和交談，我由此徹底對歷史產生了興趣。克雷默……著重於政治才能及價值觀與行為之間的關係。他也以歷史事例說明社會對個人的影響。」[87]

當然他倆這次見面時都極為清楚，巨大的歷史力量，或是說他人的政治能力，即將對個人自身命運造成多大的影響。

六

約在一九四四年九月二十一日前後，邱吉爾曾在海上與季辛吉交會，卻完全不曉得他的存在。這位英國首相正乘坐豪華的「瑪麗皇后號」（*Queen Mary*）自魁北克（Quebec）趕回倫敦，他與英國最高軍事將領們，聯袂在魁北克與羅斯福總統及美國陸海軍最高將領，連開了五天艱難的會議。相對地，二等兵季辛吉卻在擁擠的軍艦上航向西歐前線。

第二次魁北克會議召開時，正值二戰的關鍵交叉口。一九四四年六月六日發動的霸王行動*獲得成功。聯軍在諾曼第建立橋頭堡。（八月十五日）龍騎兵行動（Operation Dragoon）對法國南部的兩棲攻擊同樣成功。巴黎和布魯塞爾得到解放。到九月聯軍一路打到荷德邊界。自德國攻擊蘇聯及美國參戰以來，聯軍享有的龐大經濟和人力優勢，至此已注定最後的結果勢在必得。在東邊，繼紅軍的巴格拉季昂行動†後，羅馬尼亞和芬蘭向史達林求和；德國北路軍（Group North）在拉托維亞的庫爾蘭（Courland）半島進退維谷。但軸心國軍隊距離被擊敗還很遠，在魁北克的氣氛談不上慶功；反而有時很激烈。陸軍元帥布魯克（Alan Brooke）爵士在前往加拿大途中的日記裡吐露，邱吉爾「不知道細節，心中僅掌握一半狀況，發言荒謬，聽他胡言亂語氣得我血液沸騰。」邱吉爾則刻意提醒羅斯福：「要不是英國一開始就全力奮戰，而他國卻才起步，美國便須為自身的生存而戰。」英方提議向維也納進攻，以先防堵史達林對中歐的野心，但日益衰弱的羅斯福對邱吉爾的警告：「俄國人迅速侵入巴爾幹半島，及隨之而來的俄國影響力在該地區危險散佈」，似乎不為所動。英方也施壓要求讓英國海軍加強參與對日戰爭；邱吉爾堅持新加坡應「以戰爭」收復。領導美國海戰的海軍上將金恩（Ernest. J. King）挑明地說，他寧可不要皇家海軍幫忙擊敗日本（他稱他們為「負擔」），這引發「不客氣的發言及磨擦爭執」。意見衝突不止於此，邱吉爾與羅斯福簽署美國財政部長摩根索擬訂的計畫，要將德國回復為「農牧業為主的國家」時，布魯克有遠見地強烈反對，理由是將來會需要德國，做為對抗「俄國此後二十五年威脅」的盟友[88]。

然而，首先必須擊敗德國。基於希特勒的軍隊逐漸敗退至一九三九年前的帝國邊界內，戰爭終點似已在眼前。有人甚至大膽期盼，戰爭可能「在耶誕節前結束」，彷彿忘記三十年前，相同的話錯得有多離譜。羅斯福的警告說得好：「對德國人不能掉以輕心，還有一場硬仗要打。」[89]到魁北克會議時，盟軍在西歐的進展失去動力。盟軍歐洲最高統帥是冷靜、謹慎的運籌帷幄者艾森豪，他使盡全力駕馭自我中心的蒙哥馬利（Bernard Montgomery）和嗜血的巴頓（George Patton），這兩人均氣惱艾克〔Ike，艾森豪暱稱〕廣開戰線循序推進的戰略。就在魁北克會議快結束時，蒙哥馬利大膽使用空降部隊，企圖繞過齊格菲防線（Siegfried Line）的北端，但在〔荷蘭〕阿納姆（Arnhem）遭到挫敗。更糟的是盟軍未能保住斯海爾德河（Scheldt）河口，造成補給青黃不接，延緩整個西部戰線的進展[90]。與此同時，由於納粹政權可怕地結合官僚體系、官方宣傳及恐怖統治，加上一般德國人日益意識到戰敗不會先帶來和平，而是嚴厲的報復，因此德國的抵抗更強硬而非潰散[91]。

* 霸王行動（Operation Overlord），諾曼第戰役的代號。

† 巴格拉季昂行動（Operation Bagration），蘇聯對白俄羅斯大規模攻擊的代號。

八十四師的一般美國兵對這一切幾乎一無所知。一九四四年九月六至七日晚，他們順著營內樂隊演奏的《在那裡》（Over There）輕快調子，向克萊邦營告別，氣氛是樂觀的[92]。二等兵愛德華茲在日記中寫下：「大家都希望在法國的突破會繼續，這樣八十四師就只會是維和部隊。」[93]愛德華茲也確實跟另一士兵打賭，戰爭會在「三個月內結束」[94]。謠言在火車上四處流傳：「我們要去中國、印度、緬甸、義大利、希臘、法國或英國。」那次的車程夠長，超過整整兩天，途經孟菲斯、亞特蘭大、里奇蒙、華盛頓、巴爾的摩，只為前往新澤西州基爾模營（Camp Kilmer）。在那裡「營區福利社盛傳的流言是，老牌八十四師……會分到好任務。基爾模營某常駐核心幹部說：『對，你們的任務很棒——是去當占領軍。』」[95]

基爾模營二層樓的木造建築漆色五彩繽紛，比克萊邦營高明多了，但經過十天操練，並穿插沉船時如何棄船、被俘後怎麼應對、「妥善處理個人私事」等興味十足的講演後——離別的時刻到了。士兵們一面抱怨重達三十磅的背包和麻布袋，一面由火車及渡輪送至曼哈頓五十七號碼頭，在此搭上「英王史特林堡號」（HMS *Stirling Castle*），那是城堡航運（Castle Line）客輪改裝的軍艦。無論季辛吉與其同袍有多興奮，馬上被澆了冷水。G連分配到的任務是集體登船前的清掃工作，並擔任「幫廚兵」（Kitchen Police, KP），即在整個航程中協助船上的炊事兵。這艘改裝郵輪的慘狀不僅是擁擠不堪，廚房也是蟑螂老鼠為患，炊事兵又是滿口髒話的英國佬。「問題出在英國火夫作的是英國菜，而食客卻是習慣美式食物的美國人。……不是煮得太生就是過熟，要不就是調味料太少。」咖啡的味道「像泥漿」，豌豆「像石子」，馬鈴薯「像石頭一樣硬」，肉「比大石塊還硬」。更糟的還在後面。史特林堡號九月二十一日剛啟航就在紐約外海遇到濃霧。航行才五小時後便與油輪相撞，被迫整晚停駛，打開全部燈光，霧角不停鳴放，以待次晨返回港口。打賭耶誕節前能再次看到自由女神像的男子，收到賭贏的錢比預期早了許多[96]。經過整整一週船才修好，可再次出發。

一九四四年九月時橫越大西洋並非沒有風險，最大危險仍來自德軍潛艇。（光是那個月便有十三艘盟國船艦遭德國U型潛艇擊沉。）所幸史特林堡號所屬護航船隊，經過十一天苦日子，得以安然抵達利物浦。連天氣都平靜如常[97]。八十四師的官兵們上岸時受到英方軍樂隊歡迎，然後穿過市區來到主火車站，他們大多驚奇於比比皆是的古老石材建築、行駛在錯誤車道上*的小型車輛，及窄軌火車頭。他們的目的地是介於溫徹斯特（Winchester）和斯達克橋（Stockbridge）之間的鄉下莊園克勞利庭園（Crawley Court）[98]。有些美國兵是首次領教英國的階級制度。有個二等兵當過服侍軍官用餐的幫廚兵後，向另一個抱怨：「這讓我想起南北戰爭前的南方舊式大農場。所有奴僕四處站著，伺候主人的每一細節。我有時以為我會把湯灑在某人頭上。」[99]季辛吉享有有親戚即佛萊希曼家住在倫敦的好處，放假二天期間他可去探親[100]。其他士兵走訪倫敦時，見識到英式生活非常不一樣的一面。即便在「燈火管制」時（因德國空襲減少所實施的局部停電），皮卡迪利圓環（Piccadilly Circus）的「公開人肉市場」，仍是叫人瞠目結舌的景象[101]。如此大好機會豈可不充分利用的誘惑十分強烈。隨著十月快要結束，來自歐陸的消息並不令人鼓舞。一個重傷士兵告訴八十四師的新兵們：「那些該死的德國鬼是世上最厲害的士兵。除非絕無希望，他們好像永遠不會放棄。他們真的很難纏。」[102]

二等兵季辛吉很快便會發現這番話的真相。

* 美國靠右，英國靠左。

第5章　戰場上的生與死

於是我回到曾想留下來的地方。我想起廢墟中那些人志得意滿時之殘酷野蠻。然後我對能以自由美國士兵身份進到這裡感到自豪愉快。

——亨利・季辛吉對父母，一九四四年十一月[1]

那是二十世紀的人道。有人受苦到麻木已極的地步，不再分得清生與死、動與靜。那麼誰死了，誰活著，是吊床上以痛苦扭曲面容瞪視我的男子，還是彎頭站著身形瘦削的福列克・薩瑪？誰才幸運，是在沙地上畫圈圈、口中喃喃「我自由了」的男子，還是埋在山坡上的白骨？

——亨利・季辛吉，一九四五年四或五月[2]

一

八十四步兵師一九四四年十一月一至二日，自南安普頓橫越英吉利海峽（English Channel），在奧馬哈海灘（Omaha Beach）登陸。「英王威靈頓公爵號」（HMS *Duke of Wellington*）上滿投票年齡的美國士兵，可不在籍投票選總統，那是羅斯福連續第四次當選。季辛吉雖年齡足夠卻未投票，以他與同袍們經常被灌輸，他們是為政治及宗教自由而戰，他卻棄權不免令人意外[3]。當年輕美軍士兵爬下送他們上岸的登陸艇，仍散落於海灘及其周遭的D-Day遺骸讓他們看傻了眼。但全副武裝行軍十哩後，他們已無視於燒毀的德軍戰車。頂著傾盆大雨，士兵們二十人一組搭上二噸半重的卡車。當車隊行經聖洛（Saint-Lô，位於法國西北部，屬諾曼第區），又有令他們驚奇的新景象：僅剩瓦礫的城鎮。他們對巴黎只有驚鴻一瞥，然後便朝北行，穿過比利時，來到德荷邊界[4]。

十一月二十五日，自全家逃離納粹迫害剛過六年，亨利·季辛吉發現自己再次踏上德國土地。他前方是齊格菲防線：是納粹沿德國西面疆界建立，由防禦工事、戰車陷阱和碉堡組成的銅牆鐵壁。他感覺那像是勝利的一刻。當天夜裡季辛吉匆忙寫下雀躍的短箋給父母。

> 夜已深，我沒有很多時間，但我一定要寫封信，好讓我可以為它加上寄自「德國某地」的標記。我安全抵達了。在包圍此鎮的黑暗中，路旁是一排排殘破的建築。人們在廢墟間遊蕩。戰爭已來到德國。於是我回到曾想留下來的地方。我想起廢墟中那些人志得意滿時之殘酷野蠻。然後我對能以自由美國士兵身份進到這裡感到自豪愉快。[5]

實際上自亞琛（Aachen）在十月二十一日陷落以來，盟軍首批部隊越過德國邊界一個多月後，或多或少被困在齊格菲防線（或稱「西牆」（West Wall））前。此時盟軍補給線拉得過長，德軍補給線則遭壓縮。自夏季起攻勢趨緩，使德軍有機會重整。如今約有五十個新步兵師，十二個戰車師，準備抵抗盟軍進一步攻勢。八十四師與所屬十三軍，就是要在這種攻擊中擔任前鋒，十三軍又屬辛普森（William H. Simpson）中將指揮的第九軍團[6]。敵人以發射可怕的八八釐米砲（原為防空高射砲、一九四四年改裝為反戰車砲）歡迎新來者。G連官兵露宿於亞琛西北邊黑措根拉特（Herzogenrath）附近，一處林木茂密的山腳下[7]。其中一人憶道：「我們全都嚇得半死，只要任何風吹草動，立刻趴倒在地。」[8]

即使德軍八八砲尚未發射前，美軍已遭遇第二敵人：爛泥。正如八十四師隨軍史官回憶，天氣「寒冷、潮溼、晦暗，道路泥濘，〔甜菜〕田全是沼澤……經過數週轟炸和砲擊，卡車戰車卡在路上，總是越陷越深，完全看不到未穿制服的活人，那情景真可怕。」

> 時不時我們與敵人交火，一戰數小時或數日。與泥巴作戰卻是無時無刻，每一分鐘都難過。泥濘就代表德國。些許泥汙出現在不對之處，其破壞力之大出乎意料。它使步槍變成無用廢物。在你最需要用槍時，泥會把它塞住。它滲入鞋、襪，黏在腳上。泥使散兵坑像黏膩溼滑、臭氣衝天的牢房。它偷溜進你的頭髮、食物、牙齒、衣著，有時更入你內心。齊格菲防線上敵軍的最佳盟友即戰壕腳。[9]

某些戰壕腳及凍瘡的病情嚴重到必須截肢[10]。饑餓也是問題。季辛吉首次寄自「德國某地」的家書裡，便懇請父母寄給他不只是新圍巾，還有「罐頭肉餅乾糖果　附筆　如你們所見，我餓壞了」[11]。

在季辛吉抵達前，十一月十日夜裡，三三五步兵團奉派至亞琛附近的戰線，參與三十步兵師的臨時任務[12]。當晚德軍巡邏隊接近C連的散兵坑，那是他們首次與敵軍接觸[13]。但主要戰事不在此。十一月十二日，第三號野戰令指派八十四師至亞琛北方作戰，整體目標是攻破齊格菲防線，清除蓋倫基興（Geilenkirchen）凸角的敵軍勢力（即快剪行動〔Operation Clipper〕）。此次任務有其難度。德軍已對武爾姆河（Würm）至魯爾河（Roer）間的平坦開放田野，做好交戰準備。阻礙盟軍前進的有掩飾完美的大散兵坑，配合六呎高牆及周遭戰壕；還有地雷區，須用重鏈條當做「連枷」加以清除；再來是又稱「龍牙」（dragon's teeth）的反戰車障礙物，由三、四排三角形混凝土塊構成[14]。以德國空軍已欲振乏力，盟軍確實享有空中優勢。但遇上陰天或時不時地前線與後方無線電斷訊，此種優勢便等於零。八十四師的步槍兵艱苦地穿越甜菜田，走過一村又一村：自阿爾斯谷（Alsdorf）到奧夫登（Ofden），自洪恩（Hongen）到蓋利昂村（Gereonsweiler）等等等等，向普曼恩（Prummern）前進，一路上他們不僅暴露在機關槍和狙擊兵的火力下，也備受德軍榴彈砲、迫擊砲及戰車的威脅。

「老美」打得不錯。十一月十九日黎明，三三四團第三營成功擊退德軍第十裝甲步兵團的反攻，進一步掃蕩蓋倫基興（Geilenkirchen）小凸角的殘餘敵軍[15]。但過程吃足苦頭。當G連十一月二十二日在蓋利昂村外遭大砲攻擊時，「人人都以為今晨同組其他人小命不保」。G連確實在此遭到最初兩次慘重折損[16]。對武爾姆—林德爾恩（Lindern）—比克（Beeck）三角範圍內的村落正面攻擊失敗，又是死傷慘重。唯有一村村各個擊破，八十四師才得以到達萊法特（Leiffarth），使美軍進到可攻擊魯爾河的距離內[17]。在以上某次攻擊中，第二營失去半數前鋒部隊[18]。

有一度G連發現遭敵人機槍壓制，機槍每秒轉動二十五次，發出「窗簾撕裂般」聲響[19]。在數個士兵受傷，一位軍士陣亡後，G連掘戰壕固守，但威脅來自四面八方。二十九日晚，「一輛德軍戰車繞過我們右翼，來到我們後方。幾個士兵爬出戰車，高喊要我們投降。無人應答。」麥卡斯基（Charles McCaskey）少尉遭狙擊兵殺死[20]。「極度缺水使士兵習於喝泥地洞及戰車道中的水。不久他們便要吃雪。」[21]十二月二日晚，連續不斷作戰四天後，G連被撤出戰線，派至帕倫堡（Palenberg）稍作休整。自首次攻擊後，那個星期日幾乎沒有一個士兵未參加宗教禮拜。但僅數日後他們又回到火線上[22]。不久美軍見識到此種戰事的新危險：德軍個別行動來投降甚至詐降，受降者反而可能喪命。每過一週，「去喝杯啤酒」（受傷）或「到酒吧去」（陣亡）的名單越來越長[23]。有個憂心的步兵喃喃道：「離開這裡只有兩條路，不是回醫院就是死翹翹。」[24]

美國步兵傷亡確實很重。總計有近十一萬美軍死於歐洲西北部，超過三十五萬六千人受傷，五萬六千多人被俘。美國各步兵師平均死亡率百分之十七，受傷率百分之六十一[25]。季辛吉所在的三三五團第二營，約百分之九應徵入伍者戰死或死於傷重[26]。他隸屬的G連傷亡率特別高。全連原有一百八十二人，其中二十一人戰死，四十人受傷，一人被俘，折損率高於三分之一[27]。因此二等兵亨利．季辛吉實屬幸運，在抵歐後某個時間點，由G連奉調至師指揮部G2組[28]。據季辛吉的作戰紀錄，自此到終戰，他一直是「主持團級反情〔報部〕隊（CIC〔Counter Intelligence Corps〕）小組的情報人員，負責戰術部隊安全、防止破壞及補給線安全。」[29]

現在季辛吉有機會盤點所在地。十一月二十九日晚，他再次寫信給父母，依舊對自己置身德國感到驚訝。

夜幕降臨。慘淡月光照著這德國城鎮。泥濘街道杳無一人。遠處傳來砲聲。……

所以我身在德國。興風作浪者確已自食其果。鎮上沒有一間房屋是完好無缺的。商店門面四分五裂，商品散落街頭。屋頂塌陷，舉目只見無意識無感覺的瓦礫。人們住在以紙板代窗戶的屋子裡，街道也由沼澤地取代。私人物品如座椅、沙發、圖片、書籍，突兀地出現在街角、花園、門廊。我們指揮部設在廢棄的火車站內。在扭曲變形的控制塔殘骸、損壞的鐵軌碎片當中，有時會發現如「至……區間車」、「至……快車」等不協調的告示牌。

季辛吉的新任務是「撤除……被認為不可靠的〔德國〕平民」，以及徹底搜查被截獲的德文信件，從中發掘情報。特別出人意表的是，他對所遇到的戰敗德國人的初步省思。德國人。季辛吉感到悲憫，即使是對他正協助掃除的「不可靠平民」（意指忠心的納粹）：「德國現在知道流離失所、被迫離開心愛之地的意義了。我必須協助撤離被認為不可靠的平民。無論你多痛恨德國人，那都很悲哀。一手提皮箱，一手拿手帕，人們分離。但他們不走遠，很快就能回來。他們未受虐待。我們不是蓋世太保。」當他讀到一個德國女孩寫的信時，同樣心生同情，信中

以其普遍性的哀傷，正是此次戰爭的特徵。那大大的、稚氣的筆觸瞪視著我。一個年輕女孩寫給戰死的未婚夫的好友。「……你認識他，也懂得我失去了什麼。我無法相信再也見不到他，怎麼可能——相信我，那是椎心之痛，我走不出來，我每次一定回到那想法：這全是一場惡夢和謊言，是的，是謊言。在如此錯亂中，是的，是錯亂，我知道我是個笨蛋，我在等我的漢斯。有一天他一定就會回來。」

不過季辛吉的底線非常明確：「是他們發動戰爭。」現在他們戰敗。如一九四四年底的許多美國人，季辛吉也錯以為戰爭快要結束。他對父母說：「德國戰敗了。且看那些戰俘你便會相信。沒有一個戰俘認為他們會贏。……他們不再傲慢，不再趾高氣揚。他們茫然散亂地拖著腳步走進來。」他自看到的截獲信件中得出相同推論。

每封信均被末日感及無助感所穿透，無所遁逃。引其中一段：「科隆一片廢墟。連續兩週沒天然氣，沒水電，沒報紙。最後會是什麼結局。」再一段：「十二分鐘的大規模恐怖攻擊將波昂移為平地。我們仍然活著。活多久？」又一段：「為何不向美國人投降？那仍是最佳出路。」諸如此類的，建議裝病、渴望親人、失敗主義，那便是希特勒思想把德國帶至的境地。[30]

季辛吉顯然喜歡他的新角色。他在家書中說：「工作時間很長，七點起床，凌晨一點以前很難上床。我已忘記休假是什麼樣子，可是誰在乎？我樂於做我的工作，這就夠了。」不過若想像他的新工作全屬輕鬆好過就錯了。那的確使他他不必待在酷寒的散兵坑裡，而前G連的同袍們卻在其中度過一生中最難過而危險的冬天。可是戰爭到此關口高度游移不定，如某步槍兵的回憶：「前線時進時退，無法說出確切的前線在哪裡。」[31]當德軍發動其元首最後困獸猶鬥的攻擊，企圖重獲西線的主控權，特別搜查官季辛吉發現自己處於格外曝露於危險中的狀況：很易於令他喪命的狀況。

二

秋霧行動（Operation Autumn Mist）於一九四四年十二月十六日展開。妄想愈來愈嚴重的希特勒想像，德軍裝甲車或可重現一九四〇年五月的勝利，衝破敵軍在阿登區（Ardennes）的防線，一路搶至英吉利海峽岸邊。但此次閃電戰僅屬空談。一千八百輛進攻的戰車全都只裝滿一油箱的汽油；除非成功打下盟軍油庫，才有可能照計畫攻至安特衛普（Antwerp）。但此次德軍遭遇較四年前頑強許多的抵抗。兩波德軍攻勢，由迪特里希*的第六裝甲軍帶頭，向馬爾梅迪（Malmédy）及列日（Liège）進發的攻勢，首先出現後繼無力。更南邊的曼陀菲爾（Hasso von Manteuffel）將軍的第五裝甲軍攻勢較順。試圖在德國裝甲車抵達默茲河（River Meuse）前阻住他前進，是八十四師的艱巨任務。

德軍攻勢不限於阿登區；北邊亞琛區也有較小規模的攻擊[32]。但早在十二月十九日，八十四師已準備向南急行軍七十五哩[33]。盟軍在「比利時南部」瓦隆區（Walloon）古鎮巴斯托涅（Bastogne）四周的態勢岌岌可危。鄰近的拉羅什鎮（Laroche）及聖維特鎮（St. Vith）眼看將被奪走。若盟軍守不住那慕爾（Namur）與巴斯托涅間的法梅恩區馬爾什（Marche-en-Famenne），那「德軍看來很可能繼續前進到默茲河」[34]。波林將軍喜歡在前線領軍。十二月二十日上午九時，他與高階幕僚乘二輛汽車離開帕倫堡，前往阿登區[35]。此時戰霧濃厚；到他們抵達馬爾什時天色已黑，路上擠滿逃難平民。鎮外郊區的德軍戰車已趨近至足可砲轟鎮中心。必須讓三三四團盡速改道以避開敵軍控制區。情勢混亂到有一度波林必須親自指揮交通。

全力進攻馬爾什的是第二裝甲師及一一六裝甲師。如八十四師隨軍史官所記錄：「我們左翼奧通（Hotton）以上，無援，右翼馬爾什以下，無援……八十四師是抗敵孤島，抵擋著……有可能成為海嘯般的德軍戰車」，包括配備八八砲的虎式戰車。他們接獲的命令是，「不惜一切代價」守住馬爾什至奧通的防線[36]。就在此時德方招降在巴斯托涅被圍的盟軍。其投下的傳單中說：「戰爭氣勢已變，此次美利堅合眾國部隊……已被強大德國裝甲部隊包圍」[37]。（一〇一空降師麥考利夫〔Anthony McAuliffe〕將軍著名的回應是：「胡說。」）美軍在馬爾什的防線拉得很開，有時連與連之間距離超過一哩[38]。要抵抗德國戰車必須很英勇。在最初的某次遭遇中，「E連有個士兵以火箭砲擊毀德軍的領頭戰車，阻住整個攻勢」[39]。季辛吉原屬連的經驗並非特例。他們在散兵坑內凍得發抖，心想「德兵的戰車綿延至一望無際。……我們不敢脫鞋，因為稍一來不及可能就會被德軍巡邏兵發現，性命不保」[40]。羅什福爾（Rochefort）的戰事尤其慘烈，第三營因傷亡慘重不得不棄守[41]。事後的報告提供生動的詳情。

> 首波攻勢在戰車及大砲支援下極為猛烈，以致不得不以手榴彈及其他近距離作戰武器，將敵軍趕出街頭。戰死敵軍四散於街道上。……連續一整天，〔我方〕殘餘兵力持續擊退一波波攻擊，同時設法撤離。一五〇〇時營指揮官下令撤守，但接獲I連報告，其車輛全遭敵方火力破壞。此時營指揮官向團部通報，他已無逃脫之路，所有道路阻斷，補給路線也行不通。（四輛戰車的車隊無法通過。）敵軍火力凶猛，街道有如人間煉獄，營指揮部四周建築內全是敵軍人員。[42]

即便在美軍成功守住防線之處，掃蕩行動也很費事：「必須進入每棟房屋和倉庫的每個房間。」[43]

* 迪特里希（Sepp Dietrich）：親衛隊將軍，希特勒最親近友人之一。

閱讀這些記述，是為了解季辛吉為何對自身的經驗輕描淡寫。相較於原可能是普通的步槍兵，他的新工作的確相對安全。他在防守馬爾什剛過一個月後，在信中告訴弟弟：

我不只是說說我所在之處並不危險，實際上我也不在險境之中。或是像我某個詼諧的同袍，那天在給妻子的信中說：「我在這裡的危險性比我在戰後願意承認的少很多。」

我與……師指揮部相連，本質上唯有在極特殊情況下，師指揮部人員才會曝露在危險中。這至少在任何前線都是如此，敵方空軍及長程砲幾乎不存在。如今不必懷疑，戰到後期，敵方武裝部隊的這些軍種已全無戰力。因此可預期你那心不在焉又有點〔近視〕的弟兄，有一天會在街上被車撞而不會是戰死。[44]*

這是季辛吉到美國後，一直在精進的自貶式幽默風格（不止因為那無疑是極聰明的德猶移民，贏得友誼的上策）。其實他身在馬爾什是極度危險的。美國在空中確實有P-47雷霆式（Thunderbolt）戰機，在地面有八十四師本身的高戰力移動砲兵部隊[45]。但那並未阻擋德國的砲彈：八八釐米砲彈、迫擊砲彈、有一次甚至是V-1火箭，摧毀師指揮部所在的市中心的狹窄街道[46]。

季辛吉對自身所處的危險並無錯覺，在八十四師尚未到達馬爾什前，他即看過「一份軍事報告，以完全平鋪直敘的方式說出，所稱城鎮：我們原定前往之地，已落入敵人之手……我們在顯得空曠得可怕的道路上，直接駛入虎口……」[47]美軍在馬爾什的情勢的確十分危急，以致遲至一月十日，《星條旗》（*Stars and Stripes*）報的每日戰情圖仍顯示它在德軍控制下[48]。季辛吉以身穿美國軍服的前德國公民，當然又是猶太人，一旦被俘很可能遭處決。另一個情況類似的前難民回憶：「毫無疑問你會想到萬一被俘。……信猶太教又是前公民，再見，查理！」美軍士兵的宗教信仰是以單一字母標示在兵籍牌右下角；猶太人是J（Jewish）或H（Hebrew）。一九四五年初，一整隊的德猶裔美國偵訊員遭德軍俘虜；當場全被射殺。史學家安格瑞斯（Werner Angress）在D-Day後九天被俘，他謝天謝地，幸虧為防萬一已把兵籍牌上的H改為P（Protestant〔新教徒〕）[49]。

克雷默法語流利，而季辛吉既會德語，也懂一些基本法語。因此便由他負責向遇到的眾多嚇壞了的比利時民眾保證：「這個地方沒有人打得進來」。如他告訴其弟：

> 肩頭圍黑圍巾的婦女，會馬上把我的話傳給迅速集結的群眾。幾乎在任何狀況下都不忘戲劇化的能力，便顯現在這些精采的話語中，如「他說他們絕對過不來」。這簡潔的言詞你或許記得，一戰時某位法國將軍，曾對燃燒的凡爾登（Verdun）要塞成功地使用過。二戰的法國將軍也用同樣的話，向裝備不足、領導欠佳的部隊做悲情喊話，但凡爾登依然在灰制服軍隊排山倒海的攻勢下，像一堆傾頹的岩石消失了。顯然魔法字句仍有其極限。儘管有我自己一再保證的話語，也儘管我幾乎可說對德軍軍力限制有所了解，我還是覺得不自在。……人民顯而易見的絕望，以及對我們保護他們的能力顯然缺乏信心，並非未造成影響。[50]

* 這封長信的日期雖標示一九四五年二月，其實是由他與克雷默共同完成於很久以後，一九四七年一月，其目的在出版。他對家人解釋：「別被那些名字騙了。我只是基於感性理由，選用每一類別的典型代表名稱。並非每件事全都發生在同一人身上，就這一點而言故事是虛構的，但所提到的大部分都發生過，在這一點上故事是真實的。（一九四七年二月十六日）。換言之，信中所述是兩人經驗的混合體，但在當時情況下他倆的經驗也不會相去太多。

美國士兵把糖果丟給路過孩童，並向每個見到的年輕女子調情，藉以試著鼓舞自己和比利時人。

車隊停下，我跳下卡車，攔住一個騎單車的女子，問她這城鎮有多大有多好。照例有士兵用英語要我問問，她願不願意和他上床。我剛要開始我對類似要求的標準答覆：「各位，泡妞藝術是高度個人化的手法，拜託你們自己去勾引你的女孩，」她卻開口，顯然毫不尷尬地，說她雖聽不懂英語，但她完全了解。[51]

這種輕鬆的解放對緊繃的神經，是極度需要的慰藉。指「看到德軍穿美軍制服跳傘自天而降」的謠言充斥。季辛吉奉派去找鎖匠，打開鎮法院的門。此項任務並未因「手癢」的美國哨兵而變簡單。

在黑暗中跌跌撞撞，朝派給我們作營房的校舍走去，我在三分鐘內被攔下三次，遭口氣明顯不禮貌的衛兵問口令。〔季辛吉的口音很難讓人放心。〕數週後才得知的，就是我們不論左右翼均未與友軍有聯繫，當時如果知道這一點，我大概不會那麼愉快和興奮。換句話說，我們在暗黑中懸在那裡，隔著敵軍可輕易切斷的漫漫長路，與後面鬆散連結，敵軍蹤跡極為飄忽不定，我們的側翼全無保護。我們與所在的城鎮算不上是前線，只是設於道路中心的陣地以便於防守，並不讓敵軍使用它。……在隨後的日子裡，幾乎聽得出來，情況變得更加危險。[52]

季辛吉在馬爾什最難忘的經驗，具有一種超現實性質。美國士兵在被解放國漸漸習於受到的那種歡迎，由此鮮活地展現出來，但也凸顯季辛吉的處境有多危險。一個漆黑夜晚，他自校舍內分配給他的床上起身，看到地下室有燈光：「舊留聲機發出的聲響及舞步移動聲飄過來。有幾個人高喊我的名字，就像男生下課後在酒吧喝了一陣子後，意外碰到朋友那樣。其實當時無人飲酒，只是單單有女生在場已令他們微醺……情緒激動。」

那些士兵多半是軍方報紙記者，接受一個比利時家庭款待：「非常開朗的母親，滿臉笑容，非常友善，咧嘴而笑的父親（學校門房），加上各種女兒、媳婦和她們的女性朋友。」沒多久年輕男女們便跳起舞來。

廚房的爐火熱得過頭，我們跳舞時不斷與別對相撞，額頭開始流汗。有個女生是大城市來的「外國人」，很溫柔，舞跳得極好，她只是來訪友，現在卻卡在此鎮……我把步槍、頭盔、刺刀丟到角落，大家把我拖進圈子裡，女生們發現我居然能用法語講笑話，還給她們講好玩的故事，不免小聲興奮地尖叫。在愉快的熱烈氣氛下，我跳了一點俄羅斯舞*，使現場更為狂熱。同袍們開始握女生的手，一個會說法語的軍官坐在角落沙發上，與幾個較成熟的婦女談論較嚴肅的話題。一個穿黑衣的女生告訴我們，她丈夫遭德國人殺害，因他曾替地下組織工作。她自某處拿出先生的相片給我們看，很傷心了一會兒。父親與母親比手畫腳地說明占領期人民的苦況，當然這引出不變的問題：你們看他們還會不會再回來？儘管那時我們已知，此鎮的南南西方六公里處正在交戰，但仍然又說些謊話。53

* 此段幾乎確定是克雷默而非季辛吉所寫。前面那段「泡妞藝術」對話似也較可能出自克雷默之手。

隔天晚上同一群人再齊聚，舞跳得更親密。

我們又在過熱的廚房跳舞。我們玩遊戲（不相信交談術可不著痕跡地開啓後續發展的人總喜歡這樣）：遊戲結果必然是某男生激吻女生，其他人則繼續圍著圈子半舞半走。我盡量把握當下，選大城市來的那位溫柔美女為舞伴。[54]

然後砲轟又開始。窗戶震碎。原本守衛校舍的士兵嘰哩喀啦跑下樓來避難。此時砲彈的落點近到好像就在學校後的院落。有人輕聲道：「該死，這一砲好近，不會超過二十碼外。」舞者的兄弟們開始焦慮，萬一德軍攻下馬爾什，他們會被抓去當奴工。別的平民又開始問會法語的美國人：「是不是該走的時候了？最快明天早上？」季辛吉差一點脫口而出：「盡快離開這陷阱，尤其是年輕男性」，但他克制住自己。另外在文青的一面，「戰前寫過書的那男人問大城市來的溫婉女子，她對男性最大的要求是什麼。她臉色慘白地說『溫柔』。」但砲彈仍不停地落下。

每隔三十秒左右，地下室便痛苦地震動。齊聚避難的百姓無人尖叫，連幼兒也不會。婦女禱告。士兵輕聲交談，對發射的砲是什麼口徑、可能的距離多遠、是哪一類砲彈，彼此交換意見。空氣很快變得凝重。這裡好比在水下待了太久的潛水艇。[55]

此時此刻季辛吉（及克雷默）做出實在很愚蠢的事。

季辛吉感到「無助又不適」，因「腦海閃過的影像」而神經緊張：「砲彈落入靠著磚牆、面色慘白、突然很疲倦的人群中」，他發現自己心想「帶著氣餒……在這波密集猛攻中被消滅的單純、無掩飾危險，那將是多麼愚蠢，經過這麼多年的奮鬥與堅持，卻在地窖裡被動地遭殺害，連攻擊來自何方都不知道，頗為不值。」不願——或許甚至是不能——留在「這如同預先備好的棺材的洞裡」，他問是否有人願跟他一起上去「看看情況如何」。此話是帶著虛張聲勢的微笑說的；其實季辛吉向弟弟承認，他受幽閉恐懼症所驅使大於因為勇敢。另一個穿制服的知識份子：「頭腦在某些方面與我同樣抽象的」數學家，自願跟他去。此舉帶有心理上的效果：兩人「為我們自己的冒險精神感到激動」，爬上樓梯，出門來到街上，「神經緊繃但恐懼大減」。這當然是非理性行為的極致。學校地下室固然並非百分之百安全。但在密集砲火中走出毫無遮蔽的戶外，大為增加死亡或重傷機率。季辛吉和同伴想不出該做什麼，只有走向他們在法院的辦公室。沒想到「軍官們大致都穿著整齊……絲毫不受打擾地工作著」，「人員照常繕打命令」。砲擊似乎停止了，但焦慮狀態下的季辛吉記不得，在他走出戶外後砲彈是否仍繼續落下。他無所事事，便回到學校三樓的臥室。儘管短暫的「影像再次出現：被命中三樓的八八釐米砲彈轟到街上」，為平息這些想法他移動身體，免得直接睡在天花板的強光之下，他很快就睡著，「僅在砲擊（我們的還是他們的？）（天知道）特別吵時偶爾醒來。」[56]

二次大戰陣亡的盟軍士兵中，約四分之三死於大砲、迫擊砲、手榴彈或飛機投下的炸彈。二等兵季辛吉那晚要是運氣不好，就會列入因本身在戰火中行事魯莽而犧牲的一長串美軍士兵名單。這段插曲有三點值得注意（即便把克雷默影響了信中不自然的文學式寫作納入考量）。一是主人翁覺得「經過這麼多年的奮鬥與堅持」，無法在擁擠的地窖裡消極等候自身的命運。二是他願意冒險。三是他能夠若無其事地隱藏內心恐懼。這些特質在季辛吉的戰後人生裡重現過不止一次。

三

傳說八十四師一大部分官兵離開馬爾什時，季辛吉是留下來的人之一[57]。這非事實。就在自暴於敵人砲火下的次日，因師總部遷至距前線數哩外的一處城堡，他也被撤離。季辛吉對離開並不難過；他「感覺灰綠制服近在咫尺」，也絕不羨慕前同袍——「半英勇，半遭放棄而犧牲」——被留在現下可怕地空蕩蕩的鎮上。預期他們會有一場「苦戰」[58]。但始終未發生。如八十四師隨軍史官所述，馬爾什之戰是「曼陀菲爾的最後喘息。德軍對默茲河的攻勢完結了」[59]。

僅數週後，季辛吉奉長官令去買些「好的比利時煙斗」，使他得以再訪馬爾什，完成任務後他做了二次社交拜訪：先去「女兒特別迷人的那一家，我曾與其父母和樂地共處一晚」，他在此「吻了略微吃驚的女兒的雙手」，並繪出俄國向東線前進的簡圖以娛其父，然後到舊校舍去，在那裡只發現那位母親和以往未見過的祖父。由於季辛吉是防守馬爾什的功臣之一，他受到熱烈歡迎：「他們忙不迭地給我們咖啡、美味的麵包、真正的奶油和自家做的李子〔醬〕，並敦促我們再吃第二、三、四份。」[60]此時馬爾什在英國五十三（威爾斯）師手中，他們高姿態地告訴美國人，英軍是來救援，「我們是來幫你們的」[61]。

史稱凸出部之戰（Battle of Bulge）的這場戰事現在情勢轉變。一月三日盟軍對阿登攻勢造成的德方龐大凸角發動三面攻擊。巴頓的第三軍自巴斯托涅向北進攻，蒙哥馬利的三十團與蒙提（Monty，蒙哥馬利暱稱）指揮的美國第一軍，包括八十四步兵師，由馬爾什向南進攻。盟軍攻勢原應以裝甲部隊為主，但將軍們未考慮天候因素。結果雪下得特別大，氣溫陡降至（攝氏）零下十三度（華氏八度）。道路結冰太厚，戰車只會打滑。於是首攻落到步兵身上。

亞琛的泥濘已經很糟；「比利時西伯利亞」——阿登的冰更慘。寫下G連歷史的老兵們回憶：「我們一直以為地獄是火般熾熱的地方，但在阿登我們才知道，它是冷到凍僵的地方……部隊士氣低落很嚴重。……官兵外套凍到硬梆梆，呼吸在衣服上結成冰。……情況惡劣到大家只能不斷挖掘以保持體溫；他們不敢試著睡覺，免得凍死。」[62]

他們對抗的也不只是寒冷。德軍如今雖在撤退，想要再度前進實際上希望渺茫，但絲毫未喪失鬥志[63]。戰車和大砲仍能對緩慢前進的美軍造成重大傷亡[64]。凸出部之戰特別要命的是「樹木爆炸」（tree bursts），即向林木茂密帶發射的砲彈，造成部隊被彈片和樹木碎片雨點般痛打[65]。盟軍指揮官們決心阻止德軍有秩序地退至齊格菲防線，便不給美軍些許喘息機會[66]。

季辛吉不再是步槍兵，但他和其他隸屬師指揮部者，距美軍攻勢尖端後方並不遠。他們當然不如G連士兵那般曝露於敵方小型武力下，但承受寒冷、砲彈、疲憊之苦則相去不遠。季辛吉從未想要自我標榜為戰爭英雄；正好相反。但其軍中袍澤賴因（David C. Laing）一九八六年的回憶錄證實，八十四師在凸出部結束後到達古維（Gouvy）時，他仍在分擔許多一般步兵的風險與辛苦[67]。因此我們可由師及連的歷史，追蹤他走過的漫長艱辛路途：由多尚（Dochamps）到山姆利（Samrée），由貝希米尼勒（Bérismenil）到奧洛蒙特（Ollomont），由比容堡（château de Biron）到拉羅什，最後來到胡法利茲（Houffalize），攻下此地被視為這場戰役的終結[68]。而這裡的戰況最為慘烈。當八十四師獲得該有的在克索里（Xhoris）休整時，已承受重大死傷[69]。

凸出部之戰終了；但戰爭並未結束。二月二十七日，八十四師的官兵不免有回到原點的不快感，原來他們發現又回到齊格菲防線前，差不多正是德軍進攻阿登前夕他們的所在地。師指揮部此時設在林德爾恩，手榴彈行動（Operation Grenade）的計畫便是在此仔細規劃出來，其目標是越過魯爾河，但因德軍摧毀水壩，淹沒周遭鄉野大片區域，使此次行動倍加困難。二月二十三日，繼大砲齊發的猛攻後，第一營率先過河，迅速前進至科倫齊（Körrenzig）、胡赫伊（Rurich）、巴爾（Baal），德軍曾企圖在此反擊。八十四師在兩日內攻下胡維拉特（Houverath）、赫澤拉特（Hetzerath）、格朗特拉特（Granterath）。寒冷無雲的天氣及更開闊的鄉野，意味著盟軍現在可充分善用空中優勢。儘管首次見到德軍新型噴射機，G連對德國空軍的畏懼不及對狙擊兵[70]。他們現在也首度遭遇非正規的民兵，名為人民衝鋒隊（Volkssturm）：由青少年及老人組成，幾乎未經訓練，武器配備極差，這是第三帝國有效軍事人力已枯竭的最明顯跡象[71]。就在此一時間點，一九四五年二月最後一週，美軍俘獲的國防軍戰俘開始大增，明確顯示德軍抵抗正在崩解[72]。

天氣變好，反抗減弱，代表美軍終可加速進攻，而戰車遲來地接手成為前鋒。八十四師的官兵發現，隸屬教會特遣隊（Task Force Church）作戰，在是打一場很不相同的仗。繼阿登區痛苦的長途跋涉，在德國境內的進展是「一個接一個城鎮飛速前進」，波林再次至前線領軍，機動部隊打前鋒，步兵殿後負責掃蕩[73]。胡維拉特、哈貝克（Harbeck）、戈克拉特（Golkrath）、霍芬（Hoven）、根霍夫（Genhof）、根尼耶肯（Genieken），這些地名很快就讓一般大兵昏頭轉向。美軍自茲希登（Süchteln）一路北上，進入德國重工業心臟地帶魯爾區，僅遭遇數次小規模認真抵抗，原因不只是德軍預期他們會朝正東面去。直至波伊施海姆（Boisheim）後美軍才轉而向東，朝克雷費（Krefeld）進發[74]。在默爾斯村（Mörs）經過「瘋狂的一夜和瘋狂的射殺派對」——「如暴民打暴民」後，八十四師首批成員三月四日抵達萊茵河[75]。相形之下克雷費幾無抵抗便投降。儘管柏林曾規劃將克雷費變成「西線史達林格勒」（Stalingrad of the West），或者當必須放棄此城時只留焦土[76]，但負責防守的指揮官認為，部隊裝備不足，防禦工事不夠，做最後的抵抗沒有意義。無論如何，德軍需要每個可用兵力，以試圖阻止美軍奪下位於烏丁根*的跨萊茵河橋。

美軍曾被比利時人視為拯救者而受到歡迎。德國百姓的接受度卻截然不同。馬策拉特（Matzerath）是八十四師首個攻下而平民未受波及的德國城鎮。美軍卻意外發現，普通德國百姓充滿恐懼。據師隨軍史官記述：「顯然他們被告知，我們會把他們殺光。」[77]反之，在克雷費「整體氛圍是順從的，許多平民甚至是合作的。」美軍進城時有人揮著白色手帕和布巾[78]。但這是投降而非歡迎的表徵。在將近一個月的休息復原過程中，美軍漸漸明白，「我們確確實實不受歡迎。德國人比我們到過的其他地方都更不友善。」[79]

有一說指季辛吉此時被指派為「克雷費行政長官……命令所有市政職掌主管——天然氣、水電、交通、垃圾等——聽命於他。」在「剷除明顯的納粹份子」後，「於八天內建制完成平民政府」[80]。在盟軍占領德國初期，德裔士兵被賦予相當大的權威，此事時有所聞[81]。但並無文件證據支持季辛吉曾擔任此類職務的說法，唯有一九四九年克雷默寫的一封推薦信[82]。季辛吉的確曾在克雷費待過三週，但所有關於美國占領克雷費的學術性文獻，均明顯不見他的姓名。

克雷費是被皇家空軍選為進行戰略轟炸的工業中心之一，一九四三年六月及一九四五年一至二月，它是強力空襲的目標，到一九四五年三月它已成廢墟。約六成的戰前建築損毀，二成七全毀[83]。人口在美軍抵達時僅剩十一萬人，而一九三九年時有十七萬二千人[84]。留下未走的人實質上已轉至地下，在龐大的混凝土防空洞中生活。當《每日快報》（*Daily Express*）莫爾赫（Alan Moorehead）及《電訊報》（*Telegraph*）巴克利（Christophher Buckley）來到克雷費時，發現有數以萬計的德國平民，住在主火車站底下的廣大碉堡裡[85]。

* 烏丁根（Uerdingen），克雷費市的一個區。

環境很惡劣。對那裡的人而言，「戰爭幾乎將正常生活的一切破壞殆盡」[86]。烏丁根一座類似的七層樓碉堡，當美軍發現時完全無水無電[87]。另一方面，納粹把維持魯爾區經濟到最後一刻當作優先要務。雖然主要公用事業：郵務、電話、交通、電力、天然氣和自來水有可能中斷，但仍持續運作。食物與煤也維持供給。美軍占領克雷費時所欠缺的是地方政府。幾乎所有官員包含鎮長（Oberbürgermeister）、警察局長及地方黨部領導（Kreisleiter），連同幾乎全體正規軍，在三月一日前均已越過萊茵河逃跑。沒有具公權力者可出面投降[88]。

如此權力真空令美軍吃驚；他們原預期會遭到狂熱地下組織的反抗，而非迫切渴望回到地面的德國百姓。為防萬一，美軍決定讓人民留在避難所，每天僅有一小時例外，並施行艾森豪下令的「非親善」（nonfraternization）政策。結果是無政府狀態。為作戰吃盡苦頭的大兵，突然自戰事中解放，紀律蕩然無存。對G連來說，「在克雷費的日子很好過。有很棒的住處，很多的葡萄酒、干邑白蘭地和杜松子酒」[89]。世上沒有比美軍更會辨派對的軍隊。沒過幾天，「已有十五個設在酒吧、商店和鎮公所的電影放映處。也有莉莉龐絲*等演出的美國勞軍組織（U.S.O.）秀、師樂隊演奏、紅十字會女生和甜甜圈」。甚至有冰淇淋[90]。不過，這些官方支持的娛樂不及非法的親善樂事受歡迎[91]。八十四師的阿兵哥們自皮卡迪利圓環後便未有過這種機會。

然而在德國平民眼裡，自納粹手中解放意味著住家被搜，貴重物品被搶，並至少有三起強暴案。房屋仍完好無缺者發現，由於選擇性執行的反親善規定，德國人與美國人不得共居，他們很快便被驅趕以讓位給美國軍官[92]。宵禁規定在鎮上不同區域也不一致，取決於是由八十四師或一〇二師控制。有不計其數的逮捕，當中許多在本地人眼中是無憑無據的。最糟的是一心想報仇的東歐奴工（不久後便稱為「流民」（displaced persons, DP）失控，搶奪福斯特街（Vorster Strasse）食品店，洗劫附近農場。據一則記述，有多達二十四個德國人死於此次暴力事件[93]。

林恩（Linn）郊區有位老人家是一戰老兵，也反納粹，美軍占領對他而言代表混亂[94]。他在四月九日的日記中曾簡述他的幻滅：「偷竊搶劫不分日夜已成常態……令人想起三十年戰爭」[95]。也有人在日記中嘆道，限制德國人留在防空洞的決定，除了阻礙恢復正常，什麼也防止不了[96]。另一人抱怨，一群士兵不僅劫掠並破壞其住家，「像野蠻人（wie die Wilden）一樣」把書本一頁頁撕毀[97]。當他抗議，美軍根本坐視其「盟友」——流民殺人[98]，一個美國譯員粗魯地回答他：「我們來德國不是為了要把你們國家自俄國人手中解放；是你們自己把他們帶到這裡來的。美國人是來把荷蘭、比利時、法國自德國人手中解放。」[99]此種態度普遍存在於美軍之中；事實上還以反德影片及文字給予正面鼓勵，以合理化反親善政策。儘管有關於季辛吉在克雷費的傳說，但直到四月二十三日英國進行顯然較寬大的接收後，比較像樣的治理才重建起來。

四

那麼季辛吉在克雷費真正的角色是什麼？一九四七年他的哈佛入學申請書說得很清楚：「一九四五年二月我奉派主管團級反情報部隊〔反情團〕的工作小組。我們主要的任務是防止間諜及破壞活動，如凸出部之役時德軍大規模的滲透行動。」[100]反情團的次要任務是解散納粹黨、逮捕特定團體的成員如高階軍官以進行

* 莉莉龐絲（Lily Pons），法裔美籍著名女高音暨女演員。

偵訊、及將納粹逐出公務系統[101]。也就是說，恢復平民治理並非美軍的優先要務。季辛吉確實曾在嘗試恢復基本公用服務上出力，但那是為了美軍而非德國民眾的需要。比此事更重要許多的是，華盛頓念茲在茲的去納粹化過程。

美國在一九四五年視德國為狂熱主義的溫床並沒有錯。雖然害怕戰爭的大多數人民，願意向勝利盟軍為他們設立的任何政權低頭，但仍有一群信仰堅定的希特勒政權核心支持者，不僅打算要戰到最後一兵一卒，還要盡可能痛打內、外部敵人[102]。美軍或有誇大一九四五年狂熱主義在德國的規模，但並非無中生有。戰略情報局心理戰處（Psychological Warfare Division）處長派德維（Saul K. Padover）是首批抵達克雷費的美國德國專家。他的初步印象是相互矛盾的。他首夜借住一位老者的家，那人極端怯懦到精神失常的程度。但次日帶他四處勘查克雷費廢墟的希特勒年青年團（Hitler Youth）自大團員，似已徹底被戈培爾的宣傳洗腦。就連過去十二年勉力沉潛的社民黨及天主教中間黨前黨員，似也奇怪地與現實脫節[103]。派德維與各方人士會面，配合其他作為，目的是美軍想要了解有否德國人可合作，若有又是哪些人。他們自然會懷疑那些未請自來者。納粹鎮長海恩（Alois Heuyng）離開時曾授權官員羅亨琛（Richard Lorentzen）組織「留守當局」[104]。在三月第一週的混亂中，羅亨琛主動向美軍報到，說明他的立場，並建議任命克萊沃（Kleve）前鎮長、反納粹律師施戴普克斯（Johannes Stepkes）博士出任鎮長（Bürgermeister）[105]。但羅亨琛或施戴普克斯可信任嗎？軍方突然需要對可能合作的德國人，能夠迅速正確地進行背景調查者，以篩除死忠的納粹。此種工作亨利．季辛吉是不二人選。

季辛吉任反情團情報人員共同撰寫的、現存的首份報告，第一句便是：「治理……並非占領軍面臨的唯一問題」，報告日期是一九四五年三月十七日，距美軍拿下克雷費剛過二週。「還有一個政治問題。十二年來納粹緊緊抓牢任公職者。結果在人民心目中官僚體系和納粹黨幾乎是同義詞。因此將這些納粹擁護者集團趕出市府成為占領當局的職責。」此份報告是根據八個線民的證詞撰寫，包含神職人員和一九三三年前的社會黨或自由黨員，美軍認為這幾種人是可靠的反納粹者。羅亨琛、施戴普克斯、及其秘書凱斯汀（Heinrick Kesting），均經認證不是納粹。但另十個官員卻不然，有鎮審計官、督學、證照處長，甚至主管克雷費屠宰場的男子，他們被歸類為不是「狂熱納粹」便是「投機份子」[106]。他們很快遭解職的消息馬上傳開。林恩那個日記作者在三月二十八日滿意地記下，「若干納粹肥貓（Nazibonzen）」被美國人拔去公職[107]。季辛吉的納粹捕快新事業就此展開。反情團有一份極其詳盡的關於克雷費蓋世太保的報告，幾可確定是由他共同撰寫，日期為一九四五年四月十八日[108]；之後有一份關於達姆市（Darmstadt）蓋世太保的報告，調查方法及寫作格式與它均十分類似，上面也確有他的署名[109]。

去納粹化過程在本質上不僅要研究歷史，也要運用心理學。區分死忠納粹份子和同路人實非易事，由偵訊嫌疑者收集來的證據，並未能使此項工作變得簡單。我們現在明白，最大困難在於希特勒政府對猶太人，及其他因意識形態遭污名化的少數族群如共產黨及耶和華見證人（Jehovah's Witnesses），究竟迫害到什麼程度。一九三三年克雷費不到百分之一的人口為猶太人，但鎮上十二名蓋世太保軍官曾進行的三千五百件調查中，猶太人及其他可疑族群占超過半數。此即「一般德國人」和希特勒政權的目標敵人之間，有明顯差別待遇。前者不會被騷擾，違法時處理方式相對寬大。後者則有系統地遭蓋世太保迫害：監視、騷擾、毆打、刑求，有些人被趕出國，有些人被趕至死場，且一九三九年後頻率增加。到一九四二年夏，幾乎所有克雷費的猶太人均被送往死亡營。只剩下與異族通婚者，而蓋世太保同樣渴望除去他們。一九三〇年代末移居國外的八百三十二個克雷費猶太人，到終戰時九成已死，其中僅八十三人是自然死亡[110]。到季辛吉抵達時，克雷費僅剩四個猶太人還在，而且是躲藏著。相較之下，一般德國人遭蓋世太保調查者，最後僅十分之一進入集中營或遭保護性監禁。事實上，德國老百姓向蓋世太保舉發他人的可能性，不亞於被蓋世太保調查。戰前對克雷費猶太人提起的案件中，有五分之二以上是舉報而來，兩倍於蓋世太保及其間諜主動展開的案件[111]。要指出最嚴重的加害者並不難，如一九四〇至四五年的蓋世太保長官謝福（August Schiffer）或榮恩（Ludwig Jung）[112]。難就難在要知道如何區分積極作惡者，與僅出於惡意或漠視而為死亡營鋪路的人數多出許多的德國人。很少有受害者活下來可作證；也少有謀殺者幫兇有意說實話。

季辛吉靠著克服這些困難的能力獲得晉升及勳章。但這些事件不免又引起虛構故事。如一則近期的記述說：「季辛吉眾所皆知於一九四五年四月，假裝德國平民越過敵人防線，去訊問納粹士兵。他憑勇氣及機敏獲頒銅星（Bronze Star）勳章。」[113]事實上是他的導師克雷默來到敵軍陣線後（在蓋倫基興）並且被俘。他只能靠說服俘虜他的德軍放下武器，始得以脫身，克雷默因此獲得銅星勳章及戰功晉升[114]。此時他和季辛吉已成為至交。季辛吉回憶，他倆無勤務的夜晚，「走在留有戰火傷痕的城鎮的街道上……在全面燈火管制期間，克雷默以他洪亮的聲音講述歷史和戰後的挑戰，有時用德語，以吸引緊張的哨兵」[115]。季辛吉不是在克雷費，更非因在敵後，得到銅星勳章。那是在萊茵河的另一邊，他與八十四師的同袍於一九四五年四月一日在韋塞爾（Wesel）渡河。

五

歐戰到最後階段，在許多方面均令美國陸軍官兵振奮。相較於諾曼第登陸後的辛苦推進，他們現以美國版閃電戰橫掃萊茵河至易北河。挑戰愈來愈落在後勤部分：如何使這高度機動的武力獲得汽油及輪胎補給，如何為史上吃得最好的軍隊提供「糧草」。如同在克雷費，他們經常幾乎未遭遇抵抗。（曾受猛轟地區的平民或許矛盾地，比遠離工業中心的住民更可能舉白旗歡迎盟軍。）士氣潰散的人民衝鋒隊分隊，有些成員是年僅十一歲的少年，也較可能乾脆放棄。雖難以克制報復或竊盜行為，但對自身解放展現積極熱忱的是東歐流民。

然而美軍不時會碰上德意志國防軍（Wehrmacht）頑強的抵抗，尤其是決心戰至最後一顆子彈或最後一人的親衛軍部隊。這正是八十四師渡威悉河（River Weser）的經驗：被德軍「尖叫咪咪*」攻擊[116]，到河對岸的比克堡（Buckeburg）再次被攻[117]。這一點至今難以理解，為何年輕男子有時只有反戰車榴彈（Panzerfaust）或機關槍，面對壓倒性優勢武力卻願意冒險且通常會喪命，尤其戰敗即在眼前。他們是受到多大的威嚇才這麼做，而以「失敗主義」或類似罪名草率被絞死的人爆增，對此他們的射擊對象一時看不出所以然。較顯而易見的解釋是，許多德國年輕人確實是狂熱的納粹，受教育或宣傳或兩者皆是的鼓動，要為第三帝國畫下比得上華格納歌劇《諸神的黃昏》（*Götterdämmerung*）那般的句點。這一判斷使季辛吉這種反情團情報人員的工作重要性提升。倘若納粹的確在策劃對占領軍發動游擊或恐怖攻擊，那趁其未成氣候前先發制人便極為要緊。以後見之明來看我們知道，西方強國在德國的占領區後來重新出發，成為經濟活絡和民主的聯邦共和國。但這圓滿結局在一九四五年時完全看不出有其可能。反而在煙塵瀰漫的第三帝國廢墟上，發生反盟軍暴亂的可能性大很多。別忘記，在德國投降前後，事實上，有三千至五千人被〔占領區〕人狼

* 「尖叫咪咪」（screaming mimis），德軍多管火箭發射器或砲台，盟軍以此綽號稱之。

（Werwolf）民兵隊和「希特勒」自由軍團（Freikorps "Adolf Hitler"）的成員所殺害[118]。

四月九日，即戈培爾的人狼電台（Werwolf Radio）開始播出嗜血的游擊戰煽動言論八天後，八十四師已來到漢諾威（Hanover）郊外，步槍兵高興地坐在薛曼戰車（Sherman tanks）[119]上。次日的攻擊在濃霧中發動，使美軍得以出其不意地攻打守軍。短暫交火後便結束。如同在克雷費，美軍士兵立刻盡情享受「供應不絕的美酒、食物和杜松子酒」[120]。剛升上中士的季辛吉發現當地人「很溫順。事實上我們進城時，吉普車被民眾包圍，我們受到歡呼，所以有一刻我以為我在比利時。更多人證說不是」，表示周遭氛圍再度變得親善[121]。

現在反情團的苦差事開始。四月十三日季辛吉和同事羅伯・泰勒（Robert Taylor），逮捕並偵訊漢諾威蓋世太保成員胡格（Willi Hooge）。胡格供出有六個蓋世太保同事被留在漢諾威一帶，以形成地下反抗組織的骨幹。翌日一早，季辛吉與泰勒帶人對這六名嫌疑者的家進行武裝搜捕。除了威提（Hermann Wittig），其他人都不在家，但他們的妻子被捕。偵訊威提又得出另兩個姓名：那兩人接著被捕。林納（Adolf Rinne）被追蹤至戴斯特森林（Deister Forest）邊的小木屋；賓達（Erich Binder）被追蹤至附近農場，他以假身份在此工作。賓達是本案中階級最高的蓋世太保軍官，對他的偵訊明確證實胡格原本的說法為真[122]。這些被捕者的供詞值得注意，不只由於他們承認涉及對德國占領區美軍有計畫的破壞活動，也因為他們對先前在德國歐洲占領區各地的暴力行為提供證據[123]。

主要靠著破獲這一蓋世太保潛伏組織，使季辛吉於四月二十七日獲銅星獎章，不過官方的表揚範圍較寬：「一九四五年二月二十八至四月十八日，於德對敵軍事行動中相關服務表現優異。」[124]其直屬長官寫道，在漢諾威的案子是「傑出的成就」，反映出季辛吉「不同凡響的能力」[125]。四個月後他榮升上士時，據官方推薦函：「他對德國人民的過人知識及其語言能力，使他得以捕獲許多高階納粹官員，包含至少十二名蓋世太保間諜。……這位年輕人對工作十分認真。」[126]

季辛吉對擔任反情團情報人員很認真不足為奇。盟軍占領的每一天，都會有納粹政權罪行的駭人新證據曝光。早在季辛吉未離開紐約前，他與家人已知道日後通稱的納粹大屠殺（Holocaust）。早在一九四二年十二月，波爾亞拉比便公開提及「針對我們數十萬不幸的兄弟姊妹，難以想像的大規模謀殺的消息」[127]。後來他描述「殘忍罪行的受害者」為「不計其數」。但這與親身目睹種族滅絕的後果完全是兩回事[128]。

四月十日圍捕蓋世太保地下組織前兩天，季辛吉與八十四師其他人員無意中發現阿勒姆（Ahlem）集中營時，他當面凝視了大屠殺。多年來季辛吉絕口不提此事。後因戰時同袍無線電操作兵塔特（Vernon Tott）決定公布他那天拍攝的照片，季辛吉也在場的事才曝光。他後來承認，看到阿勒姆是「我一生中最恐怖的經驗之一」[129]。

阿勒姆集中營位於漢諾威西方五哩，是漢堡諾因加默（Neuengamme）主集中營的六十五個衛星營之一。它只比五個馬廄略大，已改裝為營房，四周有二圈鐵絲網，其中一圈通了電，四角分別有居高臨下的警哨站。形式上它是勞動營，非死亡營，不過此一差別到了一九四五年已無意義。營中囚徒被迫在鄰近的採石場做工，該地正擴建為容納地下工廠：代號杜貝爾一、二（Doebel I and II）的廠區，隸屬於親衛軍經濟暨管理總局（Main Economic and Administrative Office，Wirtschafts-Verwaltungshauptamt）經營的奴役及滅絕帝國[130]。採石場的情況糟糕透頂，營中提供的食宿嚴重不足。到一九四五年一月，當初送往阿勒姆的八百五十個猶太囚徒，有二百零四人，將近四分之一死亡。美軍抵達前四天，營指揮官下令強制體力好的囚徒行軍至伯根貝爾森（Bergen-Belsen），那是納粹種族主義政府到最後階段常見的眾多「死亡行軍」之一。據一項記述，有二百二十至二百五十個囚徒因身體太弱無法行動而被留下（另一來源提供的人數比這低很多）。原本意圖是殺死這些殘兵，燒毀營中建築，希望煙滅在此犯下罪行的證據。未得逞的唯一理由是美軍進攻的速度超出預期。

因此美軍在阿勒姆發現的僅有已死和瀕死之人。如塔特所說，此營是「人間地獄」。營外是成堆骨瘦如柴的屍體，有些在垃圾桶內，有些在墳坑裡。營房內還有數不清的屍首，附近一處集體墳場埋了約七百五十人。塔特只數到三十五個倖存者：「一身跳蚤和疾病」的男子與男孩[131]。他日後回憶：「在某……鋪位上有個男孩，大概十五歲，躺在自己的嘔吐物和屎尿中。他望著我時，我看得出他在哭求援手。……我軍剛經歷六個月的血戰，但我們在此所見令人難過得想吐，有些人甚至哭出來。」[132]愛德華茲是傳令兵，自八十四師登陸諾曼第後，所見到的死亡與破壞所在多有。他告訴最要好的朋友：「我剛剛看到的，我想我一輩子也忘不了。這場戰爭很可能會自記憶中淡去，但那些是我曾經見過、也是這一生可望見過最悲慘的人。」[133]這些不敢置信的士兵無論轉往何處，觸目所及都是新的可怕景象。營房內的惡臭「言語難以形容」。如愛德華茲所見：「電影片（Movietone）新聞中顯現的集中營景像，絕對傳達不出那種臭味。」[134]營房本身狹窄到美軍幾乎無法在二排木板鋪位間走動：「地板上是一堆堆人類排泄物。還有嘔吐的食物。塵土任其堆積在木地板上已到清不掉的地步。每一片〔鋪位上草蓆〕都發出尿騷味。在臨時營房內我們注意到幾根大牛皮鞭和九尾鞭。我們知道其用途。」[135]美軍也懷疑某一棟建築是毒氣室。

然而最令人震驚的也許是倖存者告訴他們的事。愛德華茲問一個會說英語的波蘭猶太人：「你最慘的遭遇是什麼？」他答：「被親衛軍衛兵毆打。不論什麼時候他們想打就打。可能是用槍托、鞭子或拳頭。他們好像以打我們為樂。」[136]此人全身的鞭痕證實他沒有說謊。席拉斯基（Benjamin Sieradzki）原本來自〔波蘭〕

羅茲（Lódz）郊區的茲蓋日（Zgierz），年僅十八歲。他目睹父母從羅茲的猶太區被拖出去「重新安置」（事實上是帶至海烏姆諾〔Chelmno〕遭毒氣毒殺）。在猶太聚居區遭清理掉後，他和妹妹被送到奧斯維茲，但後來他被選去做工，最後在一九四四年十一月三十日被送至阿勒姆。美軍發現他時，他體重僅八十磅，患有肺結核、傷寒及營養不良[137]。皮歐斯（Henry Pius）也來自羅茲。美軍接近阿勒姆時，一個害怕的德國平民問他：「你要怎麼處置我們？」他答：「你看看我，我這種身體狀況能打擊或傷害任何人嗎？」[138]

對塔特和愛德華茲這些一般美國兵來說，在阿勒姆看到的非人景象終身難忘。但對他們的猶太裔，特別是德猶裔同袍而言，更難承受。愛德華茲記得傳令兵同事柯恩（Bernie Cohn），在他們離開阿勒姆營後「開始默默啜泣」[139]。那麼季辛吉反應如何？六十年後他仍然記憶猶新：那些「可怕的不協調」，譬如「親衛軍的人……以為會需要他們管理接續的機構所以留下來」；囚徒們「勉強看得出人形的」狀態，他們極為虛弱，「要四五個才抓得住一個親衛軍，他卻把他們推開」；「直覺反應是……餵他們食物……救命要緊」，此舉反而使某些已消化不了固體食物的囚徒喪命[140]。他的仁慈也有人記得。倖存者米欽斯基（Moshe Miedzinski）沒忘記，是季辛吉告訴他：「你自由了。」[141]

但這些是解放阿勒姆幾十年後的記述。縱觀下來更有力的是，季辛吉寫於事件發生後不久，題為〈永恆猶太人〉（The Eternal Jew）的二頁手稿，意在諷刺納粹反猶宣傳電影《永恆的猶太人》（*Der ewige Jude*）。這份文件極為重要：針對照理說是文明社會卻犯下的最嚴重罪行，它記錄下季辛吉直接而十分痛苦的反應，因此值得全文不加評論地照錄於下：

阿勒姆集中營建於俯瞰漢諾威的山坡上。四周鐵絲網圍繞。當我們的吉普車沿街道駛去時，只見路上一具具穿條紋服的枯骨。山丘側有一隧道，囚徒們在半黑狀況下每日工作二十小時。

我停下吉普車。衣物似要自屍骨上落下。頭部由一根棒子撐著，那原來可能是喉嚨。該是手臂所在的身體兩側懸著竿子，腿也像竿子。「你叫什麼名字？」男子的眼睛變得暗沉，他摘下帽子打算鞠躬。「福列克……福列克・薩瑪（Folek Sama）」、「不必脫帽，你現在自由了。」

我一面說一面看著營區。我看到那些臨時營房，注意到空洞的面孔，無生氣的眼睛。你們現在自由了。我，身穿燙平的制服，我不曾生活在髒亂中，我不曾被毆打腳踢。我能提供什麼樣的自由？我看到朋友進入一間營房，然後眼裡含著淚走出來：「別進去。我們要踢過才分得出是死是活。」

那是二十世紀的人道。有人受苦到麻木已極的地步，不再分得清生與死、動與靜。那麼誰死了，誰活著，是吊床上以痛苦扭曲面容瞪視我的男子，還是彎頭站著身形瘦削的福列克・薩瑪？誰才幸運，是在沙地上畫圈圈、口中喃喃「我自由了」的男子，還是埋在山坡上的白骨？

福列克・薩瑪，你的腳被打斷使你無法逃跑，你的臉孔是四十歲，你的身體看不出年齡，但你的出生證明上寫著十六。而我站在那裡，穿著乾淨服裝，向你及你的同伴講話。

薩瑪，人道因你而受指責。我，張三李四，人性尊嚴，每個人都對不起你。你應永久被保留於這山坡上，以便將來的世代瞻仰及論斷。人性尊嚴、客觀價值在這鐵絲網前止步。你和同伴們與動物何異〔？〕為何我們在二十世紀要支持你？

但福列克，你仍是人。你站在我面前，淚水留下臉頰。接著是痛哭流涕。儘情地哭吧，福列克・薩瑪，因為你的眼淚證明你的人性，因為你的眼淚會被這受詛咒的土地吸收，從而將它獻出。

只要這世間存在著良心的概念，你便是其化身。任何為你所做之事均無法使你復原。在這一點上你是永恆的。[142]

第6章　在帝國廢墟上

徹底擊潰敵人後，我們帶他們重回國際社會。此舉唯有美國人做得到。

——杜魯門對季辛吉，一九六一年[1]

對我而言世間不是只有對錯，其間還有許多灰色地帶……人生真正的悲劇並非在對錯間做選擇。唯有最冷酷無情的人才會選擇他們明知不對的事……真正的困境在於性靈的難處，會引發極大苦楚，你們在黑白分明的世界裡，連開始去了解都不可能。

——季辛吉對雙親，一九四八年七月[2]

一

二戰後需要有波希*再世，始能呈現真實的德國。它已是廢墟和屍骨的國度。這場戰爭到結束時至少犧牲五百二十萬德國軍人，相當於近三成被動員的男性，還有二百四十多萬德國平民。總死亡率幾達德國戰前人口的百分之十。這些死亡有明顯的比例發生於戰爭最後一年。在最後十二個月喪生的德國士兵，多於其餘戰爭期間的總數。平民死亡人數也暴增。總計自一九四四年六月六日（D-Day），至一九四五年五月八日德國無條件投降，平均每月有三十至四十萬德國士兵及平民命喪黃泉。德國人發動了一場戰爭，把德意志國防軍推進到遠達高加索（Caucasus）山脈及海峽群島（Channel Islands），北起挪威南至北非。但對他們的懲罰主要是在德國土地上進行。最後一年的死亡人數，因納粹政權本身嗜殺成性，愈接近垮台時愈變本加厲，於是更為提高。一九四五年一月仍在集中營裡的略多於七十一萬四千囚徒中，約二十五萬人死於死亡行軍，其中有一萬五千人屬於奧斯維茲撤出的六萬人。希特勒政府存在期間，多半以少數民族特別是猶太人為目標。但在它走向覆滅途中，這場「民族革命」也吞噬了其本身的子孫。一九四二至四四年間，德國法院共判處一萬四千多個死刑，幾乎是前三年戰爭期間總數的十倍。但這些數字不包含親衛軍無數未經審判的處決。納粹的病狀似是愈吃愈想吃的嗜血症。

到最後殺人者自殺。不僅納粹首腦如希特勒、戈培爾、希姆萊，選擇自我了斷而非面對勝利者的制裁。許多德國老百姓也選擇自戕而不接受失敗。一九四五年四月，柏林有紀錄的自殺案達三千八百八十一件，幾乎是三月的二十倍。如此自殺潮不免被視為希特勒的華格納式願景最後勝出。可是有些自戕者是因國家被征服，有些實在無法忍受的面向而以死回應。有個紅軍軍官說，第一批部隊偷手錶，第二波強暴婦女，第三梯掠走家中財寶[3]。柏林兩家主要醫院估計，該市強暴受害人在九萬五千至十三萬人之譜。總計蘇聯士兵有可能強暴超過二百萬德國婦女，那是史達林宣傳鼓勵的有系統暴力復仇運動的一環[4]。前面提過，同樣想要報仇的是，納粹引進第三帝國替其軍事工業做工的六、七百萬奴工，以及仍有力氣替自己報仇的集中營倖存者。

遭驅逐的也擁入這死亡之所：德意志族人被逐出傳統家園，趕至奧得河（River Oder）尼斯河（River Neisse）以東。其部分原因是史達林的決定，在德黑蘭會議（Tehran Conference）（一九四三年十一月二十七日至十二月一日）或多或少獲得背書，即把波蘭邊界西移，使東普魯士、西普魯士、波美拉尼亞†、波森‡和西里西亞均不再是德國領土。但湧入的還有來自捷克、匈牙利、羅馬尼亞和南斯拉夫的德裔難民。到戰爭最後一年，約有五百六十萬德裔同胞（Volksdeutsche）向西逃離紅軍，或逃離決心報復先前德國種族淨除行動的斯拉夫鄰人。德國投降後又有七百萬人左右繼續湧入。在此次大遷徙中死亡的人數可能高達二百萬人[5]。倖存者徒增殘破德國需要餵飽的人口。這可不是輕鬆的挑戰。一九四五年底德國經濟「幾近停擺」[6]。生產降至或許僅有一九三六年三分之一的水準。直至一九四八年最後一季，西德工業生產始恢復到戰前水準的百分之七十五[7]。食物、燃料、居處長期不足。

但第三帝國最惡質的遺毒不在物質而在精神層面。有相當比例的德國人，仍堅守至少部分的希特勒種族主義世界觀（Weltanschauung），把在盟軍手上受到的嚴苛待遇，怪罪於勢力強大的猶太人，他們想當然爾

---

* 波希（Hieronymus Bosch），十五至十六世紀多產的荷蘭畫家。
† 波美拉尼亞（Pomerania），位於波羅的海南岸，現今德國和波蘭北部。
‡ 波森（Posen），位於波蘭中西部。

地掌控著莫斯科和華盛頓。納粹也在其他方面敗壞德國社會。賄賂、黑市交易、監守自盜猖獗；希特勒的德國在這方面，與所有計畫經濟的一黨專政國家沒有兩樣。第三帝國與其極權對手蘇聯不相上下，均助長說謊和猜疑。蓋世太保及黨衛軍鼓勵的舉報習慣很難破除。

就長期對德作戰的人，有人打了將近六年，要他們從全力打擊殘忍得可怕的軍事機器，轉向占領及治理一個殘破且道德淪喪的國家，並不容易。占領德國本身又是多國介入更是幫倒忙。一九四五年二月的雅爾達會議（Yalta Conference）上，〔美、英、蘇〕三強模糊地同意將德國劃分為數個占領區，後來就如此照做。自易北河（River Elbe）到沿奧德河尼斯河的波蘭新邊界：過去的德國中部，成為蘇聯占領區。西德由英、美、法分區占領，柏林變成蘇聯區內的孤島，由四強共治。奧地利也被分割；格林*書中人物萊姆所在的維也納如同柏林，也是四強共管。借用美國情報官的說法：「俄國人拿到農業區（普魯士）；英國人工業和產煤區（魯爾）；美國人風景區（巴伐利亞及阿爾卑斯山脈）」[8]。

就算占領德國風景區也並不光榮。自艾森豪手中接掌美國區的克萊（Lucius D. Clay）將軍說，管理「戰敗區，而太平洋戰爭仍在持續，對戰士而言，說有多沒前途就有多沒前途。」[9]職業軍人巴不得去打日本人；服役者則大多數只想回家。因此克萊想盡辦法把優質軍官留在德國[10]。他後來回憶：「那很費工夫，一點也不好玩。……要不是起初有請求我們的軍官拔刀相助，後來又說服他們以平民身份留下來，否則我想占領工作必定人手不足。」[11]亨利．季辛吉中士便是留下來者之一。

在季辛吉眼中，美國陸軍的環境意外地與他很契合。他喜歡八十四師的「同袍情誼」。他後來憶道，他所屬部隊是「典型美軍團體，那是非常重要的部隊經驗。我在美國參加的團體中，他們是唯一不問我關於我的德國出身，到後來連我自己都忘了，我也以為我的口音已消失，現在看起來好像不可思議。」[12]本身是敘利亞後裔的一個當年夥伴回憶說：「亨利忘掉過去。他為美國而戰。他以士兵身份對納粹作戰，並非出於納粹殘害猶太人，而是因為納粹是美國的敵人。他比我見過的任何美國人還要美國。」[13]這種同化經驗與他重回德國的見聞，沒有比其間更鮮明的對比。集中營真相揭露，憾動了因戰爭而最鐵石心腸的美國人；連巴頓在奧爾德魯夫（Ohrdruf）看過布亨森林（Buchenwald）次集中營後，也感到身體不適。親眼目睹納粹的罪行，為許多美國士兵提供為戰爭辯護的證據，也化解他們作戰時所受的苦難[14]。但對於像季辛吉這種德裔猶太人，納粹大屠殺的影響截然不同。

阿勒姆的集體墳場只是將來失去個人至親的前兆。戰爭結束後，季辛吉回憶：「我開始找尋家人……一個也找不到。」[15]前面提過，他的外祖母及至少另十二個季辛吉家族成員均遇害。芬妮・史特恩被送至貝爾烏塞克集中營，但似乎死於戰爭最後期的死亡行軍。那她的外孫如何看待如此恐怖之事？他曾承認：「我有過這種念頭，那可能是我父母的命運，某種程度……也是我的命運。」可是「我必須說，我被那人間悲劇嚇的，一時之間並未想到與我自己的切身關聯。……我回來〔德國〕時當然體驗到大屠殺的各種面向，是我小時候難以想像的，但當時是從占領軍成員的觀點去看，所以我堅持……讓自己去得出我本身的想法，而非以精神受創的被害人〔自居〕。」[16]

對於要是父母未逃到美國他的命運會相反這件事，他避而不談，一如他與德人打交道時暫以亨利為姓氏，都屬於一種基本自保措施。若非如此則可能有礙其工作。但保持距離並不妨礙理解。季辛吉曾寫信給一位集中營倖存者的姨媽，此人也許是在布亨森林獲得自由的萊斯納（Harold Reissner），是富爾特猶太人

* 格林（Graham Greene），英國名小說家。萊姆（Harry Lime）出自格林的小說及電影編劇作品《黑獄亡魂》（*The Third Man*））書中人物。

中少數的倖存者，信中充分顯示，「亨利先生」很能夠對「最終解決方案」*的受害者發揮同理心，也在某些方面為萊維†後來的寫作提供預留的洞見。季辛吉寫道：「美國對前集中營的囚徒存在著全然錯誤的印象」，因為人們「出於內在善意，將一切事物都包上理想主義色彩，他們熱切想要行善，於是一廂情願而非依事實報告情況。」

美國對集中營前囚徒的普遍想法是：身心受創，背著苦痛的十字架，勇敢但終究是徒然，他永遠忘不了過去，以致記憶阻斷了未來的正面行動。這種人應以無窮的憐憫和諒解待之，對死裡逃生者理當如此。這種人想必渴求愛，渴求同情……。

〔但〕集中營不止是死亡工廠。也是試煉之地。人在其中不可放棄，某種程度是為活下去而奮鬥，其賭注正是個人性命，稍有不慎，便是致命錯誤。以如此髒污、強迫、低下的環境，人只求活命都必須具有不尋常的力量，包含體力及意志力。知識份子、理想主義者、高道德者免談……可是一旦下定決心活下去，便得不顧一切堅持下去，你們在美國這些溫飽的人無法想像。這種不顧一切不會因一般認可的價值觀而退縮，它勢必無視於普通道德標準。你唯有說謊、耍手段、想方設法獲得食物填飽肚子，才能活下來。弱者老者辦不到。

後來解放了。倖存者不再受普通人間事所侷限。他們已明白，回顧代表痛苦，痛苦就是軟弱，軟弱與死亡為同義詞。他們知道，既活得過集中營，要活過解放不成問題。

所以他們同樣一心一意追求平和，有時也像在營中集學會的，對一般認可的標準照樣不予理會。最要緊的是，他們不要可憐。可憐使他們不舒服、坐立難安……

這些人所想要的只是一個未來的機會，他們會嚴負後果地追求那個機會。他們厭惡同情，他們懷疑過度關心。他們看過人性最邪惡的一面，誰能怪他們多疑？他們討厭有人巨細靡遺計畫其人生。平心而論，誰能怪他們這樣？他們不是曾活在死亡之地嗎，那對生命之地有什麼令人如此害怕？[17]

寫下這段文字的人年僅二十二歲。

許多同處在季辛吉位置的人，或許就此一輩子恨所有的德國人。有一度他確實對德國人「深懷敵意」。他回憶自己的父母便是「在報復那一邊，但他們對要怎麼報復沒有具體想法」[18]。身為負責去納粹化的反情報人員，他發現自己「處於遭迫害者夢寐以求的位置，我擁有近乎無限的採取報復的權力。意思是說我可以逮捕，我有權抓任何人，然後就把他關到某個營去。最初幾週什麼程序也沒有。」但季辛吉並未報復行事，他曾向父母解釋理由：

父親大人，您說：對德國人要狠。與所有概括性詞語一樣，那是一概而論。對參與要為這一切苦難負責的政黨的人我很狠，甚至是無情。但此種負面態度必須適可而止，我們必須適時作出正面之舉，否則就得永遠留在此地，看管混亂局勢。我們也必須以行動堅定、決策合理、執行決策迅速向德國人證明，民主確實是可行的解決之道。那也是我們的義務。我說要狠，對。但也要向他們展現狠的理由。向他們證

---

* 「最終解決方案」（Final Solution），二戰期間納粹針對歐洲猶太人的滅絕計畫，並導致大屠殺。

† 萊維（Primo Levi），猶裔義大利化學家、小說家。

明，你是因為比較強才來到德國此地，不是因為你在此地就比較強。做決定要公正，執行要不講情面。不錯過以言行證明我們的理想強而有力的機會。這些是我給我組裡每個成員的指示。[19]

戰爭結束後不久，他去探視一九三〇年代末移居瑞典的祖父大衛。祖父的忠告很清楚：「既然我們猶太人……討厭他們以異族對待我們，還說所有猶太人都不好，所以我們無權把德國人都當壞人來看待。……我應該謹慎……他說去追那些犯了罪的，但不要對每個德國人都懷恨在心。」[20]季辛吉同意：

我自己受過迫害，因此我對過去的受害者與加害者要有所區別很重要。免得我把全體德國人都變成受壓迫民族。……不以個人復仇為〔行動〕依據。我為奉行此原則，在當上〔貝格施特拉瑟（Bergstrasse）區〕情報主管時……我改了名字，以免像是猶太人要來報復。他們無疑看穿了此事，但我年紀很輕。……我……那時沒有耐心，現在也對納粹黨衛軍首腦沒有耐心，但我對投機份子或許較能容忍。[21]

不管怎麼說，「逮捕人，不管他們〔做過〕什麼，看著妻子們哭泣，都令人非常沮喪」。[22]

有一次回到故鄉富爾特，季辛吉驚訝地發現，鎮上原有的猶太人只剩下三十七人。流民有二百多人，比猶太人多。倖存者萊斯納，季辛吉與同學哈里斯想幫助他，（依萊斯納所說）「連繫上我姨媽，以〔取得〕照顧我的健康和福祉所需要的一切」[23]。儘管所見所聞都是苦痛，季辛吉仍能夠客觀面對德國人。自納粹的規定禁止他進入富爾特聯隊球場以來，季辛吉首次去看了足球賽，主場球隊某個球迷的行為令他哭笑不得：「富爾特輸球，裁判遭痛毆，這是標準慣例。德國警察救不了他，於是美軍憲兵過來救了裁判，坐在我旁邊的一個人站起來大叫：『原來這就是你們這些傢伙帶給我們的民主！』」[24]就季辛吉所知，僅幾個月前，此人也許便是德意志國防軍和人民衝鋒隊陣勢的一員，在富爾特一直戰到戰敗[25]。

一九四六年二月季辛吉又回到富爾特。此次他選擇高端文化，買票觀賞威爾第（Verdi）的歌劇《化粧舞會》（*Un ballo in maschera*）。他寫信給雙親：「時代變化有多大。我被引導至貴賓包廂，你們知道就在舞台正左邊。我通常不會自鳴得意或沾沾自喜，但在富爾特我會。」他也未忽略去掃外祖父的墓，並確保那是「墓園中保持得最好的」[26]。

二

對亨利．季辛吉而言，二次大戰結束於易北河岸，「在終極、悲慘、振奮、低落的日子裡，當東西軍在覆敗國家的疆土上逐漸接近，一批批人潮大聲要求過河，前往想像中的安全地，最後我們相遇，只是一擊，整齣戲便結束，河面靜默，德國也靜默。」一九四五年五月二日，三三三步兵師部分部隊在巴洛（Bälow）與蘇聯八十九軍團人員連繫上[27]。季辛吉在家書中說：「我與俄國人的接觸很多，情況各不相同。我首次與他們相遇是我的車被誤認為德軍車，遭俄國飛機的機槍掃射，我遭到蘇聯飛機的機槍掃射。數日後我又看見他們，易北河對岸漫天塵埃，告訴我們，俄國人來了。之後我看過不少俄國人：在正式酒會上、閱兵式上（我想我從未見過比哥薩克〔Cossack〕部隊更壯觀的閱兵）、許多官式宴會上。紅軍的紀律似乎不錯，不過一般士兵好像比西歐士兵粗俗。特別有些哥薩克兵是頗為令人生畏的一群。」慶祝勝利活動最精彩的部分由他的導師克雷默（已升為中尉）提供，克雷默「跳哥薩克舞贏過俄羅斯高手」[28]。

相對地，在被指定為歐戰勝利日（VE Day）的五月八日，克雷默奉波林將軍之命，用擴音宣傳車發表「簡短談話……給〔本區〕鎮民，有關德國投降的重要意義及德國人民繼續抵抗可能承擔的後果。」如師隨軍史官所記：「大多數人靜靜聆聽，幾乎一動也不動。有些婦女啜泣。」[29]如同強迫造訪集中營，這類講話是最早的試驗動作，之後演變為要將德國社會去納粹化的雄心企圖。但究竟由誰去承擔這棘手的任務？答案是季辛吉此刻所屬的單位：反情團。

反情團是陸軍反間諜機構，原名情報警察團（Corps of Intelligence Police），成立於一戰時期，但一九三九年時幾乎消聲匿跡。珍珠港事件前，它著重於國內反間諜工作[30]。一九四〇年六月時全體人員才十五人。但珍珠港事件後，在霍布魯克（W. S. Holbrook）少校領導下快速擴張。除去核心的國內情報處（Domestic Intelligence Section），反情團很快在九個美國軍區及冰島、加勒比海建立起情報人員網。這些地方其實都沒有太多德國間諜，因此它起初必須著重於國內的「反破壞」工作，那代表詳查約二百萬平民工人，尋找可疑份子[31]。（有一件著名的插曲是，監視羅斯福總統夫人〔Eleanor Roosevelt〕及她謠傳的情夫、日後傳記作者賴許〔Joseph P. Lash〕）[32]反情團那時逐漸演變成某種軍方聯邦調查局，但以胡佛對聯邦調查局野心之大，反情團像是有點多餘的存在。但占領德國後情況改變[33]。首先，前面說過，美軍以為會遭遇狂熱「人狼」的遊擊反抗運動。結果未發生，反情團便受命登記所有前國防軍人員並圍捕主要納粹份子[34]。目標當然是終極犯罪集團：國家社會黨。對「穿軍服的情治人員」而言，追捕納粹肯定勝過可使平民幹員成為英雄的抓匪徒行動[35]。

有五千上下像季辛吉這樣成為反情團情報員的人，他們選自美國各行各業。並非每個都有偵探工作經驗；並非每個都懂外文。不過他們均是戰爭部（War Department）徵兵中的一時之選。僅在倫敦分部即有八位博士[36]。不但有未來的國務卿曾在德國當反情團情報員，也有日後《麥田捕手》（*The Catcher in the Rye*）的作者沙林傑（J. D. Salinger），他的經驗與季辛吉極其相似[37]。不同於精銳的戰略情報局，反情團主要由非職業軍官組成。這在講究階級的軍中可能是不利條件，但反情團人員不戴軍階章。他們或穿平民便服，或穿「A」級軍官制服，兩邊翻領上有黃銅色「U.S.」徽章，並配戴有「戰爭部軍情」（War Department Military Intelligence）字樣的金色徽章[38]。反情團情報員梅奇爾（Ib Melchior）回想：

> 由於任務使然，我們很常碰到需要現成部隊立即且不多問的協助，所以我們獲得授權，可要求最高階到上校的任何軍官提供這種協助，必要時可下令。唯有將級軍官有權知道我們真正的軍階。對所有其他人，我們回答必會被問的問題：「你是什麼官階？」標準答案就是堅定的一句：「我的官階是機密，但現在我的官階並非比較低。」[39]

反情團在德國的情報員，有時確實會參與驚險刺激的間諜行動，著名的例子如逮捕艾克斯曼（Artur Axmann）及其他前希特勒青年團領袖的行動[40]。不過以文書工作占大宗。如參與艾克斯曼案的一位幹員回憶：

> 自動逮捕者〔因在納粹黨、黨衛軍或其他組織的地位而被捕〕每日均大批遭查獲，經偵訊再視其重要性送往羈押所。德人對反情團及軍政府相互告發，產生長篇累牘的文件，列舉告發對象被指認的犯行或政治信仰。[41]

去納粹化最大的挑戰是界線該設在哪裡。理論上忠誠納粹與「投機者」、領導者與追隨者、主動者與被動者之間，有明顯差別。實際上界線很模糊。經四次初步嘗試處理此問題後，一九四五年七月七日發布的指令，設下「職位有罪」原則，訂立一百三十六種強制清除類別。艾森豪一九四五年八月十五日的「去納粹暨軍國主義者」令，擴大反情團的職權範圍，除政府公職，也納入工商界及專門職業的「納粹及軍國主義者」。這種人不只會失去工作；財產也可被沒收[42]。還有九月二十六日追加的克萊法（Clay's Law）第八號，命令一百三十六項強制清除類別中的前納粹，只可再受雇於僕役工作。相對野心較大的是，參謀首長聯席會議一〇六七指令（JCS 1067）構想的計畫，將建立「協同控制德國教育的體系及積極再定位計畫……旨在完全清除納粹及軍國主義教條」[43]。我們應在這種背景下去了解，季辛吉在本施海姆（Bensheim）擔任反情報員的活動，那是赫森邦（Hesse）美麗的葡萄栽培區貝格施特拉瑟的最大城鎮。

季辛吉之後的名聲喚醒當地對一個年輕人的記憶，他在一九四五年夏天出現，自稱「亨利先生」。擔任他秘書的伊莉莎白・海德（Elizabeth Heid）記得季辛吉曾對她說：「我們來此不是為報復。」另一方面，她回憶他是「保持距離的能手」[44]。有個作者間接提到「他與德國女子的風流韻事及他奢華的晚宴」[45]。據當地傳說，當然並無根據，「亨利先生」與一位年長他二十歲的本施海姆婦女過從甚密，她是猶太裔銀行家之女，丈夫死於集中營，兒子在英國皇家空軍飛行中喪命[46]。季辛吉即使沒有情婦，也必然生活得比大多數居民舒適。他換過幾次住處，從普通房舍（蓋納維格〔Gärtnerweg〕二十號）搬到較寬敞的費雅街（Weiherstrasse）十號，再到附近的茲溫根山（Zwingenberg），住進藥廠老闆索爾（Arthur Sauer）的別莊，最後來到美利波庫斯（Melibokus）山腳下的另一莊園（恩斯特—魯德維—步道〔Ernst-Ludwig-Promenade〕二十四號）。在最後的住處有廚師、女僕、打掃婦、女管家、警衛和警犬為他服務[47]。他告訴雙親：「我目前往得相當舒服。另一個同事和我和〔字跡模糊〕同住有六個房間的房子。我們也接收了男管家，所以現在有人替我們擦鞋……燙衣服、放洗澡水，以及男管家做的所有其他事。」[48]他扮演「亨利先生」的角色徹底到以英語指示僕人，甚至參加在主要新教教堂舉行的美—德和解禮拜。他被認出是德國出生的猶太人到什麼程度不得而知[49]。當地人在這方面的回憶有多可靠也不清楚。（且舉一例，季辛吉向當地人租用的車子其實是歐寶大師〔Opel Kapitän〕，並非居民記得的白色賓士〔Mercedes〕。）[50]以他從事的調查工作，有此感想或許在所難免，他變得不喜歡本施海姆居民：「一群虛偽、巴結、倉促行事、愛說閒話的人」[51]。

本施海姆在戰爭剛結束後的情況有多混亂，今日來此欣賞美景的訪客很難想像。一九四五年二月、三月鎮上兩度被轟炸，鎮公所和主教堂全毀。約一百四十戶人家失去房屋，另外一百三十五戶現在必須讓出房子給美國占領軍。各臨時收容所約有流民二千人。住房短缺長期無法解決，而捷克收回蘇台德區使得眾多難民湧入，問題益發嚴重。（難怪季辛吉獲准休假時，經常遠離破碎的德國，到倫敦[52]、薩爾斯堡[53]、哥本哈根[54]、巴黎去度假。）[55]

在反情團情報員季辛吉眼中，指認壞人是頗令人頭痛的任務。自赫森邦首府達姆施達特（Darmstadt）遭炸毀後，蓋世太保的區總部便遷至本施海姆。在黨衛軍突擊隊長（Sturmbahnführer）葛勒克（Richard Fritz Girke）及副手赫倫波伊（Heinz Hellenbroich）領導下，蓋世太保軍官在戰爭即將結束的日子裡並未閒著。三月二十四日，美軍抵達前三天，蓋世太保監牢中的十七個犯人，有十四人由奉葛勒克指示的八人分遣隊（Sonderkommando）趕往野外射殺[56]。當晚奉赫倫波伊之命，蓋世太保又殺害兩個因飛機在附近被打下而成戰俘的美國人[57]。季辛吉在本施海姆的首件任務，是建立一份貝格施特拉瑟區所有已知蓋世太保人員的完整名單，包含秘書人員，然後開始加以圍捕。到七月底捕獲十二人，另有九名秘書人員遭軟禁，「聽候進一步偵訊」[58]。葛勒克、赫倫波伊及另二名蓋世太保成員隨後被抓，於一九四七年三月接受美國軍事法庭審判。他們於一九四八年十月被判死刑並施以絞刑[59]。

季辛吉在反情團的工作範圍，有時會超出貝格施特拉瑟區。遭通緝的前達姆施達特蓋世太保軍官班克維茲（Gerhard Benkwitz），涉嫌組織「破壞團體」，必須到杜塞道夫（Düsseldorf）附近的英國占領區，即他潛伏的地方去逮捕[60]。但季辛吉領導的九七〇／五九反情報小組，主要的關切重點是「十八萬〔人口〕區域內的靜態情資」。「亨利先生」雖決心不報復，但去納粹化的作法卻格外徹底。他向父母解釋：「許多反情團的老情報員在我手下工作，所以需要很有技巧。也需要責任感、心理學知識、及輕重緩急感。」[61]他的十六人小組著手全面性調查，「針對民間生活各個層面，如產業、專門職業、商務貿易、公務部門……〔運用〕由此得來的資訊……做為設定去納粹化標準的核心。」[62]當第七軍指揮官下令進行救生圈行動（Operation Lifebuoy），要清除納粹公務員時，季辛吉已「在積極執行貝格施特拉瑟區完整的去納粹計畫」。除了救生圈行動的份內職責，季辛吉也「進行調查，以進一步去除德國社會各階層的納粹，即實業家、專業人士（醫師、律師等等）、神職人員、商務貿易。」他的長官曾這麼說：

> 他充分運用民間警察和區長官〔高階德國公務員〕以完成此任務。他每日與警察首長見面，每週至少與區長官見面一次，並在每月的會議上與各鎮長交談。他透過這些作法，並善用遍及所有階層的民間情報系統，維持對貝格施特拉瑟區完全的掌控。[63]

早在蘇台德區難民尚未來到貝格施特拉瑟前，季辛吉便設立「集中所」（concentration center），對新來者進行「初步篩檢」，以找出「可能危及此區現有秩序狀態的政治污點份子」。[64]

這其實是警察的工作，同時涉及偵查、訊問及拘押。也是季辛吉擅長的工作。他的指揮官在一九四五年八月推薦升他為上士時，說他是「本施海姆辦公室最有價值的人員」，還說：「這個年輕人……深獲其他同仁的尊敬，以致他們樂於在他的指示下工作。」[65]同月波林將軍讚譽他「在貝格施特拉瑟完成的去納粹化工作」。第七軍副參謀長席克索（Charles Sixel）上校也稱讚他「傑出的職務表現」，以及篩檢貝格施特拉瑟居民，找尋參與納粹政權證據，做得特別周全[66]。二個月後他被調為主管（占第七軍占領區域很大一部分的）二號區（Region No. 2）下的整個貝格施特拉瑟分處[67]。一九四六年四月他獲美國占領區二號區首長，任命為「歐洲戰區反情團主任調查員」：是很了不起的榮譽[68]。即便他的職責已擴大為包含行政及處理後勤補給，季辛吉「仍交出超水準的成績」。借用一位熱心長官的話，他儘管相當年輕，卻有「一眼照顧當下，一眼擘劃未來行動的本領」[69]。此一正面評價之後獲得克雷默認同，他讚揚「不只……他的公正無私、對不可捉摸事物的理解、自律和理想主義，還有他的作事方法及……所得到的實際成果」[70]。

然而這種熱忱很快便退燒。德國前政權幾乎所有高官都與納粹脫不了關係。要把他們全部清除等於必定導致混亂。早在一九四五跨四六年冬，去掉那麼多官員造成的亂象使克萊認定，必須改變方針。如他一九四六年三月所說：「用一萬人我卻辦不到去納粹化。這一定要德國人來做。」[71]於是變成四處散發問卷，讓德國人依照精準分級的不法行為量表：重大犯行者、犯行者、次要犯行者、追隨者、同路人、及（德國人笑稱的）「潔白如寶瀅*」，為自己評等。可想而知不會人人都對此問題完全誠實作答：「你是否曾是國

* 寶瀅（Persil），德國洗衣劑品牌。

家社會黨黨員？」這是標準問卷上一百三十一問之一。到一九四六年年中，克萊及同僚已看得出，在美國區導致三分之一官員去職的救生圈行動[72]，那種去納粹化作法根本與順利過渡至德人自治政府相矛盾。克萊後來說，去納粹化是他「最大的錯誤」，是促成「大小納粹悲情『命運共同體』」的「含混不清到無可救藥的程序」[73]。

該是管束情治人員的時候。一九四六年五月季辛吉建議，因其一九三〇、四〇年代強烈親納粹的行為，不應讓巴洛克時代文學專家波克（Joachim George Boeckh）再擔任海德堡大學教授。他的建議未被接受；波克仍留在海德堡，直至一九四九年他移居蘇聯區，在東柏林工作至退休[74]。因最初推動的去納粹化被更務實的政策所取代，有好幾千忠誠的納粹未受懲罰，他是其中之一。

三

去納粹化以正義的制裁為始，以暗黑的地方政治角力收場。一九四五年十一月，有指控浮出於倫敦《每日郵報》（*Daily Mail*），指本施海姆仍繼續舉行納粹黨集會。有個美國陸軍二等兵，甚至根據附近比克璐（Birkenau）鎮長兼議長的證詞，宣稱軍政府內有人破壞反情團的工作，原因是「軍政府本施海姆分遣隊成員」與「獲選……擔任分遣隊與德人中間橋樑的譯員有染」，此譯員「不是別人正是希特勒女青年團（B.D.M.）團長（Ringfuehrerin），一個名叫芙萊恩・威姆施（Fraeulein Wilms）……風度極好的金髮美女，非常有魅力」[75]。季辛吉詳細調查這些指控，但結論是，此為鎮議長因拖延去納粹化被解職的相關「挾怨報復案」。遭指涉的女子確實受雇為譯員，但反情團揭發她的納粹過去後便被解雇。至於與人有染一事，沒有關於她和美國人員之間任何社交接觸的證據[76]。

如前所述，美國占領軍曾預期，即便非直接暴動，納粹也會有組織地抵抗他們的出現，因此反情團最最關注任何懷念希特勒政權的跡象。威姆施一案雖不成立，但不可因此放鬆戒備。一九四五年九月，季辛吉要求新就任的本施海姆鎮長，提供他完整的當地民情報告，包含對納粹、軍政府、盟軍、盟軍宣傳、前德意志國防軍、恢復政黨、分離主義傾向、及德國整體未來的態度[77]。最後的報告極為負面，並提出對占領軍敵意持續增加的警語，特別是「不滿的」年輕人，結果造成十人被捕[78]。反情團後續的民意報告，對戰後擾亂頻傳的那幾個月提出清晰鮮明的見地，如一九四五年十月這份報告便是一例。

> 維恩海姆（Viernheim）的希特勒青年團又生事端。戰術部隊抱怨，街角有成群結隊的年輕人擺出傲慢和挑釁態度。一輛美軍軍車被漆上納粹卍字記號。有人聽到一個年輕人吹噓他知道哪裡藏著武器。本處人員在維恩海姆逮捕十五名前希特勒青年團領袖。他們將被羈押，聽候偵訊。[79]

然而隨時光流逝，殘存的希特勒思想逐漸消退，取而代之的是報告中提到，人民對去納粹化政策本身「人心惶惶」[80]。救生圈行動有一個後果是，在真正反納粹人士之間埋下意見不合的種子，而美軍卻是向那些人打聽，誰是可靠的地方領袖，誰是納粹同路人、納粹狂熱份子，及某些方面問題最大的一群：為討好美國人而舉發前「同志」（Volksgenossen）的前納粹黨人。有些德國民眾（包括一些教士）譴責舉發行為「有違基督教義」。有人不滿「區分強制與視情況而定的去職界線沒有標準，作法本身也缺乏彈性」[81]。反情團的目標是「使去納粹化不僅是美國主導的政策，也要在許多方面縮減為德國內部的問題」，這個目標只有部分達成[82]。當美軍採取更寬鬆的標準，又出現新怨言[83]。

冬季快來時，民眾情緒變得晦暗。季辛吉的反情團小組報告：「居民對德國的前途益發悲觀。缺煤的冬季即將到來、意識到德國的完全孤立、看不見一點痛苦減輕的希望，造成悲觀氣息瀰漫的氛圍。」[84]來自東邊的難民不會受到熱情歡迎，因他們只會使食物、燃料、住房更為短缺。至於占領軍想以爵士樂和電影「美國化」德國人，其努力似乎也適得其反。

許多用意良善的德國人質疑，只顧向德國聽眾強調美國音樂是否得當。若不解釋背景，那種音樂聽在德國人耳裡經常是墮落又刺耳，而且據說不能算是美國文化好的代表……美國電影獲得的反應也不太好。由於至今放映的片子大多是典型的娛樂片，所呈現的是光鮮、富裕、甜美、光明的人生，對窮困、無法溫飽的人不太能接受。[85]

然而最尖銳，也最傷感情的抱怨，是指反情團就是「美國人的蓋世太保」。對太熟悉舉發、偵訊、判刑的人民而言，美軍企圖進行某種良性的「再教育」，這種概念簡直是聞所未聞。季辛吉對一個前希特勒青年團幹部說：「我們美國人來這裡是要把你變成一個正派的人。」當對方答，那件事他的父母已經辦好了，季辛吉冷酷地回道：「好，你可以走了。」[86]

有一點反情團確實是承襲了蓋世太保：仰賴線民。此舉確實是去納粹化的罩門。季辛吉一抵達本施海姆，即刻便招募了數個線民，基塞威特（Erwin Kiesewetter）是其中之一，他是四十九歲的前警校教官，自稱因為他是社民黨員而於一九四四年遭去職。七月十日顯然受反情團施壓，基塞威特被任命為本施海姆警察局長，取代前國防軍士官葛拉夫（Richard Graf）。至少在名義上任命基塞威特的是美軍安排的鎮長克拉波特（Willy Klapproth），他是接替原提名人社民黨的克雷格（Gottfried Kräge），克雷格因健康理由辭職。克拉波特也是社民黨員，他和基塞威特一樣在威瑪年代是警官。但這兩人很快便起衝突。八月初，基塞威特對本施海姆頻仍的住房糾紛，試圖利用警察首長權力介入其中一件[87]。三週後克拉波特試圖對基塞威特施展官威，便要求他每週簡報兩次所有的逮捕案[88]，之後又突然減他的薪[89]。九月一日兩人在電話上激烈交鋒後，基塞威特辭職[90]。

反情團幹員「亨利先生」顯然不喜歡這種消息，他看重基塞威特的「反納粹活動紀錄」及「線民價值」[91]。結果是一場針鋒相對的官場角力，過程細節克拉波特以德式精細度仔細記錄下來，但不見得符合忠實度。基塞威特辭職那晚十一時半，季辛吉召來鎮民代表穆謝德（Muschard）到其辦公室，為基塞威特辯護，並揚言要斷絕與本施海姆地方政府的關係，並說：「要是不中止排擠基塞威特，你們等著看反情團有多夠力。」二天後季辛吉到克拉波特辦公室，他不進門，只以「比嚴厲更強的語氣」叫道，他明日上午十一時應至反情團報到。克拉波特現身時，季辛吉毫不客氣地對克拉波特說，他不會再直接與他或穆謝德打交道；他們應該指派新的代表與他交涉；他要求他們提供一張辦公桌；對一個名叫諾伊德（Nolde）的前納粹官員，他們不得再讓其子擔任輔警（auxiliary policeman）。克拉波特遵照指示，派另一個鎮民代表共產黨的李曼—勞佩希特（Hans Lehmann-Lauprecht）來見季辛吉。季辛吉此次準備了不下七項要求，包括：

一、李曼—勞佩希特須於每週二、五上午十一時在反情團出現；

二、他必須明白反情團與軍政府是「兩個截然不同的機構，各自完全獨立」；

三、針對超過百名已定罪而遭到強制勞動的納粹（Nazi-Arbeitseinsatz），克拉波特應提出相關文宣的建議，務必使有牽連者的姓名公諸於世；

四、「政治上的爾虞我詐」應停止；

五、寫著「感謝領袖功績」（This We Owe to the Führer）及「給我十年，你會認不出德國」（Give Me Ten Years and You Will No Longer Recognize Germany）等口號的納粹海報，應在本施海姆顯著展示。

「亨利先生」並未就此罷休。同一日克拉波特被召至季辛吉辦公室，並被明確告誡，不可「操弄軍政府與反情團相互對立」，因為「長期來看，反情團比軍政府強」。

即便考量到這是克拉波特版本的事件始末，季辛吉的行為也是令人側目地挑釁味十足。就算他只是為了善盡職守而非為報復，「亨利先生」顯然不像他的長官那樣，打算把地方權力還給像克拉波特這種人。年紀較輕的季辛吉低估了對手（此人後來當上法蘭克福警察局長，直到他讓自己身陷貪污案，事業就此中斷）。德國官僚克拉波特享有多出三十年文書工作經驗的優勢，自詡為情報員的季辛吉屈居下風。克拉波特憤慨地寫信給貝格施特拉瑟的軍政府首長[92]，請求他向「亨利大人」疏通，以使鎮長與反情團的關係更加「和諧」，並特別強調他自身擁護民主的證明（「您知道我等待美國人和解放已有十二年」）[93]。結果基塞威特未獲復職，而是在私人企業找到工作，同時繼續做線民[94]。當季辛吉要求在警局為基塞威特保留一個房間，克拉波特斷然拒絕[95]。當鎮長發現有證人願意發誓指認，基塞威特其實曾是早期納粹老戰友（*alter Kämpfer*），鎮長得以討回公道[96]。經調查發現，基塞威特曾是納粹衝鋒隊員，也是惡名昭彰的騙子[97]。一九四六年一月十六日，季辛吉的人被捕。次月他被判刑六個月，罰鍰一萬德國馬克，罪名是「偷竊專利及提供假資訊給美國當局」[98]。

基塞威特一案說明，反情團在戰後德國的工作困難重重。美軍高度仰賴德人提供情報，但哪些德人是他們能夠相信的？最熱衷於與占領軍合作的經常是像基塞威特這種人，也正是有事想隱瞞的人。反之，一個可靠的納粹情報來源，很可能由於有人害怕被牽連而成為不實舉報的對象。另一個季辛吉在本施海姆雇用的可疑線民是隆斯皮爾（Alfred Lungspeer）。隆斯皮爾生於紐約，父母過世後移居德國。第三帝國時期他建立起筆跡學專家的名聲，曾以筆名「席沃斯」（Noeck Sylvus）出版過數本筆跡分析的書，並替幾家工業公司做過這方面的工作。隆斯皮爾不是納粹黨員；但他是個汲汲營營的投機份子，馬上過來投靠，自願提供筆跡分析及臥底線民服務[99]。當年的季辛吉認為筆跡學合乎科學，此事本身值得玩味，不過他那一輩的人會這麼想絕不罕見[100]。然而也有明顯證據顯示，隆斯皮爾企圖利用替反情團做線民的地位，在另一起住房糾紛中嚇唬前納粹黨人[101]。克拉波特得以再度對「亨利先生」所託非人表示遺憾[102]。季辛吉事業生涯的首場官僚之戰，他輸得很慘。

不過即便去納粹化正悄悄被放棄，克拉波特當鎮長的日子也所剩不多，因為民主政治正重返德國。早在一九四五年十月，美國軍政府便於斯圖加特（Stuttgart）成立邦首長會議（Council of Minister Presidents，the Länderrat），克萊把愈來愈多行政責任交給它。到一九四五年底，美國區所有新設或重新恢復的邦（Länder）均有德人政府及「邦預備議會」（pre-parliaments）。次年上半年，地方政府陸續成立並舉行選舉。本施海姆與德國西南部許多地方一樣，由新成立的基督民主黨（Christian Democratic Union，CDU）勝選，它間接承襲了舊日的天主教中央黨。一九四六年四月一日特瑞福特（Joseph Treffert）接替克拉波特[103]。可是沒多久新鎮長便抱怨「軍政府與反情團之間長期緊張」及「一方當局會發出另一方已禁止的命令」[104]。

或許由於厭倦此種摩擦，或許只由於他此時已有資格退伍，季辛吉早在一九四五年十一月即申請民間工作，希望從事「政治研究、調查式研究、〔或〕公務行政」[105]。他特別強調自己所學領域之廣泛：「我的德、法文說讀寫流利。教育程度包括就讀紐約市立大學兩年，專攻企業管理。我也曾參與陸軍外國暨外語計畫（Army Foreign Area and Language program）研習，專精歐洲歷史、社會、經濟。」[106]

有趣的是他最早獲錄用的職位之一，是「歐洲暨地中海戰區戰罪相關活動調查偵訊員」。季辛吉一定會對紐倫堡審判感興趣；一九四六年某時間點，他參加了對卡爾滕布倫納（Ernst Kaltenbrunner）的交叉訊問，此人是帝國安全總局（Reich Main Security Office）局長及親衛軍最高受審軍官。另一個工作選項是軍政府「政治領域情報與新聞管制官」[107]。但這些職位均代表要留在軍中，儘管可官拜少尉[108]。季辛吉顯然已厭倦偵訊和制服，更甭說軍隊生活的「顢頇與官僚」。反之，他選擇了人生第一份教職，在巴伐利亞上阿瑪高（Oberammergau）美國三軍歐洲戰區情報學校（U.S. Forces European Theater Intelligence School），擔任占領業務訓練部（Occupational Orientation Department）講師[109]。

季辛吉在本施海姆留下的緊張關係，是美國對德去納粹化及民主化雙重目標所造成。接替他的是名叫山繆斯（Samuels）的反情團情報員，他忙不迭地向特瑞福特鎮長傳達，他「不會比亨利〔先生〕弱勢」的印象。鎮長不該誤以為「因亨利先生不再負責，就會採取別的政策」。山繆斯從姓氏便看得出也是猶太人，他跟季辛吉一樣，更在意拔除納粹多於恢復德國民主[110]。這兩人顯然同樣懷疑，基民黨不只是一些前政權思想守舊的人。如山繆斯所說，在很多美國人眼中，基民黨縮寫CDU彷彿代表「德意志中央地下活動」（Centrale Deutsche Untergrundbewegung），暗指反情團原先預料會在德國遇到的納粹地下組織。這種疑心總之不能說無的放矢，在將權力交還德國政治人物很久後仍然存在。儘管季辛吉曾一再明言讚賞，自帝國廢墟中興起的聯邦共和國，但他事業上大部分時候，對德國人重新擁抱民主的強度是存疑的。

然而事實擺在眼前，季辛吉在美國找工作雖同樣容易，家人也督促他回家，他卻選擇留在德國。他為何留下？季辛吉的答案充滿熱忱。

你們絕不會懂，而我除了用流血和悲慘和希望，也絕對無從解釋。有時我從桌上望過去，看到那些得力好手留下的空位，那些人應該在此確認我們奮戰的成果，我想到復活節山（Osterberg）〔？〕，還有希特勒死訊宣布那晚。我和巴伯・泰勒〔即同事羅伯・泰勒〕當晚約定，不管發生什麼，不論誰變弱了，我們都要留下來，以我們薄棉之力竭盡所能，使所有先前的犧牲變得有意義。我們會待到剛好足以完成。

所以今日泰勒在〔無法辨認〕，雖然他去年十月已可以走，而我在此。所以我會待久一點。我不會留一年，我一九四六年就會回家，但我想先做幾件事。

簡言之，季辛吉已立誓要參與德國政治再教育。他唯一猶豫要不要接受上阿瑪高的職位，是「由於其實我想要直接做一些事而非去教人。」[111]

四

可是到一九四六年初，美國人心中隱約出現比潛伏的納粹更大的新敵人，由此促成政府從積極去納粹化，轉向即使非原諒、也要遺忘過去的罪惡。西方盟國的領導人中很少有像〔英國陸軍元帥〕布魯克那麼迅速地預見到，德國一被擊敗，蘇聯即會由盟友變為敵人。羅斯福與一群顧問——尤其是布列頓森林（Bretton Woods）金融體制共同起草人懷特（Harry Dexter White），後經揭露他也是蘇聯獲取情報的可靠來源——完全未預料到史達林會多麼無情地採取攻勢，以政治顛覆歐洲民主的形式，當作最佳防禦。

呼籲採取更務實的政策最著名者，當屬職業外交官肯楠的五千字極機密長電報（Long Telegram），編號五一一，一九四六年二月二十二日由莫斯科發往華盛頓。肯楠的電報是一大震撼；文中他把國際共產主義比作「惡毒的寄生蟲，只噬食生病的組織維生」[112]。然而這只是當年好些引人注目的比喻之一。二週後邱吉爾在密蘇里州富爾頓（Fulton）的西敏學院（Westminster College）演講時，提出著名的警告，指「鐵幕」（iron curtain）已降臨歐陸。鐵幕後是「蘇聯勢力範圍」，涵蓋華沙、柏林、布拉格、維也納、布達佩斯、貝爾格勒、布加勒斯特、索非亞。三月十日，邱吉爾演講五天後，喬治．歐威爾*在《觀察家報》（*Observer*）上寫道：「去年十二月莫斯科會議後，俄國開始對英國及英帝國發動『冷戰』。」

納粹曾有過最後的奢望，即西方盟國會及時認清蘇聯的威脅，而與他們聯手以對抗史達林為共同目標。戈培爾的宣傳已舖陳好背景，因此一般德國人早就預期會發生這種衝突。早在一九四五年耶誕節，貝格施特拉瑟的謠言就包括「據說德國士兵正為對俄作戰而武裝」及「俄國與西方強國今冬會開戰」[113]。可是後來的冷戰跟二次大戰形式差別很大。如前所述，美軍並未顧忌指派德國共產黨（KPD）黨員，擔任其占領區內須負責的職位。任何「反納粹」者均視為符合資格。只是，很慢才看出德共可能是蘇聯的第五縱隊。據反情團一九四五年十月的報告：「貝格施特拉瑟區最有組織的政黨是共產黨」，並陰沈地加上一句，「他們的組織模式仿造納粹」[114]。共黨本身於一九四六年初改變戰術，主因是在地方選舉中敗選，此後便採取拒絕參與選舉的反對運動政策[115]。據季辛吉日後回憶：「一九四五年十二月到一九四六年六月，我們（在貝格施特拉瑟）的任務逐漸改變，著重於……外國滲透活動。」[116]甚至在那之前，反情團已試圖（但未成功）阻止任命共黨哈曼（Wilhelm Hammann）為大蓋勞（Gross-Gerau）區長官（*Landrat*），理由是「此人濫用其職位促進某一政黨」[117]。這是美方持續反哈曼運動的起始，最終導致他被捕。（儘管有證據證明，哈曼被關在布亨森林時曾救過百餘個猶太兒童的性命，美國當局仍指控他犯下不人道罪名。經國際抗議，那些罪名才撤銷。）

乍看之下，上阿瑪高很不像是會成為冷戰的戰場。這小鎮安臥於安瑪河（River Ammer）兩岸，巴伐利亞邦阿爾卑斯山脈下，曾經（現在還是）以耶穌受難劇（Passion Play）著稱，那是改編《新約聖經》的故事，集合全鎮的力量演出。自一六三四年起，每十年上阿瑪高的村民都會演出此劇，他們如此許諾是為求上主保祐，避免爆發瘟疫[118]。可是到維多利亞時代†，此劇成為吸收引觀光客的表演。一八六〇年教士戴森柏格（Alois Daisenberger）的改編版，除去中世紀粗鄙的部分及巴洛克式的矯揉造作，以確保正經拘謹的新教徒會喜歡看[119]。遊客們喜愛古雅有趣的鎮民演員陣容，也同樣喜愛聳立於此鎮上方的禿頂高山——屬阿爾卑斯的科費爾山（Kefel）的美麗背景。最重要的是他們欣賞忠於原故事的製作品質[120]。再加上金貝格山丘（Kienberg Hill）上的埃塔爾（Ettal）修道院，雖在一九〇〇年解散，卻又重生為露德（Lourdes）式聖壇，以及古老的維斯朝聖教堂（Wieskirche），上阿瑪高的「受難劇」提供旅客又有實物又有寓意的雙重登高體驗[121]。及至一九二〇年代，此鎮是通濟隆（Thomas Cook）集團在歐洲最熱門的旅遊地之一，吸引數以萬計的英美觀光客。

* 喬治·歐威爾（George Orwell），英國作家、記者，名著有《動物農莊》、《一九八四》。
† 維多利亞時代（Victorian era），指英國女王維多利亞統治時期一八三七—一九〇一年。

然而，受難劇擺脫不掉的連結是反猶思想。傳統上這種劇與對猶太人的暴力脫不了干係，那是巴伐利亞當局一七七〇年予以禁止的一個原因，上阿瑪高好不容易才爭取到不受此限[122]。可是戴森柏格改編的版本中，猶太人變成劇中主要壞人[123]。劇終時他們集體對耶穌之死認罪，哭喊著：「他的血在我們身上，在我們的子女身上！」[124]

過了七十年，美國拉比柏恩斯坦（Philip Bernstein）看過一九三〇年的演出後，對劇中呈現猶太人要為耶穌之死「負全責」，不免思慮這對基督教徒對猶太人的「態度可能有何影響」[125]。一九三四年，此劇三百週年紀念演出，希特勒親訪表達支持，受到村民熱情、更別說「歇斯底里地」慶賀[126]。一九三四年的七百十四個演員中，在一九三七年五月前（盟軍用以認定「純納粹」的日期）已有一百五十二人加入納粹黨，包括飾演耶穌的阿魯意斯．朗恩（Alois Lang），飾演聖母瑪利亞的安妮．胡茲（Anni Rutz），及十二門徒中的八個[127]。

上阿瑪高的重要人物確實仍忠於天主教巴伐利亞人民黨（Catholic Bavarian People's Party）及羅馬天主教廷[128]。當地教士努力告誡信徒勿信「偽先知」，並成功抗拒受難劇中任何明顯的納粹化[129]。比起某些地方，上阿瑪高居民會保護他們當中的猶太人和「半猶太人」，至少成立過一個反納粹反抗團體[130]。可是鎮長萊蒙特．朗恩（Raimund Lang）終究還是義無反顧地擁抱納粹反猶思想，自豪地表示受難劇是「我們最反猶的戲劇」[131]。一九五〇、六〇年演出時扮演耶穌的普萊辛格（Anton Preisinger），曾參與「碎玻璃之夜」對梅耶（Max Peter Meyer）的攻擊，梅耶是猶太裔作曲家，後改信基督教並遷居上阿瑪高，希冀避開迫害[132]。

上阿瑪高在第三帝國的罪行中是雙重共犯。因為設於奧古斯堡（Augsburg）的梅塞施密特公司*，正是將其噴射推進新飛機Me-262及P1101-VI，還有龍膽（Ezian）火箭的設計部門（「上巴伐利亞研究所」（Upper

Bavarian Research Institute）），遷至此地部分建於附近山區的廠區[133]。普魯士物理學家馮布朗（Wernher von Braun），也是V-2火箭及「美國」洲際飛彈原型的設計者，在一九四五年四月初，與四百位科學家一同被遷到上阿瑪高。馮布朗與同事各有本身的理由要與都哈（Dora）集中營保持距離，此營是他們在中央工廠（Mittelwerk）火箭生產線的奴工供應來源。不過他們隸屬德國空軍人員，受命於親衛軍上級領導（*Obergruppenführer*）卡姆勒（Hans Kammler），也是興建奧許維茲死亡營的工程師，便搭乘「報復快車」（Vengeance Express）南行四百哩來至上阿瑪高。納粹領導階層曾有退至「阿爾卑斯最後陣地」的半認真計畫，此行或許是其中一環；也可能卡姆勒希望這群火箭科學家，可做為與戰勝的盟軍談判的籌碼。不管怎麼說，卡姆勒就這麼消失無蹤了，馮布朗則說服親衛軍把火箭科學家分散開（明的是為降低遭美軍戰機擊中的風險，當時美軍P-47雷霆式戰機經常飛越此區，但更可能是為減少「把他們殺光，以免他們落入盟軍之手」的風險）。在德國潰敗之際，許多科學家得以趁亂逃到提洛爾[134]†。

美國第七軍有部分於一九四五年四月二十九日抵達上阿瑪高。馮布朗與弟弟馬格努斯（Magnus von Braun）及幾個關鍵協力者，特別是火箭計畫的軍方指揮官多恩柏格（Walter Dornberger），連忙去投降[135]。他們與同僚按規定接受偵訊，其中一百十八人技術最高超者由美軍吸收，參與遮蔽行動（Operation Overcast，一九四六年改名迴紋針〔Paperclip〕行動），埋於哈茨山脈某礦坑的V-2零組件及密藏文件，也一併被接收。馮布朗過去既是納粹又是親衛軍成員的事不久即眾人皆知，但並未妨礙他成為美國隨後發展中程核彈，以及再之後航空暨太空總署（NASA）太空計畫的樞紐人物[136]。

---

* 梅塞施密特公司（Messerschmitt），德國飛機製造商。

† 提洛爾（Tyrol），橫亙奧地利西部及義大利北部的阿爾卑斯山區。

上阿瑪高與本施海姆一樣，戰爭剛結束時是一團混亂，去納粹化則往往火上加油。美軍逮捕鎮上主要納粹，首當其衝是鎮長朗恩及一九三〇、三四年受難劇的導演吉歐格．朗恩（Georg Lang）[137]。柏恩斯坦拉比在戰後回到巴伐利亞，擔任軍政府顧問，他對聯合國一個委員會表示：「若美國軍隊明天就撤出，那次日便會發生種族屠殺。」一九四六年的一項調查發現，百分之百五十九的巴伐利亞人屬於「種族歧視」、「反猶」或「強烈反猶」類[138]。但與別的地方相似，持續惡化的經濟、社會狀況，並不利於全面清算當地精英。上阿瑪高爆發一波強暴及竊盜罪行、流民及野孩子無法無天，還有長期食物短缺、營養不良、疾病。美軍有點詫異地發現，理當信仰虔誠的上阿瑪高居民卻熱衷於黑市交易，很樂意用他們著名的木雕品交換琴酒和香煙[139]。去納粹化行動終結於實施以近乎不值錢的德國馬克為罰鍰，朗恩家及其他人也迅速官復原職[140]。但一九四六年試圖重演受難劇的構想胎死腹中，因主要演員仍未獲釋[141]，到一九四七年美國官員提供當地三十五萬美元補助，支持新公演[142]。次年，萊蒙特．朗恩在前納粹及蘇台德區德裔難民強力支持下當選鎮長。到一九四九年已是一切如常，吉歐格．朗恩宣稱：「我們有清明的良心。」當受難劇製作委員會公布演員名單時，有人聽到這麼一問：「是納粹贏了嗎？」[143]這重新上演的劇碼雖受西方強國大力支持，有三萬多個座位保留給美軍，開幕首演美、英高級專員均到場參加，但舊有的心結卻很快顯現[144]。據說安妮．胡茲因被發現與美國士兵共舞，由飾演聖母瑪利亞降為飾演抹大拉的馬利亞[145]*。

打算在這有點超現實的環境下設立軍事學院的構想，不是出於別人，正是克雷默。歐洲戰區情報學校（ETIS 7707），歐洲指揮部情報學校（European Command Intelligence School）的前身，以「培訓欠缺足夠訓練以面對占領軍問題的情報員」為宗旨[146]。這代表先要教他們德文、德國歷史和文化。那是自討苦吃。對才剛打過總體戰的人，要他們乖乖坐在教室上課很難。士兵們抽煙，把腳蹺在課桌上；熱衷於與當地人親善來往，造成性病流行。克雷默求助於德國著名女性主義者及政治人物瑪莉—伊莉莎白・魯德斯（Marie-Elisabeth Lüders），她也是德國首位女博士，克雷默請她為情報學校引進一些普魯士紀律[147]。她也協助訓練克雷默那一批缺乏經驗的講師。其中現在包括克雷默的最愛：亨利・季辛吉。

站在季辛吉的立場，這份工作極為吸引人。年薪三千六百四十美元（外加百分之二十五「海外加給」九百一十美元，每週超過四十小時還有加班費），比起一九四五年美國中數所得（medium income）僅一千八百十一美元，是二倍還要多[148]。他需要教二門課：「德國歷史與心態」及「情報調查」。後者主要根據他在貝格施特拉瑟任反情團情報員的經驗，但重心放在（克雷默所說的）「情報工作常被忽略的心理面向」[149]。前者自現存的一堂講「德國人心態」的詳細筆記，可清楚看出有更大企圖心。這堂課由「認識德美人民心理差異的重要性」起頭，接著解說四項德國人的特質（「自私」、「缺乏內在保證」、「服從」、「欠缺比例感」）。然後談「普魯士思想（十分鐘）」、「國家主義（十分鐘）」、「軍國主義（八分鐘）」，結語提出二個建議：「以創建自由體制進行再教育」及「改革學制」。特別令人眼睛一亮的是，這位年輕講師處理普魯士政府的「凌駕……個人之上」，其「哲學基礎（馬丁・路德、康德、費希特、黑格爾）」，以及「就外在成功而非內在道德」的自我評價，這一點顯然多虧克雷默教導[150]。這些內容當年更有經驗的史學家很少會有異議；說不定甚至曾參考泰勒（A.J.P. Taylor）的暢銷作《德國史》（*Course of German History*）。季辛吉當講師十分叫座，不久學校便請他加開一門課，講「東歐……說明波蘭、捷克、匈牙利、羅馬尼亞、保加利亞、希臘、土耳其的背景和當前發展」[151]。

* 抹大拉的馬利亞（Mary Magdalene），《新約聖經》中耶穌的女追隨者。

最後這個講題是很能反映實情的選擇。據學校助理珍．布里斯特（Jane Brister）表示，它反映最高層所做決策：「放下〔去納粹化〕，進入反蘇維埃化」。季辛吉因此有雙重任務：「訓練去納粹化程序中的反情報及情報官，同時開始教導他們蘇聯的威脅是什麼。」[152]季辛吉好像很喜歡他的新職責。別人或許會質疑肯楠—邱吉爾—歐威爾的看法，即與蘇聯的冷戰正在發生中，他卻絕對肯定不會。季辛吉在呈給學校指揮官的傑出報告中，強烈批評上阿瑪高的內部安全。他警告說：「美國的原則或指令極未受到尊重。」

這表現於〔德籍員工〕一連串不實言論及反占領的說詞……所代表的態度使執行命令或控制文職人員更為困難。……避免長期滲透的唯一方法，便是持續注意主要員工。……進一步監控包括盡可能了解附近城鎮，特別是上阿瑪高。最最要緊的是，例如知道哪些人是共產黨，其中又有誰與本駐地任何員工特別友善，甚至可能關係密切。……即使基本上漠不關心的人員，或許偶爾也會把資訊交給外在勢力。[153]

季辛吉對打擊共黨顛覆的建言十分嚴厲。主張應該「持續……監視文職人員」，包含使用「線民」及「檢查」信件和電話通話。本地區的「短期居留者」也應「持續注意」，尤其是「共產黨員」。他寫道：「本駐地應一律不雇用共產黨，對那些已知友好共黨者應予以密切觀察。」目標應放在「嚇阻軟弱者、膽小者和漠不關心者」，藉以「將安全漏洞限縮在一小群較易觀察的狂熱份子身上」[154]。

與在本施海姆相同，季辛吉在上阿瑪高並未被綁在辦公桌前。他被派往柏林、巴特瑙海姆（Bad Nauheim）、（法語區）巴登巴登（Baden-Baden）[155]、及威斯巴登（Wiesbaden）等地去演講。這些行程使他和其他講師得以「熟悉各地反情團分處所面臨的問題」。在自巴登巴登的回程上，他們發現「共黨對美國當局重大攻擊」的證據，包括共黨在本施海姆舉行「大型集會」，會上把軍政府人員「指為笨蛋」，並有不同的反情團線民「遭指認出來，且突顯他們隸屬的非共黨政黨」。[156]同樣地，季辛吉一九四六年十月由威斯巴登的回程，曾在達姆斯達特停留，以了解「當前俄方滲透法及美方對抗此類趨勢的嘗試」。他的報告明白指出，去納粹化為何這麼快便讓位給找尋「床底下的赤色份子」。

截至一九四六年六月反情團的主要目標是對平民的安全掌控，而當前最潛藏的危險似是企圖藉俄人主宰的團體，尤其是共產黨，來否定我們的政策並明目張膽從事間諜活動。主要使用二種手法。一是試圖控制關鍵職位，利用這些職位設法打擊美國政策信譽，另外在執法時採取可顯示美國決策者能力不足的方式。一個相關例子是運用……法庭完成自納粹手中解放。在走訪過的大部分地區，共產黨藉各種理由控制著這些法庭。……其他手法有共黨潛伏在要職之下，特別是德國警方，做為間諜活動的掩護。區域三曾查獲間諜組織，利用德國警方管道供應資訊給俄國人。[157]

如季辛吉所說，反情團的問題發生變化，「由強勢性格處置得了的技術問題，且以突擊檢查、逮捕、及親身偵訊嫌疑人為主要武器，轉向較細微的目標，即觀察顛覆團體；分析其運作模式；了解為何某些看似無意義的行為，若對照有外國勢力要求便具有意義。」上阿瑪高情報學校必須更注重「形成外國勢力在德政治的力量」；「其情報活動趨勢」；及「顛覆團體的背景、歷史和目標」[158]。

五

上阿瑪高不只讓季辛吉認識了共黨顛覆的幽靈。也讓他接觸到在人生此後二十年投入這麼多時間的學術環境。克雷默慧眼視英雄，情報學校的講師中另有三位才高八斗的年輕人，也都成為季辛吉的終身摯友及同事：同為德猶難民的桑能費特（Helmut "Hal" Sonnenfeldt），後來是國務院重要蘇聯專家；捷克猶太難民史普林格（George Springer），他是天才數學家；羅索夫斯基（Henry Rosovsky），生於但澤，父母為俄國猶太人，後專長於日本經濟[159]。儘管他們早年的經歷坎坷，但後來各自在學術與公職生涯中均成就非凡。

不過一九四六年時他們仍很年輕，剛自軍旅生活的限制中鬆綁出來。上阿瑪高的社交生活以國王—魯德維街（König-Ludwig-Strass）的「和平高地招待所」（Pension "Friedenshöhe"）為中心，那是一九二〇年代湯瑪斯·曼（Thomas Mann）一家人常造訪之地，戰後仍由舒密特（Schmid）家族經營。克雷默與妻兒住在那裡，季辛吉則是租賃熱情牧場（Passionswiese）一號舒密特家的一個房間。他與朋友懂得如何自娛，由一九四六年十月的某一事件可資證實。當時季辛吉與史普林格、史妻瑪潔莉（Marjorie）、及德籍文職講師莉歐妮·哈柏特（Leonie Harbert），因超速及酒駕被捕。他們與憲兵的爭論有兩點值得一提。一是季辛吉對憲兵的作為大言不慚的反應。他對逮捕他們的人說：「請別再這麼搞了，那可能使你惹上多大的麻煩你都不知道。」值班的軍士將此解釋為威脅，便藉機把季辛吉關在地下室小牢房中一小時[160]，但酒駕的罪名繼而撤消[161]。其次是一同被捕的莉歐妮·哈柏特其實是季辛吉的女友。同一年十月，季辛吉至巴黎出差時買了一隻寵物狗：二個月大的黃白毛可卡獵犬[162]。他回美國時是哈柏特安排把小狗空運至美國[163]。過去曾有說法，指季辛吉在上阿瑪高時交過德國女友，甚至為她與人打架[164]。打架非事實；兩人關係則確有其事[165]。

季辛吉與莉歐妮的關係顯然並非那麼認真。反之，沙林傑娶其德國甜心為妻，並帶她回國，結局卻不美滿。不過季辛吉回美國後與哈柏特保持連絡多年，一直到她過世。與德國異教徒談戀愛，很難為季辛吉的父母所接受，他們希望看到兒子娶猶太女子，最好是出身他們自己的正統派，考量這一點則這段感情也是認真的。季辛吉曾堅強反抗。一九四七年二月他告訴雙親：「我不知道回國時會有什麼感覺。我確實無意於結婚或訂婚。只有這個免談。」[166]當母親警告他別「倉促下決定」，他變得不耐煩：「絕對不會有那種危險。別忘了我不再是十九歲。……無論我做什麼決定，必然不會倉促。我有很長一段時間不可能談婚事。」[167]

對篤信正統派猶太教的家庭十分要緊的婚姻問題，彰顯出服役帶來的重要變化。季辛吉失去宗教信仰。他日後回憶：「在軍中不太有機會去實踐正統派的某個教規。……以猶太人千百年來所受的苦，你身為同受這種苦的社會的一份子，不可能對它沒有強烈的認同感，及對〔猶太信仰〕的義務感。但那不見得包含奉行它的任何方面。」[168]後來當其父母得知此事時，他們顯然非常不高興，以致促使季辛吉寫了一封極為直白的信為自己辯護。

> 對我而言世間不是只有對錯，其間還有許多灰色地帶。……人生真正的悲劇並非在對錯間做選擇。唯有最冷酷無情的人才會選擇他們明知不對的事。……真正的困境在於性靈的難處，會引發極大苦楚，你們在黑白分明的世界裡，連開始去了解都不可能。

季辛吉並未就此打住。他對父母表示：「我和別的孩子不一樣，不過這不是我的錯，也不是你們的錯。是我生錯世界。」是父母不認可他的行為很長一段時間，「迫使我變成今天這種態度，冷漠高傲、略帶嘲諷，是為避免遭到排斥而先發制人的態度」[169]。

這封特別的辯解書告訴我們很多，關於移民及軍中生活經驗如何改變了季辛吉。就像數百萬打過二戰的青年，他回家後發現美國變化不大。但他知道他自己變了許多。一九四七年四月初他寫道：「現在很快地，三年來的希望與工作將留在我身後。很快地我將回到或許不確定的未來，但我會以無比的信心去面對。……如今我確切知道自己想要什麼，也會去追求。」他的計畫是唸大學，「因為不論我將來做什麼，都需要大學文憑。」可是唸哪一校？

我寧願不要在紐約讀，因為我恨紐約，可是我想要近到週末可以回家。我已寄出數封信給東部的名校，包括哥倫比亞，等我收到回音後再做決定。

還有一點。過去十二年應教會我們一件事，即一個人不可能計畫未來到最細的細節。人有很大程度必須活在當下。我對未來沒有全盤計畫，也不太可能做這種計畫。我會讀完大學，我會寫作，或許之後去教課……我極有信心。……

還有，別太擔心再適應的事。畢竟並非每個人打完仗都變成神經兮兮。[170]

如今季辛吉已非常清楚，他自德國寄回的每一封家書都讓父母愈來愈不放心。那全都如此引人焦慮，舉凡定期要「香煙」，到對回家的時間語焉不詳，到透露他打算把所有可休的假，全部用於到巴黎、倫敦、尼斯、羅馬、佛羅倫斯、威尼斯和的港（Trieste）去旅行二週，由友人之妻陪同。（「別被嚇到，她丈夫知道此事並且純屬柏拉圖式。」）[171]他對老友不感興趣。（「以前我不知道與薩克斯在任何方面，意識形態或是其他，有任何差別。……我不認為我回去時，這些所謂的朋友還有誰能吸引我。」）[172]他不在意金錢。（「錢在今日的意義是什麼？如果沒有把握時機享受美好事物的能力，那人生又有什麼意義？……人不能總是勞碌過一生。」）他毫不猶豫地拒絕考慮不「厲害」或不「著名」的學校（這排除重回紐約市立大學）[173]。每封信都比前一封更叫人神經緊張。

最後到一九四七年六月，他準備回家。像許多自戰爭回來的年輕人，他知道歸鄉並不容易。

我僅有一個希望〔他寫給父母〕，即我不可讓你們很高的期待落空。過去幾年在我身上留下烙印。在某些方面我已變得很固執，或許是很自我。未來有好多相互適應之處。請別忘了你們所謂的「正常家庭生活」，已有數年是離我十分遙遠的概念。我們學會過一天算一天。我體會過高度期望和悲哀失望。但這一切不代表我會滿懷希望或失望。更加可能的是，你們會認為我過度退縮。我自己過生活已經太久，也許無法自然地與人分享人生。有些因成規而生的關係對我意義不大。我變得以個人本質來評斷一個人。我在合作的團體中生活太久，我不知道競爭的平民生活會如何打擊我。我見識了偉大的事物，也曾完成偉大的事情。微小的日常存在會是什麼情況？所有這些問題擺在那裡。我可以向你們保證的唯有最良善的出發點。我能要求的只有耐心。

我寄自歐洲的最後一封信到此結束。很貼切地，外面是陰沈的一天。雲層低掛在山上。兩年前貝格施特拉瑟開花時，我們的弟兄們還年輕，而戰爭仍在記憶中，我們日日會發現些許的過去，並與未來建立連結。我們以為我們已推動世界，把青春獻給大過自身的目標。如今戰爭確實已然結束，一九四七年自戰場歸去是反高潮。[174]

歸來的戰士學到很多。他卻尚未學會，理直氣壯的坦率不是預防衝突發生的上策，尤其是對父母。

第二部

第7章　理想主義者

思想家年輕時幾乎總是頗孤獨的人物……最值得理性欽羨的大學，是可使孤獨思想家最少感到孤單、最得以正向發展、及獲得最豐富收穫的大學。

——威廉．詹姆士[1*]

唯有當你曾獨自工作過，當你感到四周的孤獨深淵，比圍繞瀕死之人的孤寂更為與世隔絕，而在希望和絕望中，你堅信自我毫不動搖的意志，唯有如此你才能有所成。唯有如此，你才能得到思想家獨享的秘密樂趣。即便思想家過世並被遺忘百年之後，對思想家一無所悉的人們，在行為上仍會受他的思惟所影響。

——奧立佛．溫德爾．荷姆斯[2†]

* 威廉．詹姆士（William James），美國哲學家、心理學家，名作家亨利．詹姆士之兄，一八四二—一九一〇年。

† 奧立佛．溫德爾．荷姆斯（Oliver Wendell Holmes），美國著名法學家、最高法院大法官，一八四一—一九三五年。

當時哈佛大學對我而言是一個新世界，其奧秘隱藏於刻意地不拘禮儀之後。我不知應如何看待我獲得的體驗，或是哈佛的價值觀與我的人生有何相關性。我從未想過，我從此不會再度真正離開哈佛。

——亨利．季辛吉[3]

一

季辛吉是拜《軍人復員法》（Servicemen's Readjustment Act，又稱GI法）之賜，進入大學就讀，與他一同受惠者有二百多萬人。《一九四四年軍人復員法》替想升學的返國退伍軍人付學費，那是聯邦政府在戰後，對社會流動最重要的一大貢獻。若非如此，季辛吉除了找份工作外，別無選擇。若非如此，哈佛大學仍將是遙不可及的夢想。

季辛吉的申請書充滿自信。一九四七年四月二日，他寫道：「根據『軍人復員法』，我……希望進入貴校秋季班就讀。若貴校能夠提供服役軍中經驗可否享有任何抵免，及可能的最快入學時間等資訊，我無任感謝……我打算主修英文與政治學。」那在哈佛大學其實不可能實現，因為哈佛只允許單一「主修」，哈佛也只研修「政府學」（Government），並無政治學。此外四月才提出申請為時已太晚；季辛吉申請的其他大學（哥倫比亞、康乃爾、紐約大學、賓州大學及普林斯頓）立即就拒絕他。他明白上哈佛的機會「也不樂觀，我只能禱告」[4]。他焦急地促請父母將「喬治華盛頓高中及拉法葉學院的完整就學紀錄（分數、修習科目及成績單等）寄往哈佛，但不含市立大學，因為（一）哈佛不承認夜校學歷，（二）曾就讀市立大學會降低而非有助於被錄取的機會。……速度是最最重要」[5]。他的擔心並無根據。他的申請案予人印象極佳，所以哈佛不僅接受他入學，還給他當年專為紐約客所設的兩項哈佛國家獎學金（Havard National Scholarships）之一[6]。同年七月他自德國回到美國，之後在同月造訪哈佛所在地劍橋[7]，並於九月以大二生資格就讀，因為哈佛（畢竟）承認他戰前在市立大學的學歷[8]。

季辛吉早期學術生涯，受益於軍中導師克雷默的熱心指導甚多。克雷默也已回到美國，不過是到華府，先擔任陸軍助理部長的政治經濟顧問，後又出任聯合國善後救濟總署（United Nations Relief and Rehabilitation Administration）首席史學家的資深研究助理[9]。克雷默在一封他特有的犀利推薦信中寫道：「我毫不猶豫地表示：季辛吉的申請資格極為突出。」他擁有那種「耐心勤勉學習及研究的能力，少掉這些，再聰明的人注定也只能是業餘好手。」他是「大學生中的異數，求學是為更深入地理解事物表象，而非只為學位。」他不會發展「為常見的知識份子類型，變成冷漠的犬儒主義、虛無的相對主義或政治激進主義。」他「出人意表地無私，許多所謂聰明小夥子身上的野心及慧黠，他全都沒有。」克雷默最後說，或許季辛吉唯一的缺點是，「帶點老成但友善的嚴肅，加上缺乏活潑的幽默感。」[10]克雷默避而未提的是，這位熱誠、勤奮而明顯不夠幽默的年輕人，並非獨自進入哈佛，史墨基（Smoky）也與他同行。

季辛吉在巴黎一時興起，買下可卡獵犬史墨基，並未把牠丟在上阿瑪高（不像季辛吉的女友，還得難過地負責安排史墨基回紐約的航班）。季辛吉告訴雙親：「我很清楚照顧牠的難處，但我帶牠回家的決定不會改變。如果你們愛狗就會明白，人不會拋棄自己的愛犬。」[11]當季辛吉知道狗會比他先抵達，便寫了長達六頁半的詳盡養狗須知，令雙親應接不暇。他解釋道：「史墨基對我非常重要，你們或許會說不過是一條狗。然而另一方面牠一直是我在這裡的好夥伴，也會是我過去與未來人生的美好連結，所以請好好照顧牠……想了解史墨基就是要愛牠。……千萬別打牠。」[12]母親欣然接受了這隻狗。季辛吉回國一年後，他在回復一封家書時，用的名義是「你們親愛的孫子史墨基」。這段話理論上是那隻狗寫的：「當然平常我會親自回信，然而我有信心，了解我的你們會明白……我現在正在專心研究化石（外行人稱為骨頭）的原子結構。」[13]

借用克雷默反諷的形容：「如狗狗所能奢望的那般充滿魅力」，史墨基始終是個問題[14]。年輕時的季辛吉有時被指為墨守成規[15]。然而對不但以愛犬之名寫信，還將其帶進大學宿舍的男人來說，實在不符合那種形容，主要在於哈佛大學明文禁止寵物進入宿舍。儘管室友們逐漸習慣容忍史墨基恣意跳躍，在訪客腿上流口水，清潔女傭仍將狗兒進駐之事上報，迫使季辛吉「每天早晨借車，送史墨基到劍橋的一處狗舍，等清潔工走了再偷渡回宿舍。」[16]

實情是，史墨基在陌生且令人生畏的環境中是一種慰藉。季辛吉後來回憶：「我對自己完全沒有把握。我才從軍中退伍，覺得又好像變成移民。我從軍時是個難民，退伍時卻成了移民。」[17]最終史墨基的存在得到容許，並非因為（如其飼主後來的玩笑話）哈佛當局「認為，這樣他們手上就有一個戰爭疲勞症的個案」[18]。季辛吉獲得容忍是因為他屬於一個特別的世代，這個世代的到來永遠改變了哈佛。一九五〇年這一屆哈佛畢業生，有很多是以退伍軍人身份入學，他們經歷過戰爭的可怕與痛苦。若非二次大戰，他們大多永無機會就讀美國頂尖學府。多年軍旅生涯使他們不易適應「哈佛人」身分，包含那稱謂隱含的所有意義。是哈佛必須適應他們。哈佛適應季辛吉特別地好，使他人生接下來二十一年都在哈佛度過。

二

今日哈佛可自詡為全世界最優秀的大學。但它並非向來如此。牛津大學政治思想史學者伯林（Isaiah

Berlin），一九四〇年造訪哈佛時印象欠佳。他抱怨學生「既愚蠢又世故，很慶幸我不必教他們。他們懷疑各種主張，卻天真地接受未經批判、囫圇吞棗的事實，根本是本末倒置。待過牛津後，哈佛像個沙漠。」[19]九年後，當時季辛吉是大三，伯林的同事屈佛羅帕（Hugh Trevor-Roper）同樣看不起哈佛。他寫信給友人藝術史學家（也是哈佛校友）拜倫森（Bernard Berenson）道：「他們的教育水準實在很悲哀！哈佛令我非常失望。」[20]

站在牛津兩所頂尖學院，萬靈學院（All Souls）及基督堂學院（Christ Church）的優越視角，哈佛或許確實像是智識荒地。那兩所學院分別於一四三八年和一五四六年成立時，哈佛尚未建校。到一六三六年，剛成立的英屬麻塞諸塞殖民地才創設哈佛，早年它即使不算基礎不穩，也只是勉強維持。最初校址設於查爾斯河（Charles River）泥濘河岸的養牛場當中，並非理想的求學環境。原本的校舍簡樸粗糙（一七二〇年前的建物無一留存至今）。學校大量仰賴殖民地政府挹注經費，並不時受到當地宗教狂熱者打擊[21]。

然而哈佛存活下來，持續茁壯，最終超越歷史悠久的英國大學，其實早在一九四〇年代已經超越，要是柏林及屈佛羅帕能觀察得更仔細，或許就看得出來。哈佛是如何辦到的？首先，連續數任校長將它由僅是神學院成功轉型，他們主張辦校宗旨是培育紳士而非神職人員。借用一七二一年某專任研究員的話：「本學院創辦宗旨在於為青年提供博學誠敬之教育，教導語言、藝術及科學，並導正其心智與言行。」賴弗瑞（John Leverett，一七〇八—二四年哈佛校長）曾自豪地表示，哈佛不只培養牧師，還有學者、法官、醫師、軍人、商人、純樸農夫，「學院文化使後者粗俗的舉止變得從容優雅」。賴弗瑞及繼任者（尤其是霍利約克〔Edward Holyoke〕）曾抵擋公理會（Congregationalists）及其他教會，指責「哈佛不敬神」的諸多抨擊，從而建立起後世證明極為重要的學術自由傳統。其次，自一七一七年起哈佛不再採取「牛津劍橋」式治理，即住校導師（resident tutors）被排除於校務管理團隊之外，校務委員比較像是外部託管人，多屬富有的波士頓「上流人士」，他們的捐輸逐漸成為可觀的經費來源，到一八二三年哈佛已不再需要州政府補助。哈佛監事會（board of overseers）在十九世紀轉型為由哈佛校友選舉產生，而非由「政教勢力」的代表組成，從此哈佛獨立於政府的地位確立[22]。第三，哈佛在獨立戰爭期間支持戰勝方，獨立宣言簽署者有八位是哈佛校友，包括山繆及約翰・亞當斯（SamuelandJohnAdams）；僅百分之十六的哈佛畢業生屬於保皇黨。第四，哈佛仿效蘇格蘭的大學，不吝於成立專業學院：醫學院（一七八二）、法學院（一八一七）及神學院（一八一九），這使它遠遠超越因教師與研究員的勢力根深蒂固，阻擋了大多數革新的牛津劍橋。第五，基於相同理由，哈佛比英國的大學，對德國大學在十九世紀全盛時期的良性影響，更為開放得多。化學家艾利厄特（Charles William Eliot）擔任校長時，引進德國的學術自由理念（Lernfreiheit），使學生逐步擺脫制式規定，得以自由選擇「選修」課程。首個德式哲學博士學位於一八七三年頒授。

歷經上述及其他改革，十九世紀的哈佛事實上遠非智識落後之地。愛默生（Ralph Waldo Emerson）於一八三七年在大學榮譽學生會*哈佛分部，發表著名演說〈美國學人〉（The American Scholar）。他與「週六會」（Saturday Club）其他成員：霍桑（Nathaniel Hawthorne）、朗費羅（Henry Longfellow）、小丹納（Richard Henry Dana,Jr.）、洛韋爾（James Russell Lowell）、諾頓（Charles Elliot Norton），均屬當時美國最偉大的思想家。或許更令人印象深刻的是繼他們而起的：法學家暨最高法院大法官荷姆斯、哲學家詹姆士、博學家皮爾斯（Charles Sanders Peirce）等，他們短暫組成的形上學會（Metaphysical Club）是美國實用主義發源地。

實用主義（pragmatism）一詞借自哲學家康德的《純粹理性批判》（*Critique of Pure Reason*），梅南（Louis Menand）描寫它是「對美國南北戰爭血腥在智識上的兩極化的反彈」。荷姆斯打過南北戰爭，他認為實用主義是指承認，「有些人並不知道人是懂事的」。皮爾斯則以為，實用主義是一種集體、累積的知識觀：「注定最終將獲所有研究者一致同意的見解，即我們所指的真相。」對詹姆士而言，「真相因理念而發生。理念成為真相是事件使然。證實真相的其實是事件，是過程。」或如他在別處所說：「信念……其實是行動的規則……無論任何事，只要證明它在信念上能夠成立就是真相。……若有關上帝的假說運作得讓人滿意……它就是真的。」以梅南的話來說，實用主義世代「希望避免他們所見隱藏在抽象概念裡的暴力。」[23]

實用主義影響所及，大大超出哈佛校園。它鼓舞詹姆士以「多元論」看待宇宙（及美國）。在一八九〇年代欣欣向榮但衝突頻仍的芝加哥，它激勵杜威（John Dewey）反對放任的資本主義或社會達爾文主義。它促使在牛津的羅德（Rhodes）獎學金學者凱倫（Horace Kallen）及洛克（Alain Locke）：一是猶太人，一是非裔美國人，思考在多種族的美國「文化多元論」是否可能成立。詹姆士的高足杜波伊（W.E.B. Du Bois）是首位取得哈佛博士學位的黑人，其論文題目是〈查禁非洲黑奴貿易〉（The Suppression of the African Slave Trade）。一次大戰爆發前夕，哈佛本身日益多元化。記者李普曼（Walter Lippmann）及雷德（John Reed）加入「哈佛社會主義社」（Socialist Club），從中獲得初次政治歷練。雷德回憶道：

> 社員在各校刊發表文章，挑戰大學部辦學理念，並揭露校方未支付職員可維持生計薪資的醜聞。……經其煽動，出現了「哈佛男性支持婦女參政權聯盟」……〔及〕倡導無政府思想的團體。學生向教授請願，要求開設社會主義課程……在音樂、繪畫、詩歌及戲劇，激進份子紛紛出現。較嚴肅的校刊帶有社會主

---

* 大學榮譽學生會（Phi Beta Kappa），創立於一七七六年，是美國最古老且聲望極高的學術榮譽團體。

義或至少是進步主義色彩。[24]

難怪年輕的英國社會主義者、新多元論大師拉斯基（Harold Laski），偏好哈佛而非政治氛圍平淡的母校牛津。

不可否認，李普曼及雷德並不算典型的哈佛生。以培養紳士為宗旨的哈佛，其大學部文化與當時的牛津大學並無不同。那些富蘭克林抱怨的「懶散紈褲子弟」，他們的醉後惡作劇及祕密會社，始自一七九〇年代創設「哈佛血統社」（Porcellian for "The Bloods of Harvard"）與狂放不羈的「魯莽布丁社」（Hasty Pudding），但此時已被「社團人及運動員」所取代：肌肉發達的新英格蘭人，大多來自私立預科學校，如頗富盛名的菲利浦斯（Phillips, Andoven）、菲利浦斯艾克特（Phillips Exeter），也有畢業自後起的布朗尼可斯（Browne & Nichols）、格羅頓（Groton）、米爾頓（Milton）、聖保羅（St. Paul's）等校[25]。他們熱衷美式足球，那是哈佛大學首創，把英式橄欖球改得面目全非，允許用手向前傳球和壓制搶球，還有較正統的牛津劍橋式划艇運動。他們的寢室在豪華宿舍區，如貝克（Beck）、費爾頓（Felton）、克拉弗利（Claverly），都聚集於奧本山街（Mount Auburn）的「黃金海岸」（Gold Coast），距哈佛校本部（Harvard Yard）的斯巴達式宿舍區不遠，差別卻很大[26]。他們的社交生活圍繞著呈金字塔狀的社團：最底層是一七七〇學會（Institute of 1770），從每屆新生中挑出一百人，前八十名成為DKE會員（稱為Dickey或Deeks），那些人則希望被選入「候選社團」（waiting clubs）S.K. 或Iroquois，從中再由「終極社團」（final clubs）：Porcellian、A.D.、Fly、Spee、Delphic、Owl、Fox、D.U.（依聲望由高而低），選出少數幸運者加入[27]。這些相當於哈佛兄弟會的社團，能加入的學生不超過總數的百分之十二，精英中的精英則會同時屬於四個以上的社團。連嘲諷雜誌《挖苦》（*Lampoon*）也演變成某種社團。學生流行故作紳士派頭，其社會精英的身份表徵是特殊的哈佛口音，即字母 a 用英式發音，如「father中的a」[28]。而那些金字塔頂端社團的成員，其父親往往也是〔麻州〕布魯克林（Brookline）鄉村俱樂部會員。

艾利厄特校長繼任者是羅威爾（Abbott Lawrence Lowell），有時被描述為這種社會階層制的擁護者。他的確有意將哈佛經營得更像牛津而非海德堡。後面會提到，他也確實懷有至少某些那個時代的種族偏見。然而羅威爾在許多方面是令人敬畏的現代化推手，其改革終結了黃金海岸被少數人獨占。最令人懷念的則是首建七棟住宅式宿舍：鄧斯特（Dunster）、羅威爾、艾利厄特、溫索普（Winthrop）、柯克蘭（Kirkland）、賴弗瑞、亞當斯，好讓大二至大四的學生得以過著牛津劍橋式大學生活。宿舍裡有住校導師、餐廳及普通寢室。同樣重要的是羅威爾堅持，全體新生必須住在哈佛校本部的宿舍。這些革新經過特意安排，目的在加強哈佛的「智識與社交凝聚力」[29]。羅威爾擔任校長期間又增設五所新學院：商學院（一九〇八）、建築學院（一九一四）、教育研究所（一九二〇）、都市計畫學院（一九二九）、研究員學會（Society of Fellows，一九三三）。讓哈佛校園呈現低調素樸之風的是羅威爾，他抗拒當時建築界歷行的學院歌德風（collegiate Gothic）和皇家伊莉莎白風（imperial Elizabethan）。集中／分散選課制度也是他實施的，目的是替艾利厄特的全部自由選擇修課制，加進一些求學的紀律。它要求「每一學生依據略通各學科並專精某一科的原則，選定可確保系統式學習的選修課程」[30]。這是實用主義應用在教育策略上。

不過在增進哈佛社交凝聚力的過程中，羅威爾關心的不只是消除以黃金海岸為例證的階級分化。他對校內猶太學生人數大增同樣感到不安。儘管猶太人自建校初期就已入讀，但在十九世紀末前為數有限。事實上一八八六年之前，每年猶太畢業生不超過一打十二位。到一九〇六年來自中歐的猶太移民大量湧入，加上移民高過一般的讀寫及數字能力，使情況有所改變。不久「即有足夠的自波士頓公立學校畢業的俄裔猶太年輕人」，創立「燭臺學社」（Menorah Society），「以研究並促進希伯來文化及理想」[31]。一九〇〇至二二年，哈佛的猶太生比例從百分之七驟升至百分之二十二，是耶魯大學比例的兩倍以上[32]。這一切完全符合艾利厄特校長的企圖心，要使哈佛國際化且「非單一教派」；正因如此，他在一八八六年推動廢除強制學生上教堂的規定，比耶魯早了四十年[33]。艾利厄特的看法是，「一所偉大的大學可以發揮團結社會的影響力」，而那正是要靠向所有具備適當學術資質的年輕人開放[34]。但羅威爾看不出，哈佛有「團結」猶太生與非猶太生的跡象。僅有很小比例的猶太生被選進社團。反之，他們有自己的兄弟會。猶太生較可能是來自波士頓地區的「通學者」：家境較差的學生，必須「在菲利浦布魯克斯樓（Philips Brooks House）地下室或威德納（Widener）圖書館臺階上吃簡單午餐」[35]。他們不太參與運動和其他課外活動，唯一例外是辯論或音樂活動。另一方面，在學業成績上名列前茅的學生，猶太人比例特別高，他們獲得艾利厄特所創設的績優獎學金也愈來愈多。羅威爾深信這種種趨勢正助長種族對立，因此提議「限制任何無法與主流全盤融合的群體」[36]。

羅威爾是「限制移民聯盟」（Immigration Restriction League）副會長，他毫不掩飾對猶太人的偏見，「東方人」、「有色人種」、連法裔加拿大人，在他眼中都是可怕的非我族類。自一九二二年起，羅威爾規定猶太生獲得獎學金的比例不得超過他們新生入學時所占的比例。他還明白表示，打算限制由其他學校轉來的人數，以使猶太生比例從百分之二十二降至百分之十五[37]。接著羅威爾與教職員為招生標準問題（「篩選學生的原則與方法」）發生嚴重衝突。為檢討篩選原則及方法而設立的委員會，在尚未提出報告之前，已出現新的申請表格，上有這樣的問題：「自申請人出生以來，本人或父親的姓名是否曾有改變？（請詳細說明）。」[38]實情是，羅威爾想設限額的主張被否決，哈佛又同時放寬許可入學的成績標準，理論上那是為終止哈佛對新英格蘭及紐約州的地域偏見，反而提高猶太生比例，在一九二五年達最高的百分之二十七。但自一九二六年起，哈佛向哥倫比亞大學、紐約大學、耶魯大學及普林斯頓大學看齊，將新生總數限制在一千人，並將非學業標準如「品格」也納入是否錄取的考量。這方面的資料並不怎麼可靠，但結果是猶太新生占比在一九二八年回降至百分之十六[39]。

一九四〇年代猶太人在哈佛的地位引起不少爭議，至少有兩篇畢業論文以此為主題。史迪曼（Bruce Stedman）曾以人類學角度，研究一九四二至四三學年度的大三大四猶太生，但其研究方法有待商榷，主因在於他有部分是根據「具猶太人形貌特徵」來分辨猶太人[40]。不過史迪曼的論文在兩方面依然有其用途。一是確認哈佛大學確實存在反猶情緒[41]。一九四一年十月他記錄了以下與另一學生的對話：

> 我告訴**A-9**，**D-9**曾對我說，在某個學生會議委員會裡（委員純按學業成績挑選），猶太生多過非猶太人，是二比一。
>
> A-9說：「猶太人是太多了！」
>
> 我說：「可是猶太人一定就是聰明，我從不認識愚蠢的猶太人，我想應該沒有。」
>
> A-9答：「他們是靈敏但沒有那麼聰明。許多猶太人可以照章行事或完成習慣性動作，可是碰到要發揮創意時他們就沒輒。」[42]

其次是史迪曼寫出，同宿舍的猶太生如何回應這類偏見：「刻意結交非猶太裔朋友，或否認對猶太教的了解等等，另一種化解方式可能表現在取個非猶太綽號。」[43]

相較之下，克勞思（Marvin Kraus）的論文研究一九五一、五三、五四年畢業的猶太生，其研究方法嚴謹許多，但結論基本上一致。哈佛猶太生亟欲融入大環境中。他們的宗教信仰不及父母虔誠；半數以上一年只參加一次猶太教禮拜；百分十二十九不過猶太新年；百分之四十九在贖罪日不禁食；很少人（百分之五）遵守猶太飲食禁忌*或在安息日不工作；有顯著比例（百分之七十九）會與非猶太人約會。不過他們仍保持相當程度的區隔，有近半數只與猶太人同住；半數參加希雷爾（Hillel）〔猶太校園團契〕；三分之一自認其「社交群」以猶太人為主[44]。

白修德†一九三四年進入哈佛，他是由波蘭品斯克（Pinsk）到波士頓的落泊移民之子，他把自己歸類為哈佛社交圈底層的「獃子」。最頂層是「白人，冠著摩根、洛克菲勒、羅斯福、甘迺迪一類的姓氏，擁有私人轎車……到波士頓參加初入社交界舞會、美式足球賽、六月對抗耶魯的划艇賽」，其次是「灰白人（grey men）……公立高中畢業……強悍的美國中產階級之子」，他們「參加足球棒球比賽……編輯《哈佛校刊》及《挖苦》雜誌，競選班級幹部」。相形之下，「肉球們」進哈佛「不是來享受運動賽事、女孩、老豪爾德劇場（Old Howard）滑稽秀、交誼、榆樹、繽紛秋葉、查爾斯河綠草如茵的堤岸。我們來讀是為取得哈佛徽章，上面雖寫著『真理』（Veritas），其實代表在政府機關、民間機構、學校、實驗室、大學或法律事務所的工作機會。……我們是為力爭上游。」肉球群中也有愛爾蘭裔及義大利裔，但最用功的仍是像白修德這類猶太人[45]。

隨著一九三三年羅威爾卸任，柯南特（James Bryant Conant）繼任為校長，猶太問題不再突顯。柯南特本身是化學家，據說是他將哈佛轉變成「精英至上，學生及教授只能毫不留情地力爭上游」[46]。柯南特並未比羅威爾明顯對猶太人更好，然而他首要重視的是學術能力及成就。是他實行「不升等就走路」規定，教師若拿不到終身職，就只能解聘。這一點配合其他精英政策，實質上對猶太裔學者有利。一九三九年題為〈文理學院教師若干人事問題〉（Some Problems of Personnel in the Faculty of Arts and Sciences）的報告承認，「反猶太人情結」阻礙猶太裔學者升遷[47]，不過這類偏見很快失去正當性，部分原因出於對德國國社黨政權的作為日益厭惡，部分則由於中歐無可置疑的傑出猶太裔學者大批接踵而至美國。

第三股力量也在作用。一九三〇及四〇年代的紛擾中，意識型態較種族偏見更易引發衝突。小史勒辛格（Arthur Schlesinger, Jr.）出身哈佛世家，祖父原是東普魯士猶太人，後定居俄亥俄州並改信新教，父親是美國著名史學家。史勒辛格家族屬於新政自由派，朋友圈包括後來的最高法院大法官法蘭克佛特（Felix Frankfurter）及左翼小說家帕索斯（John Dos Passos）[48]。小史勒辛格大學時曾加入共黨控制的「美國學生聯盟」（American Student Union），並結識正式黨員史學家施萊特（Richard Schlatter）及同路人麥錫森（Francis Matthiessen）。但他二戰後回到哈佛擔任副教授時，即斷絕與共黨的關係。其回憶錄生動地憶起，在自由主義的哈佛發生的分裂：一邊是共黨（美國共產黨黨員）和共黨同路人，另一邊是反共的左派，小史勒辛格視他們為「至關重要的中間派」[49]‡。久而久之，只要這兩者間沒有連結時，政治歧見便逐漸凌駕種族差異之上。

---

* 猶太飲食禁忌，聖經舊約利未記第十一章詳述何謂潔淨食物，原則上蹄分兩瓣且倒嚼的走獸、水中有翅有鱗的才可以吃。

† 白修德（Theodore White），《時代》週刊記者、小說家及史學家。

‡ 小史勒辛格於一九四九年出版《*The Vital Center*》一書，倡導中間路線，亦即以自由民主、國家管制經濟對抗左右兩極的意識型態。

三

一九五〇學年度哈佛畢業生共一千五百八十八人，創當時新高記錄。季辛吉並非其中唯一注定進入公職者。日後詹姆士・史勒辛格（James Schlesinger）當過中央情報局長、國防部長、能源部長。史皮洛（Herbert J. Spiro）曾任職國務院政策計畫處（Policy Planning Staff）及駐喀麥隆、赤道幾內亞大使。另一位外交官哈洛普（William Harrop）曾任駐以色列大使。班內特（John T. Bennett）是美國國際開發總署（USAID）駐西貢副代表，一九七五年撤離，後曾派駐漢城和瓜地馬拉。一九五〇年畢業生還包括兩位共和黨眾議員葛林（Sedgwick William Green）與霍頓（Amory Houghton）；紐約名律師及民主黨活躍人士德懷特（George Dwight）；麻州參議員、大使、副總統候選人小亨利・洛志（Henry Cabot Lodge, Jr.）之子喬治・洛志（George Cabot Lodge），他自己一九六二年也曾競選聯邦參議員。同屆畢業的也有記者：《華爾街日報》（The Wall Street Journal）史匹沃克（Jonathan Spivak）和《國家地理雜誌》（*National Geographic*）葛雷夫斯（William Graves），以及作家奧斯古（Lawrence Osgood）、藝術家高瑞（Edward Gorey）。想當然耳還有一些企業家及銀行家。不過大多數注定從事專門職業，或是如季辛吉成為教授[50]。

現今大多數上大學的年輕人會在校內交到畢生摯友，季辛吉卻沒有這種經驗。有記者去探尋與他同時期的哈佛生，卻驚訝地發現他在校沒有朋友，且至少有一個案例是接近含有敵意（「他缺乏魅力」）[51]。這其來有自。我們或許易於浪漫地看待一九四〇年代的哈佛，視之為由威勒（George Weller）一九三三年《不食無愛*》的緊張哈佛，到一九七〇年席格爾（Erich Segal）《愛的故事》哀傷哈佛間的轉折點。這實在太誤導不過。一九四七年秋的哈佛處境艱難。首先是長期房舍短缺；戰前習於容納總共約八千學生的哈佛，到戰後軍隊復員，必須設法吸納將近一萬兩千五百人，大學部設施的壓力尤其沈重。季辛吉在最後一刻獲准入學，極可能在宿舍分配上很吃虧[52]。入學最初數週，他與另外約一百八十個運氣欠佳的新生住在室內體育館（Indoor Athletic Building，現為馬爾金運動中心〔Malkin Athletic Center〕），這裡原是籃球場，校方改成臨時學生住房[53]。

有損尊嚴不止於此。當學校終於替他找到寢室，卻是在失寵的克拉弗利宿舍。如《哈佛校刊》所說，「它曾是象徵黃金海岸富裕的穹頂」，如今「淪為校方管理怠惰的地牢」。克拉弗利建於一八九三年，呈現美國鍍金時代（Gilded Age）的建築品味，房間比校本部或住宅式宿舍區的要大，只是裝飾華麗的壁爐台及大理石洗臉台洩露了年紀。更重要的是，因缺乏用餐設施，各樓層間無法真正「像兄弟般相處」，以致一九四〇年代時克拉弗利深受排斥，甚至被稱之為「奧本山街上的聖西伯利亞」。簡言之它被貼上污名[54]。那污名的性質，自第三十九室季辛吉的兩個室友都是猶太人：韓德爾（Edward Hendel）及吉爾曼（Arthur Gillman），即可猜到，季辛吉來自上阿瑪高的朋友羅索夫斯基也是猶太人，他後來成為克拉弗利的舍監。猶太人居住隔離時代正逐漸結束，但速度緩慢[55]。

即便季辛吉想要與人社交，此時的哈佛也很難令他如願。他與當時許多猶太生一樣，不願藉參加希雷爾團契彰顯他的猶太身份，更別說進入讚美禮拜堂（Temple Beth-El）。就讀哈佛第一年，他在哈佛聯盟（Harvard Union，現今貝克人文中心〔Barker Humanities Center〕）解決三餐，這裡是為沒有社團可去的學生而設，素有「環境欠佳」的惡名[56]。但季辛吉顯然對社交不感興趣，他來哈佛是為求學，他用功之勤令室友

* 《不食無愛》（*Not to Eat, Not for Love*），描述哈佛生活點滴的小說。

驚歎。如韓德爾回憶：「他加倍努力，認真學習。會讀到半夜一、兩點。他擁有無比動力及紀律。他花許多時間思考。他來者不拒全都吸收。」另一位記得年輕的季辛吉「非常認真。……坐在那張墊得厚厚的椅子上……從早讀到晚，一邊還啃指甲咬到肉，直到流血。」[57]他並未追求羅德克里夫學院（Radcliffe，位於劍橋的女子文理學院）的女生。他不講究衣著，對校園運動大多不理不睬（當然也不會參加），即使後來獲准搬入克拉弗利隔壁的亞當斯宿舍，在社交上升了好幾級[58]，他也未變得更外向。亞當斯宿舍是合併黃金海岸三棟宿舍而成，以B入口的游泳池、壁球場、週六夜間舞會及活躍的政治活動著稱[59]。譬如一九四九年十二月一日，季辛吉應可參加在共同交誼室舉行的辯論會，由前亞當斯住友小史勒辛格對激進派歷史學家修斯（H. Stuart Hughes）[60]。然而季辛吉年輕時若曾參與這裡的生活，卻未留下任何痕跡。他彷彿是「隱士」——「隱形人」[61]。

比他年紀小的學子不懂的是，季辛吉在哈佛之外還有不只一個而是兩個人生。一是退伍軍人的生活。大學友誼是一回事；但對打過二戰的人來說，同袍情誼更是重要得多。季辛吉既是大學生，也依舊是反情團的儲備軍官，那耗掉他不少假期[62]。他持續與舊日軍中摯友保持定期聯繫，尤其是師友克雷默，還曾到華府去探望他[63]。季辛吉仍是向克雷默吐露內心最深處的想法，如他在一九四九年十一月的一封信中，提出的這個想法：「也許人類奮力追求價值之際，永遠無法藉由賣弄哲學方法以確認更高階的真理，而是需要見得生命全局、不止於其表象的詩人。」[64]（克雷默不失本色的回覆是「去掉上面這句話的前兩字」。）在哈佛唸完一年，即將再回去繼續第二學年之前不久，季辛吉從馬里蘭州的軍營，寫了一封感懷頗深的信給在德國認識的友人：

我經常快樂地想起一九四五至四六年，那段既特別又振奮的日子，那時好像什麼都有可能，一切都不穩定。

回國後我的人生改變許多。一年裡有八個月我再度成為學生，雖有趣但有時不免感到拘束。暑假期間，如同我在此地的地址所顯示的，我發現自己再次投身於比起學生生活，更接近從前〔在德國〕的活動領域。[65]

季辛吉在哈佛室友的眼中，或許是欠缺幽默感的書蟲，不過昔日同袍卻認識很不一樣的季辛吉。從反情團同事夸拉（Victor Guala）約在同一時間寄給他的一封明顯搞笑的信，即可看出端倪。夸拉顯然是有意藉馬克思兄弟的風格，以嘲諷反情團函件的官僚用語：

一、請速呈報有關亨利．季辛吉未來行蹤乙案。該員又名亨利先生，又名Herr CIC Ahghent，又名Herr Henry，又名Der Bensheimer Kerl der fuer Herrn L.arbeitet。尤請敘明該員是否本週末或未來任一週末，將出沒於紐約市周邊，或若此訊息透過管道傳送，是否該員一九四八年確實身在此處？

二、經核對檔案顯示，過去此兩造雙方並無重要訊息往來；請注意「習慣性反射」（Acquired Reflex）○○○一．○一號，第一段，第三行，第七六四九三a字，其指出：事實依正常預期，此兩造連夕（音同，寫法應為聯繫）不足，因而倍增勤務紊亂。職是之故，倘對以上陳述無異義〔原文照錄〕，最高指揮官已表達將不透過電話傳達下列內容：鑒於兩造之第二造下稱一造，一造下稱主體，又稱該黨，又稱一造黨，又稱第四黨，俾區隔第三黨、民主黨、共和黨，及以下所有其他黨與前此提及或忽視者，純屬巧合，絕非故意。[66]

季辛吉是否受此邀請而前往紐約，不得而知，但他就讀哈佛期間，確實不時返回故鄉紐約。他與所有在查爾斯河畔讀大學的紐約客一樣，無疑會覺得週末時的劍橋有點無聊。總之他的另一個人生，他的私生活，是在紐約而非麻州。他對「羅德克里夫女生」沒興趣，理由很簡單：一九四八年接近年終的某個夜晚，在劇院欣賞完奇幻音樂劇〈彩虹仙子〉（*Finian's Rainbow*）後，他就與安娜．弗萊雪訂婚了。

弗萊雪家與季辛吉家來自完全相同的德國正統猶太教世界。也同樣在華盛頓高地重啟非全然迥異的新人生。安娜確實有過一些自己的人生。她曾在科泉市（Colorado Springs）的飯店工作一年，並旁聽一些課程。她跟姐夫萊克（Gerald Reich）學簿記，並在室內裝潢公司做過一段時間[67]。她於一九四九年二月嫁給季辛吉，表示顯然是季辛吉的雙親獲勝。他們的長子在德國時，與異教徒又是德國人傳出戀情，令二老震驚。前面提過，季辛吉也曾奮力抗拒父母要他與安娜訂婚的壓力。季辛吉返美使他重回父母的手掌心。結婚儀式甚至是在季辛吉的紐約公寓舉行，由拉比布瑞斯勞爾主持。嚴守正統派的他歷經一九三八年富爾特恐怖屠殺，後與其他倖存教友一同定居紐約。

季辛吉為何改變初衷？當然並非因他重拾已放棄的宗教信仰。就在婚禮當天還發生因此而起的新磨擦，布瑞斯勞爾堅持但季辛吉反對，安娜必須在典禮前接受正統猶太教洗禮（*mikvah*）[68]。一個看似合理的理由是他想緩和親子關係；不僅由於弟弟正做著背道而馳之事（最後違抗父母與基督徒女孩私奔）。另一種解釋是：在哈佛唸完一年後，婚姻生活突然顯得更具吸引力。如其弟華特*回憶：「他難以適應膚淺的大學生活。我們都為適應與一群剛從著名私校畢業、乳臭未乾的小子同住，深感痛苦。娶進安（她婚後將Anne去掉字母e）讓他得以專心求學。」[69]尤其安得以解救季辛吉擺脫亞當斯宿舍，讓他不必放棄進修也能過大人的生活。婚禮固然傳統，可是他倆的婚姻至少在一個重要層面頗為現代：安會賺錢養家。負責找新房的也是她[70]；第一個住處位於阿靈頓區佛羅倫斯街四十九號，第二個位於牛頓區羅威爾大道四九五號，距哈佛校園以西約八哩路；她也在麥爾頓（Malden）某家具行當簿記員。她的私房錢（七百美元）加收入（年薪一千一百美元），在季辛吉的戰時積蓄及復員法提供的補助之外，是很重要的經濟支援[71]。再者，安也像許多一九五〇年代學人的賢內助，為季辛吉提供免費的秘書服務，　　替他手寫的畢業論文打字，還要打理所有的家務及備好三餐上桌。至今難以確定的是，此一婚姻帶給季辛吉多大的幸福。即使有，也不長久。

婚姻對成熟學生也許意味著財務支援。但也他對未來就業賺錢影響很大。有待回答的問題是：季辛吉到哈佛究竟是要學什麼？學那些又會把他帶往何方？起先很難看出，答案會是在哈佛政府學系從事學術研究。

四

如艾利厄特校長所願，哈佛大學部讓學生選擇，給他們機會試驗。季辛吉善用此機會。第一學期他選修法文、政府學、歷史及數學的初階課程，每科都拿A，他還選了第五門化學課，但沒有學分[72]。季辛吉一

* 華特甚至比兄長更晚自戰地回國。他服役於沖繩的第二十四軍團，升至中士，之後接受韓國戰後政府雇用，負責重啟韓國的煤礦。回美國後他就讀普林斯頓及哈佛商學院，依其母的說法是受到「手足競爭」激勵。其實最早是華特表示想當外交官，但他後來選擇從商。

度考慮進一步攻讀化學。他的教授基夏柯斯基*不是簡單人物，戰時曾參與在洛斯阿拉莫斯（Los Alamos）的曼哈頓計劃（Manhattan Project）。當季辛吉請教他的意見時，基夏柯斯基答：「如果你還要問別人，那就不該選。」*[73]季辛吉也上過物理學大師布里奇曼（Percy W. Bridgman）的課，他因對高壓物理的研究於一九四六年榮獲諾貝爾獎。同年季辛吉還嘗試哲學課，受教於矮小憂鬱的謝費（Henry M. Sheffer），他以將「謝費豎線」（Sheffer stroke）概念引入形式邏輯領域而聞名。季辛吉很氣餒（但至少有一個對手很高興），謝費的課他只拿到B，是他在A-以下唯一拿過的等第[74]。（或許為回應此次挫折，他在畢業論文最後，插入深奧難懂且幾乎不相關的哲學附錄）。季辛吉整體的表現優異但非頂尖。儘管他的成績好得足以請到資深教授做論文指導老師，但直到大四他才獲選為大學榮譽學生會的哈佛學術精英†。

關於季辛吉的大學生涯有兩個謎團。一是他為何變成主修政府學而非歷史學？以他對歷史主題向來興趣濃厚，步小史勒辛格的後塵也理所當然，其父正屬於當時在哈佛任教的一群著名史學家。巴克（Paul Buck）曾以《團聚之路，一八六五—一九〇〇年》（*Road to Reunion,* 1865-1900）獲普立茲獎，是重要的美國南方史學者。布林頓（Crane Brinton）是法國大革命專家，對杭亭頓（Samuel Huntington）深具影響，著有暢銷書《革命剖析》（*The Anatomy of Revolution*）。賴世和（Edwin O. Reischauer）是當時美國的日本史泰斗，與哈佛首位中國史專家費正清（John King Fairbank），共組黃金教學陣容[75]。大學畢業論文以「歷史的意義」為題，博士論文著重於維也納會議時期的人，肯定應坐在第一排，上布林頓受歡迎的法國革命史早堂課。日後將轉變中美關係的人，至少也該考慮修習費正清與賴世和的東亞概論課（學生們暱稱為「稻田」）。但季辛吉很可能是受克雷默建議，選擇主修政治學或（照哈佛的說法）「專注於政府學」[76]。

第二個問題是，一旦季辛吉選定主修，菲德瑞契（Carl Friedrich）應是更順理成章的指導老師，他為何成為艾里特的學生?菲德瑞契是馬克思・韋伯之弟艾佛雷德・韋伯（Alfred Weber）的學生，一九二六年自海德堡來到哈佛，並成為現代德國、特別是民主憲法的主要權威。一九四九年他剛結束擔任德國軍政府辦事處（Office ofMilitary Government in Germany）顧問，回到哈佛。其「善良德國人」的美名到達最高峰。菲德瑞契在一九四〇年代最具影響力的著作，當屬《平民新信仰》（*The New Belief in the Common Man*, 1942），一九五〇年增修後，以《平民新圖像》（*The New Image of the Common Men*）重新發行[77]。菲德瑞契堅決反對極權主義，其著作強烈反擊加塞特‡的「群眾革命」以及帕雷托§的精英理論。書中提倡美國典型的「平民」理想，作為民主智慧的泉源，以求在多元主義及「國家崇拜」間尋找中庸之道。菲德瑞契認為，一般而言平民是對的，但

> 政府活動中有一格外重要領域，我們有關平民判斷的主張在此大多並不適用。此即外交領域。外交決策的屬性使它在平民的掌握之外。它與民間習俗、傳統及信仰也無顯著關係。……由於平民……不涉入外交政策，民主國家政府的外交政策會搖擺，正如美國民主一直在孤立主義與國際主義之間擺盪。[78]

* 基夏柯斯基後任職於一九五三年設立的彈道飛彈顧問委員會（Ballistic Missiles Advisory Committee），及史波尼克（Sputnik）危機（一九五七年蘇聯搶先美國發射的人造衛星）後設立的總統科學顧問委員會（President's Science Advisory Committee）。一九五九至六〇年他擔任艾森豪總統的科技特別助理。季辛吉後來開玩笑說，要是當年基夏柯斯基建議他繼續唸理科，「把我變成平庸的化學家，他就能讓我免掉多年的辛苦。」

† 哈佛學術精英，通常優秀學生於大三即可獲選。

‡ 加塞特（José Ortega y Gasset），西班牙哲學家，一八八三—一九五五年。

§ 帕雷托（Vilfredo Pareto），義大利經濟學家，一八四八—一九二三年。

這對年輕的季辛吉不會是意見相左的論述，即便菲德瑞契在最後結論呼籲「泛人文主義」，並沒有太大的說服力[79]。再者菲德瑞契並非迂腐學究，只期待學生一輩子耗在圖書館及大學講堂裡。一九五〇年代他教過的學生包括布里辛斯基（Zbigniew Brzezinski）——也是生於歐洲，也是一九三八年那年移民，又在一九七七年接替季辛吉成為國家安全顧問。

菲德瑞契與季辛吉終究無師生之緣。有一種說法是，季辛吉有了克雷默之後，不再需要德國背景的老師。另一說是，菲德瑞契不如其同事那般賞識季辛吉的才智[80]。據菲德瑞契本人，季辛吉曾直率地對他說：「我感興趣的是國際關係的實務運作，而您的興趣在哲學與學術研究。」[81]比較可能的解釋是一種無趣的說法。若季辛吉是研究生，菲德瑞契與艾里特很可能爭取他為弟子，但季辛吉當時只是大學生，政府學系純因官僚作業理由，便將季辛吉指派給艾里特。

艾里特三世的父親是田納西州律師，在他年僅三歲時辭世，由母親在納許維爾（Nashville）撫養長大，她後來成為當地范德比法學院（Vanderbilt Law School）圖書館長。他本人在范德比讀大學，成績優異，還曾加入非正式的南方青年詩社「逃亡者」（Fugitives），社員們自詡要「將友誼、個人忠誠及個別尊嚴等理想……自二十世紀日益蔓延的無名化中解救出來。」[82]一九一七至一八年他擔任陸軍第一一四野戰砲兵隊中尉，後在法國巴黎大學短期研習數月，又返回范德比，於一九二〇年取得文科碩士，並擔任英國文學講師，由此展開學術生涯。同年他在羅德獎學金資助下前往牛津。就讀貝利奧爾學院（Balliol College）期間，他在文藝圈與葛雷夫斯（Robert Graves）、葉慈（W.B. Yeats）等人過從甚密。他幾乎確曾受到「圓桌集團」（Round Table Group）影響，那是英國政治家、殖民地總督米爾納（Alfred Milner）所籌組，有不少貝利奧爾學人加入[83]。然而，影響艾里特最大的是蘇格蘭哲學家林賽〔A.D.（"Sandy"）Lindsay〕，他是研究柏拉圖及柏格森*的權威，政治立場中央偏左。艾里特在柏克萊短暫擔任資淺教授後，哈佛政府學系聘他為講師兼導師。他順著學術階梯上升，至一九四二年成為哈佛講座教授，是哈佛除「校級教授」（university professorship）外的最高教席。

艾里特的成名作是一九二八年出版的《實用主義政治抗爭：激進工運、法西斯與憲政國家》（*The Pragmatic Revolt in Politics: Syndicalism, Fascism, and the Constitutional State*）。此書獻給林賽，今人讀來會覺得莫名其妙。它以冗長、誇張、重覆的筆調，將美國實用主義派哲學，連結到近代歐洲只能說是偏頗的政治運動上。艾里特的出發點是：「在一大部分的歐洲，對憲政和民主體制行動上及理論上的攻擊正日漸強大。」艾里特將這種攻擊的所有形式——從激進工運到法西斯主義，形容為與實用主義相關，而且是「根深蒂固的反智思想的一部分」[84]。

艾里特論述正確的是，大西洋兩岸眾多知識份子均不願正視，反自由意識型態在一戰到二戰期間對民主，更別說對國際聯盟為核心的集體安全體制，構成威脅到什麼程度。較令人質疑的是他宣稱，威廉·詹姆士與墨索里尼之間具任何有意義的關聯。經仔細檢視，《實用主義抗爭》是評論索雷爾（Georges Sorel）、拉斯基、柯爾（G.D.H. Cole）、杜威及狄季（Léon Duguit）等人的大雜燴，僅以最弱的線索串連在一起。（到一九二八年已很明顯，墨索里尼於熱衷國家權力，遠甚於組成國家的人民）。無怪乎今日無人記得艾里特的共同有機國家（co-organic state）論，他認為那可解救「以民主方式組成的民族國家的合法主權」，免於所謂

* 柏格森（Henri Bergson），法國文學家、哲學家，曾獲諾貝爾獎。

實用主義份子的顛覆。不過時機對艾里特有利，當時美國開始緩慢理解到，義大利情勢發展的嚴重性，而詹姆士的後繼者也由實用主義，漸漸走向似在挑戰民主國家本身正當性的多元論。就再次主張詹姆士之前的真理、辯護威爾遜在一戰後的願景、預示在羅斯福領導下美國終將為何而戰等來說，《實用主義抗爭》都達到了目的。艾里特毫不諱言他認同，「民主自由主義以理性努力，造就如議會政府等政治機制，致力於促進法治下的社會進化，並將那機制由憲政國家逐漸延伸至世界聯盟（World League）。」他也像菲德瑞契一樣回歸康德哲學，並「相信法治政府可展現，邁向美好生活理想的共同道德目標。」[85]

艾里特向來被指為保守派，對奠定多元主義為美國政治學國家理論主流的「典範轉移」，曾進行徒然無功的攻擊[86]。他當然比不上多元主義的倡導者，如在康乃爾大學的英國學者卡特林（George Catlin），著有《政治學暨方法論》（*The Science and Method of Politics*），他大力推動美國政治學脫離政治理論及政治史[87]。但艾里特的歷史重要性不在於此。首先如後面會看到，他（與菲德瑞契）提倡一種略為通俗但有說服力的理想主義。當時哈佛的哲學研究仍受懷海德（A. N. Whitehead）* 所影響，他在季辛吉入學後數月病逝，艾里特則鼓勵學生回歸康德。如艾里特學生哈茲（Louis Hartz）所言，就某一層面來說，他是最後一位牛津理想主義者，「哈佛政治研究的良心，總是迫使它回歸相關的道德假設」[88]。他從林賽接觸到格林†與布萊德利‡，並將其部分思想遺緒帶到哈佛[89]。「實用主義抗爭」並非全屬空穴來風；艾里特在哈佛引領著對實用主義的反抗。

其次，艾里特不止於履行他對羅德信託基金的義務，更很早便成為大西洋聯盟的擁護者。他繼《實用主義抗爭》後，二大重要著作《新大英帝國》（*The New British Empire*, 1932）及《憲政改革之必要》（*The Need for Constitutional Reform*, 1935），加起來可謂鼓吹英美一家的宣言。前者力促將英帝國轉化成「可在全球聯盟內運作的國家聯盟，純以協商及合作為基礎，放棄重商主義掠奪式哲學」；後者提議將美國政體英國化，設立常任公務員制，賦予總統更多總理式權力，並仿照加拿大各省成立新的「區域邦協」（regional commonwealths）。簡言之，艾里特認為，英帝國與美國彼此應更為相似，這種主張帶有貝利奧爾學院不可磨滅的印記[90]。然而艾里特不同於米爾納「圓桌」的若干後繼者，他（與林賽一樣）積極反對姑息政策，「數度阻撓〔克利夫登組織〕§陰謀，他們曾試圖〔在美國〕扭轉《基督教科學箴言報》（*The Christian-Science Monitor*）的政策朝此方向發展，並有其他運作。」[91]。早在美國尚未參與二戰前，艾里特已與馬志尼協會（Mazzini Society）合作，那是流亡海外的義大利反法西斯者組成的團體，成員包括薩維米尼（Gaetano Salvemini）及史弗薩（Count Carlo Sforza）[92]。艾里特在許多方面是道地的邱吉爾式人物[93]。

第三，或許也是對季辛吉最重要的，在於艾里特開始展現學而優則仕的典範。比起哈佛一般的教授，他當然屬於保守派，但他並不排斥加入羅斯福的「行政管理委員會」（Committee on Administrative Management），並略有參與擬具一九三九年「組織再造法」（Reorganization Act），及設立「總統行政辦公室」（Executive Office of the President）。一九三七年他被任命至「企業諮詢委員會」（Business Advisory Council），那是商務部長羅帕（Daniel C. Roper）所創設，旨在讓產業界在華府有更多發聲機會。在銀行

* 懷海德曾與羅素合著《數學原理》（*Principia Mathematica*），本身著有深奧到令人卻步的《過程與現實》（*Process and Reality*），他把哲學推向數學及物理，遠離政治。

† 格林（T. H. Green），英國政治理論家、唯心主義哲學家，一八三六—一八八二年。

‡ 布萊德利（F. H. Bradley），英國唯心主義哲學家，一八四六—一九二四年。

§ 克利夫登組織（Cliveden Set），二戰前在英國發跡的團體，對納粹德國抱持好感並支持姑息政策。

家（後為外交官及政治家）哈里曼（W. Averell Harriman）主持下，他擔任委員長達五年。艾里特從那時開始高度關切戰略商品問題。他曾與人合著《非鐵類金屬國際管制》（*International Control in the Non-Ferrous Metals*, 1938），並主張英美聯手，共同管制全球非鐵金屬及其他戰爭物料的供應。

艾里特具有真正的政治勇氣。他堅決反對美國中立，在德國入侵波蘭後，力主廢除《中立法》（Neutrality Act），給予芬蘭財政援助，並做好軍事準備以對抗德、義、日的侵犯，這些主張使哈佛贊成不干涉主義者很排斥他。一九四〇年底，羅斯福派五十艘老舊驅逐艦給邱吉爾，以交換英國海軍基地使用權，抗議者在哈佛示威並高舉標語牌，上面寫著：「送五十老冬烘教授給英國」[94]。一九四二年七月，艾里特回顧三〇年代亂局時感嘆：「一九三一年至三八年間法西斯主義及日本軍國主義仍在發展初期，當時實施制裁危險性或許不大，〔英美〕卻不願行動。唯盲目可加以解釋：在戰前關鍵的那幾年，大眾冷漠造成盲目，某些利益集團為利而施壓，其勢力證明比對公共利益的關切更為強大。」[95]

後來的發展證明這位「老冬烘教授」是對的，一九四〇年他獲得應有的回饋：在國防諮詢委員會（National Defense Advisory Commission）取得一席之地，又出任生產管理局（Office of Production Management）轄下商品、倉儲及運輸進口處（Commodity, Stockpile and Shipping Imports Branch）副處長。他藉職位之便，向國務卿赫爾（Cordell Hull）提議：對大英國協的貸款應以獲貸國的原料必須集中管理為條件，以「在史上首度建立對世界主要原物料真正合理的國際管控，並著眼於自長期保育及計畫生產觀點，促成原料適度開發。」[96]一九四一年九月他再次展現先見之明，警告說：「美國也須、幾乎同等地關切太平洋戰役」，防衛薄弱的英國在新加坡的海軍基地，是美國禦敵計畫的「罩門」[97]。珍珠港事變及新加坡淪陷又證明艾里特是對的之後，他熱心期待創建在美國領導下的明日「世界體系」，而美國終將「承擔領導世界的天命」[98]。二戰期間做為學者，他仍筆耕不輟，與貝利奧爾史學家霍爾（H. Duncan Hall）合著《戰爭中的大英國協》（*The British Commonwealth at War*,1943），與普林斯頓經濟學家葛蘭姆（Frank Graham）合著《戰後英美經濟問題》（*Anglo-American Postwar Economic Problem*,1945）。不過，此時他主要的精力還是花在華府而非劍橋。此後任教哈佛期間，他頻頻往返於兩地之間，有時甚至每週往返。

艾里特如同大多數哈佛教授，免不了受學生調侃。他「高大、壯碩、濃眉、特徵明顯、聲如洪鐘」，加以南方背景及親英立場，很易於成為嘲弄目標。有人稱之為「狂野比爾」，有人戲稱他是「田納西參議員」。有關在他在康科（Concord）家中地下室有鬥雞比賽的故事不斷流傳，那當然是謠言。他的著作未流傳於後世；他亦未獲得有人認為他渴望的高階官位。在他的書信中發現種族偏見痕跡也不令人意外。一九五二年他在一封求職介紹信中寫道：「他是猶太人，但在各方面都是健康良善型，完全沒有猶太人的感覺。」[99]一九五六年他承認：「有些反種族隔離的做法令我無法苟同。」[100]然而，艾里特值得更好的對待，而非被後世遺忘。當大多數美國教授偏好講課而非與學生交談的年代，艾里特將牛津的導師制引入哈佛。雖然他常前往華府公幹，在哈佛教了三十年的導論課「政府學一」負擔也很重，他仍能找出時間與學生個別交談。被他看中的學生，他會以牛津方式要求他們研讀大量書籍，寫一篇論說文、大聲唸出來，然後與他進行口頭辯論。正因願意關注大學部學生為他吸引不少，才具可媲美甘迺迪總統、魯斯克、邦迪，更別說杜魯道* 等的高足。活躍於學術圈的弟子有：《美國自由傳統》（*Liberal Tradition in America*,1955）作者哈茲（Louis Hartz），具影響力的政治系統理論家伊思頓（David Easton），以《軍人與國家》（*The Soldier and the*

---

* 杜魯道（Pierre Trudeau），曾二度出任加拿大總理，一九六八—七九、一九八〇—八四年。

State, 1957）成名的杭亭頓等[101]。

季辛吉首次與艾里特見面時，如當年的求見者於多年後回憶，他

坐在一張隨時可能被文件重量壓垮的書桌前，疲憊地翻閱著文件。因他的秘書不在，我只好直闖他的研究室。我的目的是問一個我今日才覺得冒犯的問題：以我從軍的資歷，是否有必要修政府學一？這個問題似乎加重比爾的憂鬱。[102]

艾里特面帶倦容地建議季辛吉，去修他教的另一門課：Government 1a。季辛吉感受更深的是授課形式，高於課程內容。「顯然比爾·艾里特很有心。政治理論對他來說，不是從歷史角度去研究的抽象主題，也非用來表現他的睿智辯才。那是一段冒險歷程，善與惡在其中多方纏鬥，存在的意義方得彰顯，而史詩似是行動的處方。」基於此，季辛吉不會因系上指派艾里特指導他而感到難過。然而

當我向〔艾里特〕報告此事，他透露自己已分身乏術。他說我應該看完康德的《純粹理性批判》再來。對於缺乏哲學訓練者來說，這可不是簡單的作業。結果直到學期過了一半，我才完成讀書報告。比爾要我讀給他聽，讀到文中某處，他臉上看似的冷淡消失。他建議我研究政治理論，以具創造力的哲學家而非史學家身份去研究。我從未有過這種念頭。[103]

亨茲・季辛吉（右）和弟弟華特，與祖父母的寵物貓，攝於洛伊特爾斯村祖父母家後花園。

「遵從元首」：1934年8月19日德國富爾特，Schwatacher街某學校掛著納粹布條。德國人以壓倒性多數票，贊成把帝國首相和總統的權力集中於希特勒之手。

1938年富爾特，14歲的亨茲·季辛吉（前排左）與猶太理科中學的其他學生。

納粹黨員參加過1938年紐倫堡黨大會後，回程途中遊行富爾特。牌子上寫著：「富爾特市界：猶太人是我們的不幸」。右方建築是「被阿利安化」（即原為猶太人所有）J. W. Spear公司原屬的工廠。

1938年8月28日右二季辛吉，與家人前往美國途經倫敦。合影者（照片中央）是寶拉．季辛吉阿姨貝兒塔與夫婿佛萊希曼，季辛吉一家人在此與他們住在格德斯綠地。

1944年335步兵團2營G連的弟兄（「欄杆砍手」）奉派前往歐洲。季辛吉在四排左六。

1944年11月初荷蘭Eygelshoven之役前夕。數日內季辛吉就會到前線，面對亞琛的齊格菲防線。在全家因納粹而遠走他鄉，剛過六年他就重回德國。

1945年3月27日美軍走過殘破的本施海姆。季辛吉擔任反情團軍官，職責是清除本施海姆一帶死忠的納粹。

包括季辛吉在內的84師人員，在1945年4月10日解放漢諾威西方的阿勒姆集中營。拍攝此照的塔特說，那是「人間地獄」。倖存者米欽斯基記得，是季辛吉對他說：「你自由了。」

阿勒姆集中營被解放後不久的一個囚徒，可能是福列克．薩瑪，季辛吉在短文〈永恆猶太人〉中特別對他說：「人道因你而受指責。我，張三李四，人性尊嚴，每個人都對不起你。……人性尊嚴、客觀價值在這鐵絲網前止步。」

季辛吉浮士德的梅菲斯特克雷默（右），他在美國人面前成功地裝作反納粹普魯士軍官，其實是猶太裔國際法專家。他常擺出這類帥氣姿勢。季辛吉後來說他是「在成長歲月影響我最大的人」。

1950年在巴伐利亞上阿瑪高演出的耶穌受難劇，此地是美國三軍歐洲戰區情報學校的占領業務訓練系所在地。不太像是已放棄信仰的猶太人開啟教學生涯的地方。

季辛吉在哈佛政府系的業師艾里特，在他的課堂上，政治理論是「正義和邪惡爭相為存在賦予意義的冒險之旅」。他是忠實親英派（也擁護大西洋兩岸合作），在貝利奧爾學院做羅德學者時發現了哲學理想主義，對年輕的季辛吉則是積極學者的代表，永遠穿梭於「波士頓一華盛頓」兩邊。圖中是他與妻子和寵物浣熊合影。

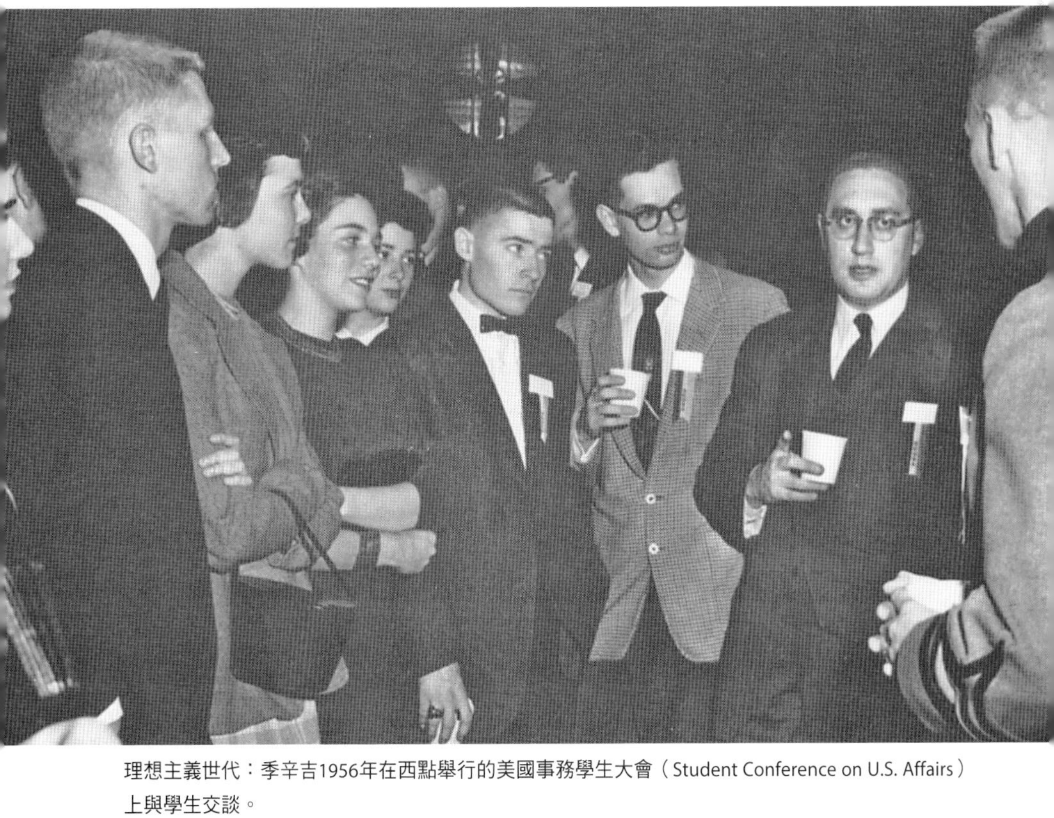

理想主義世代：季辛吉1956年在西點舉行的美國事務學生大會（Student Conference on U.S. Affairs）上與學生交談。

首枚攜帶核彈頭的PGM-11紅石（Redstone）飛彈，1957年7月7日在紐約市大中央車站（Grand Central Station）展出。

ПРОЛЕТАРИИ ВСЕХ СТРАН, СОЕДИНЯЙТЕСЬ!

КОМСОМОЛЬСКАЯ ПРАВДА

Орган Центрального Комитета ВЛКСМ

Воскресенье, 6 октября 1957 г. | Цена 30 коп.

НА КОРОТКОЙ ВОЛНЕ

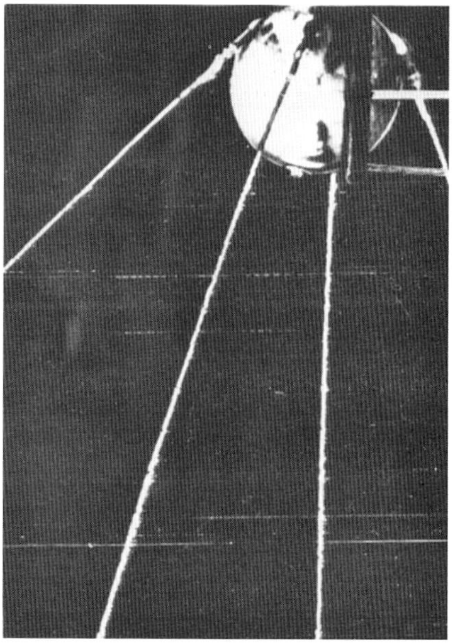

1957年10月6日《真理報》宣布成功發射史波尼克衛星。

蘇聯「和平攻勢」前進好萊塢：1959年赫魯雪夫夫婦與莎莉麥克琳、法蘭克辛納屈攝於《康康舞》（Can-Can）拍攝現場。

1960年在紐約市聯合國，赫魯雪夫擁抱古巴革命領袖卡斯楚。

哈佛國際事務中心全體教職員，前排季辛吉（左二）、鮑伊（左三）、杭亭頓（右三）、謝林（右二）。

總統當選人甘迺迪1961年1月9日，到麻州劍橋歷史學者史勒辛格的家去拜訪他。有許多哈佛學者被甘迺迪的男性魅力加鷹派言語所吸引，史勒辛格與朋友季辛吉只是其中之二。

1961年2月19日的「大挑戰」，季辛吉與經濟學者、時任美國經濟學會（American Economic Association）會長山繆森（Paul A. Samuelson）；前原能會主委路易士．史特勞斯；美國駐聯合國大使史蒂文森；史學家湯恩比（Arnold Toynbee），辯論「強國美國的世界戰略」（The World Strategy of United States as a Great Power）。由哥倫比亞廣播公司播出的這次辯論似乎未留下紀錄。

1961年10月柏林查理檢查站，美國M48戰車與蘇聯T-54、T-55對峙。季辛吉為甘迺迪政府決定默認柏林圍牆的興建感到沮喪。他寫著：「我充滿國家災難在即之感。」

1962年古巴飛彈危機中遭擊落的美國U-2間諜機

1962年10月29日古巴飛彈危機期間，甘迺迪總統在白宮與執委會成員開會。

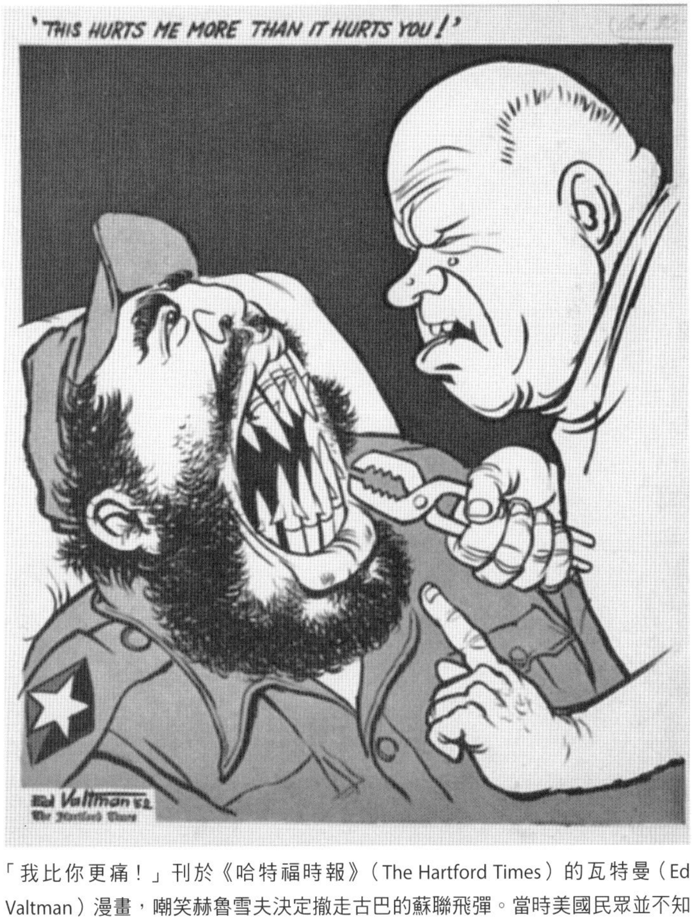

「我比你更痛！」刊於《哈特福時報》（The Hartford Times）的瓦特曼（Ed Valtman）漫畫，嘲笑赫魯雪夫決定撤走古巴的蘇聯飛彈。當時美國民眾並不知甘迺迪兄弟所做的交易，以美國在土耳其的飛彈交換蘇聯在古巴的飛彈。

勉為其難：蘇聯漫畫諷刺美國打算把古巴踩在腳下，1963年5月20日《鱷魚》（Krokodil）雜誌。

奇愛博士：彼得謝勒在史丹利庫柏力克的電影中，飾演瘋狂核戰略家，他更像康恩而非季辛吉。

副總統詹森、總統甘迺迪、甘迺迪夫人及其他人，1961年5月5日在白宮看著電視上，太空人謝佩（Alan Shepard）升空。

副總統詹森、總統甘迺迪、國防部長麥納馬拉在航太總署39號發射地，那是為實現甘迺迪登月夢想而建。

1962年時發福，婚姻不美滿。

1962年11月在柏林接受自由歐洲電台訪問。由美國提供經費的這家電台向保加利亞、捷克、匈牙利、波蘭、羅馬尼亞的聽眾廣播。

為60年代而瘦。1964年離婚後季辛吉減輕體重，在社交圈也活躍起來。

這個故事他說過不止一次。在別的版本中，那幾乎不可能完成的作業，是比較《純粹理性批判》及《實踐理性批判》（*The Critique of Practical Reason*）。艾里特對此報告（現已佚失）讚許有加，稱季辛吉是「康德與史賓諾沙的結合。」[104]

如之前的克雷默，艾里特也是伯樂。他的對策是讓季辛吉，不只浸淫於西方哲學還有文學的經典之作：閱讀功課從荷馬（Homer）到杜斯妥也夫斯基（Dostoevsky），其間有黑格爾（Hegel）及許多其他作品。季辛吉進入大四那年，艾里特要他評論自己的手稿。一九四九年十月艾里特寫信推薦季辛吉進入大學榮譽學生會，他說這個弟子「更像成熟的同事而非學生。……可說過去五年我的學生裡，即使最優等的畢業生，也沒有一個如季辛吉先生表現的思想深度與哲學洞見。」[105]當然艾里特也有所保留，但他的批評透露個人偏見的成分多過季辛吉的缺點。他寫道，季辛吉的心智「缺乏優雅情懷，屬日耳曼式系統化周密思慮。他有某種情緒傾向，或許是由於難民出身，偶爾會發作。……他需要加強藝術修養及某些方面的人文陶養，尤其是美學。」[106]值得附帶一提的是，這封推薦信是在季辛吉交出畢業論文前寫的。那本論文是季辛吉大學生涯的頂尖成就，也是艾里特對他影響深遠的永久明證。

五

〈歷史的意義〉已在歷史上留名，它是哈佛有史以來最長的大四論文，也是目前限制長度的起因（不得超過三萬五千字，約一百四十頁，有人仍稱之為「季辛吉條款」）[107]。這篇論文長達三百八十八頁，還是已刪除黑格爾及史懷哲相關章節後的篇幅。有一說指菲德瑞契拒審一百五十頁以後的部分[108]。然而，篇幅長並非此文最大的特點，經過三年苦讀吸取各家精華，季辛吉令人眼花撩亂地寫到不止史賓格勒、湯恩比、康德，還有柯林伍德、但丁、達爾文、笛卡爾、杜斯托也夫斯基、歌德、黑格爾、霍布斯、荷姆斯、荷馬、休姆、洛克、米爾頓、柏拉圖、沙特、史懷哲、史賓諾沙、托爾斯泰、維柯（Vico）、維吉爾（Virgil）及懷海德；在有關意義邏輯的附錄裡，還有布萊德利、杭亭頓、約瑟夫（Joseph）、龐加萊（Poincaré）、賴欣巴哈（Reichenbach）、羅伊斯（Royce）、羅素、謝費、史泰賓（Stebbing）、范伯倫（Veblen）等人。此文無疑是一本年輕人的著作：是炫耀其學術修養的練習，美中不足的是一些無傷大雅的失誤如拼錯字，將Sartre〔沙特〕拼成Satre，將data（資料）及phenomena（現象）誤為單數，將polis（城邦）當作複數（令人想起季辛吉在德國未受到正規教育）[109]。論文中有不少內容在詳細闡述三位主要作者的論點，但部分由於季辛吉省略「如史賓格勒所說」等詞句以節省篇幅，有時很難分辨主要作者的論點終於何處，季辛吉的評論又始於哪裡。結果不止一個讀者將史賓格勒的文化悲觀論，誤認為是季辛吉所創[110]。雖有種種瑕疵，但論文本身拿到最優等第當之無愧。它也提供寶貴的洞見，可看出艾里特對季辛吉的影響，絕不只限於學自艾里特的誇張寫作風格，用「總是」（always）取代「曾經」（ever）。

把史賓格勒（Oswald Spengler）、湯恩比（Arnold J. Toynbee）及康德放在一起，最起碼是很奇怪的組合。從過去到現在，康德一直被尊崇為西方哲學仰之彌高的巨人。史賓格勒不因襲傳統並擅於辯論，一九一八至二三年出版兩巨冊《西方的沒落》（*Der Untergang des Abendlandes*），書中晦澀的預言因他與德國右翼往來而蒙上污點（哈佛社會系創辦人索羅金〔Pitirim Sorokin〕便對他深惡痛絕）。而湯恩比探討文明興衰的十二卷巨著，在季辛吉寫論文時只完成一半。同為貝利奧爾學人的湯恩比中選，或許是由於艾里特的緣故。但這或許也反映《歷史的研究》（*A study of History*）前六卷廣受好評，該書於一九四七年在美國發行單卷節本，售出超過三十萬冊，《時代》雜誌當年三月號封面故事的宣傳功不可沒。《時代》的標題「我們的文明並未注定沒落」，向來是美國人愛聽的話，就如同湯恩比肯定基督宗教對西方無比的重要性。基於湯恩比被新聞界認定為「反史賓格勒」，所以季辛吉對作者的選擇其實頗具話題性。又鑑於他大四的指導老師們唯一的共同點，就是均熱衷於康德的「永久和平」（Perpetual Peace），因此對胸懷大志的青年學者來說，證明康德在思想上遠比史賓格勒或湯恩比優越，的確是高明的策略。

令人意外的是，季辛吉並未選擇討論想當然耳的問題，即這三位作者對歷史成因的看法有何差別[111]，而是將重點放在更深入、更困難的課題：他們怎樣處理人類境遇中，歷史決定論與個人自由意志間的根本緊張關係。如同他在導論中所言，他一直對這個問題抱持濃厚興趣。

> 每個人的生命旅程總會走到一個時間點，他會領悟到當他走出青春近乎無限的可能性時，已然成為一個真實個體。生命不再是山林環繞下的廣袤平原，而是明顯看出，人生旅程其實是循著固定路徑穿越草地……我們會遭遇必要與自由的問題、行為覆水難收及命運被掌控等問題。……渴望調和人類自由意志與命定環境，成為詩歌悲歎的主題及哲學探討的的困境。……在自由模式下自我實現的因果關係意義何在？[112]

如季辛吉所呈現，每位他選定的專家對此問題各有不同解答。史賓格勒在三人當中最服膺決定論。對他而言，歷史「代表所有文化體的興衰起落，其本質是神秘，其動力是欲望，其展現是威力。」[113]在此無須詳述季辛吉略嫌冗長的解說。重點在於：史賓格勒堅決主張從生物到文化、到文明、再回到生物的宇宙循環論

（universal cycle），無法說服季辛吉：「覺醒意識與隨波逐流、時間與空間、歷史與因果律等的對立，突顯出但並未解決，在命定環境中體驗自由的難題。」[114]

湯恩比也力有未逮，而且差得更遠。相對於史賓格勒的宿命論，他看似為歷史加入目的性。文明可以選擇回應環境的挑戰，可以選擇持續攀爬隱喻中的歷史懸崖。然而歷史的終極意義若是實現上帝旨意，則如季辛吉所言：「我們根本未真正超越史賓格勒。」他說：「歷史不是一本為闡明新約聖經而寫的書」，並指湯恩比的代表作不過是「把經驗法套用在神學基礎上。」[115]

季辛吉按照艾里特的指導，說明康德如何藉著區分，透過理性感知且受決定論支配的現象界，以及事物存在本身、只能靠內省經驗去感知的本體界，為「自由」設下範圍。「在命定的環境中體驗自由〔因而〕終究被看作可能是有意義的……目的性並非由現象界的真實來顯現，而是構成靈魂的意志。自由無法存在於命定的宇宙中。」[116]季辛吉也讚賞康德的「定言令式」（categorical imperative）概念*。它不只在倫理學領域有其重要性，也提供「康德歷史哲學的架構」，因為「若超驗自由（transcendental experience of freedom）代表先決條件，以便理解所有現象界外觀的核心部分，即更偉大的本體界真理，則其格準（maxims）〔也〕必須構成政治領域的範式（norms）。」因此和平是人類最崇高的努力目標，也確認是人類道德品格的極致[117]。

易言之，追求和平是所有自由意志的行動當中最崇高的。但對此季辛吉認為他抓到康德的矛盾之處。在一篇論「永久和平」的文章裡，季辛吉認為：「為和平而努力的責任原本出自定言令式，卻顯現為主導歷史事件的客觀原則。」[118]在季辛吉看來，這代表又一種如湯恩比的嘗試，「企圖將歷史哲學擴展為可實現道德定律的保證」[119]。「康德為使定言令式是永久和平的基礎這一說法得以成立，不得不證明其應用的可能性。但他證明可行性的舉動成為必要的宣示，似乎否定了定言令式的道德基礎。」[120]

就此而言，「康德也曾思考但仍未完全解決，所有歷史哲學固有的難題……即必然性與可能性之間的關聯。」[121]康德派學者或許會挑毛病，指季辛吉將自然（Nature）與目的（Ends）這兩個康德堅持不相干的領域合在一起，但不可否認，康德在〈永久和平〉（也在〈宏觀普遍歷史概念〉〔Idea for Universal History from a Cosmopolitan Point of View〕）中，確實提出目的論歷史觀，承認存有「更高層次的原因決定著自然的方向，並將其導向人類的客觀終極目的」，也就是永久和平。

那麼季辛吉本身最後的立場是什麼？答案是他認同自由多於必然性，也理解選擇是一種內省經驗。他在關鍵的一段中寫道：「自由的本質不是做為一種定義，而是生命的內在經驗，是在有意義的選項中做決定的過程。」[122]

> 這……並不代表無限制的選擇。人人都是年齡、國家及環境的產物。但除此以外，人也包含基本上無法透過分析而接近的部分……歷史的創造性本質，即道德人格。無論我們事後如何解釋行動，行動的完成因內在信念的選擇而發生。……人只在本身內心找得到其行動的約束力。[123]

同樣地：「自由……是尋求自我激勵的內在狀態。……自由仰賴於存在的較少，仰賴於對選項的認知較多，所依恃的非一堆條件，而是內在體驗。」[124]

簡言之，「若非透過內在體驗，自由領域與必要性將難以相容。」[125]季辛吉如此強調內省，明白顯示其論文倒數第二頁，提及一九三〇、四〇年代的事件，其實是樂觀以對的：

布亨森林（Buchenwalde）及西伯利亞集中營的世代無法與其父輩一樣樂觀。但丁神曲中的極樂在我們的文明中已然喪失。然而這僅是陳述衰落的事實而非衰落的必然性。……的確當前或許是疲蔽的時代，但……自由的體驗使我們得以自過往苦難及歷史挫折中再起。人性本質，人人賦予其生命所必需的獨特性，能帶來平靜的自我超越，均存在於此靈性層面。[126]

有人說，季辛吉一九六八年後「制定和執行的外交政策，與其歷史哲學觀沒有潛在關聯」[127]。照此說法：

奧許維茲使季辛吉無法相信普世道德原則及永恆價值，而那是康德相信人類必然進步的基礎。……在季辛吉看來，神在奧許維茲已死。……季辛吉的現實政治與康德理想主義間的鮮明對比，說明他冗長的大學畢業論文只是知識上的習作，無法反映其長期的人格特質與價值體系。[128]

此一說法有待商榷。當然寫過〈歷史的意義〉的季辛吉，並非「背叛康德者」。他也未站在史賓諾沙以霍布斯權力觀為主、無望的懷疑主義那一邊[129]。〈歷史的意義〉中甚少提及史賓諾沙。完全未出現的是馬基維利，他對季辛吉的影響太常被胡亂斷言。

〈歷史的意義〉是如假包換的理想主義之作，這才是正確的解讀。在艾里特影響下，季辛吉完成指派作業，讀完〈永久和平〉，但也發現康德推理過程的瑕疵。和平或許的確是歷史的終極目標。然而從個人角度來看，向內面對個人選項，從而真正體驗自由，則任何此種決定論的示意是根本不相干的：「不論人們對於事件的必然性認知如何，在發生當下，其不可避免性無法為行動提供指引。」[130]

那重要的洞見對於一九五〇年的世局有重要影響。一則季辛吉在結論中明確指出，他對歷史意義的反思使他強烈懷疑經濟學的訴求，而經濟學日益被視為胸懷壯志的哈佛青年會選擇的方向：

當……冰冷的物質主義知識取代浪漫的情懷，生命便成為僅是技術問題。狂熱追求社會解方、經濟萬靈丹，證明靈魂的空虛，必然性對它處於客觀狀態……而它素來相信，只要多一些知識，多一個數學公式，就能解決物質主義環境裡日益嚴重的困惑。[131]

再者（雖然季辛吉認為，將此段提及當代政治的文字放在註腳較為謹慎），物質主義的限制意味著，容許「關於民主的辯論變成討論各種經濟體制的效率，而效率在客觀必然性的層次，因此可以辯論」，那會非常危險。相對的，「自由的內省直覺……會拒斥極權主義，即便它在經濟上更有效率。」第三也是最重要的，「與俄羅斯開國際會議可奇蹟似地解決所有分歧，此種論調當屬虛妄。……以內在和解為基礎的永久理解，需要的似乎不只是會議，因為雙方的歧見不僅是誤解而已。」[132]

順著這番話，我們終於來到一件歷史大事，季辛吉畢業論文中提及個人自由的每一字均含蓄地指向它；它是季辛吉學而優則仕的大環境；發生於一九五〇年的這件大事，使康德的永久和平，即使對堅定的理想主義者而言，也如同湯恩比的基督救贖時刻一樣，顯得遙不可及，那便是：冷戰。

第8章　心理戰

我們的「冷戰」目標並非以武力征服或兼併領土。我們的目標更為細緻、全面、完整。我們要試著以和平方式讓全世界相信一個真相。那就是：美國人想要一個和平的世界，讓人人在其中都有機會盡其在我地發展。我們用以宣揚此一真相的工具常被冠以「心理」(psychological) 之名。別為這個字看似深奧又有五個音節而感到害怕。「心理戰」就是贏取人們思想與意志的奮鬥。

——艾森豪，一九五二年[1]

我們的確試圖展現西方價值，但並非透過言論，而是以實際行動為證。

——李辛吉，一九五四[2]

一

人類彷彿天生喜歡儀式。但當代卻嚴苛看待傳統的「通過儀禮」*，導致今日許多人在一生中只能經歷最敷衍了事的儀式，例如在單調的政府登記處結婚，在重清潔消毒的火葬場向逝者道別。因此大學畢業被賦予特殊的重要性。畢業典禮與其說是公開認證，某人已完成所有學業要求，應授予學位，代表有資格爭取比一般就業機會更需要腦力且待遇更好的工作，不如說是難得的機會，可以參與時空錯置的盛宴。在這方面很少有大學比得過哈佛。

哈佛大學諸多特質之一，就是將學生求學生涯最後、最高潮的活動——畢業，稱之為「出發」（Commencement）。但這只是一整天儀式中最不奇怪的部分。有些大學部宿舍裡，畢業日一開始有風笛手召喚畢業生與教授們一起早餐。密德瑟斯（Middlesex）及瑟佛（Suffolk）郡的警長騎馬進入哈佛校本部，代表法律與秩序力量（早年很難有秩序可言）。學位候選人及校友齊聚，目視校長帶領的隊伍行進，隊伍中各人依學位穿戴最講究的學位服，包括長袍、風巾、垂穗方帽、其他古典頭飾。隊伍前導者為地方警長，他們穿著晨禮服、配劍與鞘，後面依次是大學典禮官、哈佛校長、前校長、哈佛董事會、監事會、麻州州長、榮譽學位候選人。再後面是一級主管、教授、及其他依職級排序的教職員。

上午的「典禮」（Exercises）在哈佛校本部中央的一處開放空間舉行，現名為三百週年劇場（Tercentenary Theater）。（畢業生只能祈禱天公作美）。校長被安排坐在年代久遠、不舒服出了名的霍利約克座席（Holyoke Chair）上，大學典禮官召令密德瑟斯郡警長宣布典禮開始，然後由三位學生發表演講，其中一位須以拉丁文做「學術論述」。接著依學院集體頒授學位。歡迎獲學士學位者加入「知青行列」，再來是頒贈榮譽學位。

最後全體齊唱〈哈佛讚頌〉（Harvard Hymn），這也是唯一另一處用拉丁文進行的儀節。典禮已至尾聲，校長帶領的隊伍離場，哈佛樂隊開始演奏，哈佛紀念教堂（Memorial Church）揚起鐘聲。此時各學院及宿舍開始供應午餐；畢業生到此階段才會一一唱名，個別領取文憑。然而當天的重頭戲還是哈佛校友會（Harvard Alumni Association）下午的聚會。哈佛校長以及「出發日」貴賓將在此發表演講。

即使下雨天，出發日仍是歡欣洋溢的場合。只是近年來它或許顯得輕佻嬉鬧。與季辛吉那個時代截然不同。在季辛吉進入哈佛前一學年，出發日的演說嘉賓是國務卿馬歇爾（George C. Marshall）將軍。一九四七年六月五日，馬歇爾以其面無表情、聲音單調的一貫風格，在演說中宣示美國將大規模經援歐洲，此即史上的「馬歇爾計畫」（Marshall Plan）。因此當校方宣布，他們畢業那天的講者是馬歇爾繼任者艾奇遜（Dean Acheson）時，季辛吉與其他畢業生不會預期聽到嬉笑怒罵的內容。

季辛吉雖然學業成績優異，加以長篇巨著的畢業論文，但他在一九五〇年六月，哈佛悠久歷史中第二百九十九屆畢業典禮上，並未出什麼風頭。他未入選五人組成的「畢委會」（Permanent Class Committee），也未代表畢業生發表演講。他不過是三千個浩浩蕩蕩受檢閱的哈佛畢業生中的一員。儘管季辛吉是少數有資格參加大學榮譽學生會哈佛支部年度文學活動的幸運者，那天羅伯．羅威爾（Robert Lowell）還朗誦了一首新詩，他卻幾乎不參加其他畢業典禮前的活動，例如：在羅威爾宿舍舉行的畢業舞會（Senior Spread and dance）、波士頓港月夜遊船、預備軍官訓練團（Reserve Office Training Corps）入伍儀式，更別說哈佛與耶魯的棒球賽及哈佛樂團暨合唱團（Harvard Band and Glee Club）的音樂會。這類年輕人的活

* 通過儀禮（rites of passage），指在人生重要階段所舉行的儀式，如成年禮。

動場合，那位好學、已婚的退伍軍人通常不會現身。可是畢業典禮不一樣。在各種古老儀典及年輕學子的興奮之情以外，艾奇遜的演說才是重頭戲。

一九五〇年六月二十二日星期四，一個初夏時節陽光普照的日子，使「出發日」格外令人興奮。不過哈佛校本部上空也籠罩雲層，非普通的雲。那天還有一件意義重大的事：紐曼（John von Neumann）*獲頒哈佛榮譽博士學位。他痛恨法西斯及共產主義（更別提凱因斯思想），在設計首顆原子彈過程中曾扮演要角，日後亦參與發明氫彈、洲際彈道飛彈及數位電腦。艾奇遜雖是畢業典禮的首席演者，但菲律賓羅慕洛（Carlos Romulo）將軍卻被排在他之前發表演說。羅慕洛曾任聯合國大會及安理會主席，擔任菲律賓外交部長總共將近二十年，但今日大多數人對此名號已不復記憶。不過事實證明他講的話比艾奇遜更具遠見。他斷言：「從亞洲人的眼睛看亞洲，那是西方制定亞洲政策的首要先決要件。切不可為歐洲量身訂做政策，然後……假設它也適用於亞洲。」

> 將亞洲的民族主義運動一律貼上共產主義標籤，這種傾向也是根據另一個這種需要重新檢視的假設。……亞洲的民族主義運動中，無疑地有共黨領導或煽動者。但這一事實並不必然否定，亞洲真正的民族主義運動，有其自發性本質。……這些運動雖原本起於某個民族對自由的自然渴望，之後卻由政治手段狡猾殘暴的共產黨人，從膽怯困惑、缺乏西方盟友立即有效支援的自由派手中，奪去主導權。[3]

艾奇遜及其後任的國務卿，若能認真思考這番話，當可做得很好。

艾奇遜生於康乃迪克州，畢業於耶魯大學，父親是英國出生的教士，母親為加拿大後裔，這種背景使他在麻州被投以懷疑眼光（《波士頓前峰報》（*Boston Herald*）曾可疑地指他「像英國貴族」。）然而他也是哈佛法學院畢業生，終身民主黨人。他在哈佛保證能獲得聽眾的同感，特別因為威斯康新州選出的共和黨參議員麥卡錫（Joseph McCarthy）強烈反共且不擇手段，當時正對艾奇遜的名譽發動持久戰，而不過四個月前麥卡錫即公開指控國務院「有大批共黨盤據」。其實艾奇遜自己對蘇聯的路線已在徹底轉強硬中。在二戰結束那段期間，艾奇遜確曾贊同某種與史達林和解的做法，但到一九五〇年，他已是美國政府內部最堅定的鷹派，以致當他造訪麻州劍橋時，引發自稱和平團體的「麻州和平行動會」（Massachusetts Action Committee for Peace）敵意示威，帶頭的穆爾（Robert H. Muir），是來自羅克斯伯利（Roxbury）的聖公會教士。（當天稍晚穆爾因未經許可，在查爾斯河濱公園向波士頓大學學生演講而被捕）[4]。有一塊示威牌上寫著：「艾奇遜，要和平，不要炸彈」。另一牌子呼籲他「結束戰爭談判」。

艾奇遜鷹派的立場來自對史達林行為的回應，多於對麥卡錫的壓力。事實上，他的「出發日」演講大半在講述一九四五年以來蘇聯的敵意行動。艾奇遜說，蘇聯已對伊朗及土耳其「恢復威嚇壓力」，在保加利亞、羅馬尼亞及波蘭扶植「它欽定的政府」，協助「共黨主掌的希臘游擊隊」、「將德國東部蘇維埃化」、「完成控制匈牙利」，試圖「以罷工及其他顛覆活動阻止法、義政治經濟復甦」。正因這些舉動說服杜魯門政

* 紐曼是出身匈牙利的猶太裔數學家兼物理學家，智力過人。他於一九三〇年受邀至普林斯頓之前，已對集合理論（set theory）、幾何、量子機械（quantummechanics）等做出開創性貢獻。他在普林斯頓繼續引領數學領域革命，發表一系列遍歷理論（ergodic theory）、運算子理論（operator theory）、格構理論（lattice theory）、量子邏輯（quantum logic）等主題的論文，並引入博奕理論（game theory）使經濟學研究改觀。

府，在一九四七年援助希、土及西歐。之後共黨取得捷克政權，說服美國進一步簽署共同防衛條約，據以建立「北大西洋公約組織」（NATO），艾奇遜驕傲地以此約媲美英國《大憲章》及《美國獨立宣言》。他的結論非常明確：「除非蘇聯領導人誠心接受『和平共存』理念，否則自由世界沒有任何作法，不論多具有想像力，共產運動也沒有任何特洛伊和平鴿，有助於解決我們彼此之間的問題。」然而也許由於「特洛伊和平鴿」的寓意並不恰當，這詞語當天並未吸引新聞界最多注目[5]。因為艾奇遜可能為回應外面的和平示威者，又加上一句：「戰爭並非無法避免。」[6]

不到三天後，一九五〇年六月二十五日星期天，天剛破曉，北韓軍隊越過三十八度線。韓戰爆發。

二

隨著「冷戰」從記憶退居到成為歷史，首要必須切記的是：它確實是一場戰爭。它不是「熱和平」（Hot Peace）。其次要謹記的是，自「冷戰」一詞首次由記者史渥普（Herbert Bayard Swope）借自歐威爾，再由李普曼發揚光大，自那時起它絕非許多冷戰先知所預見的那種戰爭。從後見之明的扭曲後照鏡看過去，我們看見典型的兩大帝國對立的故事，要不就是兩種不相容的意識型態在做善惡鬥爭，或是兩者都有。但仔細檢視下，冷戰的過程相當特別。大多數預測一九四〇年代末美蘇會發生衝突的人，認為到某時間點它會以全面的「第三次世界大戰」現身，核子戰及／或傳統戰，歐洲會是主戰場。美蘇將領們確實為這種戰爭而備戰，一直持續到一九八〇年代。只是未發生的正是全面戰爭。反而冷戰是在歐洲以外幾乎每個地方，以一連串局部衝突而進行，亞洲變成主戰區。美蘇軍隊從未正面交鋒，但一九五〇到九〇年間所打的每一場戰爭，至少有一邊是、或被認為是超強國家的代理人。

加迪斯曾說，冷戰是最令人意外的不可避免之事[7]。首先，美蘇戰時的同盟關係戰後迅速瓦解，並不如今日看來那麼不可避免[8]。史達林似乎對戰後秩序保留彈性。史達林曾表示，實現社會主義可以用其他方式，在其他「政體，如民主政府、議會共和、甚至君主立憲」[9]。一九四四年六月，他告訴「波蘭盧布林協會」*，波蘭「需要與西方國家、英法結盟，並與美國保持友好關係」[10]。杜魯門同樣有好理由繼續戰時的結盟關係。他初次與那位大暴君會面後寫信給妻子道：「我喜歡史達林。他很直率，知道自己想要什麼，得不到想要的東西時也會妥協。」[11]

那為何德國的征服者瓜分戰利品時無法保持和睦？邱吉爾與史達林一九四四年十月在莫斯科草擬的比例協議（percentage agreement），似乎並非不合理，它將巴爾幹分割得尚屬公平。羅斯福在雅爾達默許犧牲波蘭人固然可鄙，但它或許也構成和平共存的基礎。史達林曾對吉拉斯†說：「誰控制某塊領土，就可施行其本身的社會制度」，此話並不致使美蘇的衝突無可避免，只要雙方承認並尊重彼此的勢力範圍。問題在於揮之不去的疑慮，美國這邊最早明確提出的是海軍部長福瑞斯特（James Forrestal），即認為史達林不會滿足於在歐洲或其他地區，任何已有協議的比例。早在一九四五年十月二十七日，杜魯門（以便條）告訴自己：「除非讓俄國面對鐵拳及強硬言辭，否則將醞釀另一場戰爭」[12]。四個月後這種感受獲得重大的實質支持，當時肯楠發給國務院的「長電報」，可能是美國外交史上最有名的一份外館通訊[13]。

肯楠是威斯康辛州蘇格蘭裔長老教派教徒之子。當共黨清算最高潮時，他在美國駐蘇聯大使館工作，得

---

* 「波蘭盧布林協會」（Lublin Poles），蘇聯軍隊於同年七月占領盧布林，並短暫以此地為傀儡政府臨時總部。

† 吉拉斯（Milovan Djilas），曾從事南斯拉夫解放運動，後出任副總統。

以近距離觀察史達林主義。他對羅斯福及繼任的杜魯門，無法認清史達林真正的意圖，感到失望已極，便在一九四五年八月提出辭呈，表達：「對我們在近期戰爭中以巨大代價贏得的政治資產遭揮霍，〔又〕無法延續政治上的勝利，深感挫折。」[14]到他二次駐俄即將屆滿時，國務院卻要他評論蘇聯近期的舉動。他的回覆為一整個世代的美國策士立下典範，特別是季辛吉。至今讀來，考量其電報格式，這篇長電報仍是一份分析入微的文件。肯楠說：「蘇聯仍處於敵對的『資本主義包圍』中，因此長期而言，永久和平共存不可能發生。……克里姆林宮對全球事務的看法易流於神經過敏，根本原因在於傳統的……不安全感」（如肯楠在一九四六年三月的一封急電中，引人注目的提到，「除非完全解除武裝，將我們的海空軍送往俄國，並放棄政府權力交予美國共產黨」，才能緩解史達林「懷有惡意的疑懼」）[15]。基於意識型態及歷史因素，因此蘇聯的政策可歸納如下：

> 必須盡一切努力，促進蘇聯做為國際社會要角的相對實力。反之，絕不可錯失削弱……資本主義強國實力及影響力的機會。……此地有一股政治力量，狂熱地服膺一個信念，即跟美國不可能永久妥協〔；〕若要確保蘇聯勢力，則值得去做也其有必要，打破我們社會的內部和諧，破壞我們的傳統生活方式，打擊我國的國際威望。[16]

肯楠說得非常清楚，蘇聯不只意圖擴展在歐洲，而是在世界各地的影響力。「長電報」中他指名的可能目標是伊朗北部、土耳其、中東、甚至阿根廷。經濟懷柔無法達成任何目標，因為「在國際經濟事務上，追求獨裁其實支配著蘇聯的政策」。莫斯科只會對一件事有反應：武力。「對說理的邏輯無動於衷，〔但〕對武力的邏輯高度敏感……它很易於退縮，尤其遭遇強烈反擊時通常會如此」。

參與策略辯論得以成功，是因為能夠把他人心中正有的想法具體表達出來。肯楠的論點完全吻合邱吉爾在密蘇里州富爾頓那次振聾發聵的演說，指「鐵幕」正降臨歐洲。僅數月後，另兩位美籍專家克利福德及艾爾西（George Elsey），更是大聲疾呼地警告：「蘇聯……決心要控制世界」[17]。而杜魯門心中認為這類分析可信，並非出於史達林推動在東歐建立親蘇政府，而是他在一九四六年八月要求土耳其讓出領土、甚至要求達達尼爾海峽的海軍基地。當杜魯門派遣第六艦隊進入東地中海，史達林讓步了，正如肯楠所預見[18]。杜魯門這下子完全相信。當商務部長華萊士（Henry Wallace）公開表示反對「強硬立場」，他被迫辭職。套句肯楠的話，今後不會再有「不識時務的姑息表態」[19]。

但肯楠並非好戰者。一九四七年一月七日，他在紐約外交關係協會發表演講時指出，美國與盟邦有可能「圍堵」蘇聯勢力，「若能以有禮、非挑釁方式為之」，只要持續夠久，以待俄國內部發生變化[20]。同年肯楠在《外交事務》（*Foreign Affairs*）季刊，以聳動的署名「X」發表專文〈蘇聯行為的根源〉（The Sources of Soviet conduct），將其「圍堵」（containment）理念闡述得更清楚，他說：「蘇聯勢力……本身帶有自我衰敗的種子……這些種子正在發芽茁壯。」任何「神秘、救世主式的運動」，若有效地加以「挫敗」，則會「以某種方式自我調整」，或崩解或「軟化」。因此美國政策應是「長期、耐心但堅定、警醒地圍堵蘇聯擴張態勢……藉由在一連串經常變換的地緣與政治點上，機敏地應用反擊力量，以因應蘇聯政策的轉變及操弄」[21]。身為外交官，肯楠構思的「圍堵」主要屬於外交而非軍事戰略；其堅定立場是透過電報傳達，而非裝甲部隊或飛彈。但在一九四七年時空背景下，至少他對此新策略的定義之一：「不論任何地點，只要俄方有跡象欲蠶食這和平穩定世界的利益，即以堅決的力量對抗」，不難解讀為有義務在全球使用武力，即便只是回應蘇聯僅有欲蠶食的「跡象」[22]。

而後來的發展是，圍堵先以經濟形式進行。當財政過度擴張的英國政府宣佈，取消對希臘及土耳其的援助，便出現「杜魯門主義」來說服國會，美國應介入補足援助缺口。那兩國真正需要的只有錢，但在馬歇爾、艾奇遜及國務助卿克雷頓（Will Clayton）鼓勵下，杜魯門宣示此次援助要求，是兩種「不同生活方式」在全球競爭的一部分，美國在其中應「支持正抵抗武裝少數族群或外國勢力企圖征服的自由民族」。（肯楠其實並不認同杜魯門演講中救世主式的論調，但即使李普曼這樣觀察敏銳的評論員，也無法區分杜魯門的說法與肯楠所定義的圍堵在功能上有何不同）[23]。圍堵的下一階段也是經濟：馬歇爾計畫。同樣的，美國需要給歐洲的只有錢，一九四六至五二年，美國每年撥出相當於國內生產總值百分之一．一的金額。但此次肯楠的規劃轉了彎：因美國精心算計史達林會拒絕，所以蘇聯與其東歐魁儡國家也受邀參加「歐洲復興計畫」（European Recovery Program），史達林也確實未接受。再轉第二個彎是因馬歇爾堅持，不只要經濟復興、還要德國西部占領區政治重組。史達林幾經考慮，寧願要統一但非武裝的德國，卻再次被西方棋高一著。當他透過封鎖通往西柏林的鐵公路通道，企圖扳回一城時，遭到第三次挫敗，敗給空投物資，那是美國後勤補給的重大勝利。

當德意志聯邦共和國在一九四九年五月成立後，歐洲、德國與柏林這三方面的畫分已大致完成，不難想像其不同的結果。肯楠本人期待統一且中立的德國（「A計畫」），蘇聯也多次提出這樣的方案[24]。這也許就是艾奇遜在哈佛出發日演講中所提到的「特洛伊和平鴿」。共黨統治東歐並非天命所歸：必須以殘酷手段強行實施，某些情況甚至是二度強壓（一九五三年東柏林，五六年布達佩斯，六八年布拉格，一九八一年但澤）。西歐共黨爭取執政也不見得毫無希望：法共及義共可掌握達五分之一的普選票，使美國不得不採取行動確保共黨出局，但方法比蘇聯細膩多了。令人意外的或許是：很少歐洲國家走向「灰色地帶」，如芬蘭（資本主義、民主、中立即使非實質親蘇）或南斯拉夫（共黨、非民主、不屬蘇聯集團）。

造成國際局勢兩極化一發不可收拾的關鍵，在於圍堵政策自一九四八年開始變調，不再屬外交或經濟而變成軍事戰略，肯楠為此頗為氣餒。蘇聯厚顏無恥入侵布拉格是原因之一。另一是西歐本身的初步行動：簽署北約前身的〈布魯塞爾條約〉（Brussels Treaty），結下五十年的軍事防衛聯盟，成員包括英、法、比、荷、盧。但最重要的原因是，美國意識到歐洲殖民帝國意外地快速崩解，正為蘇聯提供比東歐更豐富的覬覦物。史達林一九四八年三月下令政治局，「積極支持尚未獨立的殖民地國家被壓迫人民，對抗美、英、法帝國主義的革命鬥爭」，是有備而來。當然在中東，儘管蘇聯極力拉攏阿拉伯民族主義，但由英法統治過渡到美國霸權想從中作梗很難。然而共產主義在亞洲挺進卻勢不可當。

一九四九年夏至五〇年夏，戰略平衡看似轉向對史達林有利，其過程說有多戲劇化也不為過。上海在一九四九年五月落入毛澤東的共黨部隊；十月一日毛澤東宣佈中華人民共和國成立；十二月十日蔣介石逃至福爾摩沙島（後來的臺灣）。此時毛已表明他有意讓中蘇結盟；一九四九年十二月他出發前往莫斯科，向史達林宣示效忠，受到不少無謂的屈辱後，帶回國的是一紙共同防衛條約。杜魯門一九四八年意外連任成功，加上四九年在柏林獲勝，一九五〇上半年對他卻是一場災難。才剛「失去」中國，希斯* 被控偽證罪成立，

* 希斯（Alger Hiss），曾任國務院及聯合國官員，曾被指為蘇聯間諜但已過追訴期，一九〇四—一九九六年，一九五〇年以偽證罪被判處五年刑期。

富赫斯*蘇聯間諜身份被揭露，都在替麥卡錫發動反共獵巫行動鋪路。艾奇遜因與希斯的友誼感到尷尬，也深切感受到蘇聯威脅的嚴重性，便倉促地將圍堵轉成軍事戰略，宣布防衛日本、沖繩及菲律賓的「防禦圈」（defensive perimeter）計畫（臺灣及南韓顯然不在名單內）。思慮過於縝密的肯楠，原任國務院政策研究處主任，此時由美國戰略轟炸研究中心（US Strategic Bombing Survey）前副主席尼茲（Paul Nitze）所取代。後面會談到，在尼茲看來，國安會六十八號文件，即國家安全會議題為〈美國國安目標暨計畫〉（United States Objectives and Programs for National Security）的文件，所建議的大規模增軍主要的正當理由並非失去中國，而是更具震撼力的消息，即蘇聯透過間諜活動及自身努力，已獲有製造原子彈的能力，並可能擁有某種版本的毀滅力強大許多的熱核彈，美國當時也正在研發。不過六十八號文件呼籲增加的包括傳統及核子武器。

六十八號文件在多年後解密，那時季辛吉正是國務卿，文件中提議「在自由世界快速建立政治、經濟與軍事力量」[25]。其前提是，蘇聯有「計謀……要徹底顛覆或強制摧毀非蘇維埃陣營國家的政府組織與社會結構，並以屈從且直接受克里姆林宮控制的機制與結構取而代之」。美國是那個計謀的主要障礙，是「必須不擇手段推翻或破壞其完整與存續的主要敵人」[26]。再者，蘇聯正提高國防支出，以相對金額甚至某些部分的絕對金額，已超越美國與盟邦的水平。面對「〔蘇聯〕備戰及自由世界不備戰之間的差距……擴大」，因此美國必須大幅增加國防經費佔國民生產總值的比例，尼茲估計需在百分之六到七。第六十八號文件不只終結了肯楠的外交圍堵願景，也使杜魯門欲以削減國防預算，轉用於「公平政策」（Fair Deal）的國內計畫難以為繼。可想而知政府內部對此會有抗拒，包括新任國防部長強森（Louis Johnson）、肯楠本人及國務院其他蘇聯專家。但這些都發生在蘇聯支持北韓進攻南韓之前。

因此一九五〇年的哈佛「出發日」，不只是三千個畢業生踏入職場的開始，也是一個危險的新時代的開始。季辛吉與同屆畢業生，在此後幾近四十年裡，將活在可能爆發第三次世界大戰的陰影下。我們現在知道，冷戰並未升高至美蘇直接熱戰的程度。但對一九五〇年哈佛應屆畢業生來說，「長期和平」得以持續至一九八〇年代末期，且以肯楠在「長電報」裡預言的那種蘇聯崩解告終，可能性實在太低。對曾與德、日本作戰的世代來說，韓戰看來非常像是下一次全球戰火的序曲。麥克阿瑟（Douglas MacArthur）重返戰場，從仁川登陸側擊北韓軍隊，將其趕回北緯三十八度線，那是重現往日榮光的時刻，幾個月後卻是恥辱的恐慌，中國軍隊渡過鴨綠江發動攻擊，幾乎殲滅麥克阿瑟的部隊。的確在一九五一年五月，杜魯門因麥克阿瑟抗命而解除其軍權，繼任者李奇威（Matthew B. Ridgway）成功阻住毛的挺進，同時蘇聯在紐約首次提出和平試探。然而一九五〇年代初期美蘇間的氛圍始終充滿敵意，一九五二年十月肯楠被俄國屈辱地驅逐出境，成為任期最短的美國大使，便是例證。肯楠確實做出不像是他會有的外交失態，他在柏林向記者表示：「當今在蘇聯首都的孤立，比納粹向美國宣戰後……在德國擔任美國實習外交官的遭遇還要糟糕。」然而肯楠看得出這冷戰的新階段是再熟悉不過的，區域戰會導致全球戰的過程，他在這方面一點也不孤單。

三

今日有許多學者很難理解、更別說容許，美國頂尖大學在冷戰時期對美國國安策略的投入。關於學界與

* 富赫斯（Klaus Fuchs），德裔物理學家，曾參與曼哈頓計畫，一九一一—一九八八年。

負責反制蘇聯威脅的各聯邦機構間的關係，有許多記述充滿憤慨的語調，彷彿教授為保衛國家出力是什麼天大的錯誤[27]。再次強調：冷戰在當時就是戰爭。當然，蘇聯從未入侵美國，但它把核彈對準美國，派間諜滲透美國，並大肆謾罵美國。克里姆林宮也展現它擅長輸出，其極度偏狹的意識型態及政府體制到其他國家，包括像古巴這種在地緣上靠近美國者。因此暗指哈佛應設法婉拒協助國防部或中情局，等於低估蘇聯共產主義對美國威脅之大，以及哈佛可提供協助的價值。

對新科文學士季辛吉，也像對榮譽科學博士紐曼一樣，身為當年因極權迫害而被迫離開歐洲的學者，理所當然應效力於全世界所有政府中，對確保個人自由做出最明確承諾的政府。也不見得只有難民才有這種想法。哈佛校長柯南（James Bryant Conant）即在出發日的演講中譴責：「有一種哲學正迅速蔓延，它否定所有學者曾視為當然的前提。我指的當然是，凡認同蘇聯『辯證唯物論』詮釋的人的態度……那是蘇共中央委員會詮釋出的獨裁式教條。」[28]柯南特是「原能會總諮詢委員會」（General Advisory Committee of the Atomic Energy Commission）及「聯合研發局」（Joint Research and Development Board）成員，對戰時發展的核子科技軍、民用途擔任政府顧問，其地位僅次於奧本海默（J. Robert Oppenheimer）。但柯南特不像奧本海默，他在共產主義議題上的立場無可懷疑：早在一九四八年九月，他便呼籲禁止聘用是共產黨員的教師[29]。

反倒是耶魯而非哈佛，在冷戰時期與中情局合作或替中情局做事，承擔了大部分檯面下的工作。來自紐哈芬*的人，帶著耶魯招牌歌曲〈威芬普〉（Whiffenpoof Song）及「耶魯思維」（YWAT, Yale Way of Thinking），在戰時「戰略情報局」及中情局剛成立那幾年，扮演非常吃重的角色[30]。據說耶魯歷史學者肯特（Sherman Kent）†「耍飛刀比西西里人更厲害」。其他活躍於中情局的耶魯歷史學者有諾特斯丁（Walter Notestein）和皮爾森（Norman Holms Pearson）[31]。普林斯頓也是重要的「P-來源」（P-Source，中情局的學術情報代號），校內有「普林斯頓顧問小組」（Princeton Consultants），由資深學術顧問組成，在艾倫·杜勒斯（Allen Dulles，一九一四年畢業）主持下，每年在耶魯納索社（Nassau Club）開四次會[32]。但若說哈佛在冷戰早期的情報工作沒什麼角色，那就錯了。歷史系柯立芝（Coolidge）講座教授藍格（William L. Langer），曾任戰情局研究分析處主管，後來該處成為中情局國家估計處（National Estimates），仍由他擔任處長。邦迪‡出身耶魯，卻是在哈佛取得終身教授職，一九五三年出任文理學院院長。邦迪引以為傲的是，戰後哈佛所開設的區域研究學程，都是「由戰情局出身者提供師資、主持教務、或鼓舞激勵，那是個了不起的機構，一半時間要辦案，一半時間要開教務會議」。他在約翰霍普金斯（Johns Hopkins）演講時說，非常值得推動「有區域研究學程的大學與美國情蒐機關進行大規模相互深入交流」[33]。

如今回顧起來，不難以邪惡的角度描繪這種相互深入交流，將哈佛貶抑為只是「政府的延伸」，而年輕、有野心卻缺乏安全感的季辛吉，是為使自己更上層樓才急於委身於國安單位。這是對證據的錯誤解讀[34]。季辛吉是政府學系的學生。與他往來密切的兩位教授極感興趣於美國對蘇政策的形成。他追隨老師腳步是意料中的事。菲德瑞契早在一九四一年十一月即已預見

---

* 紐哈芬（New Haven），耶魯大學所在地。

† 肯特的政變定律是：「事先已為人知的政變不會發生」；其情報定律是：「我國必須知道的有關他國的事務，約有九成可經由公開途徑找到」。

‡ 邦迪一九四九年秋進入哈佛前，曾與人合撰二戰時羅斯福的戰爭部長史汀森（Henry Stimson）的回憶錄。他也如同季辛吉，獲艾里特大為賞識，願意聘用這位三十一歲的學者，儘管他連一門政治學課程都未修過。

〔戰後〕世界將分裂為英美與蘇俄的勢力範圍，除非英國也共產化（這可以想像，雖然可能性不高）。……有相當多美洲及西歐的民族，可能集結在美國四周；而相當部分的亞洲及東歐則會群聚在莫斯科周遭。……這種莫斯科與華盛頓的兩極化前景，會反映在各地的內部緊張中，導致邊際地帶陷入內戰局面。[35]

菲德瑞契在《平民新圖像》中，已注意到冷戰「前所未有」的特性。

歷史上出現過數國彼此平衡的體系。歷史上出現過一統的帝國。……歷史上卻從未出現過，以兩個大陸型強國為中心的兩極體系，擁有獨特的防衛與自治機會。更不尋常的是，這二大強國各有信仰的主義。其主義彷彿宗教，與出世的教會一樣，希望人人都皈依其信仰。他們是傳教士，而且非宣揚其教義不可。[36]

他給研究生季辛吉的功課之一，是協助他編輯一本有關東德的手冊，以供美軍使用。

但艾里特仍是對季辛吉影響最大。艾里特渴望為美國國安盡一分心力。他早在一九四六年就提議，加強聯合國的力量以對抗蘇聯「強權體系」[37]。他也是主張將核武交由國際控管以避免「軍備競賽」者之一[38]。若非蘇聯拒絕投票支持，他認為聯合國的《世界人權宣言》，很可以做為實現康德「永久和平」的基礎[39]。到一九四〇年代末，艾里特擔任中情局計畫處副處長魏斯納（Frank Wisner）的「臨時顧問」，此人曾是戰情局在伊斯坦堡及巴爾幹地區績效卓著的幹員[40]。可是，艾里特雖曾向中情局副局長傑克遜（William Johnson）遊說，卻無法獲得更高職位[41]。一九五一年艾里特被迫接受在中情局「賦閒狀態」（inactive status），往後所有的顧問工作只能「義務性」提供。然而沒有挫折可以大到讓艾里特遠離美國首都。他成為眾院「戰後經濟政策暨規劃特別委員會」(Special Committee on Postwar Economic Policy and Planning)顧問，主席是密西西比州民主黨眾議員柯默（William Colmer）。他還擔任眾院外交委員會（Committee on Foreign Affairs）及麻州眾議員赫特（Christian A. Herter，後曾短暫出任國務卿）主持的對外援助特別委員會（Select Committee on Foreign Aid）幕僚長，赫特委員會關於戰後歐洲情勢的報告大多由他撰寫，後成為支持馬歇爾計畫的重要來源。艾里特正是在此委員會，首次遇見加州新科聯邦眾議員尼克森（Richard Nixon），一位害羞、不信任他人卻善於激起聽眾情緒的貴格派教徒，因執意追究〔偽證罪案的〕希斯而獲全國知名度[42]。赫特委員會也使尼克森首次與當時任職中情局的法蘭克・林賽（Frank Linsay）接觸，這段友誼在近二十年後結出重要的果實[43]。

艾里特能者多勞。他寫過有關美國對發展中國家援助的專文[44]；韓戰時期他擔任「國防動員辦公室」（Office of Defense Mobilization）助理主任；他在「威爾遜基金會」（Woodrow Wilson Foundation）及「美國教育與共產主義委員會」（Committee on American Education and communism）主持外交政策研究小組，並推動一個計畫，教導美國年輕人認識「國際共產主義冷酷、基本、確鑿的事實」；他也（與邦迪、肯楠、史勒辛格一起）參與另一個威爾遜研究小組，負責研究「如何改善政府架構與作法以善盡美國責任與義務」。該小組提供的答案值得注意，即擴大總統相對於國會及各部會官僚體系的權力[45]。艾里特甚至打算朝此方向比同僚更進一步，他稱讚英式作法：「嚴格限制國會過問影響外交政策的事務」[46]。他也主張「賦予總統憲法權力，得在任期內就其選定的議題舉行一次投票，他與國會均須接受投票結果」，換言之，就是賦予總統有如內閣總理的權力，可依其意願「訴諸全國人民」[47]。

有時艾里特熱衷一切英國事物，到快把自己變笑柄的程度，如他在廣播演說裡大談「大英國協精神」。[48]他鼓吹十多年想建立美國版的「圓桌集團」，但並未成功，那是他以羅德學者身份在貝利奧爾學院曾參與的[49]。他悲嘆美國在蘇伊士運河危機時決定不支持英國，他指納瑟（Nasser）把運河收歸國有才是侵略者[50]。甚至到一九五〇年代後期，他仍敵視阿拉伯、亞洲及非洲的民族主義，並向尼克森保證，殖民地人民尚未準備好承擔「現代國家的責任」[51]。然而艾里特主張擴大總統在外交政策方面的權力，其論點比一般認知的影響要大。杜魯門任期接近尾聲，繼任者正思索如何改進策略決策過程時，艾里特即指出當務之急是，「協調總統行政辦公室單位……預算局（Bureau of Budget）、國家安全會議、國家安全資源局（National Security Resources Board）、經濟顧問會議（Council of Economic Advisors）、及現在的共同安全主任辦公室（Office of the Director for Mutual Security），還有國防動員辦公室等的工作」。艾里特最初的建議是「提升……預算局局長至超高位階，有如幕僚長（Chief of Staff）或總統秘書長（Chief Presidential Secretary）」[52]。但後來他修正提議，建議艾森豪以國家安全會議為「幕僚單位」而非「秘書單位」。

> 總統不可能轉移足夠權威給任何其他政府官員，以便在主要閣員意見嚴重分歧時強制得出定論。他無法設置具有決策權的助理總統。〔但〕他可以，我認為也應該，設置國家安全會議執行長或幕僚長，此人不只是秘書長。若能找到適才適所的人，擁有足夠的外交技巧及運用幕僚能力，則可促成各單位達成協議，也可對政策的真正可行選項做出公平評估，再向總統呈報。……國安會執行長〔應〕……務使總統基於國安會建議所下達的政策指令，不得只停留於口頭指示。……總統支持國安會執行長或幕僚長十分重要，但同樣重要的是，幕僚長一直能以總統之名運作。[53]

十六年後，如後面會寫到，艾里特的門生季辛吉將發現自己扮演的正是這種角色。值得注意的是，艾里特上呈的建議中，也考慮讓副總統在決策過程扮演更重要角色的可能性，或許是成為國安會成員。這很難不引起尼克森的興趣。艾森豪已挑選他做為一九五二年總統大選的年輕競選夥伴[54]。

艾里特是點子王。一九五五年他又主持另一個威爾遜研究小組，其報告（美國外交政策的政治經濟面，*The Political Economy of American Foreign Policy*）建議美國和加拿大以某種方式與歐洲經濟共同體結合[55]。六年後，美加均加入總部設在巴黎的「經濟合作發展組織」（Organization for Economic Co-operation and Development, OECD）。艾里特是典型的大西洋主義者，曾是賓州大學「外交政策研究中心」（Foreign Policy Research Institute）創始成員。但他也很快了解到，第三世界將是「目前對蘇的主戰場——政治鬥爭的決戰地區」[56]。他也像一九五〇年代末美國許多紙上談兵的策士們，呼籲美國介入「訓練保安武力，甚至可能是軍隊，使之能夠『支持』其中某些國家的新興政權。」[57]然而他的強烈偏好仍是後來人們所稱的「心理戰」。早在一九五〇年，為「生產管理局」（Office of Production Management）草擬的對參院報告中，他就呼籲以「和平時期心理戰」做為武力干預的替代方案[58]。

究竟什麼是心理戰？艾里特本身各式各樣的活動顯示，它不止於單一面向。一九五一年艾里特成為「美國解放委員會」（American Committee for Liberation）創始理事，參與專門針對蘇聯的美國「自由電台」（Radio Liberty）（原名解放電台，Radio Liberation）開播。他也對「文化交流」計畫深具信心，那是從「開始提供我們資源」的國家，把外籍學生帶到美國[59]。如一九六〇年他在國家戰爭學院（National War College）演講時說：「我們必須協助發掘和訓練治國的人才，然後他們才能領導國家發展，才能真正有所建樹。」可是心理戰也包括贏得國內民心支持。一九五三年四月，在傑克遜（Charles Douglas Jackson）被任命為總統顧問前不久，艾里特寫給他一份有關「國內心理防禦措施組織」（Organization of Psychological Defense Measures at Home）的備忘錄。艾里特的論點是，不可依賴「讓思想在自由市場和自由競爭中自生自滅」[60]。國務院必須更主動地設立「諮詢團體」，讓知識份子在其中「被教育並經常轉而接受國務院的觀點」[61]。

心戰（psy-war 或PW）的源起可回溯至二戰時期的戰情局，裡面有專為原名「士氣行動」（Morale Operations）而設的獨立單位[62]。此一構想在一九四七年重出江湖，當時國安會發出成立以來第一號指令（NSC-I/I），授權在義大利選舉中採取祕密行動反制共產黨，壯大基民黨*。先是依國安會4-A指令，中情局奉命進行「反制蘇聯及蘇聯煽動活動的暗中心理作戰」[63]。在魏斯納指揮下，新單位「特別計畫處」〔Office of Special Projects，後更名「政策協調處」（Office of Policy Coordination，OPC）〕幾乎立即成立。該處雖設於中情局內，但也應接受國務院「政策規畫局」（Policy Planning Staff）意見。它專事成立第一線組織：自由歐洲全國委員會（National Committee for a Free Europe），經營自由歐洲電台（Radio Free Europe）；自由工會委員會（Free Trade Union Committee）；美國學術自由協會（Americans for Intellectual Freedom）；文化自由會議（Congress for Cultural Freedom）等，只是其中四例。魏斯納把政策協調處比作「超厲害的名牌（Wurlitzer）」風琴[64]，但幾乎從一開始它奏出的樂曲便不協調。部分原因在於心戰正在風頭上，豈能由一個機構獨占；大家都想彈這名琴。但也因為願意支持如文化自由會議這類組織的人，本身就常起爭執。自由派與甚至是反共的社會主義者，跟棄共產主義者或麥卡錫派，除了憎惡蘇聯外少有其他共同點。一九五一年，新的「心戰策略局」（Psychology Strategy Board, PSB）成立，試圖找回和諧，但不和仍然持續[65]。雖然心理策略局某些人員，特別是主任秘書普特南（Palmer Putnam），希望促使「世界共產主義運動瓦解」，蘇聯集團分裂（「解放」），但國務院政策政策規畫局（及中情局）較謹慎的主張，建議「和平共存」。憤怒的尼茲告訴心戰策略局長葛雷（Gordon Gray）：「聽好，你們別管政策。政策由我們制定，然後你們在那些該死的電台播出就好！」[66]不過，國務院及中情局本身的作為，包括「秘密支持『友好』外國勢力、『抹黑』心理戰、甚至在敵對國家鼓勵地下反抗組織」（肯楠所言），並不怎麼成功[67]。

四

從大戰略的主要議題，直至心戰操作層次上的挑戰，季辛吉對所有這些深感興趣一點也不令人意外。這是新興的「全球大搏奕」，常春藤盟校最優秀、最聰明的學子莫不急欲加入戰團。與同學討論蘇聯在中東的威脅，或杜魯門決定承認以色列國的風險是一回事[68]。問題在於如何從旁觀者變成參與者。季辛吉不能說是選擇了通往權力的順理成章之路，那應當是攻讀某一門社會科學博士或法學學位。

季辛吉最初的想法是跟隨艾里特的腳步，申請到牛津大學「進修政治學」[69]。艾里特本人並不贊同。他寫道，季辛吉並不怎麼具備「申請納克斯〔獎助計畫〕（Knox Fellowship）的明顯個人特質」。事實上，已婚的他也不適合前往英國[70]。但這不是他放棄前往牛津的原因。正如季辛吉後來向牛津貝利奧爾學院資深導師解釋：「很不幸的國際局勢使我無法離開美國。我在美國陸軍仍保留軍籍，隨時可能要繼續服役」[71]。這是相當多一九五〇年畢業生的現實處境；一從學校畢業就要面臨軍旅生活。或許有人認為季辛吉害怕這種宿

* 肯楠極度擔心共產主義威脅，曾在一九四八年三月十五日自馬尼拉發出欠考慮的短電報，建議停止義大利選舉，宣佈共黨為非法組織，甚至不惜內戰，讓美軍重新進駐義國軍事基地。

命，但這恐怕低估他自軍旅生涯獲得的成就感；也高估他從事學術工作的決心。在哈佛見到的那位獨來獨往不多話的讀書人，也擁有軍中摯友才知道的熱情奔放的另一個自我。克雷默對季辛吉的這一面比任何人都了解。克雷默在一九五〇年九月寫道：「假使有一天你突然一時興起，深更半夜朝我家窗戶丟石頭，說是想唸你最新的詩作給我聽，或告訴我你的情人眼睛有多美，我知道你已婚，不能再有別的女人，但姑且假想一下，那我會毫不遲疑地開門，為彼此斟上一杯酒，深深地沉浸於當下。」[72]這兩人始終是摯友。克雷默推薦季辛吉一份情報工作：「他很可能左右逢源，有時在總部做『理論性』研析工作，有時在實地從事情報勤務」[73]，季辛吉也投桃報李，設法替克雷默兒子史凡（Sven）爭取就讀私立學校的獎學金[74]。一九五〇年三月，也就是在韓戰爆發前，季辛吉自願參加「為期九十天的在役訓練」[75]，地點在巴爾的摩外的荷拉博營（Holabird Camp，後改名為堡〔Fort〕），課程包括「偵察叛亂、煽動、顛覆活動，以及預防和偵測破壞或間諜行為」[76]。季辛吉的表現依舊讓反情團的長官們印象深刻。其中一位在一九五〇年七月，一份格外深入的考核報告中寫道：「季辛吉擁有非比尋常的生活敏銳度、不偏頗的道德觀。他的性格極為罕見，因為他本身秉持的標準，不致使他容不下或不諒解，生活在與他截然不同的標準下的個人或群體。」

季辛吉非常自發地努力，充分了解任務真正的本質與目標後，已然向國家表達效忠。過程中他並未落入對我們的政策及方法照單全收的明顯陷阱。他的洞見與膽識有關，那常促使他對我們的錯誤冷靜地予以批評。……〔但〕我至今未聽他提過出無用的批評，或針對問題建議的解決之道，會違背國家最高道德的表面意義與更細部的精神。[77]

因此季辛吉走上冷戰情報之路，包括心理戰，並非透過哈佛，而是經由軍隊。一九五一年初他成為軍方「作業研究處」（Operations Research Office, ORO）顧問，那是個混合機構，表面上隸屬於約翰霍普金斯大學，總部卻在華府麥克奈爾堡（Fort McNair）[78]。軍方將作業研究界定為「分析研究軍事問題，提供責任指揮官及幕僚單位做行動決策的科學依據，以增進軍事作業」[79]。作業研究處所做的工作大多其實與武器有關，且半數以上人員都有科學訓練背景。但前空軍計畫分析師史托森巴哈（Darwin Stolzenbach）待過預算局及商務部後，到作業研究處任資深作業研究分析師，他要找不一樣的專家。「特使專案」（Project Legate）是該處在麥克尼爾堡進行的十七項計畫之一，目的是「對軍政府在占領區的作為進行相關評估」。軍方尤其希望有人就美軍占領對韓國人民的「心理衝擊」，進行田野調查[80]。儘管季辛吉對東亞一無所知，且必定有許多曾參與太平洋戰爭的退伍軍人，比他更有資格到韓國去（如其弟），但他仍得到這份差事[81]。軍旅生涯就是如此。

季辛吉的韓國行是在日本拉開序幕。由於軍機航線規劃，他必須在東京停留，他在此與來自各方的學者、記者及國會議員進行會談。繞道日本本身就頗有趣，在東京有位對談者對他「以強調語氣說：我們希望美國能夠區隔中國與蘇聯」。但他若希望在東京結識的人脈或有助於在韓國的研究，就未免低估從一九一〇年至四五年日本戰敗，曾是日本殖民地的韓國的反日情緒。頂多能做到比較南韓與日本在美軍占領下的經驗。季辛吉於一九五一年夏末抵達韓國，開始以其一貫追根究底的研究精神，訪談美韓人員，議題遍及對來自戰區難民的食物配給、缺乏勝任的譯員，及韓國官員貪腐的程度[82]。最後共四十九頁的報告，針對管理占領區的方式，提出多項明確的改革建議，特別是如何安置流離失所的百姓[83]。不過其結論用字較籠統，強調「軍方指揮與平民事務責任不可分……及軍方管理所有民間事務事權集中的重要性」，需要「軍官具備處理民間事務條件，包括通曉當地語言」，及有必要「警惕指揮官或其他軍方人員，為達成軍事及政治目標，民間事務不可輕忽。」

這份報告的重要性有二。一是軍方感興趣的顯然不是針對韓國，而是占領後的一般問題，表示至少五角大廈裡有人預期，美國在可預見的未來會再進行類似的軍事干預，最可能的是中南半島，法國在此明顯地拼命想重建戰前的統治權。再者季辛吉與史托森巴哈商討報告的最後草稿時，充分展現其軍中寫作高手的功力：

> 我知道你不願做出無數據支持的建議，在這方面我與你看法完全一致。然而就方法學來看，不可能做出數據百分之百支持的建議；此時便需要一些敘述。亦即任何建議必然包含詮釋成分，總要有些延伸解釋。我相信我們所做的建議已是最低限度。如果再加以淡化，固然不會遭到質疑，但也失去意義。隨著研究仍在進行，我們可以修改某些結論。這沒有什麼不對。如果要等到一切都有根據才說話，最後會變得無話可說。……假如要寫出讓五角大廈每位上校都懂的報告，就必須接受每位上校都會覺得，他也能寫得與我們一樣好的事實。

季辛吉的不耐不只透露出他鬥志旺盛的性格，他告訴史托森巴哈：「一旦開始大幅修正重要內容，那到軍隊已在中南半島作戰時，我們仍會爭議不休。」[84]

有一就有二。受到訪韓報告成功的鼓勵，季辛吉寫信給金特納（William Kintner）上校*，此人著有《到處是前線》（*The Front is Everywhere*, 1950），表示願草擬「概述對日可行計畫的備忘錄」，做為「遠東地區主要心戰工作」的一環[85]。而季辛吉的舊日導師克雷默在哈里曼鼓舞下，被延攬至心戰策略局負責對德的工作，後成為「國家心理戰略計畫」（National Psychological Strategic Plan）F小組的一部分[86]。沒多久，季辛吉便追隨他擔任起顧問。於是有機會再出差，此次是到他最熟悉的國家。以「在德國停留數週」為根據所完成的備忘錄，探討了這個新成立的聯邦共和國「對美國普遍存在著不信任」。

季辛吉所認知的心理戰，是指看穿口頭抱怨為託辭，認清某國人民的根本心態。表面上看，西德人民是不滿於國家可能永久分裂的前景、對戰犯的處置、以及國家重新武裝的意涵。然而季辛吉卻認為，「過於強調這些特定怨言是不對的，那只是更底層憤怒的表象」，而在特定議題上讓步則是更大的錯誤。

> 那會被看做是美國從不了解，什麼能真正打動德國人民的又一指標；美國說的是合法手段，德國人講的卻是歷史經驗。
>
> 這使美德關係染上悲劇性而幾乎解不開的特質。德國人在過去三十年內歷經三次劇變：德意志帝國、威瑪共和及納粹德國的瓦解。老一輩憤世嫉俗，一心一意只想：下一次不惜任何手段，一定要在戰勝這一邊。年輕世代處於困惑與摸索之中。美國訴求的共產主義之害，在他們看來太像是戈培爾的宣傳，並且以他們自身與蘇聯打交道的經驗，也實在太過淺薄。……一九五〇年美國政策〔有關西德重新武裝〕突然逆轉，大多數德國人並不認為那是寬宏大量，而是極盡嘲諷。最主要的是德國人厭戰、幾近神經質，任何勸誡存在的本身即足以惹惱他們。他們普遍害怕再打仗，再被轟炸，乃至再次被占領。

* 是克雷默介紹季辛吉認識金特納

季辛吉引用的民調顯示：出乎一般直覺之外，西方區域的德國人認為，美國人比俄國更人殘忍、傲慢。他指出：「如此看重蘇聯力量的背面是鄙視美國。這裡已興起刻板印象，把美國視為自大、野蠻、輕率、感覺遲鈍、受淺薄的玩世不恭所驅使。」那該怎麼辦？他的解答反映他如何看待「心戰」。他認為，德國「偏向共產主義並無實際危險」。真正的威脅在於「靠教條式反美情緒而增長的民族主義反應，可能促使不在乎意識型態差異，只為達成獨立於西方而親蘇的政府上台。這種反向的狄托主義（Ditoism）並非不可能」（譯註：狄托為南斯拉夫共黨領導人，雖實施社會主義但不接受莫斯科指揮）。美國「嘗試建立兩國關係的法律架構」，卻「忽略使這些關係發揮效果的心理氛圍」。同時那也使德國再武裝看似全是為了美國的方便。相反地蘇聯「追求最低限度的目標，即德國中立化，作法是強調德國的相關利益」：「贊同德國統一，操弄德國人對再武裝的恐懼，強調韓戰造成的破壞，他們在創造有利於中立的條件，而好像只有反美才能達到中立」。

季辛吉的結論很清楚。美國「除非能重視其政治策略的心理層面」，否則無法「修補〔在德的〕地位」。但這不能透過「官方資源或官方人員」。關鍵是「各層級都要在非官方基礎上」進行。那意味著

送一些精挑細選的人到德國，給予「身份掩護」，方便他們四處旅行並建立接觸管道。大學、大型基金會、報社及類似機構好像最為適合。……尤其重要的是讓美國人與德國人共同參與合作計畫，透過一起共事以期形成利益共同體。其形式可以是研究小組、文化會議、交換教授以及實習計劃，不要有政府涉入的任何可能領域。[87]

簡言之，心理戰如後來艾森豪所承認的，就是以相當權謀的方式描述文化交流的過程，但至少表面上看它一點都不權謀。

返回德國喚醒季辛吉對出生地的矛盾情結。自他離開上阿瑪高後的五年內，德國經濟復甦令人驚豔。他告訴雙親：「不論你們對德國觀感如何，他們的復甦確實頗為驚人。」然而奇怪的是德國人本身不曾改變，彷彿納粹時期的恐怖從未發生。「巴伐利亞人如舊日般嗜飲，赫森邦人令人作嘔亦如往昔。」至於他造訪克魯伯（Krupp）軍火工廠時，在杜塞道夫（Düsseldorf）見到的工業家，他若有所思地說，「誰想得到」他們會以晚宴款待亨利．季辛吉？[88]

更令人滿意的是，史托森巴哈調往東京擔任主管後，作業研究處提供他固定職位，接替史托森巴哈。這份差事很吸引他。季辛吉十分樂於回到軍事情報工作，並不懷念學術研究。能夠重回接近韓國「交戰區」令他興奮不已。再回到欣賞講狠話及黃色笑話的工作環境，對他也是一種解脫。（季辛吉若不與史托森巴哈的秘書說些調情的話，甚至無法完成單據核銷手續：「我知道妳的人生如果沒有票根會非常空虛，我的人生若缺少銀兩也一樣空虛。」）[89]軍旅生活有一種吸引人的男子氣概氣氛。他對朋友坦言：「當我置身於不是坐而言而是起而行的人當中，總會體驗到〔一種〕振奮感。」相反的，回哈佛等於回到「條件句和視情況發言之地。……哈佛的氣氛仍然顯得有點不實際，特別是認真討論要具備什麼條件才能行動這種深奧的主題。我覺得關於這種議題，在韓國議政府市*（譯註：首爾與南北韓交界中間的軍事要地）北邊，比在劍橋的研討會上，能夠學到更多」[90]。

* 位於首爾北方，許多美軍（至今）駐紮於此。

這類比較常出現在一九五〇年代早期他的書信中。他在一九五二年十月寫道：「我期盼有些學術機構能學到激勵大多數陸軍官兵的忠誠，就像我在軍中的經歷。」[91]兩年後他抱怨：「不論他們〔荷拉博堡人員〕有何感覺，他們都比這裡〔哈佛〕的許多同事更人性化。」[92]

既然如此，為何季辛吉後來拒絕史托森巴哈的職位[93]，選擇「不實際」的學術界，而非實事求是的情報界？為何在一九五二年底，他將「在華府的活動減至最低」，甚至放棄作業研究處的顧問一職？[94]

五

已婚男人無法全然無拘無束。但也難以相信，妻子是季辛吉決定留在哈佛的決定性因素。安顯然預期他會申請法學院[95]。那是華盛頓高地的人較喜歡的安全選項。季辛吉卻去請教，素來大力支持他在其指導下攻讀哲學博士的教授。季辛吉對艾里特在大學時期的教導表達衷心感激，這一點無庸置疑；

我進哈佛時心裡有點氣餒，因為我覺得追求技術性解決方式，好像已取代戰爭年代剛結束那段時期，也許有些天真或清新的道德情懷。我感到世界所有的希望正被膚淺的經濟承諾消磨掉，而虛無主義的暗流可能將年輕人推向獨裁政治的懷抱，只因它能填補精神上的空虛。

我自認運氣很好，就在此時我有生以來第二次受到這樣一位人物的影響，他的教導是以身作則而非訴諸教條；他真正活出價值觀而非只是講述。過去三年來我體驗到的這種內在成長，有許多都是拜您的指導所賜，而其影響力特別強大，從不是由於仰仗學術地位，而是以指出可能發展的趨勢來說服，而得到發展，就像所有真正值得去做的努力，仍是屬於個人的功課。[96]

然而很難相信，季辛吉選擇由艾里特指導論文並做他的門生，是因為誠心渴求艾里特智識上的指引。他們之間純學術上的關係出奇地反常，這可從要發表的一篇手稿去判斷。研究生季辛吉必須在指導教授出席下，在發表會上報告題為〈形上學、知識論及實徵知識之關係〉（The Relationship between Metaphysics, Epistemology and Empirical Knowledge）的論文。經過一再嘗試，季辛吉卻只能勉強唸出論文的前幾個句子。艾里特不斷以看似瑣碎或無關緊要的方式打斷他：

季辛吉：本論文旨在探討形上學、知識論及實徵知識間之關係。本論文不應視為試圖證實真理的形而上概念，亦非攻擊實徵主義。唯一只想探究……

艾里特：等等，亨利……讓我問你以及研討會參與者一個問題，各位是否相當清楚，比方邏輯實證論與十九世紀孔德（Comte）式實證論之間的差異？兩者都認為知識不需要形上學，但它們之間還是有些不同，亨利，你的論文後面有討論到這一點嗎？

季辛吉：我會以討論布里奇曼與賴欣巴哈的差別來處理這個問題。

艾里特繼續催促季辛吉回答他的問題，季辛吉也照做了。但他尚未回答完，艾里特又打斷他：

季辛吉：舉例來說，對神性懷有敬畏之心，從邏輯實證論的角度來看，這是沒有意義的。

艾里特：不對，那不太正確。容我說一句……邏輯實證論者其實試圖在這架構中做一件必要的事。他要設法回答休姆，一如康德所做的。不過，他在回答中想要拯救科學，我認為是要拯救科學及自然主義，不是嗎？

季辛吉：我稍後會說明，他其實比較接近理想主義者的建構，因為那取決於你是否能想像某種……

艾里特：嗯，等等，對不起打斷你，可是我確實認為，做為本研討會的共同討論基礎，這種架構是必要的。

有一度艾里特開始大略說明海森堡（Heisenberg）的不確定原理（Uncertainty Principle，又譯：測不準原理），禮貌地迫使季辛吉糾正他。但更常出現的情況是，艾里特打斷季辛吉以導正他。季辛吉幾乎每次被糾正時，都簡短地答以「確實如此」，然後再努力地繼續下去。就研討會文字紀錄所見，整篇論文僅有一小部分完成報告。讀過紀錄者一般的印象是：艾里特有點專橫地頻頻發言，季辛吉只能幽默以對[97]。

那季辛吉為何要忍受這種徒勞無功的互動？答案是兩人另有所圖。如前所述，季辛吉自德國之行了解到，打「心理戰」的上上策是透過非官方文化交流。那還有什麼地方比在哈佛校園進行更為合適？這是「哈佛國際研討班」背後簡單又極有效的構想，艾里特於一九五一年創設此班，做為哈佛暑期班的衍生活動。其檯面上的宗旨是，邀請三、四十位今日所稱的「青年領袖」在暑假到哈佛參加活動，以「增進我們亟需朋友的世界許多地方，其文化領袖的了解與態度」。季辛吉無疑是國際研討班的幕後推手；艾里特只是批准認可的教授。是季辛吉在〈呈艾里特教授非正式備忘錄〉中，勾勒出此一創新活動的主要目標：「將精神平衡轉向對美國有利」，滌除歐洲人的偏見，那是因蘇聯宣傳指美國人「華而不實、物質主義、文化野蠻」而滋生，以及「創造理解民主真正價值及精神抵抗共產主義的核心」。最初以歐洲為對象是季辛吉的想法（除去英國、北歐國家和瑞士，因它們都有「堅定的民主傳統」）。也是他掌理嚴格的篩選過程，包括由哈佛的審查委員會過濾數百份申請書，在歐洲由他親自主持數十場面試[98]。加拿大出身的史學家康為（John J. Conway）*深信，季辛吉是要藉此「影響正在歐洲盛行的中立主義熱潮」[99]。艾里特當然喜歡這個想法，大讚它「遠比再多的宣傳更有效」。[100]但他從不諱言季辛吉是「引領研討班的天才」[101]。他承認：「我在裡面的角色不過是把概念變為具體，募些初期經費，抽時間參加會議，然後看著那些學員樂在其中。」[102]

凡是主辦過國際會議的人都會同意，要讓來自世界各地的青年才俊齊聚一堂，即使只有幾天，也非容易的事。但季辛吉不以此為滿足，他的目標是每年都舉辦、為期兩個月、兼具學術與社交性質的活動。再者，他自始便打算擴大研討班的範圍。第二年，一九五二年時，四十位學員有半數來自亞洲。他們一抵達劍橋後就分成三組，討論主題分別是政治、社經、人文。每組由一位美籍教授主持，並有一位美籍參與觀察員。各組每週一、二、四上課三次，上午一小時半，由學員輪流發表論文。下午他們變身客座講師，季辛吉每次必定出席。

挑戰之一當然是，如何在大多數老師都放假到外地去時，為學員找到適當的講者。季辛吉所能吸引到的首批客座講者中，有多倫多大學俄國史專家史卓克霍夫斯基（Leonid Strakhovsky）。但他也用心於勿讓研討班狹隘地只講學術。如一九五四年的講座陣容，除邦迪、菲德瑞契、史勒辛格外，還有創作《李爾阿布納》（*Li'l Abner*，譯註：美國連載諷刺漫畫，有美、加、歐多家報紙刊登）的漫畫家凱普（Al Capp）。其他

* 康為當加拿大步兵，一九四四年在義大利服役時失去一隻手，一九五七至六二年擔任賴弗瑞宿舍主任，也是認真的大學部教師，曾出版多本有關加拿大歷史的著作。

受邀超過兩次的來賓有羅斯福夫人愛蓮娜（Eleanor Roosevelt）*、工會領袖魯塞（Walther Reuther）、作家懷爾德（Thornton Wilder）及記者瑞斯頓（James Reston）。每週三晚上是公共論壇，由兩個學員發表有關其本國問題的論文；接下來是「交誼時間」（punch party），通常十一點後才散場[103]。一九五三年季辛吉自己說，他「很重視……以對話形式進行這個學術活動……〔因為〕重要人物知道自己的能耐……希望也能付出而非只是受教」[104]。除此之外，學員也會四處參訪，如汽車裝配廠、波士頓美術館（Boston Museum of Fine Arts），或到國民住宅區「與外國訪客不易接觸到的普通美國人」見面交談，包括當地黑人社區[105]。

哈佛國際研討班的體驗不能說是非常方便舒適。不論這些學員在本國的地位多高，他們全被安排住在燠熱難耐的哈佛大學部宿舍，在看似飛機棚的「哈佛聯盟」用餐[106]。但他們也常受邀到季辛吉家吃飯，「一聊就是好幾小時，話題主要是政治」。葛勞博（Stephen Graubard）是季辛吉請來協助班務的人員，據他說：「從抵達那天，研討班學員……就知道，他們暑假能來劍橋多虧季辛吉。」[107]一九五四年學員、印度文學學者桑德朗（P. S. Sundaram）在「全印度電台」（All-India Radio）的節目中，向「難得兼具能幹及無比個人魅力的總監季辛吉先生」致敬[108]。他的參與顯示，哈佛國際研討班很快就變得較不偏歐洲而更符合國際性。德國學員瑪莉安・富爾辛格（Marianne Feuersenger）記得，季辛吉樂於與學員互動，不分種族性別：「他不在意性別，只在乎你要說什麼。我記得他對兩件事興致特別高：吃飯，談事情。」[109]另一位德國學員則欽佩季辛吉的演說技巧[110]。

自一九六七年《紐約時報》刊出，標題為「哈佛活動受中情局資助」的報導，歷史學者便對國際研討班及其他哈佛機構受中情局「補貼」，紛紛表達震驚[111]。毫無疑問艾里特曾鼓勵季辛吉，去找他在中情局的人脈爭取經費。甚至不止於此，他還想讓季辛吉成為中情局的人。早在一九五〇年十一月，艾里特就把徒弟介紹給羅伊德（H. Gates Lloyd, Jr.），他是畢業於普林斯頓的銀行家，當時剛獲任命為中情局行政處副處長[112]。次年，艾里特寫信給魏斯納，要求給季辛吉「一個類似於我但必要時可改變的無給職顧問」[113]。那時季辛吉已經見過羅伊德，甚至給過他關於研討班「一些各階段的工作重點」，包括急須支出的費用，即學員篩選過程的預算。總共要求的經費是二萬八千五百美元[114]。季辛吉後來又寫信力陳他認為：「美國有必要在心戰領域做出努力」[115]。之後有數個來源匯入經費，特別是福特基金會及「遠場基金會」（Farfield Foundation），它們經常只是中情局撥付資金的白手套。

這種說法有兩個疑點。一是福特基金會內部討論哈佛國際研討班時，曾強調「該計畫主要的價值在於經費及運作完全獨立於政府之外。事實上，學員的高素質很可能主要是基於這個因素，因為其中很多人在本國的職務不允許他們接受美國政府的資助，即使部分也不可以。」[116]季辛吉也同意只是「粉飾」是不夠的。如他在一九五二年向杜勒斯本人解釋：「許多我們的重要學員，包括一些在情報工作上很有價值的人，都曾坦白告訴我，如果有美國政府贊助，他們肯定不會參加。」[117]

其次，此事若有檯面下的暗盤，為何向福特基金會之類的機構募款會如此困難？其實福特基金會起先拒絕支持國際研討班，所以第一年它只能（很辛苦地）獲得一些小額捐款。到一九五二年夏末，艾里特確實從福特基金會得到六萬六千美元補助，但這只及他為兩年計畫所申請的金額的一半[118]。艾里特抱怨他為了支付開銷，淪為「討錢的朋友」[119]。到一九五三年底，預算修正為六萬四千七百八十美元[120]，但季辛吉與艾里特必須為尋找財源四處奔走。艾里特找上卡內基基金會（Carnegie Endowment）[121]，其他目標包括史隆

＊季辛吉在某次研討班舉辦期間，前往紐約海德公園拜訪她途中，不慎將愛犬史墨基反鎖在密不透風的車內，導致牠熱衰竭死亡。

（Sloane）、惠特尼（Whitney）、美隆（Mellon）及沛雷（Paley）等基金會。一九五三年年終時，艾里特向邦迪抱怨，說他已「厭倦當化緣修士」，並正考慮「認輸」[122]。季辛吉同樣覺得挫折，向克雷默大吐苦水：

> 現在幾可斷定研討班不會再辦。人們完全無法了解無形資產的價值，而我也再募不到任何款項。艾里特已浪費三個月做的都是虛功，他有點精神渙散，那近乎不負責任，也妨礙我直到最近都無法做任何努力。那些所謂「大」人物全都不了解我們要做的是什麼，還自我安慰地認為，只要任何他們覺得合適的時機，我們隨便就可以重啓這個計畫。[123]

四處碰壁後季辛吉回去找福特基金會[124]，此次他得到剛升為哈文理學院院長邦迪的支持（「這顯然未降低他的自尊」）[125]。一九五四年十月，福特基金會通過兩年八萬美元的資助[126]，但當「洛克斐勒基金會」拒絕比照時，除去削減開支別無他法。一九五四年時國際研討班的年度預算，已穩定至五萬五千美元[127]。次年「亞洲協會」（Asia Society）承諾提供四萬五千美元[128]。向福特基金會尋求金援令季辛吉唉嘆，他覺得「好像卡夫卡小說裡的角色……坐在門前太久，到最後根本忘了門裡面有什麼，只記得自己想得到它。」[129]一九五六年九月福特基金會終止一切補助，鼓勵研討班「持續擴充支持來源」，逼得季辛吉只能亂槍打鳥。那年十一月，他寫信給將近三十個基金會、大企業及富豪，全部遭拒。這絕非與國安單位關係良好的附隨組織會發生的狀況。中情局的錢當然會流向福特這類的基金會，但國際研討班必須與其他申請者競爭，就如同現今科學家必須爭取聯邦政府的研究預算。

季辛吉因過分積極而自找麻煩。他不以辦理研討班為滿足，另行開展一項極具野心的計畫：出版《匯聚》（*Confluence*）季刊。這基本上是異曲同工的作為，如艾里特所說：「是提供歐美知識份子機會，從盡可能最高的層次來討論當代問題」。這本季刊也像研討班，他與季辛吉不遺餘力地呈現更寬的（反共）意見光譜。艾里特向福特基金會的凱茲（Milton Katz）解釋：「在我看來，不宣傳才是最可能有效的宣傳。……所以我們刻意邀請意見不同的人發表有特色的言論」。《匯聚》表面上是嚴肅的學術期刊，但再借用艾里特的話，其用意是「痛苦甚至緩慢地建立一種道德共識，不管你多麼期待快速，若無這種共識，共同政策將無以為立。」[130]只是艾、季二人得到的回應依然欠佳。洛克斐勒基金會未置可否[131]；福特基金會的史東（Shepard Stone）較為同情他們[132]，安排旗下「文化交流出版社」（Intercultural Publications, Inc.）提供經費。但與對研討班一樣，福特基金會的人不願做唯一的贊助者[133]。

那些主其事者並非泛泛之輩。其中一位重要決策者林賽，是戰時戰情局在南斯拉夫的英雄人物[134]，他任職中情局時曾（短暫）強烈支持把蘇聯人從東歐「擊退」[135]。他與同僚所做的不只是管理當白手套的錢。他們看過《匯聚》前幾期後，感覺不過爾爾，便建議艾、季二人請一位「編輯顧問以略加提高水平」[136]。只有出版人羅福林（James Laughlin，美國詩人龐德〔Ezra Pound〕之友，「新方向出版社」〔New Directions〕創辦人）被季辛吉說服，季辛吉給他的印象是「像個至誠（極熱忱德式風格）的人，正竭盡心力要完成一項崇高使命」[137]。一九五四年福特決定停止贊助時，季辛吉的「第一反應是讓匯聚停刊，因為我有點不想再當宗教法官*。」好不容易他才被說服繼續辦下去[138]。《匯聚》勉強發行至一九五八年夏便默然消失。

所有這些讓人得以看清楚，後來所謂「文化冷戰」的樣貌。與其他計畫相較，特別是中情局資助的

* 宗教法官（Grand Inquisitor），出自俄國作家杜思托也夫斯基所著《卡拉馬佐夫兄弟》。寓意他費盡口舌，卻得不到回應。

「全國學生協會」（National Student Association），哈佛國際研討班得自政府的補助少得可憐。與《交鋒》（*Encounter*）或《政黨評論》（*Partisan Review*）等期刊相比，《匯聚》不過是跑龍套，中情局本身也懷疑它是否是「浪費公帑」。它不僅缺乏贊助者，也缺乏讀者。最初兩期免費寄給季辛吉苦心蒐集的兩千個受贈者。他設下發行量增至十倍和付費訂閱的目標，連接近達成也談不上[139]。一九五〇年代心理戰的戰線非常廣，中情局經費不只流向學術機構及期刊，還有工會、婦女團體、天主教機構、現代藝術展，甚至是動畫片[140]。在此背景下，季辛吉在哈佛的活動是文化冷戰中屬最一本正經的。用當今的術語來形容，那是最軟的軟實力。

至於季辛吉一再遭指控，是為自身利益促使他邀請學員參加研討班，和請人替《匯聚》寫文章，以便日後對他大有用處，這好像並不公平。一九五一到六八年結束時，六百位曾參與國際研討班的外國學員，有些日後確實成為本國的領導人：如一九五三年參加的日本首相中曾根康弘、法國總統季斯卡（Valéry Giscard d'Estaing,1954）、土耳其總理艾傑維特（Mustafa Bülent Ecevit,1958），比利時總理廷德曼斯（Leo Tindemans,1962），馬來西亞總理馬哈迪（Mahathir bin Mohamad,1968）[141]。但大部分學員後來都過著平凡的生活。聲稱季辛吉成功製造出「自成一格的冷戰精英集團，在充滿威脅的世界中，建構出知識份子行動家與文明保護者的集體身份」，等於相信哈佛國際研討班已達成它對潛在捐助者所宣示的所有目標[142]。主張季辛吉「無可救藥地對有權力、魅力、財富者趨炎附勢」，等於抬舉籌辦會議和編輯期刊那種明顯單調乏味的工作[143]。頂多只能說：舉辦國際研討班及出版《匯聚》季刊前幾年，使季辛吉得以接近某些人，那些人在正常情況下，可能根本不會注意到一個區區研究生。可是季辛吉一九五三年初前往歐洲，不是去見權力掮客而是知識份子：如巴黎的阿宏（Raymond Aron）、卡繆（Albert Camus）、馬爾羅（André Malraux）、沙特（Jean-

Paul Sartre），牛津的貝洛夫（Max Beloff）、伯林、布洛克（Alan Bullock）、狄肯（William Deakin）[144]。再說，身負這些重任並不會使研究生季辛吉的生活變得輕鬆。較合理的結論是：季辛吉由衷地把這二項同時進行的事業，視為他對自身矢志投入的對抗蘇聯共產主義心戰最有用的貢獻。

從一九六〇年代晚期美國占優勢的時間點，去論斷一九五〇年代是很危險的；從我們今日所處情勢去論斷則好很多。麥卡錫參議員並非特立獨行的反共人士。一九四六年七月，民調顯示超過三分之一的美國人認為，應處死或監禁國內的共產黨人[145]。聯邦調查局長胡佛告訴「眾院非美活動調查委員會」（House Un-American Activities Committee），對共產黨人必須「加以辨識、揭露；因為民眾會採取隔離他們的第一步行動，以免他們作亂」[146]。那種辨識與揭露過程到一九五〇年進行得如火如荼；事實上，幾乎失控。而「紅色獵人們」最喜歡的狩獵目標就包括哈佛大學。

自一九五〇年三月開始，《芝加哥論壇報》（*Chicago Tribune*）刊載一系列記者葛瑞費斯（Eugene Griffith）與富爾頓（William Fulton）的報導，內容要點即哈佛是共產主義溫床。一九五一年四月七日的標題為：「紅色陣線哈佛狩獵滿載而歸／左派教授校內宣揚理念」，其下的報導中指稱，哈佛是「獵捕共黨、左傾主義者及各種思想激進者的最佳獵場」；並暗示哈佛容許「挑起顛覆性外來理論」，還洩露原子機密。全篇報導充滿偏見與中傷。（希斯「讀過哈佛法學院」與報導內容無任何關連。）《哈佛校刊》回以自造的嘲諷標題：「芝加哥論壇報記者第四次為年度紅色獵殺而來」[147]。不過《論壇報》引用的「美國國家教育委員會」（National Council for American Education）報告，不可等閒視之。「哈佛紅色教育家」（Red-ucators at Harvard University）是一份清單，列有哈佛教職員參與的可疑政治團體，它很易於被拿來類比「眾院非美活動調查委員會」一九五一年三月公布的「危險組織與出版物指南」（Guide to Subversive Organizations and

Publications）。列入其中的組織涵蓋「千人委員會」（Committee of One Thousand），曾為拒絕在麥卡錫委員前回答問題的好萊塢人物募款，到「全美西班牙民主之友會」（American Friends of Spanish Democracy），一九三〇年代遺留下來的組織。《論壇報》指稱，至少有六十八位哈佛教職員是這些「紅色偽裝組織」的成員，但指名應特別注意菲德瑞契、建築師葛羅佩斯（Walter Gropius，當時任教於設計研究所）及三位歷史學者：布林頓、莫里森（Eliot Morison）、小史勒辛格。據「紅色教育家」報告，史勒辛格至少加入十個可疑組織[148]。

史勒辛格當然不是共產黨；他是自由派，具進步主義傾向，曾支持〔黑人〕民權運動，基於差不多的理由二戰前支持過西班牙〔第二〕共和。但在韓戰助長的狂熱氛圍下，麥卡錫主義者想盡辦法，不只把自由主義，連「國際主義」都打成反美。《論壇報》攻擊哈佛之際，適逢有人推動麻州州議會通過法案，在州境內禁止共產黨。當傑出化學家庫立吉（Albert Sprague Coolidge）以「公民自由」之名加以反對，便被《論壇報》列入可疑教授名單[149]。富爾頓甚至指控哈佛校長柯南特是「全球主義者和激烈干涉主義者」，因為他支持全面軍訓。《論壇報》另一目標是哈佛中國通費正清；麥卡錫主義者就有辦法將孤立主義與關切「誰丟了中國」搭上線。我們必須在此背景下，看待季辛吉對於一九五三年七月某事件的反應，當時統一格式的信件出現在所有國際研討班學員的信箱裡。季辛吉打開其中一封，看了後怒氣衝天，因為裡面是「禁用核彈」宣傳單，內容大肆批評美國的外交政策。他當下的反應是連絡聯邦調查局[150]。後來有人撰文譴責此舉既違法又不道德，但在「紅色恐怖」時期，這麼做絕非輕率。（同年肯楠也認為，訂閱〔蘇聯〕《真理報》（*Pravda*）前最好取得胡佛同意）[151]。

此時季辛吉政治前景的一個重要指標，出現在給小史勒辛格的信中，那是回覆他寄來的有關麥卡錫主義的文章草稿。季辛吉寫道：

我發現幾乎沒有歐洲人明白（阿宏可能是例外），美國事實上有共黨滲透的問題，特別是在陸軍情報處（Army Information Services）及其他某些重要單位。同樣的，希斯案與羅森堡案*的真正意涵完全被忽略。……僅因麥卡錫與〔參議員盟友〕麥卡蘭（McCarran）以應受譴責的方式攻擊一個問題就認為……根本沒有問題存在，那是嚴重的錯誤。[152]

另一方面，季辛吉非常了解麥卡錫代表什麼——唯有親身經歷過極權統治的人才懂得。季辛吉曾邀請卡繆寫一篇關於「忠誠道德」的文章，以釐清麥卡錫主義所呈現的問題：

課題……是如何使個人不受制於團體的主張，還有集體道德觀與個人道德戒律間的衝突。我相信歐洲先進們可以告訴我們，許多自己面對這個問題的經驗，美國人並不充分了解它。在我看來，歐洲因歷經外國占領或極權獨裁或兩者皆有，所以擁有本身深切的忠誠衝突體驗。……在此情況下，在意個人價值觀的人是否應直接站在公開反對立場，還是在體制內運作，反對才能變得最為有效？區別惡棍與英雄顯然往往在於動機而非行為，這可能助長極權統治時期，所有道德克制遭到腐蝕。[153]

一九五四年三月，季辛吉再度就麥卡錫主義致函史勒辛格：

* 羅森堡案（Rosenberg case），羅森堡夫婦因替蘇聯從事間諜活動，於一九五三年被判刑處決。

當下我們無疑正處於關鍵時刻，在我看來，我們正目睹遠遠超越麥卡錫的事件發生：極權式民主的出現。民主政體的精髓在於，選輸者能以相對優雅的姿態接受失敗；極權體制的精髓則在於，勝利者取得懲治對手的權利。……當選舉失利的風險如此可怕，選戰會打得你死我活，那必斲傷民主程序。當問題轉為司法而非政治性質，則政治競爭會呈現內戰特徵……即使肢體衝突暫時延後。大多數人，特別是保守派，認為這不可能發生在美國，這是內部實力的展現，但同時也是極權主義運動的資產。德國一些最優秀的人士，要到希特勒取得政權六年後才明白，一個罪犯正統治他們一向自豪為道德之國的國家；他們太以此為傲，竟然看不出實際上發生了什麼。

我看到的當前真正的問題是……讓保守主義者相信：真正的保守主義現在至少需要做到反對麥卡錫。[154]

後面會談到，季辛吉設法要《匯聚》呈現更廣泛的政治觀點。少數幾篇被他直接退稿的文章中，有一篇是極端保守派小巴克利（William F. Buckley Jr.）為麥卡錫的辯護文[155]。（巴克利對於遭拒並未介意。）

六

《匯聚》雖以失敗告終，但並非不夠格的雜誌。季辛吉集結了堪稱黃金陣容的顧問群為他壯聲勢，除了邦迪與史勒辛格，還包括法學院蘇德蘭（Arthur Sutherland）、律師凱恩茲（Huntington Cairns）、佛洛伊德學派政治心理學家拉斯威爾（Harold Lasswell）、布魯克林學院校長吉迪恩斯（Harry D. Gideonse）[156]。季辛吉身為主編，不斷努力向當時西方某些重要作家邀稿。但也不是每位受邀者都領情：卡繆與葛林不曾給過一字半句，福斯特（E. M. Forster）更是斷然拒絕。然而一位研究生能拿到鄂蘭（Hannah Arendt）、阿宏、尼布爾（Reinhold Niebuhr）等大師的手稿，可不是件簡單的事，更別說還有李普賽（Seymour Martin Lipset）、摩根索、尼茲及羅斯托（Walt Rostow）。季辛吉不僅成功說服一些當年最頂尖的知識份子知識分子為他寫稿；還能從他們那裡要到有趣的文章。他是充滿活力的編輯，常要求作者修改文稿，連史勒辛格都被要求重寫，論美國保守主義的文章中不夠完善之處[157]。的確，某位英國讀者的批評並非無的放矢：「這些文章常常過於籠統，只在表達意見，冗詞贅語太多，甚至雜亂無章」；同一讀者對於「反共陳腔濫調已滲入貴刊的某些文章中」看法也很在理[158]。當然它也有結構性問題。有些撰稿人固然甚受尊崇，但出現頻率稍多；來自東亞的稿件幾乎付之闕如。由於拖稿情況層出不窮，原應在同一期討論的議題，最後卻分散至次期甚至次次期。儘管有這些缺點，閱讀《匯聚》仍像是回到談理論義的光輝時代。

艾里特在《匯聚》創刊號提出大哉問：「西方文明是否確有共同價值為底蘊？」對此尼布爾無疑地提出最有深度的解答[159]。「民主方式是否足以解決當前問題？」是季辛吉指定給第二期撰稿人的問題[160]。這種像考申論題式的問題，不久便被較能自由發揮的主題取代，如意識型態的散播。阿宏針對此一主題，對美國企圖「以積極改善生活條件來治療革命病毒」，表達法國式懷疑[161]；羅斯托不同意阿宏的見解，認為就是必須協助民眾認清，採用美國模式能夠使生活水準有多大改善[162]。鄂蘭則警告，不可為對抗共產主義，「試圖再次將『宗教式激情』注入公眾政治生活」的力量[163]。史勒辛格（在改寫後）表達對「美國新保守主義」的疑慮[164]。

或許季辛吉並不打算將《匯聚》聚焦於政治主題。他陸續就政治色彩相對不高的主題徵求文章：「藝術與哲學的社會角色」、「大眾傳播媒介」，「科學角色」、「宗教問題」、「今日教育」、「城市的社會定位」等。但他長期關注的議題加上整個計畫基本的目的，使政治主題不可避免地最為突出：「少數民族問題」（美國民權運動先驅小說《奇怪果實》〔*Strange Fruit*〕作者莉莉安．史密斯〔Lillian Smith〕，對此主題的專文曾經刊出）、「核子時代問題」（有年輕時期英國工黨鷹派希利〔Denis Healey〕為此撰稿），還有「自由主義問題」、「國際情勢」、及一九五八年最後一期的「社會主義政黨暨勞工運動前景」。不過影響最大的仍是季辛吉邀來關於「忠誠道德」的文章，只是造成衝擊的方式出乎他的意料。

冷戰的核心問題是，從一開始反共的涵蓋面就很廣，遍及前共黨、社會民主黨、傳統自由派、進步主義者、基民黨、保守派、反動派、及明目張膽的法西斯主義者。一份刊物若以平衡反映這整個光譜為目標，便難以忽略後面那幾類的論點，而像圍堵蘇聯政策那樣完全摒除它們。季辛吉身為德國出生的猶太人、逃離納粹的難民，或許覺得比大多數人更有立場，提供德國右派知識份子表述的空間。他萬萬沒想到戎格（Ernst Jünger）與薩洛蒙（Ernst von Salomon）的名字出現在《匯聚》，會引起讀者抗議。

戎格是一戰時獲有勳章的英雄，但他在德國聲名大噪，是因一九二〇年出版小說《鋼鐵風暴》（*In Stahlgewittern, Storm of Steal*）。戎格堅決反對納粹，並因牽連到一九四四年企圖刺殺希特勒的貴族謀反者，而遭軍隊開除，但二戰後他仍被投以相當大的懷疑眼光，原因是他早期曾讚頌戰爭有提升個人的功用，以及他旗幟鮮明地反對現代主義思想。他〔為《匯流》〕所寫〈退隱森林〉（The Retreat into the Forest）一文，曾預言「社會精英即將開始為爭取新自由而奮鬥，並須做出重大犧牲……相較於……仍為當前自由概念提供養分的巴士底獄風暴，〔那〕像是星期天到郊外漫步」。戎格自認是「森林中遊盪者」（*Waldgänger*），隨時「準備去反對」現今世界的「人云亦云」（automatism）。他在結論中表示，希望「千千萬萬的無名小卒當中會興起一位完人」[165]。在距二戰結束不到十年內，美國刊物登出這種文章算是口味很重。

相較之下，薩洛蒙為德國抵抗希特勒而辯護就顯得溫和[166]。但他的身份本身是劣跡斑斑。薩洛蒙是被判有罪的謀殺犯，蹲過五年苦牢，罪名是參與刺殺德國外長拉特挪（Walter Rathenau）。拉特挪身為猶太人、實業家、贊成履行凡爾賽和約，使他成為極右派的眼中釘。一九二七年，薩洛蒙因謀殺政治人物未遂再度入獄。他雖拒絕加入納粹黨，但也從未認同民主理念。事實上他曾為支持殖民的宣傳電影《卡爾彼得斯》（*Carl Peters*，一九四一年上映）撰寫劇本。他在二戰後出的書《問卷》（*Der Fragebogen, The Questionnaire*）中，厚顏無恥地嘲諷式回答了官方為去納粹化所做的表格。薩洛蒙的文章一出現〔在《匯集》〕，憤怒的抗議信接踵而來，包括福特基金會的史東，季辛吉不可能樂於閱讀他的信，更別說刊登，還有史學家烏藍（Adam Ulam）[167]。

被圍攻的主編季辛吉，在寫給克雷默的信中故作輕鬆：「忘了向你報告，像大多數其他事情一樣，我如今也加入你成為自由派妖魔學（liberal demonology）研究的頭號壞蛋。看來我刊登戎格與薩洛蒙的文章，是我同情極權甚至納粹的徵兆，並引起此間若干民主價值衛護者，向某些支持我們的基金會抗議。」[168]但此事的嚴重性非同小可。烏藍是研究社會主義與共產主義歷史的專家，之後成為同世代的研究蘇聯權威之一；他也像季辛吉是猶太裔移民。而且他當時剛取得季辛吉那一系的終身教職。此人以難纏聞名，同事畢爾（Samuel Beer）後來給他「暗黑人格」的稱號，他是年輕研究生樹敵最糟糕的那一種。在之前季辛吉刻意當個隱形主編，不發表評論，不寫「編者的話」。如他所言，在「以分貝衡量」討論公共議題的真誠度，「真實對話」不受歡迎的時代，他「試著盡可能刊登最多的不同重要意見」，並「因此……克制不寫社論或以文章表達自己的意見」。薩洛蒙危機迫使他站上檯面。他以回覆烏藍的形式表態，其結果令人感到懇切，也透露許多訊息。

季辛吉並未替薩洛蒙辯護，他曾是謀殺犯；如今是政治評論者，其作品「展現我個人認為不足為訓的憤世嫉俗虛無主義傾向。……這絲毫無法使他夠格成為道德規範的高標代表人物」。然而薩洛蒙也是一個重要現象的範例：「在一戰中價值觀瓦解」的那一代德國人有何反應。有些人選擇「機會主義道路」，有些人如薩洛蒙者，因理想幻滅而認定：「所有的信念毫無意義，一切的信仰皆是偽善」。季辛吉本人也許不喜歡這類「虛無主義者……即使他們站在天使那一邊」，但不可否認從他們身上能對忠誠問題得出洞見：「那一直是他們的人生，其實也是他們人生的困境，〔以致〕他們失去從責任角度，即道德標準的先決條件，去思考的能力，只能從個人忠誠角度去看待各種關係。」簡言之，討論「忠誠道德」時若不納入薩洛蒙這樣的人，整個討論不會完整。

季辛吉把刊登薩洛蒙文章定調為，就忠誠「整體問題說明其中一個面向」的一種方式，之後便轉而回應烏藍。他第一句話便跌破眼鏡地表示讓步，他寫道：「你或許覺得我做得太過分，我甚至願意對你承認，我偶爾會犯下太過包容的錯。」烏藍曾特別反對薩洛蒙從未表達悔改一事，但

我的回應是，世上有些事是悔改不了的。我們當中有那麼多知識份子，從共產主義轉向佛洛伊德理論，轉向宗教，總是準確地盯住潮流，他們訴諸情感的自我辯護，在道德上不見得更加優越。我覺得薩洛蒙是個被狂怒驅使的可憎靈魂。就政治及道德現象而言，我不喜歡他；但我也不會自欺地以為，他只代表單一的個別例外，而非反映我們這個時代的某些傾向。我反對他的政治主張，但不是用鼓動仇恨者那種叫囂方式，那些人受狂熱擺布，以致於與敵人愈來愈相似。[169]

那也是肯楠在長電報中最具先見之明的警告：「我們對付……蘇聯共產主義可能遭遇的最大危險，就是允許自己變得跟對手一樣」。季辛吉擔任哈佛國際研討班總監及《匯聚》主編，正懷著要避免那種後果的抱負——「要以行動而非言論展現西方價值」。烏藍的攻擊使季辛吉刻意維持的「編輯中立」立場見光死。季辛吉從此可以自己發聲。接下來他會怎麼說？又會怎麼做？

把季辛吉說成冷酷無情，只想在「冷戰大學」滑溜溜的桿子上拼命往上爬的那些人，不易解釋既然如此，季辛吉為何並未選擇，把人生首次重要的學術貢獻放在「心理戰」上，也不是《匯聚》內頁裡高度話題性的主題，反而選了十九世紀初期歐洲外交這種冷門、更別說老掉牙的題目。

第9章　季辛吉博士

我認為分析最偉大政治家的思想，會顯現比心理學家願承認的更多一致性。

——季辛吉[1]

我問同事：「我們需要一位研究梅特涅的政治學者嗎？」他們答：「千萬不要。」

——金德伯格[2]*

一

季辛吉一九五四年完成博士論文《和平、合法與均勢：卡斯爾雷與梅特涅政治作為之研究》（Peace,

* 金德伯格（Charles Kindleberger），美國財經史學者，曾著書探討股市投機泡沫。

Legitimacy, and the Equilibrium：A Study of the Statesmanship of Castlereagh and Metternich），此文不僅足以為他贏得哲學博士頭銜，也使他榮獲參議員桑姆納獎（Senator Charles Sumner Prize），每年哈佛政府學系頒發此獎給「從法律、政治、歷史、經濟、社會或族裔角度，探討預防戰爭及建立全球和平之道」的最佳博士論文[3]。三年後季辛吉將它付梓出版，內容幾乎未加修改，書名《重建的世界：梅特涅、卡斯爾雷與和平問題，一八一二至一八二二年》（*A World Restored: Metternich, Castlereagh and the Problems of Peace, 1812-1822*），長久以來人們視此書有如季辛吉本身從政的先聲。福山*稱之為「闡述政治現實主義經典作」之一，他說季辛吉在書中，「詳述均勢（balance of power）外交整體原則，日後也成為他擔任國家安全顧問及國務卿的政策準則」。照福山所說，這位未來的國務卿是在本書中，首度「提出自己所主張的，國際和平最佳保障並非法律或國際組織，而是透過分散權力節制強國野心」[4]。卡普蘭認為此書「證明，猶太大屠殺及現代歐洲史各重大事件，使季辛吉成為『現實主義者』」，這反映在他反對姑息，決心「拋開個人及人性」去思考權力，以及捍衛「重大利益……必要時……訴諸暴力」[5]。陸續有傳記作者也從此書的字裡行間，找出季辛吉未來行止的各種前兆[6]。其中之一說：「季辛吉說明，企圖維持世界秩序的保守派政治人物，如何學會巧妙地維持權力均衡，以對付要革命的國家。他以此奠定個人現實政治哲學的基礎，和一路走來始終如一的保守觀點」[7]。另一位作者寫道：「季辛吉認為，外交史是非常有用的當代決策工具。」[8]

然而這與事實相去甚遠。季辛吉決定撰寫主要是歷史研究的論文，雖然只用已發表的資料，沒有檔案資料，卻並非打算在學界或公職上更上層樓。當年大多數政府系研究生皆專注於當代問題†，因此用整整四年時間，研究拿破崙從莫斯科撤退後那十年的歐洲外交史，幾近於自我犧牲。論文主題完全是季辛吉自行選定。無關乎他在哈佛最堅強的支持者艾里特的利益，不過論文出書時是獻給艾里特。做此選擇也未請益相關領域的權威學者（這是今日博士生的慣例），如一九五四年出版巨著《歐洲爭霸，一八四八至一九一八》（*The Struggle for Mastery in Europe, 1848-1918*）的牛津大學史學家泰勒。（此書的確是在季辛吉完成論文後數月才出版，但眾所周知泰勒自一九四二年即著手準備撰寫）。哈佛歐洲外交史專家藍格（William Langer）顯然也未被諮詢過。有證據強烈顯示，季辛吉好友葛勞博的說法較正確：「他寫作的目的主要是自我教導。」[9]這主題似乎太過冷僻，到季辛吉第二本書使他小有名氣後，仍找不到一家美國大學的出版社願意出版《重建的世界》。倒是倫敦具企圖心的出版商韋登費（George Weidenfeld）慧眼識英雄，他也是逃離納粹的難民，很快便出資購買版權（及把季辛吉的拼字改為英式拼法）[10]。

就論文本身而言，它是非常了不起的研究成果，尤其考慮到自一九五〇年暑假，到一九五四年初手稿大致完成期間，季辛吉還要忙多少外務。它確實比季辛吉原本計畫從維也納會議寫到一戰爆發，整個「近百年的承平時期」，時間縮短[11]。一九五三年底時，他甚至尚未開始寫原本計畫的有關俾斯麥的部分。但不可否認，他對已發表文件及二手歷史著作知之甚詳[12]。連最挑剔的學界評論者，也只能在參考書目中發現兩個疏漏[13]。更令人印象深刻的是季辛吉文筆出眾。他總是以生動華麗的詞藻介紹文中每一位主角出場。奧地利外相梅特涅親王「是洛可可式（Rococo）人物，繁複、精雕細琢、純屬表面，有如　麗的稜鏡。他表情優雅但無深度；言辭機敏但很少認真」[14]。英國外相卡斯爾雷勳爵「在國內遭到誤解，舉止……中規中矩，不擅

* 福山（Francis Fukuyama），美國政治經濟學者，日本裔第二代，其歷史終結論的著作廣受矚目。

† 一九五四年通過的其他十三篇哈佛政治學論文中，有六篇與當代國際主題有關：美軍占領日本期間的勞工政策、伊朗民族主義、英國健保制度（共二篇）、聯合國維和行動與國際難民。唯一另一位也研究十九世紀的是戈登．路易斯（Gordon Lewis），主題是一八四八年基督教社會主義者。

言辭，依直覺行事比表達能力更能竟其功」[15]。俄皇亞歷山大一世*的一生「僅能在期待中獲得滿足」[16]。法國外交家塔列朗（Talleyrand）「終究難以成大器，因其行動總是絲毫不差地順應主流氛圍，因無任何理想能使他拋棄功名利祿。其原因或許在於誠心想維持調和各方的立場：局外人若認定那是機會主義也要原諒他們」[17]。

季辛吉也像泰勒，無可避免地感染到許多十九世紀外交家愛用的警語風格：「平庸的精義即偏愛有形而非無形利益」[18]、「接踵而來的矛盾或許令哲學家樂此不疲，對政治家卻是夢魘，因為他不僅必須思考、還要解決問題」[19]、「以有限的階段達成無限的目標，可解除其恐懼與誘惑」[20]、「運氣不論對政治或其他活動，都是縝密規劃的副產品」[21]、「對不明事理者來說，所有問題都同樣困難，也同樣簡單」[22]。類似這些挾帶的議論是《重建的世界》長久吸引讀者的部分原因，但出現在博士論文裡多少有點突兀。

文中最突出的部分與外交藝術有關，也有助於了解季辛吉對此主題早期全屬理論性的看法，因此值得在此一提。「非專業者會有外交具百分之百彈性的錯覺。」當時非專業的季辛吉寫道：「假設所有偶發狀況的可能性不相上下，據以規劃政策，無異於將政治藝術等同於數學公式。因無法對一切可能情況預作準備，若認定對手具完美權變能力，將導致行動癱瘓（paralysis of action）。」[23]此一自我癱瘓概念季辛吉提到不止一次。他寫道：「算計絕對實力將導致行動癱瘓……實力取決於與他國的相對地位。」[24]他已經十分清楚可從容謀略的危險，及身處危機反而有利的矛盾：「在平靜無波的海面上判定航向，可能比在波濤洶湧中找到出路更為困難，環境凶險反而因求生需要會急中生智，進而啟發我們如何因應」[25]。他也推崇不帶感情的重要性，這尤其是從梅特涅學到的智慧：「懷著熱情去談判可能很危險……因那使談判者無法假裝還有選擇的自由，而選擇自由正是最有效的談判武器。」[26]

武力在外交上的角色是此書一個重要主題。歐洲能回復到某種均勢，梅特涅的外交天賦固然功不可沒：拿破崙離開戰場便無從發揮也是原因。季辛吉寫道：「慣於發號施令者幾乎很難學會談判，因為談判形同承認權力受限。」[27]在戰爭與和平兩種模式間轉換的困難，引發以下反思：

戰爭有其合法性，是為勝利而非和平。在進行全面戰爭時談和平的條件，簡直像是大逆不道，像無關緊要的謀算。當實力凌駕一切，任何條件都顯得是約束，並威脅到同仇敵愾的高昂情緒。……在勝利時刻知所節制，唯有後世能體認其可貴，同時代的人很少那麼想，反而認為那是沒有必要的示弱。[28]

曾當過軍人的季辛吉，始終懷疑軍人是否有能力達成政治目標。他指出：「純出於軍事考量的政策均是如此，在勝利時不懂節制，在潰敗時亂了章法」[29]。他也負責地承認：「任何談判中均有武力是最終手段的默契」。不過他說：

外交的藝術就在於維持這種威脅的可能性，使其限度模稜兩可，只有萬不得已才用。因一旦實際動武，真正的談判便無以為繼。要脅訴諸武力卻無法說到做到，不會使談判回到做出威脅前的狀態。只會全盤毀掉討價還價的立場，因為那不是招認實力有限，而是根本沒有實力。[30]

* 俄皇亞歷山大一世（Alexander I），一八〇一至二五年統治俄國。

何況無法以武力為要脅的弱國，仍可透過「建立道德共識」，達成「維持現狀但不致耗盡資源」的目標[31]。亦即心理因素終究比耀武揚威更重要。如前所述，此時的季辛吉十分關注此一理念。

因此若將《重建的世界》視為日後從事實務者，對治國之術的某種預告式指南，那就錯了。此書真正的意義在於與時代唱反調。季辛吉的第一個目標是政治學本身。他寫道：「社會決定論（social determinism）這門研究，將政治家貶為名叫『歷史』的機器上一根操縱桿、完成命運的代理人，他或許看不清這命運，但只能不顧個人意願去加以完成。」如同季辛吉與史托森巴哈，討論一九五二年二人合寫的韓國報告時，季辛吉表明，他極度厭惡所有社會科學會抬高物質主義的主張，更確切地說，就是認為實徵資料（empirical data）重於思想。他在《重建的世界》中寫道：「指政策不能創造本身實質內容，不同於說政策的實質內容會自我實施。」以十九世紀初而言，也是一般通則，選擇……政策並非基於『事實』而是對事實的詮釋。那基本上涉及的是道德行為：要做出正確評估，取決於對目標的構思不亞於對可取得資料的理解，資料固然從知識而來，但不等同於知識」。[32]

季辛吉反物質主義哲學的一個主要例證，表現在他如何處理國家認同，特別是歷史在形塑一個民族認知本身利益方面的作用：

> 國家記憶是檢驗一國政策對錯的標準。愈是根本的民族經驗，其影響以過去經驗詮釋國家現狀就愈深遠，甚至可能因為經歷太過慘烈，使國家走不出其過往。……誰能去爭辯一個民族要如何詮釋過去？那是他們面對未來唯一的憑藉。『實際上』發生什麼，往往不如人們認為發生了什麼來得重要。[33]

對「外人」（或美國政治學家）來說，「國家或許是安全布局中的因子」，但所有國家事實上「自認為是在展現歷史力量。均勢並非他們關切的目標……而是在相對安全下實現歷史志向的手段。」[34]

季辛吉博士論文最重要的主題之一，是探討保守主義本質。季辛吉此時明確自認為是保守主義者，這一點不可忽略。他是從這個立場去與明顯自由派的史勒辛格，辯論當前美國政治議題。那時多數猶太移民易被民主黨所吸引，特別是共和黨重要人物依舊或多或少公開反猶太，因此季辛吉的保守立場需要一些解釋。《重建的世界》裡就有。此書的核心講的是革命帶來的挑戰：不只是法國大革命繼承者拿破崙，還有革命人物沙皇亞歷山大一世。季辛吉從未確確實實指出他反對革命的那一部分，但有強烈暗示，他反對的是相關的失序或「混亂」。在很重要的一段中，季辛吉明確區隔對自由的兩種定義：「不受節制的自由或自願接受權威的自由。前者的立場主張自由在權威的範圍之外，後者設想自由是權威的一種特質。」[35]讀者無疑會認為作者偏好第二種定義。接著季辛吉加入第二層區隔：動機。革命時期，即自由被理解為不受節制的時代，其關鍵動機是「一種忠誠概念，將個人意志交付出去的行動取得象徵性甚至儀式性意義，因為其他選項始終存在」。反之，保守主義者的動機是「一種責任概念……其他行動方向並非遭拒斥，而是無法想像」。

「不論對錯，總是我的國家」，這是忠誠語言。「以個人意志使行動成為普世自然律」，這是責任語言。責任普遍適用，忠誠講究條件。

此處無疑呼應著季辛吉受康德啟發的大學畢業論文。

不過其間有矛盾之處。現代保守主義者的「基本立場」，是「否認對權威本質的質疑可成立」。然而一且回答此種質疑，便代表間接承認可以質疑。季辛吉寫道：「此即保守主義的兩難，必須以其內涵而非說詞，不具名地對抗革命。」[36]在另一篇文章中，他界定這種兩難分為三層面：「保守主義者的任務不是打敗革命，而是預防革命。無法阻止革命的社會，其價值的崩解就顯現於革命的事實上，它將無法以保守主義手段裂解革命，一旦失序便只能經歷混亂後才恢復」[37]。無論是否如柏克*以歷史力量為名，還是如梅特涅以理性為名，抗拒革命，保守主義基本上關乎行動而非言辭，因為有太多爭辯所用詞語是革命派創造的。重點是季辛吉似乎傾向柏克，他看出梅特涅的「僵固」，並一再提及柏克的概念，認為國家與民族均為歷史所建構。下面會談到，這並非美國本土版的保守主義。季辛吉與較常見的各式美國保守主義很難扯上關係。

《重建的世界》第三個反調，是它對歷史明顯持老式觀點，認為歷史基本上是一門悲劇學科。季辛吉寫道：「歷史與涅茉西絲†這種人物有關並非沒有原因，她擊毀男人前，會以非其所願的形式滿足其願望，或是適度充分地回應其祈禱」。若他能按原訂計畫，完成一八一五至一九一四這一百年的三部曲，很顯然整體敘事的論點就會是：參與維也納會議的政治家建立起可持久的歐洲均勢，正是其成功使得一九一四年的大戰難以避免。事件的重心及一九一四年七月危機，在奧地利。季辛吉寫道：「如同希臘悲劇，梅特涅的成功竟使他長期努力守護的國家，難逃終至崩解的命運。」[38]

一個古老帝國，幾乎尚未自二次慘烈的戰爭中復原，在即將掙扎求生之際，無法進行改革。這位政治家〔梅特涅〕無法像所有道路都同樣敞開那般選擇其政策。多民族國家的奧地利無法打國族戰爭；財政困窘的奧地利無法打持久戰爭。「時代精神」不利於多語言的帝國繼續存在，但要求其政治家將國家自取滅亡當做政策原則，未免強人所難。[39]

季辛吉的結論是，評斷梅特涅政策較公允的標準，不應是其最後的失敗，而是「它延後不可避免的災難有多久」[40]。季辛吉自梅特涅的事例引伸出通則，指政治家通常具有「悲劇特質」，因他們受天譴要與「不受意志左右且終其一生無法改變的因素」搏鬥[41]。季辛吉主張（且一生未敢或忘），關鍵問題在於處理外交政策須「預見可能的災禍」[42]。甫遭劫難的國家做起來最為自然，因為對苦難記憶猶新。「推動國內政策的動力來自社會的直接經驗，外交政策的動力卻並非實際而是可能發生的經驗——戰爭的威脅，對此政治家會試著避免明言」。但一般來說，「成功的政策總免不了讓後人忘記，情勢有多容易朝不一樣的方向發展」[43]。苦難記憶相對較少的國家，這尤其是積習難改的問題。

相對事實：可能發生或可能但未發生的狀況，是季辛吉認為政治家心中念茲在茲的事。政治家達成的和平必定是以避掉的災難來界定。「因此政治家就像古典戲劇中的英雄，他預見到未來，卻無法直接向同胞傳達，也無法驗證其『為真』。國家只能藉由經驗學習；唯有在採取行動已太遲時才會『明白』。但政治家行事必須彷彿其直覺已成事實，其遠見已證實為真」。更糟的是，政治家往往無法透露其用心，因為「表明心機會惹禍上身」。譬如當某國缺乏抵抗能力，只能與敵國和解時，可能必須假意與對方合作。季辛吉在此回到最早是在《匯聚》觸及的主題：「此時區別惡棍與英雄、叛徒與政治家，不依行為而以動機」[44]。換言之，政治家大有可能必須忍辱負重。同理，革命時期有許多外交活動可能是故作姿態。與革命中的國家協商僅有

* 柏克（Edmund Burke），愛爾蘭哲學家，曾任英國國會議員，一七三〇—九七年。

† 涅茉西絲（Nemesis）是希臘神話中的復仇女神。傳說美少年納西瑟斯（Narcissus）對許多主動求愛的女性無動於衷，她們出於羞憤請涅茉西絲主持公道。涅茉西絲將納西瑟斯引到水邊，納西瑟斯愛上水中的自己，最終竟因愛慕過深而憔悴至死。

心理效果：「它企圖為行動找理由，且主要是針對尚未接受革命者。……革命時期主要的困難〔是〕說服未投入者：革命家確實是革命家，其目標毫無限制。」[45]

《重建的世界》第四或許也是最重要的論點，即冷戰中的世界其實並非史無前例；透過類比，可自研究十九世紀的歐洲獲得有用的洞見。為免於同時期學者對此種歷史類比最顯而易見的反對，季辛吉先發制人地立即表示：「拿破崙不完全相當於希特勒，卡斯爾雷亦非邱吉爾。」他所謂的類比並非指「分毫無差的吻合」，而是面臨的「問題相似」。

> 歷史以類比而非認同教導世人。這代表歷史的教訓不會自動顯現；唯有承認廣泛經驗的意義，以此為標準，才能有所領悟；問題問得多好，答案就有多好。……研究外交事務，即研究以國家為單位的行為，若缺乏對歷史脈絡的認知，不可能得出具重要意義的結論。

因此歷史具有雙重重要性：既是政治家尋找類比的來源，也是界定國家認同的關鍵因素。「實徵主義學者」固然可能堅持，「在任何時刻國家都只是個人的集合體」。但實際上，各民族界定其認同是「透過共同的歷史意識。……歷史是國家的記憶」。

於是季辛吉在《重建的世界》中，同時展現出理想主義方法論、保守主義意識形態、歷史哲學及悲劇感。由於書中有諸多未明言的寓意，現代人閱讀此書的挑戰，在於如何領會他類比式論述的深厚意涵。

明確表述的部分坦率直接。維也納會議體制成功建立起一八一五年後的「合法秩序」，與巴黎和約未能在一九一九年後達到同樣目的，形成強烈對比。革命領袖希特勒及史達林崛起，對合法秩序的存續構成挑戰，就好比拿破崙及後來意外地俄國沙皇本人，也曾挑戰一七八九年前的舊秩序（指法國大革命前的歐洲）。十九世紀的英國因地處歐陸外海及獨善其身心態，與美國相似[46]。後面會談到，季辛吉得自研究歷史的直覺是，美國應盡可能扮演英國在一八一五年後的相同角色：歐陸離岸的平衡勢力。但美國實際上扮演的卻更類似梅特涅的奧國：積極參與歐陸鬥爭，為維繫反制革命勢力的同盟，承受加倍困難的挑戰。明白這一點至為重要，因為它澄清季辛吉筆下，屢見不鮮的對梅特涅的矛盾看法，那一點常被外界所忽略。

季辛吉認同梅特涅嗎？他顯然欽慕梅特涅。「參與任何結盟後來必成為主導者，至少有兩位外國君主認為比本國大臣還可靠，有三年期間是實質上的歐洲首相，這種人物不可能無足輕重。」[47]然而，類似下面這段文字也不應錯誤解讀：

> 梅特涅決定要玩的賽局……並非有勇無謀，不計任何風險，但求迅速對決那一種。而是步步為營的賽局，其優勢在於逐步調整立場，彙集資源，同時利用對手的舉動，先是癱瘓他，然後毀滅他。此種賽局的膽量因孤獨而生，也必須隻身應戰，並面對敵友雙方的不諒解及辱罵；其勇氣存在於走錯一步可能導致災難、失去信心可能導致孤立的時刻，能夠沉著冷靜；其偉大來自於行動的技巧，而非理念的啓發。[48]

認為外交家擅長閃躲和迂迴的記者，日後把季辛吉與這種戰術相提並論，但這段話的重點在最後那一句。在季辛吉看來，梅特涅的策略理念缺乏啟發性是致命缺陷。季辛吉在另一關鍵的段落中說：「（梅特涅）喜將成功歸因於其準則的道德優越性，但更多半是由於他卓越的外交技巧。他的才能屬於工具性而非原創

性；他擅長操控而非建構[49]。梅特涅

> 固守教條……〔但也〕能屈能伸，因為信念堅定使他在選擇手段時極富彈性；實事求是，冷酷疏離；無情地施展政治手腕。其性格特質是圓滑老練，心思細膩。……雖是平庸戰略家，卻是一流戰術家。在架構或目標由外力決定時期，他是打對陣戰的高手。[50]

其長處「不在於創造力……而在於看似隨意的絕佳因勢制宜能力」[51]。《重建的世界》中值得注意的其實是，季辛吉強調「梅特涅的能力受限」：「因為評斷政治家不能只根據其作為，還要根據其對各種選項的看法。不論理由有多充分，最終成就偉大地位的政治家不是靠屈從順應」[52]。事實上，季辛吉的最後論斷相當不留情：

> 梅特涅對主要是在技術上高人一等感到躊躇滿志……那有礙於他達成也許本可享有的悲劇性尊崇地位。……梅特涅缺少的是，在諸多歷史危機中令精神得以超越僵局的特質：能夠深思熟慮最壞的情況，不是像科學家那樣置身事外；而是當作不成功便成仁也要克服的挑戰。[53]

《重建的世界》中的真英雄不是梅特涅，而是卡斯爾雷，他確實在追求均勢當中成仁。這位貴族出身的托利黨（Tory）外相落落寡合、不夠圓滑、不受愛戴，但卻明白：「歐洲的安定至為重要」，「政府奉行的原則位階在國際穩定之下」[54]。與梅特涅不同，卡斯爾雷才是貨真價實的悲劇政治家，原因正是他無法期待說服心態孤立的同胞接受：永久性的歐洲聯盟可以「鞏固和平」。他「欲以誠信團結歐洲的願景……是海市蜃樓，注定將使其倡議者自毀前程」[55]。但這主要並非個性問題。《重建的世界》中某些論述最深刻的段落，對照了梅、卡二人的處境。研究地緣政治的季辛吉明確指出，卡斯爾雷的英倫三島與梅特涅的中歐帝國，地理位置截然不同。但他也同樣有感於兩國政治體制的差異。

政治家必須設法調和何謂正義與何謂可能。何謂正義取決於國家內部結構；何謂可能取決於國家資源、地理位置、決心，及其他國家的資源、決心與內部結構。卡斯爾雷知道英倫三島孤懸於外海安全無虞，因此傾向於只反對明顯的侵略行動。梅特涅則是地處歐洲大陸中央的強國的政治家，以防患動亂於未然為第一要務。獨善其身的英國深信國內結構穩如泰山，因此對他國內政發展出「不干預」主義。多民族的奧匈帝國，因民族主義高漲時期國內結構脆弱的擠壓，堅持保有全面干預權，不論哪裡發生社會動亂都要加以擊潰。[56]

二

季辛吉十分清楚，《重建的世界》會讓許多讀者覺得老舊過時。他在導言一開始就說：「身處熱核武毀滅性威脅的時代，緬懷過去外交失敗懲罰不致如此劇烈、戰爭有其限度、全球災難幾乎難以想像的年代，不足為奇」。雖然一八一五至一九一四年那段時期並非完美，但它「清醒」與「平衡」：「它或許不曾實現理想主義世代的所有願望，但它帶給此一世代或許更珍貴的東西：一段穩定期，讓他們得以在無大規模戰爭或永久性革命的情況下實現理想。」[57]這是怎麼做到的？對季辛吉來說，答案在於一種矛盾現象：「回顧之下，最和平的似是最不追求和平的時代。而無止境追求和平的時代，彷彿最難獲得安寧。」在季辛吉眼中，卡斯爾雷及梅特涅時代最實際的意義在於：他們追求可達成的穩定，而非永久的和平。也許全書中最值得牢記的是這些字句：「每當和平被想成是避免戰爭，而有一個或一群強國以此為主要目標，則國際體系即被最不怕動武的國家所綁架。每當國際秩序認定，某些原則即使為了和平也不能妥協，則基於勢均力敵的穩定至少不是空談」。此處暗指一九三〇年代姑息政策失敗；並推論一九五〇年代不能重蹈覆轍。但究竟該怎麼做？

《重建的世界》與冷戰初期最直接相關的論述，是如何終止革命時期並重建穩定。其關鍵在於穩定來自「普遍接受的合法性……意指各主要強國均接受國際秩序的架構，其程度至少是沒有國家會不滿到……以革命式外交政策表達其不滿」[58]。一八一五年後一世紀的穩定，其本身便是合法秩序已建立的鐵證[59]。但季辛吉撰寫論文的年代卻並非如此。一九五四年的蘇聯仍像是革命國家，儘管其理由有別於一九一九年後的德國。季辛吉指出：「革命強國的動機很可能是防衛性，為感受到威脅而提出的抗議很可能不假。」但

> 革命強國非一般的特點不在於覺得受威脅，由主權國家進行的國際關係，本質上必會存在此種感覺，特點在於無法使它安心。唯有絕對的安全，即使對手中立化，才算是十足的保證，於是有一強國想要獲得絕對安全，便代表所有其他國家絕對不安全。……外交作為節制使用武力的藝術，在此種環境下無從發揮作用……〔又〕由於在革命的情境中，相對立的體制關心破壞忠誠多於調和差異，外交不是被戰爭就是被武器競賽所取代。[60]

此處雖以隱晦手法，但不只一九三〇年代，連一九五〇年代的政策均遭到批評。季辛吉特別是對一些人潑冷水，那些人堅信與蘇聯對話會有成果，絕不至淪為（如他所說）「徒勞無功地重複基本立場，及控訴無善意或斷言『不講理』、『搞破壞』。」只要有一個革命強國不受節制，開會就只是「精緻的舞台表演，試圖將尚未選定陣營的國家劃歸到對立體制的某一方」。他尤其鄙視一種人，即喜歡「看待革命強國……彷彿其抗議僅是手段；彷彿它其實承認既存秩序的合法性，只為取得談判優勢才會誇大本身主張；彷彿它受到特別的委屈所刺激，只能以不要它多做讓步加以平息。」[61]他在一九五六年的一篇文章中，把當時與現今美蘇超強談判做相當明顯的對比，他說：「維也納會議的談判代表並未將談判桌上的氣氛，與國際體系的穩定因素相混淆」[62]。

不過讀到這裡，季辛吉與贊同圍堵政策者，不論是肯楠的原始版，還是後來較偏向軍事的尼茲版，都無從區隔。唯有仔細研讀季辛吉敘述一八一二至二二年的歷史事件，才分辨得出他真正原創性的貢獻。

《重建的世界》前半部敘事，涵蓋梅特涅在奧地利最衰弱時，由與法國合作轉變至結盟、斡旋、中立，以至正面對抗。梅特涅的目標是在歐洲重建合法的秩序，而自由主義在其中並不合法，這與卡斯爾雷的目標南轅北轍，後者基本上是一個建立五強平衡的方案，由英國扮演「平衡者」角色[63]。英國人不同於奧地利人，「是為安全非為主義，為反對攻城掠地非為反對革命」而戰[64]。英奧兩國的挑戰都在於如何讓其他國家相信，這些目標也符合他們的利益，以確保「可能被當作表述自我利益的宣言，變成被視為在表達單純的正義」[65]。梅特涅做到這一點唯一的方式，是透過「迂迴而刻意的外交」，建立「聯盟的道德架構」。梅特涅比卡斯爾雷更為關心，「如何將這種安排合法化的基本道德問題」[66]。

季辛吉驚歎於梅特涅「手法靈活的……操弄」[67]。但梅特涅成功的一個關鍵理由，是拿破崙未能認知到本身的限制[68]，特別是沒料到奧國皇帝，竟然不顧翁婿情份向他宣戰（第五章）。使梅特涅的政策趨於複雜的，是沙皇以潛在革命者之姿崛起，想要成為拿破崙在俄國慘敗後的「歐洲仲裁者」。拿破崙的自毀與沙皇亞歷山大的野心此二因素，意味著梅特涅與卡斯爾雷的確必須大費周章，以在法國施行適度的和平。季辛吉在此把一八一四年的維也納與一九一九年的巴黎做明顯對照，這對他如何看待一九四五年波茨坦（Potsdam）會議後的歐洲具有重要意涵。全面戰爭的邏輯意味著懲罰性和平[69]。其選擇只有回顧、報復式和平，或前瞻、寬恕式和平。前者如在凡爾賽，「是要徹底摧毀敵人，使其無力再戰；相對的則是與敵人共處，使其無意再戰」。回顧式和平若不小心會造成新的革命情況，「因戰敗國除非完全瓦解，否則不會接受羞辱」。相對地，前瞻式和平明白「折衝樽俎的任務不是懲罰而是整合」：僅戰敗國能接受的協議，可望成為國際秩序的合法基礎[70]。在這種秩序中，不論戰勝或戰敗國均無法享有「絕對安全」，那是妄想：

> 穩定秩序的基礎是各成員的相對安全感，及因之而來的相對不安全感。這種穩定所反映的並非沒有不平之鳴，只是不滿的程度尚未到要以推翻協議來伸張，而是透過在架構內做調整來解決。結構能為所有主要強國接受的秩序便屬「合法」。

合法的國際秩序不能基於機械式或數學式平衡；也不能建立於對和諧的共同期盼上。它需要多個成員間幾乎不停的進行調整，每個成員都從自身的史觀出發，只對概括的遊戲規則有共識[71]。

《重建的世界》以卡斯爾雷非梅特涅為英雄，原因在此[72]。季辛吉認為，是卡斯爾雷取得對波蘭及薩克森的妥協，各國才能達成協議。是他違反倫敦給他的訓令，解散獲勝的戰時聯盟（第九章）。拿破崙從厄爾巴島（Elba）返國時，其他歐洲國家紛紛要求分割法國，是他強力要求節制（第十章）。梅特涅相形之下日益僵固，做著恢復往日舊秩序的美夢（十一章）[73]。後來英國無法承諾支持反革命的歐洲秩序，那是梅特涅想要建立的，也是梅特涅鼓勵沙皇以為那是他自己的創見。西班牙、那不勒斯、和之後的皮埃蒙特（Piedmont）等政治危機，在梅特涅眼中都是對新秩序的致命威脅；對英國人來說，卻只不過是局部的騷動，加以干預反會破壞原有的平衡[74]。特拉波*會議是梅特涅外交手腕的高峰：他能以整個歐洲而非奧地利個別行動的名義，鼓吹那氣數將近的「反民族主義、自由主義之戰」（十四章）[75]。卡斯爾雷太清楚：要是像在巴爾幹一樣，目標是對抗鄂圖曼帝國，俄羅斯會同樣願意打著民族主義旗號進行干預（十六章）。然而一八二二年八月十二日，卡斯爾雷在極度疲憊及絕望下，竟用小刀割喉，一舉結束個人〔外交生涯〕悲劇。於是維羅納會議†，之後僅存「合法化原則」：同時反對革命及法國，成為奧、普、俄三國「神聖同盟」（Holy Alliance）的基礎[76]。

《重建的世界》確實對一戰後的和平條約，做出大幅度的回顧式批判[77]。兩次大戰間的國際秩序，有諸多面向令季辛吉深感不以為然，其一便是「國際聯盟」（及意涵上繼起的聯合國）所體現的「集體安全」。但此書也間接批判一九四五年後的美國政策。現在看來應當很清楚，季辛吉當年希望從維也納會議獲得什麼借鑒：即美國政策目標應是建立一種「國際秩序，〔其中〕沒有強國會不滿到寧可不在協議……架構中尋求

* 特拉波（Troppau），一八二〇年為討論鎮壓那不勒斯革命而召開的會議。

† 維羅納會議（Congress of Verona），一八二二年在義大利北部維羅納召開，俄、普、奧、法、英參加，決議鎮壓歐洲革命活動，但英國不同意。

救濟之道，而是推翻它……〔一種〕沒有『革命』強國在內的政治秩序，其關係……基於日益確定不會發生災難性動亂而自發性日增」[78]。但那只能以梅特涅的技巧與卡斯爾雷的智慧才辦得到。強制第三帝國無條件投降及瓜分德國已鑄成大錯。因而存在著風險，可能再次出現要復仇雪恥的德國成為革命強權，意圖推翻國際秩序。僅因為我們現在知道並未發生那種事，並不表示季辛吉及當年的學者可忽略這種危險。季辛吉顯然打算在下一部歷史著作中，好好探討「德國問題」與俾斯麥的解答（十三章有預示）。更重要的是，我們很難想像，有可能在美國人可接受的代價下，對蘇聯贏得像這樣的勝利。所以建立國際秩序的唯一方式，必是將蘇聯從革命強國——當然是在史達林統治下——轉變為支持現狀的強國。這便是日後稱為和解（détente）政策的種子。那顆種子在季辛吉心中生根發芽，乃由於有愈來愈多證據顯示，即使在史達林死前，蘇聯的領袖們已不再是真正的革命家，當然更非季辛吉視為政治家宿敵的「先知」[79]。

三

季辛吉為《重建的世界》所做的結論，是長篇大論政治家與兩種革命家：征服者和先知之間的差異。如同大學畢業論文的寫法，他把個人真誠的信念附加到學術著作中。他寫道：「先知提出的是完美的建言，完美意味著一致。〔但〕烏托邦只能經由拉平差別和破壞現狀的過程才能實現，所有形式的義務都必須消除……全然依賴個人的道德純淨，等於放棄加以節制的可能性。」季辛吉反對先知，站在政治家這邊，政治家「必須永遠對這類作為存疑，不只因為他喜歡並非光明正大的操弄，也因為他必須為最壞的狀況做準備」。政治家部分的悲哀在於他永遠屬於少數，因為「激勵人心的不是平衡而是普世，不是安全而是不朽」

[80]。人們渴望超越，所以易受先知感動。更有甚者，人們強烈認同自己國家對「正義」的定義。季辛吉在此顯然指的是美國人，以及他們傾向於用自以為是的普世標準去判斷世局，其實那只是美國人本身的標準。

若一個社會以宣稱既普世又排他的原則，來合法化自己，若其「正義」概念簡言之無法包容不同的合法化原則，則它與其他社會的關係會變得以武力為基礎。……許多國家對外交政策表現出即使是潛意識的但強有力的反彈，並非沒有原因。……基於此，政治家的命運常與先知類似：在本鄉本土不受尊敬。政治家不論政策多麼高明，若過於高瞻遠矚超乎其子民的經驗，則很難在國內取得共識。[81]

但政治家的悲劇還有另一層面：其政策必須也能為政府官僚所接受。此處首次顯現出貫穿季辛吉政治職涯的另一主題：政治大師與他賴以執行政策的官僚間的緊張關係。

政策的精神與官僚體系的精神南轅北轍。政策的本質是可能性，其成敗取決於所做估計是否正確，其中有部分要靠推測。官僚體系的本質是穩紮穩打；其成功在於做有把握的事。……試圖藉官僚體系執行政策，導致追求要有把握，難免成為被事件挾制的囚徒。[82]

因此季辛吉的理想是成為美國版的卡斯爾雷：一位保守的政治家，必須奮力兼顧既要教育見識狹隘而理想化的大眾，又要鼓舞被動、不願冒險的官僚，以在國情各自不同的國家間，追求以均勢為基礎、合法且可自我強化的國際秩序[83]。

今天我們以後見之明，或可選擇將《重建的世界》視為季辛吉未來政治生涯的序曲[84]。當然，那不是季辛吉那一代人看待此書的方式，他們大多只把它當成純歷史著作。英國史學家韋伯斯特（Charles Kingsley Webster, 1886-1961）爵士（研究卡斯爾雷主要權威）給予惡評。此書令他覺得「浮誇矯飾」，特別是因為梅特捏的「空話」，自稱他「預見到每件事並掌控一切」，季辛吉博士居然信以為真。

他受梅特涅影響太深，促使他對某些事例的敘述有所偏頗，所做的解釋也不具說服力。他甚至模仿梅特涅曖昧不明的風格，在其分析中常使用不清不楚的術語，又花很多篇幅述說幾句話即可講清楚的主張。[85]

德國史學家柏克（Ernst Birke）較有禮貌，但（也像韋伯斯特）忍不住指出季辛吉參考書目裡的某個疏漏[86]。只有少數美國人明白季辛吉想要傳達的春秋大義。期刊《世界事務》（*World Affairs*）評論者稱此書「發人深省」，最終章討論政治家的部分「尤具重要性」[87]。史學家柯恩（Hans Kohn）在《紐約時報》撰文給予正面評價[88]。最有見地的評論來自芝加哥大學萊特（Quincy Wright），刊於《美國歷史評論》（*American Historical Review*）。萊特正確地指出，季辛吉希望將梅特涅時期與冷戰初期做類比，並熱切推薦此書給「研究國際政治的學生及實務工作者」[89]。

首次出書的作者自然歡迎這種書評，但對季辛吉的學術生涯來說，這篇處女作在哈佛得到肯定顯然加倍重要。贏得桑姆納獎表示至少有若干政府系師長認可此篇論文。邦迪此時貴為哈佛文理學院大權在握的院長，他讀過此文。其評論雖未保留下來，但從季辛吉的回應可看出，邦迪與韋伯斯特所見略同，即本文作者太過受制於梅特涅，更別提其行文風格。季辛吉反駁道：「要討論梅特涅極為困難，因為他本身基本上缺乏政治家的理念，卻擁有極高超的外交手腕。」季辛吉堅稱並未自亂陣腳。梅特涅的成就「僅是一次絕佳技巧的展現，卻如紙牌屋般不堪一擊」。

但為突顯其脆弱，我必須先說明其成功之處。依我所見，梅特涅政治作為的缺陷不在於缺乏短期成果，而在於缺乏長期理念。要證明他失敗的原因是未能掌握時代趨勢不難，但這麼做未免太過簡化。他很清楚時代潮流，但他竭盡所能加以遏止。

邦迪也不同意季辛吉的假設，那明顯地表現於對梅特涅及卡斯爾雷的分析上，即政治家具有一種單一的特質。

我……同意您的意見，在抽象命題上〔季辛吉回覆〕政治家並非全部「一致」。但在實際事例上，此一命題可能不適用。我認為分析大多數偉大政治家的思想，將會顯示比心理學家願承認的更大的一致性。……我研究的政治家不同於艾奇遜這類人，並非他們比較明智，而是他們在位期間較長，國內壓力較小，因而得以更一致地實行其準則。[90]

四

那麼研究十九世紀初的歐洲，究竟如何形成季辛吉應對艾奇遜這類人的看法？幸好他撰寫博士論文期間，有不少書信及未公開的備忘錄留存下來，所以我們能夠相當準確地回答這個問題。第一封是季辛吉在韓戰剛爆發後寫給指導教授艾里特的信。

當時的世局很奇特。北韓在蘇聯認可下入侵南韓。杜魯門同時受一九三〇年代記憶及圍堵思維所影響，也獲得聯合國同意進行干預。但美國最初的軍事行動未能阻止北韓軍隊挺進。季辛吉在一九五〇年七月，尚未開始做論文的研究前寫的這封信中，以抨擊官僚作風開場，他指出美國這邊「有十分嚴重的情報工作缺失」，特別是「模糊預測〔蘇聯〕未來可能的動向，與確切預測必然的威脅間有重大差距」，後者完全不存在：

> 熟悉官僚體系運作的人都知道，在選項明顯受限的狀況下，保險的作法即盡量預測最多可能的情況，但這種預測無需特別的資訊，所以大多不太可信。安全意識往往成為平庸作為的託辭，想像力潛入表面工夫之中。

不過韓戰危機更重要的一點是，「我們結成聯盟的方式在道德上大失策」。季辛吉有此看法的根據，「並非……我認為會反轉的當前戰線的表象，而是要回復至現狀前的狀態，幾乎全要靠美國大軍壓境才行的事實」。南韓軍隊在北韓的進攻下已潰不成軍。

此事突顯出一個常遭忽略的外交政策觀念：接受美援的各國，需要我們的程度超過我們需要它們，企圖以讓步贏得「友邦」，無法取代確切的內在決心及具有基本目標意識。……美元無法提供任何政府長治久安所需的道德支撐。無論我們在韓國能得到哪些勝利，我希望我們不要誤解其本質。軍事勝利不能成為唯一目標，但可做為重新評估先前做法的條件。對於一遇到些許困難就因無能而倒台的政府，持續讓步的意義不大。我很擔心西德與西歐的抵抗意志不會超過韓國太多。[91]

對才剛拿到學士學位的季辛吉而言，這確實夠直白。他所說的是，若受援國無力自我防禦，經濟援助幾乎毫無戰略價值。

五個月後，一九五〇年十二月，麥克阿瑟已在仁川、漢城打敗北韓軍隊，越過北緯三十八度線並占領平壤，但又被他悲慘地低估的中國軍隊擊退，就在此時季辛吉重談這一主題，並對圍堵政策做更廣泛的批評。他以初生之犢的自信開頭就說：「美國外交政策最根本的失誤，源自對蘇聯意圖及策略的評估不夠完備，還有錯把想出聰明的謀略，當做等於解決方案已完成的心態。

所有關於「協商」、「會議」及「談判」的聲明都意謂著，當前的危機反映出現誤解，或可能是某種性質的不滿，應由講理的人以妥協精神加以解決。然而現狀赤裸裸的事實是，蘇聯的擴張主義是針對我們的生存，不是我們的政策。因此任何讓步只會變成新突擊的跳板。

季辛吉承認，圍堵政策已「堵住一種深度思想的種子」，但其施行卻「曝露出根本的膽怯，有時是想法的膚淺，以致它實際上成為蘇聯政策的工具：

若要圍堵發揮功效，意指應以會與美國正面衝突的威脅來制衡蘇聯的舉動，這並不表示（以美國的人力狀況也無法辦到）美國會針對發生在蘇聯周邊的任何蘇聯威脅，均予以實質地反制。我們將蘇聯的舉動皆視為軍事問題，導致蘇聯得以選擇介入的地點，好造成美國最大的不安，以致美國軍力分散，以及軍方對不具戰略價值的區域不再重視。我方反應遲疑不決，呼籲美國政策應參照國際輿論，侷限一切措施都退至最低公約數，這些全都令蘇聯領導人相信，任何冒進均應隨他們的意向並局部化，也不會發生由美方主動的與美國正面衝突（唯一真正有嚇阻作用的威脅），以迫使蘇聯在一些基本問題上攤牌。……由於我們同意視蘇聯的舉動為個別突發事件，而非同一模式的各個面向，並只當作個案加以回應，而非強迫得出全面性解決，我們形同容許蘇聯參謀本部，在戰略層次上部署我們的資源，在戰術層次上誘使我們的軍隊疲於奔命。

季辛吉在此呼應了李普曼及其他人對圍堵政策已有的批評。較屬原創的是他提出「全面重新評估對俄戰略」。他說，與蘇聯之戰「不可避免並非由於美國的政策，而是因為美國乃資本主義民主國家的象徵」。蘇聯奉行馬列意識形態，所以「不會為虛幻的和平努力」，而是「在最佳可能情況下走上戰場」。所以美國必須採取相同模式，運用「制海權、科技優勢及外部連絡線*」帶來的優越移動性，尋求按照本身的條件來打這場仗，並避免可讓蘇聯利用其「大量人力」與「極端殘暴」的衝突。要是蘇聯想引誘美國進入大規模地面部隊競賽，美國應以下列方式反制：

A：清楚畫出一條紅線，任何越線舉動就代表與美國開戰，但不見得在蘇聯有所行動的地點。

B：一旦發生戰爭，美國應試著壓迫蘇聯（至少持續到歐洲足以承受初期戰事的衝擊），到地形使大規模部隊無法發揮優勢，及科技知識代價甚高之處（如中東）去作戰。若衝突初期能避免嚴重損傷（或在蘇聯策劃的準戰爭期間，以分散美軍兵力穩定美軍部署），即可能(1)在蘇聯周邊區域取得局部優勢（特別是透過封鎖其通訊系統），(2)透過一連串打帶跑行動削弱蘇聯士氣，(3)分散其軍力，使最後地面決戰打的是已弱化的敵軍。[92]

這是對一九五〇年十二月局勢所做的驚人建議：實際畫一條紅線，倘若莫斯科越線，便會引發超強間的全面戰爭，最好是在美國享有優勢的戰區如中東。它顯示這個階段的季辛吉認同當時普遍的看法，即蘇聯是無可妥協的革命強權，美蘇不可能達成任何和平均勢。由此亦可見季辛吉悲觀的程度。他與許多同世代的人都把韓國發生的事件，視為只是必將與蘇聯直接對決的世界大戰的序曲。他真情流露地向艾里特坦言，他「自八月以來覺得有如卡珊卓†」[93]。

季辛吉在一九五一年三月給艾里特的信中，重提並修正他的論述，那是受空軍部長芬立特（Thomas K. Finletter）對所謂「灰色地帶」問題的評論所激發，灰色地帶指地理位置距美國遙遠且無美軍駐紮的地區。

* 外部連絡線（exterior lines of communication），指作戰部隊與補給基地的聯絡路線。

† 卡珊卓（Cassandra），希臘神話中特洛依城主之女。神殿祭司阿波羅深深愛慕她，因而賦予她預知未來的能力，但卡珊卓並未因此接受阿波羅的感情。阿波羅惱怒之下對卡珊卓下詛咒，她雖可保有預知能力，但從此再也沒有人願意相信她。

季辛吉再次將圍堵（國安會六十八號指令後的變體）描述成「在蘇聯周邊各據點集結優勢兵力的實質圍堵」。他再次主張，在周邊地區的有限戰爭無法構成有效嚇阻；唯有「可能與美國爆發大戰的威脅」才能有效扼阻蘇聯的侵略。他再次指出：「試圖以在蘇聯周邊各據點形成強勢狀況，做為我國政策的條件，形同容許蘇聯參謀本部部署我國軍力，及誘使我國三軍疲於奔命」。他再次強調，美國正被捲入蘇聯周邊地區的局部衝突，莫斯科因其內部連絡線，在此享有地利之便，並說任一這種衝突都有可能升高為世界大戰」。他再次呼籲畫出「清楚界定」的紅線，「任何越線之舉均會引發重大戰事」。他也再次促請美國用中東及土耳其，做為「在蘇聯重要命脈攻擊距離內，精實而高度機動性的美國戰略預備部隊」基地。季辛吉在信中增加的新論述是，目睹韓國的慘狀後，很少有其他「灰色地區」願意成為超強軍事實力的較量場。艾奇遜版的圍堵政策有一個意想不到的後果，是「使受到威脅的國家心理壓力加重，並鼓勵求取中立地位，以把蘇聯的行動轉至他處」。反之較好的方式是鼓勵美國的盟邦，尤其是歐洲，「維持大幅擴張的防衛力量」，繼而這會「反映一種心理狀態，一種不惜一戰的意志，其助力將來自美國有限的地面部隊支援，美國外交政策前後一致、獨立自主的保證，及其他心理戰措施」[94]。

歷史脈絡在這些紙上謀略中大多隱而不現。唯一顯著的例外，是季辛吉一九五一年十一月，寫給中情局心理戰理論專家金特納上校的信，此時韓戰正處於更像一戰而非二戰的膠著狀態。他在信中比對論文大膽許多，他能夠羅列出一九五一年與一八一五年的相似之處，以及同樣重要的相異之處。他寫道：「均勢取決於下列因素：

(a)一個明確界定的地理區，(b)區域內各國勢均力敵，(c)一個外來平衡者，具有深入的國家戰略觀，且不受意識形態考量牽制，(d)在那「國家協調組織」(concert of powers)內對基本價值頗具共識。……要平衡權力前必須先有可平衡的對象。平衡者本身須自外於此均勢，除非要去調整它。最重要的是：必須將政策設想為持續的過程，而戰爭只是達成確切目標的工具。權力均衡與堅持絕對價值不相容。95

然而，如季辛吉所強調，「當前局勢並不符合以上任一條件」。不僅相對於純歐洲平衡的全球平衡滯礙難行，以美國所處的地位，也扮演不了傳統上屬英國的平衡者角色：

或許歐洲會恢復士氣，可提供獨立的武力。也許興起的東方會出現另一個權力中心。若果如此，美國對歐亞應扮演島國對廣袤大陸的傳統角色，以防歐亞大陸在單一統治下合而為一。〔然而〕此時美國並非平衡者，而是全球規模競賽的直接參與者；並且是身不由己。

這在季辛吉眼中是關鍵性差別。美國已與其歐、亞的軍事聯盟牽扯太多，無法選擇像十九世紀的英國那般行事。再者，美國處於過度兩極化的世界，那種「英式」策略難有施展空間。

驟然被賦予英國的傳統角色，已足以令美國殫精竭慮。但有更嚴峻的責任等著我們。將意識形態因素注入政策，會使得自我節制成為幾乎遙不可及的理想。政策開始被當作表現絕對態度的工具，而不是用以定義持續的關係。在不可避免的猜疑氣氛下，各方不免為絕對安全爾虞我詐，但某方的絕對安全意味著對立方的絕對不安全(即中立化)。即使只有一方加入意識形態因素，情況也是一樣。

季辛吉以不尋常地反思美國未來的走向，為此信做結。

> 我知道有一種傾向，認為宗教改革戰爭後的宗教容忍，或可當作意識形態衝突的替代品。但重點無疑在於，這種平衡是打過「三十年戰爭」才形成。……我不認為此時此刻會遵循十七世紀的模式。我想我們會發現自己扮演著迦太基戰爭（Carthaginian Wars）後羅馬的角色，這也是我為何會用形容詞「嚴峻」來描述我們的未來。[96]

換句話說季辛吉很有信心，美國羅馬會戰勝蘇聯迦太基，令季辛吉憂慮的是接下來的發展，「在一個世代內，〔我們可能〕即發現身處於必須自我們內部提供挑戰的世界」。這是真正需要長期思考的課題，解決之道有賴於深度的教義般的信念[97]。在一九五一年就能先天下之憂而憂確實很不尋常：美國勝過蘇聯後，帝國也將開始衰落。

季辛吉不是肯楠，儘管他肯定看過肯楠發表的文字，但季辛吉並非蘇聯專家。他在一九五一年十二月題為〈對蘇策略：美國可能的反制措施〉備忘錄裡，所提的主張極為傳統。蘇聯基於歷史及意識形態原因，傾向於認定戰爭勢不可免，因此以他們自視為防禦性的理由，尋求擴大其安全地帶。目前他們可能因顧忌全面戰爭而被嚇阻，但情勢會改變。隨著他們增強戰略空軍及原子能力，就會以在西歐對決為目標。就此而言，韓戰危機像是初期的偽裝攻勢，其整體戰略是要將美國地面部隊分散至全球各地。因此華盛頓有必要緊急從「實質圍堵」（艾奇遜所實行），轉換為以「心理」考量為基礎的「全面軍事戰略」，包括建立季辛吉提議的中東機動戰略預備部隊[98]。

五

此後近兩年時間，季辛吉未再就此寫過東西。等到他重返當代戰略領域時，已是滄海桑田。杜魯門離開白宮，艾森豪繼任總統，他是二十世紀美國唯一軍人出身的總統。艾克（Ike）不同於二十世紀大多數美國總統，他從未熱切渴望總統大位。他本可於一九五二年從北約最高指揮官一職合法裸退，並以締造二戰盟國勝利的一大名將享有盛譽。但角逐共和黨總統提名最可能出線的俄亥俄州參議員塔虎脫（Robert Taft），他對北約的敵意，簡直就是毫不掩飾的孤立主義，促使艾森豪決心投入選舉。儘管他投射出慈祥祖父般的形象，愛打高爾夫球，看西部片及業餘畫家，卻也是最具鋼鐵般意志的謀略家。他拒絕進一步升高韓戰，但向蘇聯與中國暗示，他可能使用核武結束僵局。最後是透過談判達成協議，把韓國一分為二。艾森豪在內政上同樣果決。當麥卡錫魯莽地想以美軍為下一個反共獵巫的目標時，艾森豪請副總統尼克森出面，譴責麥卡錫「言辭莽撞、手段可議」。

蘇聯也變得不一樣了。一九五三年三月一日凌晨史達林中風。四天後死亡。繼之而起的三巨頭：貝利亞（Lavrentiy Beria）、馬林科夫（Georgy Malenkov）、莫洛托夫（Vyacheslav Molotov），幾乎立即採取行動降低國際緊張關係。僅在史達林死訊發布九天後，馬林科夫告訴最高蘇維埃：「當前所有的爭議或待解決的問題，均可透過相關利益國家以彼此合意的方式和平解決。這適用於我們與所有國家的關係，包括美國。」[99]蘇聯的宣傳基調也改變，出現所謂和平攻勢。這帶來一種新威脅：不是實際的戰爭而是變種的心理戰，其形式比照呼籲德國統一的提議，如史達林一九五二年三月自己所提的，德國百姓受它吸引的程度與美國決策者認為它虛偽的程度不相上下。曾施壓德國重新武裝的美國人，低估了應建立適當「心理氛圍」的必要性。他們低估了一種危險，即季辛吉所稱的「反向狄托主義：民族主義掛帥的政府，為證明獨立於美國之外，會逐漸倒向蘇聯」。基於此季辛吉認為，「蘇方的懷柔態度」比「持續冷戰還要危險」。

好消息是，少了史達林，冷戰失去若干意識形態強度，回到我們較熟悉的地緣政治模式。結果是一個重要的轉折，季辛吉看到他一九五一年否定的類比，如今有適用的可能性。

以對歐亞大陸的關係，美國是處於十九世紀英國對歐陸的地位。它是資源較少的島嶼強國，目前只是人力，一段時間後連工業實力也會落後*。因此美國不可容許歐亞大陸，整合在一個強國的主宰或控制下，不論其政府體制為何。……〔反而〕為保存本身資源，美國的戰略應是設法在歐亞大陸建立軍力平衡。這意味著在任何情況下都不允許蘇聯擴張勢力範圍，事實上應加以縮小，因為中—蘇—東歐衛星集團到時候必會給美國安全帶來致命危險。

這是重要的重點轉移：現在美國可望擔任英式平衡力量。但這究竟該怎麼做？強制削減蘇聯集團核心顯然毫無可能，正因為那意味著戰爭。但「分裂蘇聯與其衛星國，包括中國」，卻有顯著「可能性」。這是另一個戰略概念的種子，在二十年後會開花結果。

季辛吉基於以上分析，提出一個特別的建議。他指出，史達林之死帶給美國外交一個「絕佳機會」，透過召開四強會議討論歐洲問題，特別是分裂的德國，以「勇敢地抓住和平攻勢」。美國在會議上應提議，「完成締結和約與全德選舉」，易言之即德國統一。季辛吉認為，儘管必須保證德國的邊界以一九二五年《羅加諾條約（即公約）》為準，但對此情境「蘇聯會比我們更害怕」。誠然，此舉即使不是整個推翻，也會延遲正在討論的「歐洲防衛體」（European Defense Community）計畫，但季辛吉的推斷正確，即歐洲防衛體「在任何情況下被批准的可能性不大」。反之，若美國的提議成功，就能在亞洲真正獲益：「如此的四強會議犧牲蘇聯的附庸國，會對中國造成巨大衝擊，尤其若後續在亞洲的會議毫無所獲。……將四強相互保證彼此邊界放入議程，但排除中國，不信任感會更增強」。季辛吉承認蘇聯不太可能同意這種會議，但「會議假使失敗，其可能性不小，則歐洲防衛體及冷戰可回到較健康的政治氛圍中」[100]。

季辛吉的〈蘇聯和平攻勢〉備忘錄廣為流傳且頗受讚譽。邦迪甚為熱衷，他對季辛吉說：「你用極短篇幅說得很道理」，並轉寄給政策計畫處的朋友鮑伊（Robert Bowie）[101]。但前同事作業研究處的佩提（George Pettee）不完全贊同。他：「在優異地善用過往與歷史知識的過程中，你在某些地方試圖把對過往屬實的特性也訴諸未來，對未來卻未必適用。主張羅加諾式的條約可能很重要，就是我所謂的那種情況。」[102]

季辛吉為自己辯解，堅持他所言並無重蹈一九二〇年代覆轍之意；提出締約構想只是基於它能產生的「巨大心理效應」。如他所說：「總之，我所有的提議都是為搶佔先機。顯而易見，蘇聯的官僚體系若與我們的有相似之處，我們也沒有理由認為官僚精神會相差很大，則我方有愈多想法可丟上談判桌，他們就愈沒有時間構思原創方案，可擁有的彈性空間也會愈小。」[103]不過，佩提確實提出其他人無疑也有同感的看法：季辛吉太喜歡做歷史對比，太不願承認在某些方面，現在與過去不一樣。

* 冷戰大部分時期，絕大多數的美國專家，包括季辛吉，始終過分高估蘇聯體系的經濟能力與潛力。一九五三年蘇聯的經濟規模只及美國的三分之一。

到一九五三年夏，季辛吉開始感到挫折，那是所有業餘謀士遲早會有的感受：他的點子源源不絕，可惜無人聞問。鮑伊也許看過季辛吉討論德國統一的論文；他也許確實認真讀過。當然那是因為東柏林發生事端時機剛好。一九五三年六月十六日東柏林爆發罷工潮，並遭蘇聯軍隊強行鎮壓。但無人召喚季辛吉到華府去。他只好回頭與志同道合者書信往返，如史勒辛格，其立場偏左，但更重要的在於他是歷史學者。對常被視為冷戰初期美國心理戰最輝煌的一役，季辛吉不以為然。如同一九四八年，義大利基民黨在中情局大力協助下，贏得一九五三年大選。季辛吉卻認為，此結果只是「再次證明，耍花招執行外交政策終將徒勞無功」。「外交政策很不幸地不同於在法庭上辯護，當陪審團做出判決後，你說過的謊言不會再來擾亂你。」[104]另一方面，民主黨總統候選人史蒂文生（Adlai Stevenson）似乎也不比艾森豪更高明：

我雖同意史蒂文生，如果共產黨在義大利勝選，我們也不該轟炸莫斯科，但我認為，事先表態不論任何情況都不會轟炸莫斯科，同樣沒有道理。我認為再次在朝鮮打仗亦非明智之舉。

我也希望兩黨候選人別再說「必將贏得和平」這種話，彷彿有個特定日子「和平會突然出現」，所有緊張情勢會奇蹟似消失。據我所知，歷史上除羅馬帝國時期，從未發生過這種事。我看不出與蘇聯的任何協議可以讓我們斷言，此後不會再有任何緊張情勢，即便克里姆林宮由大天使主掌亦然。因為在有兩大超強的世界裡，受主權條件所制約，出現緊張狀態勢不可免。[105]

這與菲德瑞契十年前的論述非常相近。但季辛吉為證明他的觀點，是否真的需要搬出羅馬帝國？

六

一九五四年時的哈佛，成功的博士班學生完成論文後不久即獲聘為助理教授，時有所聞。艾里特曾替季辛吉說項，但哈佛並無意聘請他。他申請進入哈佛研究員學會——類似牛津萬靈學院的精英機構，也未成功[106]。關於這反轉情況有不同的解釋：有些教職人員覺得他太世俗；有些認為他花費太多精力在國際研討班和《匯聚》上，擔任畢爾「社會科學二」課程的助教反而沒那麼認真[107]。我們知道他曾婉拒協助，邦迪在一九五三年春季班開的「政府學一八〇」課程[108]。或許不必太相信後面這個說法，那顯然是一九七〇年代變成政敵的前同事，不懷好意的回憶；不過也可能有些前後期的人，特別是烏藍，當時已反對季辛吉[109]。然而，還有一個較可信的解釋。據麻省理工學院傑出財經史專家金德伯格說，艾里特曾「詢問是否能給季辛吉一份工作，因為哈佛目前沒有教職缺。所以我問同事：『我們需要一位研究梅特涅的政治學者嗎？』他們答：『千萬不要。』」[110]就像其他許多新科博士，季辛吉被迫靠博士後研究補助勉強維持生計：他拿的是洛克菲勒基金會四千美元，「以助亨利．季辛吉先生研究一八七〇至一九一四年，十九世紀政治規範遵守度下滑」[111]。經費來源是洛克菲勒基金會的法、政哲學領域的新計畫。這筆錢足夠哈佛聘用季辛吉為政治學研究員[112]。

季辛吉毫無疑問感到失望。一九五四年六月八日他不按牌理出牌：寫了一封真心誠意的信給邦迪，談「高等教育尤其哈佛面臨的一大問題：研究生與資淺教職員心態」。雖從整體角度切入，但此信無疑是哀嘆個人際遇。季辛吉用吸引人而直白的文字開場，剖析研究生的心態是自以為是與不安全感、自命風雅與勾心鬥角、極度專注與無所事事等的奇特混合。既缺幽默又無樂趣可言。表面故作博學，卻總是瀕臨歇斯底里。雖標榜縱橫天下，卻幾近獨善其身。雖偶爾寫出有內容的作品，但他們見證的是個人超越環境的力量，而非源自環境的推力。創意、自動自發及靈感無從產生。種種壓力造成盲從因襲及高度平庸與安全。

他接著寫道，學術研究如此缺少「樂趣，我也曾認真考慮放棄學術生涯，去唸法學院」。這並非出於財務原因，而是「不論薪資水平如何，除非著手修正某些當前的態度，否則學術這門專業仍不會有吸引力」。

沒有別的專業領域如此依賴同行的認可，卻也沒有別的專業必須由自己創作出那麼多東西。沒有其他領域是創作行動與其接受度如此顯著地不對等。因此學術專業需要不同於一般的執著。它比其他活動更必須是為學術而學術。它尤其有賴於不致扼殺靈感的環境。它最關鍵的問題在於維持其標準，抗拒會破壞標準的力量。但正因為「客觀」標準不存在，或真正的創意不斷超越既有模式，退步或平庸的危險總潛藏在表象之下。並非品質會受到刻意壓抑；而是可能品質感喪失。

季辛吉嚴辭譴責哈佛「日益狹隘甚至無生氣」的氛圍，及低落的「追根究底精神」。「無人關心他人的研究，更不在意其個人發展」。季辛吉恩師艾里特是極少見的例外，他是「對我的發展助益最大的人，他這麼做主要並非為本身學識，最重要的是出於人文關懷，讓我感覺到：令我尊敬的人也關心我的成長」。但季辛吉接下來抱怨，政府系研究生的生活圍繞「老鷹們」（資深教職員）而轉時，顯然未排除艾里特。每個哈佛研究生都希望成為哈佛終身職教授，所以勢必成為唯唯諾諾之人。季辛吉以三項具體建議結束他的長篇大論：在哈佛成立類似普林斯頓高等研究院（Institute for Advanced Study）的單位，以鼓勵高水準跨學門研究；將教職聘用權自各系回歸到院長（即邦迪）；提早決定終身職[113]。

以新科博士身份寫給，在許多方面權力僅次於哈佛校長的文理學院院長，這最起碼是一封令人驚嘆的信。就算季辛吉與邦迪主要歸功於《匯聚》，關係相當親近，他用這種方式一吐為快，風險不小，甚至可謂魯莽。以那些提議明顯為圖利自己，他應當不致期待會真的付諸實行。然而總算寫完博士論文，他忍不住要發洩挫折感。在哈佛的檔案文件裡找不到邦迪的回信；或許他是口頭表達了看法。兩人的關係依舊友好，邦迪仍接受季辛吉邀請，為暑期研討班學員演講，季辛吉也持續受邀與貴賓共進午餐（如前明尼蘇達州州長、每四年都要爭取共和黨總統提名的史戴森〔Harold Stassen〕）。但季辛吉若指望那封信能對他成為教授有所幫助，結果是難如願。一九五四年秋，邦迪似曾提供季辛吉某種職位，很可能是「講師」，學術位階最低的職務，不過季辛吉冷淡的反應顯示，那與他的期望有落差[114]。即使季辛吉獲得芝加哥大學願聘請他擔任教授，仍無法爭取到母校同等的職位。到一九五四年底，季辛吉在哈佛的學術生涯彷彿要畫上虎頭蛇尾的句點。

七

近二十年後，季辛吉有機會再次回顧學術生涯的病態。一九七二年三月，他與尼克森總統坐在橢圓形辦公室內。尼克森問：「那些傢伙究竟是怎麼回事？」意指美國學界有許多人都在批評他的外交政策。接下來的對話充分顯現，經過這麼多年，也獲得世俗定義的成功，季辛吉的看法卻少有改變。

季：學術人生本就令人沮喪，所以他們都……

尼：為什麼沮喪？難道他們沒有具體成就嗎？

季：噢，總統先生，第一，因為你的生活是跟一群十幾歲孩子打交道。畢竟與其說是幫助那些孩子成長，反倒是他們會變得與朝夕相處的大人一樣不負責任。其次，做這一行沒有保障。頂尖的學者不算……

尼：是啊。

季：……要有全國知名度，哦，像〔小〕史勒辛格或是我。可是即使是哈佛的普通教授日子也不好過，因為他要忍受十年令人發瘋的不確定感，直到取得終身職。假使他擠不進好學校，就——那不像讀法學院，讀到第二年就知道自己是不是這塊料。

尼：沒錯。

季：這騙不了人。

尼：對。

季：你可以……你可以根據進得了哪些法律事務所，預測自己的未來。

尼：沒錯。

季：在學術界你完全仰賴某個自大狂親自推薦。誰也不知道你到底有多厲害。可惡，我在哈佛——

一九五四年的哈佛，我總是格格不入，就此而言我一直是局外人。我過得很慘。……我的第一本書……是關於十九世紀外交，一般人不會那麼感興趣。……那是非常有思想深度的書。講的是一八一五年如何締造和平，而且……

尼：對，沒有錯。

季：那是，那本書寫得很有深度。不過這一行非常沒有保障。還有就是他們受社會主義理論影響很大，並且……

尼：為什麼？那正是我想問的問題。理由何在？他們一直是這樣，但是……

季：總統先生，他們相信操弄。所以那使他們煩燥。知識份子在這個社會並非備受尊崇的階級；那影響到他們。[115]

學者厭惡學術政治居然頗為常見。哲學家桑塔亞那（George Santayana）一八九〇到一九一二年曾在哈佛求學、教書，他說他「真正的朋友裡沒有一位是教授」。他自問：「是由於像女性一般的妒嫉，且暗中不願百分之百被討好嗎？還是教授或女性必須有幾分虛偽的意識使然；因而對不得不如此的可憐蟲既感輕蔑又覺同情？」[116]這種情緒非哈佛教授所獨有。其實「學術政治鬥得如此激烈，原因在於可爭的資源太少」，這句名言並非出自季辛吉；而是哥倫比亞大學公共行政學教授塞爾（Wallace Stanley Sayre），他著有《治理紐約市》（*Governing New York City*）（那裡的資源顯然較多）。不過季辛吉確實喜歡一再引用塞爾「定律」：「在任何爭論中，感受的強度與爭論議題的價值成反比」，並拿哈佛的政治做為經典範例。

然而一九五四年夏的某一天，季辛吉對前途的期待應不致這麼低，那時他正無精打采地走過哈佛校本部，心中想著一度耀眼的學術生涯停滯不前。他遇見好友史勒辛格，對方令人羡慕地已穩坐歷史系終身職教授，又是普立茲獎得主〔1946: *The Age of Tackson* by Arthur M. Schlesingen, Jr.〕。季辛吉渾然不覺，他與史勒辛格接下來的對話，竟改變了他的人生方向。「懂一點梅特涅的政治學者」季辛吉，即將大放異彩。

第10章　奇愛博士？

季辛吉先生相信，（一）我們必須像因應有限侵犯那般，也準備好因應全面攻擊。（二）全面攻擊必須以全面反擊來應對。（三）有限侵犯必須以有限戰爭來擊退。我們對每種狀況應使用最適當的武器。最適當的武器通常即核武。

——愛德華．泰勒*，一九五七年[1]

季辛吉從國家權力角度考量政策規劃及戰略問題，並大致類比到十九世紀各國爭雄，當然正確無誤；但我覺得美國以外的世界還存有深層的東西，假以時日將翻轉所有我們認定的鬥爭。此事不會發生在今天，且只要蘇聯的力量持續強盛不變，也不易發生；不過我認為總有一天，我們文化中的跨國共同體，會開始在全球政治結構內扮演要角，甚至影響各國行使權力。

——奧本海默，一九五七年[2]

* 愛德華．泰勒（Edward Teller），美國理論物理學家，有氫彈之父美譽。

一

一九五四年夏，季辛吉擁有研究十九世紀初歷史的博士學位，此外乏善可陳。哈佛不肯給他，他自認應得的新進教授職。芝加哥大學雖願聘請他，他卻不想去；賓州大學（University of Pennsylvania）給的「錢比較多，但無聲望可言」[3]。他靠洛克菲勒基金會微薄補助維生，把時間虛擲在設法讓博士論文的某些章節，以有點晦澀的學術文章刊登在學術期刊上。可是三年後，季辛吉竟成為美國頂尖核戰略專家之一、暢銷書作者、電視談話性節目名嘴、華府辯論的對象、莫斯科譴責對象。一九六四年他被指為二個邪惡角色的靈感來源，一是薛尼盧梅（Sidney Lumet）執導的電影《奇幻核子戰》（*Fail Safe*）中，由華特・馬修（Walter Mattau）飾演的冷血政治學家葛侯凱耶教授（Professor Groeteschele），一是（關聯度較低）史丹利庫柏力克（Stanley Kubrick）的〔同名〕黑色喜劇電影中，彼得謝勒（Peter Sellers）飾演的瘋狂核子戰略家奇愛博士（Dr. Strangelove）*。何以如此？答案需始於《奇愛博士》問世前十年，那次在哈佛校本部的偶遇。

儘管季辛吉與小史勒辛格政治立場南轅北轍，但兩人私交不錯。季辛吉每年必定參加，由小史勒辛格夫婦及鄰居加爾布雷斯（Galbraith）主辦的畢業雞尾酒會，現場僅提供雞尾酒†，及盛在碗裡的免費雪茄。如瑪莉安（Marian）・史勒辛格回憶，她與丈夫會回報以到季辛吉家用餐，在那裡「完美的教授先生」與妻子，「供應豐盛的食物〔與〕思想。……一切都是白色，杯盤甚至食物」[4]。除克雷默，史勒辛格是季辛吉最願分享其最高端（若非最深處）想法的人。史勒辛格則樂於將這位聰明友人，介紹給自己圈子裡的自由派要人，包括羅斯福夫人、史蒂文生及甘迺迪兄弟[5]。經哈佛校本部不期而遇短暫交談後，季辛吉（依他所說）「被小史勒辛格拉入參與三方討論，包含他自己、艾索普兄弟〔約瑟夫與史都華〕（Joseph and Stewart

Alsop）‡和尼茲」（國安會六十八號文件撰稿者）[6]。事情起於一封前空軍部長芬立特的信，他倆巧遇時，史勒辛格剛好放在皮夾內，他一時興起就建議季辛吉看一看[7]。芬立特為政府依賴大規模報復為威脅作辯護，季辛吉不以為然，便快筆寫出〈美國外交政策僵局與預防式戰爭〉（The Impasse of American Policy and Preventive War）一文。正是此文開啟他在新興的戰略研究領域的事業。§

文章開宗明義指出：艾森豪政府上任一年半來，外交政策失敗：

> 東南亞陷落〔指法國在中南半島的挫敗，以僅四個月前的奠邊府一役告終〕、西方盟邦猶豫不決、日本民怨紛擾、軍力平衡發生變化，全指向危機，卻因華府官方聲明予以否認而更為嚴重。過去十五個月蘇聯已成功掌握和平攻勢，以致美國在全世界愈來愈像是和平的障礙；蘇聯核武進步快速，因此至少已對西歐提議立即中立化；它在全球各角落均搶得外交先機，美國則在強勢與柔軟間擺盪，但無論怎麼做都相對缺乏成效。

---

* 奇愛一角主要的靈感其實來自康恩，他的一些想法庫柏力克在劇本裡直接借用。康恩與季辛吉同為猶太裔，差別是康恩出生於美國。比較之下，奇愛顯然是前納粹，就此而言他有點像火箭科學家馮布朗。

† 季辛吉本人雖不嗜酒，但別忘記一九五〇年代幾乎每個美國人都很愛喝酒，且以現在標準來看均屬過量。

‡ 一九四五至五八年，兩兄弟曾為《紐約前鋒論壇報》（New York Herald Tribune）每週撰寫三次《實事》（Matter of Fact）專欄。他們是無可挑剔的正宗白人（WASP，譯註：指白種（White）、盎格魯薩克森（Anglo-Saxon）、新教徒（Protestant）），出身哈佛，自詡為「基於傳承、正式登記的共和黨人……政治理念上是保守主義者」。

§ 季辛吉多年後告訴史勒辛格：「亞瑟，是你把我引薦至政府部門，你對國家造成的破壞只能怪你自己。」季辛吉始終感謝史勒辛格，史氏之子安德魯未出版的日記中，不止一次提到此事；季辛吉本人二〇〇七年為史勒辛格寫的悼詞也曾明確表達。

歐洲防衛體已成為「美國信譽的抵押貸款」，議而未決的東南亞條約組織（Southeast Asia Treaty Organization, SEATO）只是「雪上加霜」。季辛吉為這連串失敗找出三個原因：一，美國「正當地聚焦於蘇聯的威脅」，卻低估世界其他國家對和平的渴望，又「不肯……相信有無法溝通的鴻溝」。在心理戰上，美國一直被史達林死後蘇聯的「和平攻勢」弄得手忙腳亂。二，美國決策者天真地把與其他國家結盟想得很重要。此處是重中他鍾愛的金句的良機：「若〔聯盟〕實務上導致以一致的概念本身為目標，結果會是自毀長城。因為若將聯盟等同於全體成員有共識，則其政策將由最弱的成員決定。」美國是霸權國家；它必須領導盟邦。

這些論點季辛吉以前提出過，史勒辛格當然很熟悉。但第三個是新的：那是有關實戰而非心理戰的論述：「面臨可能的中立化，〔我們可視〕戰爭……為較好的替代方案，預防式戰爭則是在不利於我方的局勢非無法挽回前，做為強迫攤牌的手段。但戰爭是太嚴肅之事，不可因受挫就動武。」問題在於政府自稱的「新面貌」（New Look）國防政策，無法決定「它是進行冷戰的策略，還是贏得實戰的手段」。若是前者，可謂認知錯誤。若是後者呢？季辛吉沒有明講，但讀此文的人領會到他的意思[8]。季辛吉在給其中一人的信中說：「我其實是想說，局部戰是可行的」[9]。這加倍刺耳。艾森豪的立場是：韓戰已顯著曝露局部戰的危險。以總體戰，意指核戰，為威脅去嚇阻蘇聯侵略，代價較低也更有效。季辛吉則似乎在暗示，美國可融合兩種策略之長：打局部核戰。

自由派樂觀者史勒辛格比季辛吉更願相信，莫斯科有更「彈性」的新安排[10]。可是他對季辛吉的初稿異常熱衷，稱之為「對當前外交政策僵局，我所讀過最有趣且最有用的討論」[11]，並表示要轉寄給知名人物如史蒂文生（兩年前與艾森豪競選總統失利）及芬立特*（他寫給史勒辛格的信促成這篇文章）。季辛吉在作業研究處的老友佩提卻提出保守、嘲諷的看法。

此文的麻煩在於它未替任何人包上糖衣。大家都希望（基於黨派理由）艾奇遜或杜勒斯等炙手可熱人物被痛批。他們的手腕都很高，若在上世紀會有不錯的形象，而你正確的指出兩人均未抓到〔關於核武的〕重點。閣下的大作在某種意義上是很好的測試，因為它對兩黨理性主義—合法主義—理想主義外交的種種偽善立場，毫無任何吸引力。因此假設有人喜歡你的文章，那此人為什麼會喜歡值得加以了解。[12]

造成衝擊最大的是芬立特的反應，其中挑戰季辛吉分析裡的軍事部分；並為「整體戰」乃嚇阻蘇聯進一步擴張的上上策辯護。季辛吉以經濟學角度的非典型暗示回覆他：「我承認，對鋼鐵產量不及五百萬噸的國家〔蘇聯〕，認為它有無限軍事潛能，在我看來並不合理」[13]。然而，不論蘇聯真實國力如何，季辛吉仍質疑芬立特的論證：「有意願打總體戰本身並不足以嚇阻侵略，原因在於除非蘇聯集團知道美國的決心有多強，否則它可能採取試探行動，然後那可能演變為原可避免的總體戰。可避免是因我方的意向若受到充分理解，則試探行動也許就不會發生。」季辛吉認為真正問題在於可信度：

* 芬立特（Thomos Finletter）接替希明頓（Stuart Syminton）任空軍部長前，曾任杜魯門的空軍政策委員會（Air Policy Commission）主席。

> 假設關鍵區域已確定，美國也清楚表達加以防衛的意願，然後呢？有兩種後果看似幾乎無從避免：或是蘇聯陣營相信我們，那必然的推論就是，未被美國認定為關鍵區域的便可併吞，頂多遭到局部反制。不然就是蘇聯陣營會認為，我方的聲明只是虛張聲勢，經過兩年「大規模報復」，不見得不會有這種結果，然後我們又會重蹈莫邊府的覆轍。[14]

季辛吉並非軍事專家；他只是研究外交史的學生。他也不是首位倡議這種主張的人。但他對艾森豪政府嚇阻策略的批評，卻受到軍方有力人士的歡迎。據史迪威（Richard G. Stilwell）將軍，此文在陸軍戰爭學院（Army War College）「凡有機會詳讀過的教職員均深感興趣」[15]。時任空軍研發指揮部（Air Research and Development Command）副指揮官的麥考馬克（James McCormack）將軍也認同此說[16]。季辛吉受此鼓舞便開始思索，自己是否無意中發現了重要的洞見：發動包含核武的有限戰爭，是揚言進行總體戰以外的可行方案。他對當時流行的林林總總裁武方案嗤之以鼻*，他對史勒辛格指出錯誤所在

> 即認為局部戰加上戰術性使用核武，必定會導致全面核子大戰，因為蘇聯無法做出細微的區別。在我看來，這是把邏輯推斷與戰略現實混為一談。精確做出這種區分的所有壓力，全落在蘇聯頭上。我認為可以相信他們懂得分辨，摧毀莫斯科與原子彈在戰場上爆炸的差別。

季辛吉為他的新主題加溫，主張基於當前〔戰略〕核武的破壞力甚為強大，唯有「因官僚的慣性」才會使用。

戰略空軍司令部（Strategic Air Command，S.A.C.）的主要用途，在我看來，就是讓我們得以照我們的條件去打局部戰，或是換個說法：核武的毀滅力大到它唯一嚇阻的對象，就是嚇阻對方使用核武。於是擁有替代武器系統的一方，可將這些終極武器當做震懾對方之用，以防對方發動總體戰。所以我們若擁有可戰術性部署核武的武器系統，讓我們能夠打局部戰，若再把它整合到外交上，而我們在外交上表明只對局部轉變感興趣，不會無條件投降，則戰略空軍司令部或可嚇阻蘇聯走向總體戰。[17]

季辛吉以顯然反直覺式的論證聞名，此處可見其精髓。

季辛吉在剛萌芽的戰略研究領域，以公共知識份子身份出現，可追溯至一九五五年四月，其專文〈軍事政策與灰色區域防禦〉（Military Policy and the Defense of the "Gray Areas"）刊載於《外交事務》期刊[18]。由外交關係協會自一九二二年起出版的《外交事務》，過去（至今仍是）「具足夠新聞內涵而有可讀性，又有足夠學術深度而受重視」。季辛吉不久便嫻熟該刊的行文風格。起先倉促寫給史勒辛格[19]的備忘錄，此時已進化為對美國戰略思維大膽而新穎的批評，不過這對他兩年後完成的鉅著只算是初試啼聲。

季辛吉冷靜地起筆：「在短短數年內蘇聯將擁有以核武猛攻美國的能力，而美國的戰略思維竟然不動如山，著實令人訝異。」除去某種先發制人預防式攻擊的概念（「此計畫嚴重違背國家意識及憲法對美國外交政策須如何執行的限制」）[20]，艾森豪政府看似可取的政策，也只有杜勒斯堅定提出的「大規模報復」威脅，

* 「除去其心理效應，我不會太過贊同各種裁武提議。歷史上裁武通常發生在緊張衝突緩和之後，而非之前。倘若國家間能同意裁武，也就能對其他事達成協議，從而對武器的需要便會消失。」

意指「主要依賴戰略空軍的發展及提升核武的威力」。此即所謂「新面貌」背後的立論基礎。但實際上艾森豪政府希望避免捲入，在芬立特（所著《武力與政策》（*Power and Policy*）中）稱為全球「灰色地帶」的消耗戰，那種地帶即歐亞大陸邊陲的非北約地區[21]。

季辛吉的回應分成五部分。一是蘇聯核能力迅速成長，導致美國打總體戰的代價飛速增加。再者，類似韓戰那種有限戰爭，雖非愉快的經驗，但或許是「比全面核子衝突要好的未來策略範例」，隨著蘇聯核能力變強大，除非美國本土直接遭到攻擊，美國已愈來愈不可能打全面核戰[22]。三是蘇聯也無意於打全面戰；他們「根本無須明確挑戰美國，只要藉著風險小很多的逐步蠶食周邊地區，在不知不覺中使均勢轉向不利於美國，即可達成使美國無以反擊的終極目標，」[23]。

> 當蘇聯核能力還不太強時，我們因有限戰可能變成全面戰的風險，而拒絕在中南半島打仗，那我們更不會願為緬甸、伊朗、甚至南斯拉夫冒核子轟炸之險。[24]

四是完全憑藉大規模報復為威脅，必會削弱美國的聯盟體系，因為「不是盟邦認為他們無需強化自身軍力；就是他們會以為，美國幾乎是不計代價寧要和平不要戰爭」[25]。五是嚇阻政策沒有嚇阻作用的矛盾風險。

> 若對方逐漸相信……我方揚言立即報復不過是虛張聲勢……那隨著其核武增多，它可能決定併吞「灰色地帶」，並逼我們面對抉擇：是要放棄灰色地帶，還是冒美國城市被毀滅的危險。由於中蘇領導人可能

誤判，我方面臨此種選項時的反應，使得我們現行欲避免它的軍事政策，反而可能引起全面戰爭。[26]

因此在季辛吉看來，艾森豪政府面臨世紀決戰的風險小，被孤立的風險大。他在此藉機向《外交事務》讀者，提出新版的他最喜歡的歷史類比：

> 相對於歐亞大陸，美國是島嶼強國，目前只是人力資源較少，日後連工業實力也會落後。因此我們遭遇「島嶼」強國慣有的問題，如迦太基之於義大利，英國之於歐陸，其生存取決於阻止相對的大陸落入單一強國控制下，尤其是明顯敵對的強國。假如歐亞大陸遭單一或一群強國所主宰，而這具敵意的強國有充分時間去運用其資源，那我們就會遭到難以抵抗的威脅。我們被迫採取不符合當前所謂「美式生活」的軍事作為，還算是最好的狀況。要是美國淪落為關在「美國城堡」裡，甚至若蘇聯在「灰色地帶」的擴張，大到消磨掉盟邦抵抗的意志，則美國人將面臨四分之三的人類，以不少於此數的資源與之對抗，美國人是否能持續生存將在未定之天。[27]

那麼有其他辦法嗎？答案分兩個面向。一來美國必須準備好，在下一場類似韓戰的有限戰中，勇於作戰並取得完全勝利；畢竟韓戰本身是可以打贏的：「要是我們肯再多投入四個師，甚至對停戰談判設下期限，也許我們可在〔韓國〕獲得實質軍事勝利。」[28]更何況韓國「對中國人是有利的地理位置」，東南亞卻不然。季辛吉推論道：「美國在中南半島全力一搏，至少仍可拯救寮國及柬埔寨。」[29]關鍵在於「當地政府必須夠穩定，使蘇聯若想拿下只能靠公開侵略；還要當地軍隊能夠打拖延戰。」倘若這些條件都具備，美國就只需維持「（如在菲律賓、馬來西亞或巴基斯坦）具導正均勢功用的戰略預備部隊，及……可將我方科技優勢轉為當地優勢的武器系統」。能夠打此種局部戰有一個明顯的好處，即向中蘇集團施壓。即便在此冷戰初期，已有美國戰略專家希望，中蘇傳統的對立會使其聯盟自行瓦解；季辛吉在有先見之明的題外話中說，這種分裂不會「自動發生」。

> 團結的好處多多，有太多利益有待贏得，克里姆林宮對狄托仍記憶猶新，均使我們無法仗恃蘇聯犯錯。蘇聯與其衛星國、甚至與中國分裂，唯有經由外來壓力，經由製造意外事件迫使意見不合檯面化，才可能發生。[30]

這是韓戰另一個教訓：「美國一九五一年若在韓國擊敗中國軍隊，就會使蘇聯陷入兩難：是否要為提升中國軍力，不惜冒一切風險；若乘勝向北京提出和解的政治方案，就會引起北京反思，美國的善意是否不代表，比盲目追隨蘇聯路線更有保障。」再者「若中國在與美國的首次軍事遭遇中，受到決定性反轉，則中南半島問題不會是目前這番局面[31]。韓戰最後一個教訓是，不應太受制於盟邦：「在局部戰裡美國不需要它們；若未涉及其直接利益，也不應堅持他們提供協助。」[32]

此番論述本身既大膽又創新；除去其他，從中也可看出季辛吉的職涯中，多早就開始思考如何破解中蘇聯盟，以及如何處理法國退出中南半島後的局勢。不過他蓄意要引起騷動的是第二面向。倡議在核災難和投降之外有第三選項是一回事。建議「增進局部戰戰力」本身並不特別具爭議性；哈特（Basil Liddell Hart）爵士等人自一九四六年便陸續提出這類主張，其立論根據是「以核武力發動無限戰爭……等於同歸於盡」[33]。羅伯·奧斯古（Robert E. Osgood）當時也在努力撰寫《有限戰爭》（*Limited War*）一書[34]。然而季辛吉主張的是，那種戰力應包括「戰術核武」。這完全是非同小可的建議。在別處確實有人公開發表過，可用小型核武攻擊純軍事目標，即排除主要都會區的看法[35]。布洛迪（Bernard Brodie）也曾發表過兩篇（有點含糊的）關於此主題的文章[36]。後面會談到，艾森豪政府內部也辯論過，但總統迄今不願採納。因此一位哈佛出身的外交史學生，竟在《外交事務》為戰術核武說項，不免令人有點吃驚。

幾乎同樣令人眼睛一亮的另一篇文章，一個月後刊登於美國自由思想堡壘《新共和國》。〈外交的限制〉（The Limitations of Diplomacy）一文以矛盾心理，展望預定一九五五年七月於日內瓦舉行的四強峰會*。季辛吉是精研外交史多年的學者，他直言此會不致達成什麼成果。「閉門開國際會議，可降低甚至消弭緊張關係的畫面」或許「誘人」。但一九五五年的全球外交受到雙重限制：「兩強世界……固有的強硬因素」（即使英法領導人也出席），及談判桌另一頭是挑戰國際體系架構本身的革命強權。季辛吉下結論道：「我們對〔與中蘇集團談判〕會直接大幅改善當前局勢，不應抱持幻想。」能達成的頂多是，「釐清各種情況對亞洲盟邦及非盟邦的影響」，因為拒絕舉行會議的提議，可能「延遲達成互助協議的直接目標」，完全拒絕談判最終會「瓦解我們的聯盟體系」[37]。這種論點：與蘇聯和談不比看歌舞伎表演有意義，與季辛吉在《外交事務》主張，有限核武戰必須是美國決策者可考慮的選項，是從對立面看問題。

季辛吉以公共知識份子之姿初試啼聲十分成功。他向後輩同事杭亭頓坦承，「有點被外界反應嚇到」。

* 這是英相艾德禮（Clement Attlee）也曾出席的波茲坦會議十年後，美蘇領導人首次「峰會」。艾森豪、蘇聯總理布爾加寧（Nikolai Bulganin）、英國首相艾登（Anthony Eden），在日內瓦與法國總理富爾（Edgar Faure）會合。四強峰會至此已不符時代潮流。一九五九年以降，冷戰期間主要峰會皆是雙邊進行，總計有二十多次僅美蘇領導人參加的「超強」峰會。

它〔刊於《外交事務》一文〕已成為美國空軍、陸軍及國家等三所戰爭學院必讀文章；麥可利斯（John H. Michaelis）將軍把它發送給主要媒體協會（Major Press Association）。副參謀總長蓋文（James. M. Gavin）將軍把它列為國防部必讀文章。……我太清楚其緣由，不免有點擔心在這國家怎麼才會成名。[38]

更了不起的是有些哈佛同事，包括杭亭頓，也喜歡此文[39]。受到邦迪另眼看待則更為要緊。他叫座的課程「政府系一八〇：全球事務中的美國」（Government 180: The U.S. in World Affairs），其核心意旨即譴責慕尼黑危機時的姑息政策；邦迪認為，審慎使用武力會更為有成效[40]。所以季辛吉的論點與他所見略同。也給他機會協助季辛吉脫離高不成低不就。邦迪到哈佛前，曾在外交關係協會短暫工作。因《外交事務》登出其大名而更有自信的季辛吉，當他表達有意到該協會工作時，邦迪鼎力相助。《外交事務》主編阿姆斯壯（Hamilton Fish Armstrong）雖決定不用季辛吉擔任副主編*，但仍請季辛吉出任研究核武對美國外交政策義涵的小組負責人[41]。

二

季辛吉從劍橋搬到紐約後，要努力回答一個難題。為何美國在杜魯門任內曾短暫獨霸核式，得利卻很少？自廣島、長崎被炸毀，到一九四九年八月蘇聯試爆原子彈，其間只有一個核武強國。美國至一九五三年八月仍獨有氫彈；至一九五五年仍是全球唯一擁有百萬噸級炸彈的國家。即使後來蘇聯在技術上迎頭趕上，在數量上仍略遜一籌。一九四七年四月，洞悉世局如肯楠者都認為，「十次精準的原子彈打擊」，足以清除蘇聯的工業。肯楠的結論是：「我認為美國及友邦此刻在世上占有實力上的優勢。」[42]結果，那優勢並未產生作用。這段期間蘇聯取得一連串無可爭辯的地緣政治勝利，它幾乎控制整個東歐（除南斯拉夫是明顯例外）、支持共產黨接收中國，並透過代理人與駐韓美軍進行持久戰。華府不但未感到自信，反而益加怯懦。早在國安會發出六十八號文件時，尼茲與其他人便想像，蘇聯已累積可觀的原子彈，以致到一九五五年莫斯科可能「禁不住會發動快速秘密攻擊」[43]。

武器競賽並非不可避免。奧本海默及李利恩索（David E. Lilienthal，譯註：曾任杜魯門政府的原子能委員會主委）已規劃出由國際管控原子能的計畫，但巴魯克（Bernard Baruch，譯註：美國金融家兼慈善家）提的版本卻遭蘇聯拒絕[44]。到一九四九年七月杜魯門放棄此議。他說：「我們永遠做不到國際管控，正因無法國際管控，所以我們的原子武器必須最強大。」[45]奧本海默主持的討論小組提出的悲觀報告，基本上支持這一觀點，報告中建議美國退出聯合國裁軍委員會（UN Disarmament Committee），因為其作為「徒勞無功」[46]。以後見之明來看，我們可以說，冷戰演變為一種「自我調控體系……沒有人加以設計，或甚至認為它會持續很久，它並非基於道德或正義而不得不然，它是基於任意且明顯人為地將全球劃分為勢力範圍，它包含現代史上某些最強烈且持久的敵意，只差未爆發戰爭」，然而它「存續長達一戰後精心設計的安排的兩倍」[47]。看出這事實後，我們可推測其原因：兩極體系固有的簡化思維；兩超強間壁壘分明；各自受到內政

＊季辛吉日後提及阿姆斯壯時說：「他認為上帝在第七天創造了《外交事務》。」

限制；「恐慌與審慎」並存，成為相互嚇阻的核心要素；藉偵察（更別說猖獗的間諜活動）帶來些許透明度；雙方拒絕以對方無條件投降為目標；各種將衝突降至最低的「遊戲規則」不斷演進。由於全球逃過核武決戰，史家不免做出結論：這種「恐怖平衡」形成相互嚇阻的體系[48]。

不過，當時無人預見到最後核戰並未爆發，大多數見多識廣的觀察家都認為，超強間的對立極為不穩。二戰期間艾森豪即憂心忡忡地預測，戰後世界「共產主義與混亂……〔會〕快速蔓延，犯罪與失序、喪失個人自由、悲慘的貧窮〔會〕詛咒曾歷經戰亂的地區」[49]。他身為總統，非常清楚全面戰爭會有什麼後果。一九五四年他告訴南韓總統李承晚：「我跟你說，如果發生戰爭，那會很可怕。原子戰會毀滅文明……數百萬人會喪生……後果恐怖到難以深入思考。我連想都不敢想」。一年半後，一份最高機密評估報告使他相信，全面戰爭一旦爆發，「約有百分之六十五的〔美國〕人會需要某種醫療，但大部分無從取得……那等於要從灰燼中爬起來，重新開始」[50]。

部分受尼茲影響，杜魯門最後採取「以上皆要的戰略」，不僅建構核武儲備，還大量投資傳統武力，甚至在韓國打仗。艾森豪認為這種作法本質上無法持久，主要原因是那會使國防預算膨脹四倍，必然造成財政負擔過重。他在日記中寫道：「精神力量乘以經濟力量再乘以軍事力量，大約等於安全。」[51]武器競賽的代價若侵蝕美國的生活方式及國家經濟健全，那是自取敗亡。更何況蘇聯對此心知肚明，故意想要「以其軍事威脅……將不堪負荷的安全重擔強加在美國與自由世界身上，導致經濟大災難」[52]。不管怎麼說，艾森豪是第一手經歷過總體戰。他極度懷疑，不分傳統或核武的有限戰爭，可對付蘇聯的想法；任何有限衝突勢必會升高[53]。這有助於解釋他為何一直強調大規模報復戰略：他不止要說服「所有敵人，任何此類衝突都可能升高到沒有贏家的程度」，以此嚇阻敵人，也想抵擋他自己的顧問群[54]。表面上，用杜勒斯式對立角度建構的

「新面貌」，的確是粗略地結合了大規模報復的威脅和戰爭「邊緣政策」。其實艾森豪的戰略隱微細膩。由改組後的國安會*多次開會，幾乎都由他主持，討論出艾森豪戰略的七支柱：防止核浩劫勢在必行；嚇阻必須可行；確保「第二擊」能力有其必要；放棄以強制蘇聯帝國「撤退」為美國的目標；體認冷戰將是長期戰爭；強化美國在歐亞的聯盟；尋求實際可行的武器管制形式[55]。此外，達成這些目標的途徑遠超過戰略空軍指揮部，還包括外交、心理戰及秘密行動。

所有這些代表圍堵政策更為精進。同時艾森豪盡全力反制後史達林時期蘇聯的「和平攻勢」。一九五三年四月十六日他發表〈和平的契機〉（The Chance of Peace）演說，誠摯地痛惜武器競賽耗費不貲（「一架現代重型轟炸機的花費：可在三十餘城市各蓋一棟現代磚造學校」）[56]。英國想參與其事，因此邱吉爾呼籲舉行四強會議[57]。但和平到底要以什麼為基礎？艾森豪在演說中，直指蘇聯製造「八年的恐懼與武力」，並提議「展開政治討論，以達成在統一的韓國舉行自由選舉」，並「終止對中南半島及馬來亞安全的直接或間接攻擊」。蘇聯接受這些提議的可能性微乎其微。莫斯科的新領導階層確實願意讓步，如放棄對土耳其領土的主張。可是要解決戰後時期的關鍵問題：德國，依舊遙遙無期。美蘇皆不能無私心地熱衷於德國統一；反而華府一心一意想要使重新武裝的西德，整合至北約及新的歐洲防衛體。

實際上，華府的氛圍與和平相去甚遠[58]。國務卿杜勒斯繼艾森豪發表〈和平的契機〉兩天後，對「報業編輯人協會」（Society of Newspaper Editors）演講時，立論比總統強硬不少。當總統組成三個特別小組評估戰略選項時，最和緩的假想狀況基本上是維持現狀；另兩種是完成包圍中蘇集團的防衛網，或（最激進

* 這方面艾森豪的主任秘書古佩斯特（Andrew J. Goodpaster）將軍，曾扮演重要推手。

的）逼它後退，縮小其領土範圍。「日晷專案」（Project Solarium）最後的報告，後來成為國安會一六二／二號文件，其中揭示「藉進攻式戰略攻擊力，提供大規模報復性破壞能力」，為艾森豪戰略的重心，但美國與盟國的其他軍隊仍會部署於重要地區，以反制蘇聯侵略。如前所述，關鍵問題在於這些其他軍力是否包含核武[59]。除政府最高層外，其他人無從知曉的是，艾森豪並未完全排除包含核武。其實艾森豪政府最早的一項行動，就是在西歐秘密部署戰術核武。一九五三年十月七日，國安會會議通過一六二／二號文件最後內容。當中有一句：「一旦出現敵對狀態，美國將考慮讓核武像其他彈藥般可取用。」[60]六天後總統親自證實這句話的含意。他回答參謀首長聯席會議主席雷德福（Arthur Radford）的提問，指出中國「若再次侵略韓國，我們應使用那種炸彈」[61]（參謀首長聯席會議認為，中國境內的攻擊目標也包括在內）。同年十二月艾森豪嘗試說服艾登

> 美國民眾不再區別原子與其他核武……邏輯上也無差異。……攻擊中國的基地時，若可更少代價容易地使用原子彈，那何必自我設限，必須用幾千架飛機運送高爆破性炸藥？小型原子武器的發展及原子砲的使用，使其間的區別難以為繼。[62]

翌年，副總統尼克森也提出類似論述：他甚至願意使用原子武器支援法國在中南半島的地位[63]。一九五五年初艾森豪說：「若使用核武可迅速確切地終止侵略，且經政治與軍事平衡考量，這麼做最能促進美國安全利益，則美國承受不起排除使用核武，即使對局部狀況亦然。」[64]艾森豪持續堅稱，任何有限戰均有可能升高為全面核衝突（「當訴諸武力來裁決人類難題時，你不知道會演變到什麼地步。……要是愈陷愈

深，就變成無底洞，端看武力本身的限制到哪裡。」）[65]可是他不斷告訴美國軍方：「應針對美國可能介入的任何小型戰爭，以使用戰術原子武器打擊軍事目標為基礎，預作規劃。」[66]

艾森豪政府令人費解之處，也是史家仍不得其解的謎團，在於政府的公開聲明與私下謀畫經常相抵觸。就在艾森豪向艾登說項，打算用原子彈攻擊中國的同月，他向聯合國大會及全世界聲稱*，美國與其他擁有核武的政府應「從現在開始並持續共同努力，由自行儲存一般鈾及可分裂物質，轉向支持（聯合國所屬）國際原子能總署（International Atomic Energy Agency）」[67]。艾森豪此項演講後名為〈原子的和平用途〉（Atoms for Peace）[68]，它並非如表面般相互矛盾。美國遵守總統的保證，提供核分裂原料在海外建造核反應爐。但此次演講恰逢美國採行三年國防計畫，不僅增加戰略空軍指揮部預算，也投資多種防禦系統，包括北極雷達預警網絡，旨在偵測及攔截蘇聯核攻擊，以及洛克希德（Lockheed）U_2間諜機，飛航高度可達七萬呎[69]。一個月後杜勒斯在外交關係協會演講，毫不掩飾地提出大規模報復主義，連尼茲都大感詫異[70]。當蘇聯針對〈原子的和平用途〉，回以呼籲「無條件禁止原子及氫彈武器」，艾森豪政府卻措手不及[71]。杜勒斯才剛被說服，禁止核試有利於美國，艾森豪也認同此主張，他卻馬上改變心意[72]。

一九五五年時的癥結在於，戰略不只是複雜的官僚程序的產物，在知識界也夾纏不清。核武一度是負責研發的物理學家的專屬領域。他們角色的依然重要：且看「科技能力小組」（Technological Capability Panel）的影響力即知，其主席麻省理工學院校長奇利恩（James Killian），後出任艾森豪首位科技特別助理[73]。然而，科學界卻日益分裂。奧本海默受麥卡錫獵巫行動之害，被指控為「蘇聯代理人」，其通過政府高階安全調查的資格因而遭取消[74]。另一極端是物理學家愛德華．泰勒，否定所有裁武或禁止核試的言論，認為那是頭腦不清又顯得軟弱。另一方面陸海空各兵種各持己見；不出所料，陸、海軍不滿大規模報復意味著，大量資源會轉移給空軍，尤其是戰略空軍指揮部。至於史戴森等專業政治人物，情勢變得更為詭譎：他擔任艾森豪的裁武特別助理（「和平部長」（Secretary for Peace）），挑戰杜勒斯的意味太明顯[75]。對裁武很難公開加以反對，但專家們對如何停止武器競賽卻莫衷一是。到一九五五年春，總統正憂心地為日內瓦高峰會做準備時，僵局突然出現。蘇聯在聯合國提出聽起來比以往更合理的裁武提議。美國是否拿得出在科學、軍事和政治上，各自且同時能成立的回應？這使第四種學者專家有機會進到決策過程中。要是艾森豪政府的科學家、軍人及政治人物能夠達成共識，戰略研究這門獨立的學術領域必會延後誕生。

三

在哈佛不易追蹤華府進行的核戰略論戰。演講內容當然讀得到；但國安會內部討論民眾幾乎毫無所悉，包括教授在內。浀密及「資訊自由」時代還要再等十年。季辛吉至多只能邀請論戰的關鍵人物，為他與艾里特主辦的哈佛國際研討班演講。一九五五年七月副總統婉拒擔任研討班始業式演講人，這是尼、辛二人多次有交集但並未會面的首次[76]。史戴森倒是來了。季辛吉認為他的演講「極為成功」，唯有洲際飯店（Hotel Continental）的空調是敗筆[77]。邦迪覺得史戴森「莫測高深但十分有趣」[78]。哈佛人實在是太過狀況外。

邦迪使季辛吉得以喘息。到外交關係協會工作不僅使他脫離哈佛，也讓他投入迄今只能在報上讀到的世界。該協會創立於一九一八年，原是商界人士的俱樂部。威爾遜總統為一戰後做規劃而進行的「探究」專案（Inquiry，譯註：針對歐洲所進行的一連串秘密研究，威爾遜提出的十四點和平原則便源自於此），其參與成員於一九二一年重組該協會，基本上它是設在倫敦（通稱）「漆咸樓」的皇家國際事務研究所的美國對應組織[79]。其「戰爭與和平研究」對美國思考新國際秩序貢獻良多。協會成員全數是男性，多屬長春藤盟校畢業，若非在華府或國外直接參與美國外交決策*，便是自在地待在公園大道和六十八街交會的會址[80]。外交關係協會雖頗具影響力，但不像外界有時所指的那樣一言九鼎，更沒有那麼邪惡[81]。

一九五五年五月五日，核武研究小組在協會開會，成員幾乎全是在政府或軍方有豐富第一手經驗的「內行人」，主席是原能會前主委迪恩（Gordon Dean）。曾任政策計畫處處長的尼茲此時仍在華府，在他共同創立的約翰霍普金斯高等國際研究學院（School of Advanced International Studies，SAIS），等待民主黨重回白宮。培斯（Frank Pace）曾任杜魯門的陸軍部長，納許（Frank Nash）則是杜魯門政府的助理國防部長，主管國際安全事務。此外還有三位軍方名將。蓋文將軍曾在「市場花園行動」（Operation Market Garden）領導第八十二空降師。擔任陸軍研發主管時，他率先提出空運裝甲、大砲及部隊的構想，（後面會看到）他也將此概念成功推銷給季辛吉†。理查・林賽（Richard C. Lindsay）將軍戰時曾任陸軍航空總部聯合參謀處長，後出任南歐北約空軍指揮官。金特納上校已出版過討論心戰的著作；一九五三年又出版《陸戰原子武器》（*Atomic Weapons in Land Combat*）。學界成員則有創辦哈斯金實驗室的生物學家哈斯金（Caryl P. Haskins），及研究幅射心理效應的權威學者華倫（Shields Warren）。卡羅・威爾遜（Carroll L. Wilson）雖非科學家，卻是原能會首任總經理。國際關係方面有耶魯史德林（Sterling）國際關係講座教授伍佛斯（Arnold Wolfers），

* 一項對一九四五至七二年曾任政府高官者的調查發現，有半數以上曾是外交關係協會會員。那段期間的任一時間點，其成員負責領導的政府人員占將近五分之一。設於紐約的該協會，成員以財經、媒體或學術界為主。

† 蓋文因酷愛跳傘，而有「跳躍吉姆」的綽號，他有感於美國在武器競賽中落後，於一九五八年自軍中退伍。

及日後哈佛甘迺迪學院的創院院長普萊斯（Don K. Price）*。

那季辛吉的角色究竟是什麼？該協會執行長佛蘭克林（George S. Franklin）曾請奧本海默向新進的季辛吉簡述工作內容，他對奧本海默的說明是，「以十五個月深入思考研究小組提出的一些問題」，然後「撰寫我希望是有趣又有重要貢獻的書」。他與同事們都非常清楚，請來的不是專家。佛蘭克林承認：「比起我們可能聘用的某些人，季辛吉先生在這個領域的經驗不多，可是見過他之後，我相信你會覺得，他的能力及客觀態度不止能彌補其不足」[82]。季辛吉本人對自己欠缺專業並非後知後覺。他向奧本海默坦承：「雖然我通常不信任，已經做了某個工作卻說對它感到謙卑的人，可是我發覺自己多少有被這個主題的博大精深嚇到」[83]。邦迪暗帶些許嘲諷，說出安慰他的一番省思：「這個主題不斷提醒研究者，人的生命有限，而其學問令人仰之彌高。所以在此領域不見得要每個部分都關照到，才能完成重要的成就；我們有充分理由，對凡是帶有這種內含謙卑誘因的研究任務，抱持信心」[84]。不過季辛吉與研究小組初次見面後，最大的感覺會是謙卑，讓人存疑。才智出眾者齊聚一堂，共同創造的成果絕不止於此。

這已是該小組第六次聚會；因此季辛吉根據閱讀會議紀錄及與出席者交談，在一開始就主動針對「會議走向」提出要點報告，需要很大的膽量。他提出三點觀察及一個問題。一是美國軍方愈來愈依賴核武。二是在有限戰中使用戰術原子武器，逐漸被視為不可能，因為戰術及戰略用途很難明確區分；並且作戰失利方未用盡所有毀滅性戰力不會認輸。三是「蘇聯憂心美國核武潛力，（可能）導致克里姆林宮先發制人，這種危險確實存在」。最後季辛吉問道，美國政府應如何「在展開必要的有限軍事行動前做好政治安排，以表明我國的目標是有限的」[85]。接下來的踴躍發言在外交關係協會是近乎空前絕後的景象。

尼茲否定季辛吉的大半觀察。他「不同意研究小組的共識是，軍方日漸無法打傳統戰」。他也（如其他人一樣）懷疑，以蘇聯是如此不可信賴的對手，有限戰的規則豈能事先商定。伍佛斯繼而描繪出一種假想情境，指出在歐洲的有限戰仍會快速升高到最後要使用戰略武器的地步。《紐約時報》的鮑德溫同意，有限戰在歐洲因人口高度密集，極難保持有限。

出身軍方的人有不同看法。林賽將軍認為，未來的戰爭可能持續很久，並涉及使用「各種裝置以達進攻或防衛目的」。蓋文將軍更進一步指出：

> 在他看來，美國憑藉火力優勢，無需用到原子裝置即可痛擊蘇聯。因此他總結，只要美國願意擴展傳統武力，不動用原子為武器或許符合其本身利益。……〔蓋文〕提出以社區警察的角色做類比。巡邏警員可能在警局存放了衝鋒槍，做為終極武器；但只用夜巡警棍壓制罪犯，沒有必要對著群眾開槍。同理，美國必須展示它有火力及判斷力，能在區域衝突中獲勝，但無需破壞歐洲文明。

蓋文說，同樣情況也適用於人口較不密集的中東。但林賽「不同意可以只靠傳統武力達到此目的」。他指出，何況在中東比在歐洲更有可能打一場有限原子戰。蓋文承認軍方擁有「各式原子武器，希望能夠自由

* 同日出席的還有：通用美國投資公司（General American Investors Company）艾爾裘（Frank Altschul）、《紐約時報》包德溫（Hanson W. Baldwin）、摩爾（Ben T. Moore）、諾伊斯（Charles P. Noyes II）及羅伯茲（Henry L. Roberts）。其他未出席成員包括：《外交事務》主編阿姆斯壯、現代美術館（Museum of Modern Art）館長博登（William A. M. Burden）、前空軍部長芬立特，杜魯門時代副空軍部長兼律師吉爾派屈克（Roswell Gilpatric）、卡內基國際和平基金會會長約瑟夫．強森（Joseph E. Johnson）、繼奧本海默出任原能會主委的物理學家拉比（Isidor Issac Rabi）、曾任艾森豪幕僚長及中情局局長及國務次卿的華特．史密斯（Walter Bedell Smith）、奧本海默失去安全資格後隨之辭職的原能會委員史麥斯（Henry Dewolf Smyth）。

使用，只要此種行動不致引發核戰」，「局部武力會因使用小規模原武……對付軍事目標而大為堅強」。但他覺得美國不應公開表明，打算用原武防衛有盟約的地區。

研究小組內至少有二個「外行」成員認為，這種戰術核武不可或缺，至少在保護中東不受蘇聯侵略上是如此。其中一位（諾伊斯）「指出，若美國決定無法動用戰術原子彈，對付經由人煙稀少地區進入伊朗的公開侵略，對付高加索人，以及基於當地人民利益，也可能是應當地人民要求而動用，藉以消除許多對使用原子裝置的政治反對意見，那我們將永遠無法使用它」。此次討論的結論是嚴肅的。尼茲說：「政治領袖在做最後分析時必須詢問軍方，要是美國被迫攻擊蘇聯，結果會是什麼。假如答案是我們所認識的美國會被摧毀，那政治領袖必須準備接受屈辱的撤退。」這當然是對挫敗的忠告。要是說季辛吉在討論之初，對尼茲的觀點（「一旦戰事演變為核戰，很難畫定有效界限」）持開放態度，到結束時他已密切聽從軍方人士。在大規模報復外須有其他選項，尤其如果實際上那只是空泛的威脅，則其背後潛藏著可能遭受大規模羞辱。

如季辛吉在寫給史勒辛格的信中嘲諷地說，他出席這類討論是「一種只能稱之為靠潛移默化做研究的過程。協會似乎相信，接近大人物，或至少是響亮的名號，這本身就能產生優異的成果」[86]。彷彿是進一步測試這個說法，季辛吉即將更為靠近一位名人，其姓氏是全美公認的大姓之一：洛克菲勒。

四

很難想像有兩個人的背景，比亨利．季辛吉與尼爾森．洛克菲勒差異更大的。季辛吉十幾歲時是個難民，在美國的第一份工作是在切爾西（Chelsea）一家血汗工廠做工，後來經由美國陸軍新兵訓練營和退伍軍人法案的獎學金，一路力爭上游到〔紐約〕公園大道（Park Avenue）。他出生後除了頭腦、膽識及深愛他的父母外，一無所有。相較之下，洛克菲勒繼承了一個王國。祖父是石油大亨約翰・洛克菲勒（John D. Rockefeller）〔外祖父是參議員奧德瑞契（Nelson Aldrich），也是美國聯邦儲備體系（Federal Reserve System）創建者之一〕，他成長於權力與尊榮的環境中。自菲利浦斯艾克特中學及達特矛斯學院（Dartmouth，譯註：長春藤盟校之一）畢業後，他立即獲得家族事業王國的職位，先後任職於大通銀行（Chase National Bank）、洛克菲勒中心（Rockefeller Center, Inc.）、標準石油（Standard Oil）在委內瑞拉的子公司克里奧爾石油（Creole Petroleum）等。其實洛克菲勒的正職是政治，其次是慈善活動，經商位居他很不在意的第三。不過那無關緊要。帶著洛克菲勒姓氏，他在華府同樣受歡迎。羅斯福任命他為美洲各國事務協調官，然後是美洲共和事務助理國務卿（由此開啟對拉丁美洲的終身興趣）。杜魯門任命他主持國際發展顧問委員會（International Development Advisory Board）。艾森豪又請他主持政府組織顧問委員會（Advisory Committee on Government Organization）。當該委員會提議成立新的衛生、教育、福利部（Department of Health, Education, and Welfare）時，洛克菲勒曾短暫擔任次長。但一九五四年艾森豪說動洛克菲勒，到白宮擔任總統特別助理，負責「促進各民族的了解與合作」；並在「作業協調委員會」〔Operations Coordinating Board，一九五三年取代心理戰略委員會（Psychological Strategy Board）〕擔任總統代表[87]。其前任賈克森（C. D. Jackson）是艾森豪的心戰顧問，洛克菲勒卻被賦予更廣泛的任務。實際上他是要為蘇聯「和平攻勢」造成的問題找答案。因此很快就發現自己與政府內某些大權在握者起衝突，尤其是國務卿杜勒斯，總是以可理解的懷疑眼光看待這位不速之客富家子。

洛克菲勒雖出身豪門，卻很清楚自己的極限。母親鼓勵他廣召智識「高手」當顧問；這很適合認為讀書最好的方法就是與作者見面的人。為在新職位上發揮最大影響力，洛克菲勒召請一批不尋常的謀士，到維吉尼亞州昆提科（Quantico）陸戰隊軍官訓練學校（Marine Corps Officers Candidates School）開會，有經濟學家、社會學家、國防專家及情報人員。經過五天深入討論，謀士團的結論之一是「開放天空」（Open Skies）構想，即提議美蘇相互空中監測軍事部署，儘管杜勒斯不贊成，艾森豪本身也有所保留，但他仍在日內瓦峰會上提出此議，其效應又被一場及時大雷雨增強不少[88]。（把昆提科建立的關係運用到私部門，是洛克菲勒的典型作風。與會的前中情局幹員法蘭克・林賽，後成為伊鈦（Itek）負責人，那家洛克菲勒資助的公司專為美國間諜衛星製造相機）[89]。

原預期「開放天空」會是一張王牌。若蘇聯拒絕，而蘇聯肯定不會授受，則世界輿論必會歡迎美國的透明開放而譴責蘇聯。但有感於蘇聯仍贏得在日內瓦的心理戰，大幅改善了它在西方選民眼中的形象，於是促成一項新計畫：成立「未來美國戰略的心理面向」（Psychological Aspects of a Future U.S. Strategy）研究小組[90]。季辛吉獲邀加入的是這第二小組，它有時被誤稱為昆提科第二。他在哈佛的業師艾里特後來聲稱，「促使他有這種想法並建議尼爾森起用季辛吉」是他的功勞[91]。其實，首先推薦季辛吉的是四年前認識他的金特納上校[92]。克雷默在國防部內部可能也推薦過季辛吉[93]。

第二小組的報告顯然是要給總統及其他官員看的，不過它本身的經費卻出自洛克菲勒兄弟基金（Rockefeller Brothers Fund），那是尼爾森與三兄弟於一九四〇年所創立。該小組雖如同外交關係協會的研究小組，屬非官方團體，卻再次使季辛吉直接接觸到一些顯赫的決策圈內人士，而且此次是到華府本地[94]。小組主席空軍退將安德森（Frederick Anderson），二戰期間曾轟炸德國；其他成員有賈克森，他是洛克菲勒之前的總統「心戰」顧問，一九五五年回到時代生活（TimeLife）雜誌集團；喬治・林肯（George A. Lincoln）

上校，他曾為羅斯福和馬歇爾參加雅爾達會議做準備，此時是西點軍校社會科學系主任。季辛吉從前在作業研究處已認識強生（Ellis A. Johnson）、萊恩伯格（Paul Linebarger）和佩提，他當然也見過麻省理工學院經濟學家米利肯（Max Millikan）和羅斯托，還有外交關係協會的蘇聯專家莫斯理（Philip E. Mosely）；但這可能是他首度遇見奧地利出生的戰略思想家波瑟尼（Stefan Possony）*。此小組於一九五五年八月下旬在華府首次集會，聽取參謀首長聯席會議主席及中情局副局長演講[95]。嚴格說來雖非替政府工作，但季辛吉在洛克菲勒研究小組的角色，使他向權力的窄巷又邁進一步。

季辛吉對洛克菲勒的第一印象並不佳。他「走進會議室，一一拍著每位與會學者的背，露齒微笑，叫出每位他記憶中最接近的名字（若記不起來就稱「老兄」）」[96]。再者，這裡要他做的工作，在許多方面都不如外交關係協會的核武小組來得有挑戰性。前面曾提到，季辛吉研究心戰已有五、六年。洛克菲勒小組首次會議後他告訴羅斯托，他「過去幾年始終堅持，美國外交政策最重要的部分在心理層面」[97]。核武不可避免地成為該小組深入討論的重心。那無疑促成季辛吉對此主題的看法有所轉變。他們聽到的軍方演講之一，明白承認「在非全面戰的情況下也會使用核武。……其中表達的共識是，世人會比較樂見在小規模戰爭中使用戰術核武，且不致擴大為大規模戰爭」[98]。但季辛吉受命撰寫的二篇論文，要討論的是他更熟悉的其他議題：「德國統一問題」及「與蘇聯談判的心理與壓力層面」。

德國問題是冷戰的核心難題，柏林尤其是重心所在。德國分裂是二戰結束時的和約替代品，這種實質分割反映第三共和瓦解當下的軍事現實，之後又長期延續。如此安排美蘇事實上都很滿意，但不受大多數德國

* 強生是物理學家；萊恩伯格是亞洲專家（以筆名「Cordwainer Smith」）兼寫科幻小說；波瑟尼後為雷根總統擘劃戰略防禦計畫（Strategic Defense Initiative）；米利肯和羅斯托（他並非小組正式成員但似有參與其中）強烈支持以經援為冷戰助力。

人歡迎，特別是德意志聯邦共和國的社民黨選民。蘇聯針對西德整合到北約，在宣傳中直指這是美帝國主義與隱性納粹好戰份子合謀的鐵證；蘇聯敢於冒險提議德國統一及保持中立，在於它知道其東柏林的傀儡會聽命行事。從美國角度來看更糟的是，西柏林完全被東德領土及蘇聯軍隊包圍，成為西方的孤島，基本上無從防衛[99]。但政治上，西柏林等於在挑戰蘇聯傀儡政權東德的合法性，它是自由的活廣告，比任何中情局贊助的展覽還有說服力。德國本身的分裂或許還算穩定，但柏林的分裂顯然不是。一九五三年東柏林工人暴動，給蘇共中央委員會聲勢看漲的權力操弄者赫魯雪夫，推翻貝利亞的機會，貝利亞之前曾主張德國統一但中立。下一次柏林危機或許會產生國際及國內的政治後果。

按照季辛吉分析，美國必須及早重新取得主動權，以免有太多西德人認為「直接與蘇聯打交道」，對「以犧牲德國主要目標：統一為代價的〔美蘇〕和解」，是具吸引力的替代方案，我們後面會看到，此事曾如幽靈般困擾季辛吉多年。因此華盛頓應提議，基於「全德普選的統一及……基於雙邊裁武的某種安全協議」。若蘇聯拒絕（他們勢必如此），那美國應相對提出「經濟統合，由成立全德經濟議會（Economic Parliament）開始」，地點設在中立的柏林。若此議也被拒絕，第三選項是提議東西德間可自由移動。這些提議的用意當然不在於蘇聯可能會接受；而在於蘇聯的拒絕可鞏固美國在德國的地位，從而強化總理艾德諾（Konrad Adenauer）在國內的地位[100]。這是外交心理戰，這與肯楠一九五七年的提議呈強烈對比，他主張在非軍事化基礎上統一德國（詳見次章），並天真地想像莫斯科也許會接受。

季辛吉第二篇論文討論範圍更廣，並且一開始就寫出他典型的大膽比較，一九五五年與他心愛不已的一八一五年兩個世界。「面對一個強國，有超過一世代以上，宣稱唯一且普遍代表國家的社會正義；其對內控制機制的基礎，建立在外在世界始終存有敵意的神話上；並且正在擴大核武能力，以對〔我們〕施以災難性痛擊」，美國根本無法依賴傳統外交。問題「不再是敵對者根據彼此同意的基本架構，調節局部衝突，而在於基本架構本身」。依季辛吉的看法，他稱之為「新外交」的東西，「最主要的部分」在於「心理層面」。以為蘇聯的「和平攻勢」是誠心的，那只是想像；更可能的是莫斯科「只在換取時間」，直到其核武能力「更接近與美國旗鼓相當，直到在非共產世界部署的軍隊」更精良。果真如此，則「太快向蘇聯的甜言蜜語投降」將帶來災難。問題出在蘇聯「大談整體和平」，又主打西德重新武裝的特定議題，此一技倆已有效地將美國塑造為好侵略的超強，蘇聯藉此站上道德制高點。解決之道是由總統提議，「由蘇聯領導人與他共同發表宣言，表明四強反對以武力解決爭端」，並舉行「會議討論具體措施去除鐵幕，也許從德國境內自由旅行的提議為起點」。關鍵在於以南斯拉夫領導人狄托為榜樣，他「回應蘇聯的每一次花言巧語，都要求具體行動而非空話，直到赫魯雪夫出現在貝爾格勒」。可是季辛吉最後忍不住，對他建議的外交策略在核武競賽上的涵意表達看法：

> 有人或許主張，持續高額度的國防支出，配合除非蘇聯願意讓步否則拒絕與它談判，或可誘使蘇聯發動意料中的攻擊。但除非蘇聯認為有贏的勝算，而這是我國武力水準應時時保持足以防止的狀況，否則蘇聯會發動「預防性戰爭」令人存疑。……
>
> 熱核武真正的意義很有可能是為戰略加分，把使用核武的風險轉移到對方身上。……如果我們將一切都寄託於只能戰或和的軍事政策上，則必會發生兩種後果之一：或是盟國覺得，美國是幾乎不計代價寧取和平，不要戰爭；或是盟國認為其行動不會影響大局，因而減少國防支出。[101]

洛克菲勒一九五五年十一月交給艾森豪二十篇論文，總標題為「美國戰略的心理層面」（Psychological Aspects of United States Strategy），總結論是國防支出必須增加，季辛吉貢獻的不過是其中兩篇。對季辛吉來說，或如他告訴洛克菲勒的，那是「過去幾年裡我最感滿意、即使也最精疲力盡的經驗之一」[102]。酬勞也算不錯：他擔任顧問的費用是一千五百三十美元（約相當於二〇一三年的六萬美元）[103]。但該小組「一頭熱」的努力不能說有多大影響力。特別助理這個職位缺乏體制內的權力基礎，洛克菲勒已遭遇國務院及財政部的阻力。在他主持的新「規劃協調小組」（Planning Coordination Group）成立後，杜勒斯與弟弟聯手，發起後來演變成消極抵抗的行動。那產生了效果。中風後正在復原的艾森豪表明，不會採納昆提科二的建言。十二月季辛吉得知洛克菲勒辭職「深感難過」[104]。私下他對自己的努力付諸流水感到挫折。他對史勒辛格發牢騷：「史戴森前幾天演講，列舉共和黨的成就有中南半島休兵，韓戰停火，及一九一二年以來首次一年內世上未發生戰爭。」

> 我覺得這種說法，只有在不講所有理性討論標準的環境下才能成立。我認為現在需要的演講是一區一區地解釋，我們是怎麼失敗的，我們的政策可以如何改進。還有坦白說，我討厭「我們正為和平而努力」這種說詞，因為它給人一種錯覺，以為和平會在奇蹟似的某一天忽然降臨。[105]

季辛吉或許保守，但在其職涯的此一時刻，他反共和黨的外交政策：「安全計畫不誠實，總統對外交事務的競選承諾與現實不符」。季辛吉向史勒辛格抱怨，艾森豪被「廣告公司」歌功頌德，但只要出現有力的批評，就可能曝露總統「故作誠實而矯情」[106]。

不過季辛吉仍嘗試對艾森豪的政策，擘劃出一套一致的替代方案。他草擬的備忘錄〈蘇聯戰略—美國可能的反制措施〉（Soviet Strategy–Possible U.S. Countermeasures），先是重述肯楠舊有的圍堵論點，重申季辛吉已主張一段時間的論述。杜魯門時代的圍堵政策，使美國陷入在亞洲及其他地區的「周邊行動」，使蘇聯領導人得以運用其優勢。艾森豪的替代政策過度依賴全面戰爭的威脅，只加大「全世界落入戰爭」的危險。季辛吉認為：「應清楚定出一條界線，任何越界行動都會涉及戰爭，但不一定在越界那個時間點。」他再次概述他的計畫：「美國部署高度機動性戰略預備部隊，在蘇聯重要命脈的攻擊距離內，在地形可讓美國科技發揮最大優勢的地區」——特別是在中東。他更深入地說，或許英國及（奇怪地）南非可提供兵力給預備部隊，並以約旦或（利比亞）昔蘭尼（Cyrenea）為基地。為釋出資源供此計畫所用，日本可以重新武裝[107]。

這仍是研擬中的計畫。

五

要在選舉年對外敵發動心戰並非易事。一九五六年，季辛吉再次為政治人物爭取選票的說詞感到氣餒。他向史勒辛格怨道：「我認為杜勒斯在《生活》雜誌的表現*非常糟，但我也覺得，史蒂文生〔民主黨總統候選人〕與韓佛瑞（Hubert Humphrey）〔尋求副總統提名〕並無過

* 杜勒斯在此次訪談中形容，「有能力接近戰爭邊緣但不致陷入戰爭」是「必要的藝術」：「若不能精通此道，必將陷入戰爭。若試圖逃避，若害怕而不敢逼近邊緣，你就輸了」。此後他的名字總與「邊緣政策」（brinkmanship）連在一起。

人之處。說不值得為金門馬祖（台灣控制的島嶼，一九五四年曾遭中華人民共和國砲擊）打核戰是一回事；聲稱我們絕不可以戰爭為威脅又是另一回事。「和平別無選擇」的口號（艾森豪在日內瓦峰會所用），等於給蘇聯一張空白支票，至少在這個選舉年是如此。[108]

季辛吉的回應是半年內在《外交事務》發表兩篇文章：〈核子時代武力與外交〉（Force and Diplomacy in the Nuclear Age）及〈美國外交省思〉（Reflections on American Diplomacy）。前一篇開頭便直言抨擊，如「大規模報復」及「和平別無選擇」等選舉口號很危險，前者由於它帶給「我們的風險，與欲達成的目標不成比例」，後者由於它排除「對蘇聯試探行動的有力煞車，及促使蘇聯讓步的誘因」[109]。不過季辛吉接下來略述，他對有限核戰可行性正迅速形成的看法。他首次明確表示：「核武特別是低當量型，似乎提供絕佳的機會，可彌補我們人力上的劣勢，並運用我們的科技優勢至極致。」[110]蘇聯卻堅稱有限核戰無此可能，並強力要求全面裁武（「禁止核彈」），藉以極力試圖降低此訴求的正當性。不過這只是詭計，以阻止美國掌握戰術核武帶來的機會。相對於蘇聯的安排是軍隊高度集中，準備打長期消耗戰，「在核戰場上分散（是）生存的關鍵，機動性是成功的先決條件」，更別說「高層領導力、個人主動性與機械天份，我國軍方組織在這些素質上全都很可能優於蘇聯」[111]。

防止有限核戰升高的關鍵在於，「我國外交要向蘇聯集團傳達：我們除全面戰爭或無所作為，仍有能力走其他路途，我們也打算使用這種能力」，但並非追求無條件投降[112]。這訊息不只要向蘇聯，也要向美國的盟邦及不結盟國家傳達。盟邦必須獲得再次保證，戰爭並不意味著「無可避免的……國家災難」；後者必須「看到我們的決心……（讓他們）對我們的行動能力印象深刻」。季辛吉做結語時，再提他主張要有一種武器系統，能處理最可能發生在無防衛承諾地區的緊張情勢，即不致助長大量使用熱核武的緊張情勢：內戰、周邊攻擊、無防衛承諾國家間的戰爭。當然這是無人領情、吃力不討好的路途。但我們避免不了不受歡迎。短期內我們只能期待獲得尊重。[113]

當艾森豪正重提，大規模報復是「生存關鍵」的同時，季辛吉提供另一選項[114]。〈美國外交省思〉的語調則更為自信。季辛吉直率說出，美國外交政策已「走到死胡同，因為我們酷愛皆大歡喜」。美國人不只太熱切於輕信蘇聯的和平宣傳。他們「傾向於非長久之計的解決之道」，那是出於天真地以為，外交政策可當成科學來進行，其實它是「權衡可能性……掌握各種可能性之間微妙差異的藝術」[115]。再者，艾森豪雖已改制國安會，但美國決策過程仍受官僚體系所害：委員會泛濫、下屬以諸多瑣事令上司疲於應付、長期不和的部門為政策討價還價，使得決策極難形成，以致無法進行再評估。更糟的是美國人過於樂觀；他們缺乏「慘痛的經驗」。

許多最盡責的人，特別是在商務部門，對危險或災難即將來臨的警告，聽在他們耳裡有如卡珊卓在呼喊發呆的「讀書人」。……〔國防部長威爾森（Charles Wilson）與財政部長韓福瑞（George Humphrey）〕就是無法相信，核子時代估計錯誤的懲罰，可能是舉國大難。他們或許理智上知道，但情感上不能接受，他們協助建立的社會，在美國人民眼裡也許能永垂不朽，卻可能像羅馬、迦太基及拜占庭那樣消失。……難以挽回的錯誤尚未成為美國經驗的一部分。[116]

基於這些理由季辛吉認為，美國人的心理並不適合，在他認定的革命時代制定外交政策。他們不明白在革命秩序中，談判桌上的主角彼此針鋒相對的程度，不及對全世界表態[117]。矛盾的是，「我們這些經驗主義者在世人眼中是死板、缺乏想像力、甚至有些憤世嫉俗，而死守教條的布爾什維克者，卻能展現彈性、膽識及細膩」[118]。其最後結果是「我們的聯盟體系出現危機……蘇聯在世上無承諾地區的人民間大有斬獲」。冷戰成為「爭取民心的競賽」，而美國眼看要輸掉。

在這篇文章中（有一點必須指出，即此文並未公允對待艾森豪運作極佳的國安會）[119]，季辛吉開出的處方偏向外交而非軍事。美國必須說服盟國，「避免熱核戰的上上策，在於我方有能力造成局部攻擊的代價太高」，這意味著獲得盟國本身有效的出力。至於「無承諾地區」，美國應爭取的是尊重而非受歡迎。季辛吉有點得意地下結論：「針對與非承諾區的關係，美國必須形成的不只是更多同情心，也要更大威嚴」。「我們為了自己一直想要受到喜愛，也一直希望靠我們秉持的原則的說服力而非武力獲得成功」[120]。

季辛吉從大學時代熱衷於康德，至今歷經很多變化。自他一九五六年的寫作中，首次可看見馬基維利（Machiavelli）對他影響的蛛絲馬跡。馬基維利在《君王論》（*The Prince*）第十七章曾問道：「寧被喜愛不要被畏懼，或寧被畏懼不要被喜愛，何者較佳？」他的答案是：「我們應希望二者兼有。但同一人不易結合此二者，當必須捨棄其一時，選擇被畏懼比被喜愛安全得多。」若曾有書是寫來鼓勵讓美國受懼怕而非受喜愛的，那便是《核武與外交政策》。

六

一九五六年整個秋天，季辛吉揮汗撰寫此書，無視於其他職責（包括編輯《匯聚》、為國際研討班募款、替洛克菲勒做的新專案），因為如他對邦迪的解釋：「我寫書的時候其他的事都顧不到。」[121]接著他說：「我發現……很難下筆，因為這主題雖然非常重要，但相關資訊太少，以致你寫的任何東西幾乎接近純屬推測，另外還有心理壓力，因為協會那邊大家出於好意，期待我能寫出傑作，但我卻不知道這個主題的傑作該是什麼樣子。」[122]他寫《重建的世界》時沒有這種壓力。到十一月中旬，他向葛勞博抱怨，對該書已覺「膩煩」，當時有五章還沒寫[123]。到年底時，那是「一場保持神智清明與完成此書的拉鋸戰」[124]。妻子很少見到他。她會把食物送到書房門內，然後離開[125]。

季辛吉覺得《核武與外交政策》難寫的一個原因，在於書中想法不完全出自他一人。他不止被要求，要綜合研究小組各種不同、甚至相左的觀點。他也盡心盡力請教相關領域的其他專家，從奧本海默到他的人生導師克雷默。他對克雷默說：「書中內容很難讓你耳目一新，其實有好多段落我們想不起來，哪個想法是誰先提出的。」[126]如季辛吉向愛德華．泰勒解釋，他與研究小組的關係是刻意保持半超然：「重點是大家從未試圖達成共識。我們一直有個默契，即我要單獨負責完成此書，研究小組主要是提供意見。本書後半的全部內容從未在小組討論過，草稿也從未送交小組過目。」[127]

還有就是書中有不少部分，已在《外交事務》或其他地方發表過；甚至有些段落是從《重建的世界》改寫而來。儘管如此，本書最難能可貴之處之一是它前後一貫。鑑於全書共四百八十二頁，可能使專業讀者外的其他人裹足不前，季辛吉費心將書中主張作成摘要。他罕見地在出書整整兩個月前就完成摘要。一九五七年四月十五日，他在底特律經濟社（Economic Club of Detroit）演講，題為「武器變革如何影響戰略暨外交政策」[128]。其內容基本上即此書摘要。同時他在《外交事務》發表另一篇專文：〈戰略與組織〉（Strategy and Organization）[129]。如約翰・艾森豪（John Eisenhower）給〔總統〕父親的手寫便條所言，此文是「該書簡要版的簡要版的簡要版」[130]。

任何摘要當然都是選擇性的。所以季辛吉在〈戰略與組織〉中，選擇不著重於其論點的核心—有限核戰，反而大談前面的決策過程及政策執行期間的外交作為，可見其用心。他提出的第一點是，美國缺乏因應核子時代的「戰略信條」（strategic doctrine）。充其量只有「最高主管部會間可能達成的共識」。部會間與局處間爭論不休，「只會延宕無信條的困境，直到某種危機或預算審查過程，迫使它們在事件的壓力下重新考慮」[131]。由於「國防規劃中以財政考量為第一優先……信條是量身訂做，必要時是無中生有，以符合預算的要求。……講求數字是放棄信條的徵兆」[132]。結果造成無法充分掌握熱核戰代表的意義，亦即在全面衝突中不會有贏家，「因為即使較弱的一方，也可能能夠造成沒有任何社會承受得了的破壞」[133]。季辛吉的有限核戰信條可簡述如下：

> 在熱核子極度災難的不祥背景之下，戰爭的目標不能再是我們所熟知的軍事勝利。而應是取得某些敵人也充分了解的特定政治條件。有限戰爭的目的是，對敵人造成損失或形成風險，其嚴重度與爭執的目標不成比例。目標愈適度，戰爭就愈不激烈。[134]

這當中有幾重實質的含義。第一，美國需要「了解對手盤算其風險時的心理，並能夠在每個時間點提供對手機會，達成看來比戰爭持續的後果更有利的協議」[135]。在各回合的交火之間，需要有「思考的暫停時刻」；即使戰爭仍在進行，雙方也要談判。第二，敵人的報復性（第二擊）核子武力不可列為攻擊目標；否則任何戰爭勢必都會升高。第三，美國的軍力需要重組。陸、海、空軍仍是行政及訓練單位，但會隸屬二個跨軍種的組織：戰略部隊與戰術部隊。第四，國防預算的周期會由一年延長為兩年[136]。

這份摘要很明顯欠缺的，是未認真討論有限核戰可能的實際情況。季辛吉在文中有一次明白談到此主題：「戰鬥會接近封建時期的傳統形式鬥爭，既鬥實力，也鬥意志」，此話甚至彷彿暗指，未來的戰爭會比前核子時代典型的戰事更不具破壞力[137]。後面會提到，此種不符季辛吉作風的不精確說法有其理由。為引起注意，關鍵在於強調全面核戰的恐怖意涵。季辛吉為該書所寫的另一篇「預告」，是登在《報導者》（*The Reporter*）雜誌的短文*，其中談到「主流戰略信條」的缺陷，使發生災難性全面戰爭的可能性，遠超乎民眾的認知：

> 依現狀來看可以想見，主要強國有可能捲入完全違背其意願的戰爭。西方強國，也許甚至蘇聯，幾乎均未預見到蘇伊士運河衝突。匈牙利革命令克里姆林宮極為震驚。此二次騷亂導致的軍事行動，依主流戰略信條，很易於擴散為全面戰爭。蘇聯在東德或波蘭的類似舉動甚至會更加危險。

不過在季辛吉眼中，核子決戰並非他的夢魘。他怕的是對核子決戰的恐懼，可能導致什麼後果。他警告：「缺乏對戰爭極限的普遍認知，會腐蝕我們抵抗共黨行動的心理架構；當戰爭被視為等同於舉國自殺，投降或許會變成兩害相權取其輕。」[138]

* 《報導者》是一九四九年，由逃離法西斯義大利的難民艾斯柯里（Max Ascoli），及記者瑞斯頓共同創辦，曾是極具影響力且大致為鷹派反共評論的媒體。一九六八年併入哈潑雜誌（Harper's Magazine）。

《核武與外交政策》出版於一九五七年六月二十六日。儘管邦迪反對其「語調及……批評式優越態度」，大多數讀者卻深刻感受到，此書對艾森豪的國安策略提出權威性批評[139]。尤其是論述中有一種吸引人的強悍。季辛吉論道，「核子時代的挑戰」是，「現代武器的巨大破壞力令人厭惡戰爭，但拒冒任何風險形同給蘇聯統治者一張空白支票」[140]。他大膽指出，熱核嚇阻力有如一九三〇年代的法國馬其諾防線。就在它不幸未能防止德軍攻擊的十七年後，如此類比依舊有震撼力。但就像季辛吉所說，美國國防建制還停留在二戰時代之處不止一端。當時的假設仍是，下一場戰爭會像珍珠港一樣以偷襲引爆，美國空軍的回應則是對敵方城市進行毀滅性轟炸。唯一的差別是這次所有的炸彈都是核彈。同時海軍會出航，陸軍會開拔，各自配備著其核武。然而這些假設在核子時代全已過時，並使美國曝露在很不一樣的蘇聯戰略下，即攻擊周邊國家（如韓戰），壓低勝負涉及的利害，使大規模報復永遠不會是適當回應。美國需要的是「中程目標（intermediate objectives）戰略」[141]。

已有其他作者曾嘗試描述核戰的樣貌，但季辛吉在此書第三、四章的解說開風氣之先，比舒特（Nevil Shute）的暢銷小說《海灘》（*On the Beach*）早兩年，比康恩的《論熱核戰》（*On Thermonuclear War*）早三年。季辛吉先推估以一千萬噸炸彈轟炸紐約，會造成哪些毀滅性效應，繼而推斷蘇聯若全面攻擊美國前五十大城市，死亡人數將高達一千五百萬至二千萬人，傷者有二千萬二兩千五百萬人；另有五百萬至一千萬人會死於幅射塵污染，或許再有七百萬至一千萬人會染病。倖存者也會面臨「社會崩解」[142]。即便此時美國仍有能力對蘇聯造成同等的傷害：「因此總體戰唯一的後果必定是兩敗俱傷」[143]。但季辛吉不像後來的很多作者，他的目標不是提倡裁減核武。其實他很明確地指出：「裁減核子軍備可能避免不了核戰的恐怖」，武器查驗制度也一樣[144]。季辛吉問道，假使「總體戰因而不再是有意義的政策工具」，那是否仍「可設想，採用破壞力小於全面熱核戰的武力？」[145]如我們所見，他的答案是肯定的：有限核戰確實可行。

冷戰期間未曾發生有限核戰，並非有力的證據可證明季辛吉論述錯誤。反而有一點證明它明顯正確，即此書出版後，兩超強都著手獲取相當大的戰術核子能力，並直到一九八〇年代初仍在加強。從未派上用場這件事無關緊要；要緊的是美蘇都認為這種武器有其用處。《核武與外交政策》中的瑕疵較不易察覺，這反映出季辛吉雖是唯一掛名作者，但它本質上仍是一個委員會的作品。

季辛吉對艾森豪政府戰略的批評，有不少已為大家所熟悉。上面談過的論述是，依賴「大規模報復」為威脅，必會斲傷美國的區域聯盟體系，特別是在歐洲；同樣不陌生的是季辛吉對於中、蘇戰略思惟的分析，那之前已出現在他先前對革命強國行為方式的看法；對蘇聯「和平攻勢」的解析；及建議整合各軍種，創建嚴格區分戰略與戰術的新部隊。書中的新篇章是討論有限核戰的本質。季辛吉在此最為依賴外交關係協會研究小組的軍方成員，也因此他這方面的論述最薄弱。

在「贊成有限戰爭可能性的論述」中，第一個弱點是季辛吉宣稱，「雙方在避免戰爭擴大到」超過「引發全面戰爭的臨界點上，擁有共同且超乎一切的利益」[146]。他認為，正是馬克思主義意識型態，使中蘇領導人極不可能「不惜一切去防止不利於他們的改變，只要國家生存未直接受影響」[147]。但季辛吉為此主張加上若干條件。必須要有「豁免於攻擊的保護區，因為對敵方戰略攻擊武力的威脅，〔會〕引來熱核浩劫」。例如一定規模以上的戰略空軍基地及城鎮，必須排除在攻擊目標外[148]。也需要有可辨別的不同「投擲機制，使之不會被誤認為戰略武力」[149]。季辛吉甚至建議，對可部署的武器規模訂立規則，在某一處他曾提到最高限五十萬噸。若這類規則使有限戰爭聽起來像是競賽而非暴力衝突，那季辛吉對暫時休兵談外交的概念也類似：

每次戰役都應當作一連串各自獨立的階段，各階段有其隱含的政治目標，彼此間要有足夠的間隔時間，以便使用政治與心理壓力。……有軍事行動時外交接觸便中止的觀念必須放棄。反而直接接觸比任何時候更為必要，以確保雙方對擴大戰爭的後果保有正確資訊，也能提出以政治解決的方案。[150]

今日讀者不免會懷疑，萬一爆發有限核戰，他提議的限縮措施會多有效。兩次世界大戰的經驗不太支持，在敵對開始後外交溝通管道依然開放的觀念。其實《核戰》一書出版時，謝林已開始研究談判折衝的經濟理論，該理論後來對有部份依賴威脅的二方賽局，能輕易避免情勢升高，提出嚴重質疑[151]。

其次、也是相關的問題，與有限核戰本身的明確特質有關。季辛吉認為發動這種戰爭的，會是「高機動性、火力可觀的部隊，能夠快速移至衝突地點並因地制宜」[152]。他在第六章以傳統海戰做比喻，「擁有強大火力的獨立部隊，以擊敗敵軍部隊逐漸取得上風，而不必實際占領領土或建立前線」。軍隊在這種明日戰爭裡，會乘坐「運兵直昇機」在戰地移動；「甚至某些單位的個別士兵〔會〕被賦予基本能力，藉由『飛行平台』在空中運輸自己」。攻擊目標並非城市、機場、工業產能，而只是敵人的機動部隊[153]。這當中有些屬歷史小說性質；有些則純屬科幻小說。

第三個困難是主張美國在此種衝突中具天生優勢，原因在於美國「優越的工業潛力、科技領域更廣、社會體制具適應力……〔以及〕高超領導力、個人主動性和機械天份，這些素質在我們社會比在控制嚴密的蘇聯普遍許多」[154]。假使他說得對，就完全看不出蘇聯有何動機，願接受打有限戰的規則？的確，季辛吉在第十一章承認：蘇聯已投入不少宣傳，宣揚有限核戰不可能成立的主張。

簡言之，《核武與外交政策》的重點：以直昇機載運的陸軍部隊，在交戰時配置戰術核武的景象，不具說服力。那此書為何如此成功，叫好也叫座？部分原因是它對艾森豪及杜勒斯的批評打中人心。另一部分是其潛藏的悲觀主義：下面會提到此書問世時，恰好正逢民眾對蘇聯在武器競賽中快要趕上深感焦慮。不過，還有第三種解釋。《核武》的基本理念是，像有限核戰這種明顯令人憎惡的事，若其他選項只有無能為力或全面毀滅，那它或許是較輕的罪惡。季辛吉在最後一章詳細說出較輕罪惡的一般性理論，可視為他職涯裡一以貫之的信條：

> 除非至少維持權力的均衡……否則我們沒有採取正面措施的機會。而維持這種均衡可能需要做一些非常困難的抉擇。我們必會遭遇極度混沌不明的情勢，如內戰或國內政變。……我們無疑應設法防止發生這種事於先。可是一旦發生時，我們必須有意願採取行動，並在只允許對罪惡做選擇的情況下承擔風險。雖然我們絕不應放棄原則，但也必須明白，除非存活下來，否則無從堅守原則。……要是我們做得到，只對道德、法律及軍事立場完全協調，且正當性最符合生存條件的情勢採取行動，那會令人十分安慰。可惜身為全球第一強國，我們恐怕永遠不能像較安全的過去那樣，有做簡單道德抉擇的餘裕。……要應對如此混沌不明的問題，尤其優先於符合道德的行動：願意在只掌握部分資訊下冒險，且不要求百分之百遵循個人原則。堅持絕對原則……必將導致無所作為。[155]

此處的季辛吉處於他較熟悉的康德思想脈絡：在大惡與小惡間做選擇，是本質上合乎道德的行為。

七

在《核武與外交政策》出版前一年，季辛吉曾寫道：「若我無法為協會竭盡全力，我會受不了我自己。」那不只是完成一本書的問題，而是完成真正一流的著作[156]。很少有作者能確定自己的作品是否為一流；大部分人坐立難安地等著他人的評斷，先從出版社請來的評論者開始。所以不難想像季辛吉讀到下面的好評後，感到如釋重負：

季辛吉博士歷史性的鉅著旁徵博引，論述極為紮實，就這一點而言在核武領域前所未有。書中處理事實的態度嚴謹，同時在論述上既熱忱又有力。他的論點是戰爭遠非變得「無法思考」，其實是可以思考，而且若要預防、限制戰爭，引導它為國家利益服務，或有所規劃以避免無法想像的大災難，就需要頭腦清晰、冷靜及原創的思考。誠盼所有自覺有責任衛護國家未來的讀者能夠一讀。[157]

以上文字出自原子彈之父奧本海默等於令人放心，即使季辛吉缺乏科學專業，對他寫作此書並無大礙。奧本海默私下也很熱衷：此書是「了不起而可能十分重要的開端……無疑是我公開見過最佳的著作，也比我必須審閱官方報告那些年所有的報告要好很多」。至於本章開頭引用的他的預言，很易於被指為空想：一九五七年時在權力政治領域內，並無跨國共同體取代民族國家的跡象。另有許多其他公開發表的支持文字，包括哈斯金與克萊兒·布塞·魯斯（Clare Boothe Luce）*，但以奧本海默的美言最有份量[158]。

照季辛吉的說法，第一波評價「相當正面」[159]。《華盛頓郵報》羅伯茨（Charles Roberts）稱之為，

「一九五七年最重要的著作……深入議題、充滿智識且具挑戰性的討論……我國每位頂尖平民及軍方將領皆應一讀」[160]。羅伯・奧斯古在《芝加哥論壇報》盛讚作者，「剖析深入、想像豐、分析技巧令人欽佩」[161]。《紐約前鋒論壇報》書評者認為此書「思想深刻〔且〕冷靜實際」[162]；《基督教科學箴言報》稱季辛吉為「邏輯大師」，並附加評論指此書「不易閱讀，因在相當新的領域內極度理性的思想，讀來勢必不輕鬆」[163]。愛德華・泰勒同意它「不只篇幅相當長，且有點不好讀」，但除此之外他在《紐約時報》的評論均屬正面，而《紐時》書評經常是一本書在美國成功與否的判定者[164]。另一重要背書（才華洋溢、知識廣博、判斷準確）來自摩根索，其著作《國際政治》（*Politics among Nations*）已使他成為美國外交政策現實主義大師[165]。倫敦《經濟學人》（*The Economist*）指此書「拖泥帶水，有時相當不高明，但仍屬最具獨創性並能刺激思考」[166]。最早出現的質疑見於《前鋒論壇報》（*Herald Tribune*），核科學局（Nuclear Science Service）局長賴普（Ralph E. Lapp）為文，對有限核戰的可能性表示懷疑[167]。

真正的阻力始自《新共和國》。小金恩（James E. King, Jr.）一開頭便挑戰季辛吉處理核戰問題似乎不講道德。他說書中以「現實主義」為「出發點」。全書沒有一處「讀者找得到以道德前提做結論的處理」[168]。而論述中卻有二關鍵點根本不符現實：一是有限核戰不會立即升高至全面戰爭，二是有限核戰會以航海時代的海戰模式運行。尼茲在《報導者》的評語更為嚴苛，認為此書的論述「過分簡化而誇大」，特別是有關批評杜魯門時期的決策，尼茲曾直接參與其事。有「數百個段落不是事實就是邏輯顯得可疑，或至少是語焉不詳」。季辛吉低估核彈造成的破壞，聲稱核武的衝擊波及熱效應，僅以其爆炸力加速度的立方根增加，但事

* 她是《時代》雜誌發行人之妻，富於機智和魅力，此時剛卸下美國駐羅馬大使職務返國。她的名言是「好人沒好報」（No good deed goes unpunished）。

實上是以其立方根的平方增加：

> 假設季辛吉的立方根法則事實上正確，那百萬噸武器的爆炸力相當於一噸黃色炸藥的一萬倍而非一百倍。這或可解釋為何季辛吉認為，五十萬噸的核武適於納入有限核戰戰略的武器，其目的在避免交戰區居民被滅絕。錯誤達到一百比一如此大的程度，對戰略信念有重大意義*。

季辛吉的「開放城市」（經宣告豁免於核武的城市）是否能避開所有的軍事行動，還是只有核子行動？尼茲推論：若是前者，那些城市就有在軍事衝突發生前，先增強傳統武力的動機；若屬後者，「則戰爭可能變成以傳統戰為主，好奪取排除在核武攻擊外的城市」。總之，尼茲認為季辛吉低估了一種可能性，即未來的戰爭即使並非全部，但大部分其實會是傳統戰。他的結論是：「核子時代

> 若免不了一戰，那人人都該支持對戰爭設限。可是若要這些限制對即使「很小」的戰爭，也能抵擋其無比的壓力，則所需要的似乎不止於戈德柏圖表（Rube Goldberg，譯註：指用複雜迂迴的裝置處理舉手之勞之事），羅列任意設定的限制、無重量的武器、不需燃油的飛行平台，及無攻擊目標又缺少須防禦的後勤或通訊弱點的戰術。[169]

曾參與季辛吉具某種代表性的研究小組的人，提出格外猛烈的這種抨擊，令作者嚇到發暈。（據尼茲說，季辛吉後來笑稱，他「寫反駁寫到一百四十七頁，然後決定如果反駁要花那麼多篇幅，那一定是我的立

場有問題」。）[170]

學者著書若引人矚目，銷路不差，常會遭到較學術性期刊的評論者猛批，《核武與外交政策》也不例外。曾比季辛吉多花好多時間思考核戰問題的人，或許難免厭憎他的大言不慚。其中之一尼茲的鋒芒便被蓋過；其實刊載於一九五六年一月號《外交事務》，他自己對怎麼打有限核戰的論述中，漏洞不比他在季辛吉書中找到的少[171]。不過，可能火上加油的是：季辛吉的書由外交關係協會出版，它是美國最受看重的國際關係研究機構，所以對想要揚名立萬的新智庫來說是最佳目標。道格拉斯飛機公司（Douglas Aircraft Company）一九四六年創立蘭德公司「RAND Corporation，研究發展（Research and Development）的簡稱」，兩年後它成為獨立組織。其他新進智庫有一九五〇年成立於普林斯頓的「世界政治體制研究中心」（Center for Research on World Political Institutions，CRWPI），及一年後也是在普林斯頓成立的「國際研究中心」（Center for International Studies）。更後期的有賓州大學一九五五年創立的「外交政策研究院」（Foreign Policy Research Institute）。隸屬於這些機構的作者，比金恩和尼茲下手更重地想要駁倒季辛吉的論證。「世界政治體制研究中心」主任華吉能（Richard W. Van Wagenen），駁斥區分有限與全面核戰「雖獨樹一幟但曖昧不明」（此說呼應摩根索在其他部分對季辛吉友善的評論）[172]。蘭德的布洛迪明確指出，他感覺他是有限戰辯論的先驅身份未獲得充分承認[173]。不久後將進入史丹福胡佛研究所的波瑟尼，抨擊季辛吉的「學術『頑固保守主義』」，認為其著作根本未掌握「現代戰略的錯綜複雜」，也忽略一項現實，即美國約百分之六十的國防預算已投入「正是季辛吉博士所呼籲的方向」，也就是能在有限戰爭中使用的非戰略軍力[174]。

＊令人意外的是，連奧本海默也沒看出這個錯誤。

不過諸多敵意最強的評論來自布洛迪在蘭德的同事考夫曼（William W. Kaufmann），他認為季辛吉跳過的關鍵問題有，戰術核武究竟造成過多少破壞、採取有限核戰戰略實際的花費是多少、及此舉會造成美國盟邦多大恐慌。在考夫曼看來，《核武》一書對這三件事都低估：

> 季辛吉指五十萬噸的核彈，是不致造成重大原子塵危險的最大可用武器，因此也應是有限戰爭中可允許的最大武器規模。撇開此一上限如何施加及執行，我們不懂他是從何獲得，此種核彈即使少量使用，均不會造成大量放射線的觀念。我們也不解，當在空中自由爆炸的五十萬噸炸彈，會造成約十五平方哩區域內如鋼筋水泥建築物等標的嚴重炸損，對甚至更大的區域產生非常嚴重的熱效應，他怎可面不改色地談論使用這類武器。

此外季辛吉對有限核戰大約屬溫和的見解，是基於對當前和未來軍事科技全然不切實際的看法：

> 對軍事科技合理的熟悉度會指出，垂直升降飛機在一九六〇年代中期前，不太可能成為作戰用的武器，內燃引擎的替代品尚不見蹤影，核子卡車在未來十年左右不像是前景看好的載具，陸軍在近期內也無法脫離補給基地及通訊線路……讀季辛吉論有限戰爭的篇章，有如相信軍事版的無線溜溜球可以任君擺弄。[175]

八

當考夫曼這類專家的評斷如此負面，為何《核武與外交政策》仍十分暢銷，初版印行七萬本精裝本，還入選每月一書俱樂部（Book-of-the-month Club）好書？部分答案在於《世界政治》（World Politics）這類期刊的讀者相對較少。不過更好的答案是，季辛吉的書為艾森豪政府內外批評大規模報復理念者，提供看似有用的子彈。更重要的是此書問世後數月內，發生在美國之外和上層的事件，替季辛吉指美國戰略出現危機的論述，帶來意想不到的可信度。

官方路線勢必是加以駁斥。國防部長威爾森直指：「與蘇聯的戰爭都不會是小規模。」參謀首長聯席會議主席雷德福上將持相同看法[176]。空軍戰爭學院主管考評的副院長韓普頓（Ephraim Hampton）上校，指區分有限及全面戰爭是「逃避現實的策略：裹著糖衣的苦藥」[177]。但華府政界意見並不一致。蓋文將軍是外交關係協會研究小組成員，季辛吉也對他最為關注，他幾乎不可能否定自己口中的「堂堂巨著……即使非當代最重要、也是最重要之一的書」[178]。蓋文的上司陸軍部長布羅克（Wilber M. Brucker），也出面支持有限戰爭概念[179]。如《華盛頓郵報》報導，季辛吉的書引起「國防部、國務院及國會山莊深切自省」[180]。或許《華郵》也該把白宮列入。副總統尼克森覺得此書「極具啟發性和建設性」[181]。前麻州參議員、艾森豪任命為駐聯合國代表的小亨利．洛志，向總統推薦此書「論理清晰、深入、具建設性」[182]。受艾森豪信任的主任秘書古佩斯特將軍（Generd Andrew Goodpaster）適時準備了詳細摘要[183]。艾森豪對此摘要印象深刻到將原書推薦給杜勒斯。

> 我並非要你同意此人所有的主張。我認為他的論述有瑕疵，起碼我們要是照他建議的路線組織及維持軍力，就會變成韓福瑞〔當時剛卸下財政部長職位〕老是說的「半新半舊」，這無疑會比我們現行的作法

更昂貴。

不過作者的論述直指某些一般或流行的概念及誤解，……我想你會發現本書至少有這麼些有趣且值得讀的部分。[184]

八月十一日《紐約時報》頭版有一則報導，稱「政府最高層官員」都在讀季辛吉的書[185]。官方並未否認。一九五七年夏艾森豪政府改組，不止韓福瑞去職，威爾森也在季辛吉出書後不久離開國防部，由寶僑（Procter & Gamble）的麥凱洛伊（Neil McElroy）繼任。妥寧（Nathan F. Twining）取代雷德福出任參謀首長聯席會議主席。《曼徹斯特衛報》（*Manchester Guardian*）具影響力的華府特派員庫克（Alistair Cooke）嗅出改組的弦外之音，比較了季辛吉與肯楠對圍堵策略源起的影響[186]。《時代》雜誌也刊出類似報導[187]。

這些變動發生於一連串外交政策危機之後，使季辛吉提出的這類批評正逢其時。一九五六年十月二十九日，英、法、以色列事先未徵詢美國便對埃及發動攻擊，目的不只為翻轉總統納瑟（Gamal Abdel Nasser）把蘇伊士運河收歸國有，也要推翻他本人。不到一週，十一月四日，紅軍入侵匈牙利以鎮壓納吉（Imre Nagy）的修正主義政權。艾森豪一直在竭力拉攏阿拉伯領導人，深怕他們可能進入蘇聯陣營。他與許多英國左派人士一樣，覺得無法一方面譴責入侵匈牙利，一方面又為攻打埃及背書。熟悉國際局勢的圈外人要嘲諷政府不難，季辛吉便這麼做了。他在寫給葛勞博的信中大表不滿：「我對最近的事件最反感的，

並非我們的政策如此愚蠢，在我看來那幾近背叛，而是最嚴重的迂腐和作為缺乏格調。華府那些謹小慎微的官僚對英法的憤怒勝過蘇聯，因為英國更徹底打亂了他們的計劃。他們甚至對匈牙利人也有點

> 生氣，要不是他們，就不必被迫做決定，永遠不必面對，日子會比較好過。耶穌基督若有「政策計畫處」，就絕不會被釘上十字架。

季辛吉對艾森豪政府講究法律的外交政策作法，攻擊日益頻繁，由此信可看出端倪。

> 迂腐地否認生命的悲劇元素，那是我們明顯的特徵，也很可能為我們敲起喪鐘。主持政府的聰明律師們似乎對事事都有答案，唯有內在承諾除外。但西方要是行動時總是缺乏使命感，又只追求最小風險，那正是我們最顯著的特徵，則西方現在仍會是野蠻歐亞大陸不重要的附隨物。在現今局勢下，堅持純粹道德是最不道德的姿態。匈牙利人已向我們顯示，我們的道德高度無關緊要。歐洲人並非毫無過錯，因為他們倡導和平主義多年，以致癱瘓了我們及他們自己，可是我認為他們的反應比我們正確。[188]

二月初，英法向聯合國遞交決議案並從埃及撤軍已過了很久，季辛吉仍在責怪美國回應危機的「迂腐與自以為是」。他告訴邦迪：「我們或許已證明侵略沒有好處，但我們是向最不可能擾亂和平的人民證明，並以犧牲其國家尊嚴為代價，這還要一段時間才會充分顯現。……要是高道德原則與最低風險政策，不會那麼頻繁地同時出現，我對高道德行業會多一點好感。」[189]

許多美國人對於在遙遠的匈牙利及埃及發生的事，是否與季辛吉一樣憤慨，令人存疑。一九五七年初，大多數人仍對核子威脅有些淡漠，〔英國〕五星（Five Stars）合唱團嘟喔普（doo-wop，譯註：藍調、無伴奏合唱曲風）歌曲〈原子彈寶貝〉（Atom Bomb Baby）原注省略貼切地掌握到這種氛圍。不過，艾森豪措辭模糊的一九五七年一月決議案，得到國會普遍支持，其內文誓言美國會保衛「中東」，抵抗「任何共產國際控制的國家公然的武裝侵略」[190]。大規模報復威脅不足以防止蘇聯蠶食擴張的主張，無疑正獲得更多支持。但確保季辛吉會成名的，是一九五七年十月四日那晚。首枚人造衛星史波尼克一號（Sputnik 1），成功發射至環繞地球的橢圓形軌道，使美國人日益增長的焦慮成真：蘇聯不僅在軍事上，在科技及經濟上也正趕上美國。史波尼克（「初級衛星」的簡稱）大小相當於二個籃球，可在九十六分鐘內繞行軌道一次，在夜空中看得到，也聽得到它向地球發送短波無線電訊號的嗶嗶聲。人造衛星本身無害，不過蘇聯能夠發射，代表他們或許也有能力生產射程可達美國境內目標的長程飛彈*。結果造成一波媒體推波助瀾下的民眾恐慌[191]。《波士頓環球報》（*The Boston Globe*）宣稱：「蘇聯科學痛打美國科學」。鑑於美國人造衛星計畫遠遠落後，中情局拼命想方設法構思，能立即與蘇聯創舉媲美的驚人之舉。（有一項建議是使用氫彈來終止颱風）[192]。重要的是艾森豪對此危機的回應，他起初斥之為「花招」，經三思後則強調美國在軍備上的優勢，但若不可能打有限核戰，這種優勢便無多大意義[193]。

史波尼克把季辛吉推入全新軌道。突然間他四處可聞可見：《紐約前鋒論壇報》說他是「值得觀察的人」[194]。蘇聯衛星發射十天後，《前鋒論壇報》刊出標題為「季辛吉說」的特別「緊急」社論，內文根據對季辛吉的專訪，那很可能是他職涯中首次受訪。他的說法並不委婉。社論引述他的話：「蘇聯已超過我們。我們現在真的有麻煩，我們正節節敗退，一步接一步。……基本的趨勢對我們不利。」特別是史波尼克已透露「蘇聯如何進行軍事計畫。他們得以縮短時程的方式，我們辦不到」。

> 蘇聯正在科技發展的曲線上。每有一項發明便代表還有其他發明等著現身。其進步很難予以制止。……

衛星令人擔心之處，是它顯示出他們的火箭引擎到什麼程度，我們本身的智識又到什麼程度。……他們的經濟規模只有我們的一半，他們的專業人才庫也比較小，但正在增長中。這代表優越的組織與信念。

相形之下，「美國國防部的組織不是針對作戰，而是因應內部管理」。季辛吉並未就此打住。他斷言：「照此下去，我們被趕出歐亞大陸指日可待。……八年前若說蘇聯會在中東成為強國，那彷彿異想天開。我們現在喜歡笑一九三八年的包德溫及張伯倫（Chamberlain），但他們卻自視為強硬的現實主義者。」[195]季辛吉看到專訪登出來時，顯然對某些內容有不一樣的想法。但他有些迂腐的後續反應（「為使相當長的對話能適於有限的篇幅，卻傳達出武斷的基調，那不符我在整個訪問中的觀點」），難掩報上原文的危言示警。史波尼克未發射前，他只獲邀參加一場討論其著作的活動；十月四日後各方邀約紛紛湧入，如美國研究院（Research Institute of America）[196]、美國陸軍協會（Association of the United States Army）[197]，還有哥倫比亞廣播公司（CBS）星期日談話節目「面對國家」（*Face the Nation*），保證會有全國大批觀眾，該節目自一九五四年開啟連播一甲子的輝煌紀錄。

季辛吉的電視處女秀在一九五七年十一月十日播出，由他與三位記者對談：《芝加哥美國人報》（*Chicago American*）麥迪根（John Madigan）、哥倫比亞廣播公司新聞部哈特雷（Richard C. Hottelet）、《華盛頓郵報》羅伯斯（ChalmersRoberts）。「面對國家」的步調經常毫無章法，主題三不五時突然轉換。對電

* 這種擔憂其實是對的：取代史波尼克進入軌道的R7，是第一枚洲際彈道飛彈，其設計特別針對運送氫彈至美國境內目標。美國同型飛彈Atlas D直至一九五九年七月才試射成功，比史波尼克晚了近兩年。就此而言，一九五〇年代晚期確有飛彈差距存在。

視新人來說，季辛吉應對得體。他表達對艾森豪政策的批評：「我們有太久的時間都相信，美國相對是固若金湯的……我們一直更關心和平，對手卻更在意勝利，那形成心理上的不平等。」他說出其書中的主要論點：「我認為有可能以核武打有限戰。」他舉出具體範例：美國應準備打有限戰，以扼制蘇聯在中東的侵略。他表示：「我相信這需要較為堅定的態度及意志，比較願意去冒險。」他再次說明其論點：美國應「讓蘇聯為鎮壓匈牙利付出最大代價」，應空投物資給反蘇武力，「即使蘇聯會打下這些飛機」。被問到他是民主黨還是共和黨時，其回答簡潔（謹慎）：「我無黨無派。」[198]

遭到〔冷戰〕另一邊譴責，也許是對美國冷戰專家的終極讚美。如中情局外國廣播資訊處（Foreign Broadcast Information Service）指出，季辛吉雖未被點名，但在《核武與外交政策》[199]「出版後不久，針對外國及本國聽眾的廣播……充斥著攻擊美國『小型』核戰論點的例行宣傳」並非偶然。不過關鍵問題在於，美國外交政策實際上會被季辛吉的主張改變多少？表面上是有所改變。一九五八年一月艾森豪收回，先前反對在南韓佈署二八〇厘米核子砲及七六二厘米「誠實約翰」（Honest John）火箭的意見。一年後，空軍增加配備核彈頭的鬥牛士（Matador）巡曳飛彈中隊，其射程不只可達北韓，還能擊中蘇聯和中國目標[200]。但如前所述，這不是偏離原政策；艾森豪暗中一直保留使用戰術核武的選項，即便他仍公開堅持，任何衝突必將升高為全面戰爭。在這方面及其他方面，我們看到公共知識份子的角色有其侷限。季辛吉經由外交關係協會及洛克菲勒，比以往更為接近美國政府指揮高層。然而他仍是圈外人，所能接觸的機密文件極為有限。他是根據在遙遠的劍橋讀到的報紙報導，大肆抨擊華府的官僚體系。就在他受到哥倫比亞廣播公司攝影棚的弧光照射之際，他不可能知道，在上「面對國家」（*Face the Nations*）處女秀的前幾天，一份批評艾森豪政府戰略的更全面但屬最高機密的報告，已呈到總統面前。報告題為〈核子時代嚇阻與生存〉（Deterrence and

Survival in the Nuclear Age），後來以委員會主席蓋瑟（H. Rowan Gaither）為名，通稱「蓋瑟報告」（Gaither Report）。其分析的危機意識更濃，建議也比《核武與外交政策》更為驚悚。

《核武與外交政策》一書帶給季辛吉當之無愧的名聲。即使書中設想的未來：戰術核武被用於有限核戰戰場，從未發生，並無損於此書批判艾森豪政府戰略的效力。重點不在於史波尼克發射證明季辛吉的主張正確，雖然其時機再好不過。更重要的是，在建構對美國戰略嚴謹一貫的批評這場學術武器競賽中，季辛吉已首發攻擊成功。

第11章　波士頓──華盛頓權力走廊

你本身過人的智慧與品格天賦如此之高，你會成為有影響力的名人……我常認為哈佛給予其子弟──大學部學生，以本身所愛塑造自我的機會。身為哈佛人的你已享有此機會。至於教職員，哈佛保留以所恨塑造自我之危險並可能致命的機會。

──康為（John Conway），一九五六年[1]

就某些方面而言，對知識份子的需求前所未有地多；他的貢獻相對不大，並非由於遭拒，而是由於功能被誤解。他受到熱烈追逐，但原因不對，目的也有誤……決策者有求於知識份子的，總經常不是想法而是背書。

──季辛吉，一九五九年[2]

一

季辛吉在外交關係協會的日子即將告一段落。現在該怎麼辦？哈佛不要他，前同事如康為及杭亭頓雖表同情[3]，但芝加哥大學「非常有利」的新邀約卻不可等閒視之[4]。一八九〇年以洛克菲勒捐款成立的芝大，在政治學及經濟學上享有國際聲譽。但儘管「麥克」邦迪建議接受，季辛吉依舊很不情願過去。他對邦迪說，「除對芝加哥美學上的排斥，〔學術生涯〕可以如何與實際如何不可同日而語」，在那所大學似乎「特別強烈」[5]。季辛吉表示「對芝加哥美學上的排斥」，也許是暗指海德公園（Hyde Park）一帶的惡化，那裡在一九五〇年代中期便已有治安不好的惡名。但他不想接這份工作的真正原因不在此。芝大的學術地位高，殆無疑義。但該校教授在美國公共領域——尤其在政府中的份量——比哈佛教授輕很多。對季辛吉及同世代的許多學者而言，通往華府之路定要經過劍橋，精確地說是經過哈佛校本部。到一九六五年，康恩和韋納（Anthony Wiener）才創出波士頓—華盛頓（Boswash）這個名稱，來形容由新英格蘭延伸到維吉尼亞州，逐漸興起的人口稠密帶。不過，季辛吉在一九五六年已是波士頓—華盛頓的公民。他此後一生中會有許多時間，搭飛機、火車、必要時汽車，在這連結波士頓到紐約到華盛頓，也串起頭腦到金錢到權力的狹長走廊上來去奔波。

即便季辛吉在紐約的公寓振筆疾書，撰寫《核武與外交政策》，他仍巴望著東岸。尼爾森·洛克菲勒為他帶來某種救贖。他對季辛吉的著作印象極為深刻，便在一九五六年五月邀請他參加昆提科重聚會[6]，之後又請他到洛克菲勒兄弟基金做全職工作，在新的特別研究專案（Special Studies Project）擔任要角，這個大膽嘗試是要分辨及處理，美國在二十世紀下半面臨的戰略挑戰[7]。季辛吉不想接受；他依舊立志走學術道路，懷疑——正確無誤——完全投身洛克菲勒的攏絡，將失去所有學術及政治自由。不過洛克菲勒手腕高明。當季辛吉藉口已有其他承諾，不僅為外交關係協會寫的書尚未完成，還有芝大要聘用他，卻驚訝地發現洛克菲勒已擺平一切。他向葛勞博抱怨：「把很不可思議的壓力加在我身上。」

他或他的兄弟未知會我，便到協會和芝加哥大學，要求他們放我三個月的假。芝大校長就寫信給我，促請我替洛克菲勒工作。當芝大自己免我到任三個月，我便很難堅持對它的承諾。[8]

結果是折衷。季辛吉接受出任洛克菲勒兄弟基金特別研究專案主任，至一九五七年三月，之後如果找不到其他工作，他會去芝加哥[9]。

季辛吉對此有違初衷的決定所做的解釋，透露出他真正的想法。他對葛勞博表示：「老實說我不覺得，我特別虧欠學術生涯什麼。我在學術界內外的聲譽，差別大到荒唐。……我看不出將來有什麼特別的挑戰，除去以最低可能水準，詮釋每個慷慨動機。」不過，

我四月會去芝加哥，再給學術生涯一次機會。……有兩件事我只求其一。要不它直接給我挑戰，要不它允許我自創挑戰。以有損尊嚴的薪水，奮力在學術階梯向上爬，四周圍繞著我覺得無吸引力的人，我不認為這是特別的挑戰，但在芝加哥或許會有所不同，基於此我當在四月份過去。

相形之下，替洛克菲勒工作的吸引力令人難以抗拒，「且不論他的侷限，他為自身得不到好處的作為，投入相當多個人資源及聲望。」季辛吉和葛勞博「常談到在本國沒有貴族」。

我覺得我們有義務，對洛克菲勒這種人的動機至少不要澆太多冷水。……洛克菲勒專案極為有趣，不止在實質上，自社會學觀點看亦然。這些人的實力大到難以置信，其操作方式極為引人興趣。另一方面，他們在我眼裡很像是在發揮良善貴族的功能：比桑巴特*貼切形容的某些法國人有過之而無不及。[10]

季辛吉的迴避策略成功。在必須不情願地「過去」芝加哥前，邦迪及時自哈佛丟給他救生繩，邀請他回去「協助開設」哈佛的新「國際事務中心」（CFIA）[11]。邦迪發現季辛吉「只是有點不確定，是否想回到一年前並非一致對他友善的系上」，但他「設法就此鼓舞他」。政府學系一致通過讓季辛吉擔任「三、四年」的講師（邦迪重回哈佛時，也幸運地拿到同樣的教職）；同時他獲任為中心副主任[12]。也許邦迪曾向季辛吉暗示，他不用等很久即可升為終身職教授。可是季辛吉不願冒險。不滿足於洛克菲勒及哈佛的職務，他繼續找兼職，與賓州大學新成立的外交政策研究中心[13]，建立每年四千美元的關係。他也談好，完成替洛克菲勒做的工作後，每月兩天到卡基企業（Carnegie Corporation）擔任顧問[14]。彷彿還嫌不夠，至少有一家報紙報導，他也為參謀首長聯席會議當顧問[15]。一九五九年他唯一放棄的承諾是不再當預備軍官，理由為「其他義務的壓力，並有把握若緊急情況需要徵召，我可在更高階層加倍報效國家」[16]。

年輕學者默默耕耘多年，突然發現自己炙手可熱，經常會做出過多承諾。眼前便是一例。季辛吉的行程滿到，一九五七年秋季班他不得不拒收大學部指導生[17]。葛勞博記得，此時「他的生活日益忙亂；他好像總是在奔跑，總是遲到，不斷被打擾」[18]。他在哈佛時常不見人影，也許是最初他與國際事務中心主任鮑伊起磨擦的原因。更糟的是他未能為外交政策研究中心做任何事，導致與波瑟尼爭執得很激烈，使克雷默不得不介入。克雷默在爭執中站在季辛吉這一邊，可是他以手寫德文字條私下警告前弟子：「你有不對之處。身為你的朋友，而且了解你的狀況，甚至可能到潛意識層次，我必須告訴你，你忘了作人不該忘的事。」季辛吉不僅與波瑟尼等同事疏遠；據克雷默，他也不顧自己的父母。「你的行為開始不再像個人樣，欽佩你的人開始視你為冷淡，甚至冷酷。……你不停地工作有任令心與靈耗盡的危險。你見到太多『要人』，但不夠多『真實』的人。」[19]這並非克雷默最後一次鄭重提出告誡，也並非他最後一次把季辛吉比作浮士德博士：那個為世俗權力把靈魂賣給魔鬼的淵博學者。然而克雷默沒得抱怨。不是一部分多虧季辛吉的支持，他才剛獲聘為國家戰爭學院教授嗎？他不也是拿到洛克菲勒的錢，而替季辛吉當時主持的特別研究系列撰稿嗎？[20]

二

季辛吉主持的洛克菲勒兄弟基金特別研究專案，照他的說法是出於一種信念：「我們的許多困難，包括國內國外，因缺乏好構想的成分不大，而是我們無力找出概念與態度，去處理變化更為快速、變化方向不同於國家經驗導致的預期的情況。」[21]一九五七年，許多報告內容完成的那一年，美國面對的挑戰確實前所未有。核武競賽方面，蘇聯似乎正在趕上美國，甚至可能後來居上。歐洲在亞、非及中東的殖民帝國分

* 此處是指尼可勞斯．桑巴特（Nicolaus Sombart），他是較出名的歷史學派社會學家韋爾納（Werner）．桑巴特的浪蕩兒，其博士論文是寫昂列．聖西門（Henri de Saint-Simon）——曾預言半社會主義、半賢能統治的工業理想國的〔法國〕貴族。

崩離析，而「新國家」好像很少熱衷於與資本主義西方結盟。美國國內也是紛擾不安。阿肯薩州州長〔Oral Faubus〕召來國民兵，阻止黑人學生就讀小岩城（Little Rock）中央中學（Central High School），促使艾森豪派出聯邦軍隊，護送「小岩城九人」安全入學。貓王艾維斯普里斯萊（Elvis Presley）出現在「蘇利文秀」（*Ed Sullivan Show*），但只有上半身。〔他主演的〕《監獄搖滾》（*Jailhouse Rock*）在電影院上映。《西城故事》（*West Side Story*）在百老匯開演。凱魯亞克（Jack Kerouac）的小說《路途上》（*On the Road*）開始銷售。金斯堡（Allen Ginsberg）的〔長詩名作〕《嚎叫》（*Howl*）被禁。

特別研究專案對民權無所著墨，更甭說搖滾樂，這點必須承認[22]。洛克菲勒與季辛吉設立六個討論小組及負責協調的「總其成小組」（Overall Panel）。各組分配的主題和排序顯示，他們主要關切的是外交政策：

一：美國國際目標暨策略

二：美國國際安全目標暨策略

三：二十世紀對外經濟政策

四：美國經濟暨社會政策

五：美國人力資源運用

六：美國民主進程：挑戰與機會

經濟學家海布洛納（Robert Heilbroner）曾提議設第七小組，討論國家目標的道德層面，可惜胎死腹中。組織方面的挑戰本身已令人生畏。總計季辛吉必須管理一百零八位小組成員及一百零二位顧問與執筆者所出的力（及自尊）[23]。〔一九五五年五月召開首次會議時，唯一夠大的場地是無線電城（Radio City，譯註：紐約洛克菲勒中心娛樂區）的排練廳。〕[24]總其成小組二十六位成員，包括討論期間獲任命為財政部長的安德遜（Robert B. Anderson）；麻州州長、後接替杜勒斯出任國務卿的赫特；麻省理工校長、後出任艾森豪科學顧問的奇利恩；時代公司（Time Inc.）總編輯魯斯（Henry Luce）；洛克菲勒基金主席魯斯克[25]。為給這些大人物咀嚼的原料，季辛吉先求助於過去的老師：不僅請克雷默草擬關於德國的報告，也請艾里特撰寫「總統對聯邦政府外交政策的整體掌控」[26]及「美國民主進程」[27]。最初季辛吉自己也寫了不少，但在一九五七年他的角色逐漸變成編輯，最後是管理[28]。

六份報告分別完成後各自出版。以季辛吉同時在寫《核武與外交政策》，或許注定第二組報告會最先完成，題目是〈國際安全：軍事面向〉（International Security: The Military Aspect）。愛德華・泰勒是第二小組成員也有幫助。泰勒不能欣然忍受資質平庸之人，更別說笨蛋；他和季辛吉頗合得來，他倆發現在有限核戰議題上「幾乎意見完全相同」[29]。（有一次泰勒曾把手錶丟向「新政」老將柏爾（Adolf Berle）。）[30]伊鈦董事華考維茲（Theodore Walkowicz）也與他們同一陣營，季辛吉對華考維茲極度悲觀的〈科技競爭時代求生存〉（Survival in an Age of Technological Contest）報告也印象深刻[31]。膽敢有不同意見的小組成員很難出頭。但外界力量也促使第二組報告立場走極端。一是前面曾提到，民眾對史波尼克的恐慌。再來是關於「秘密報告」的新聞，據《華盛頓郵報》，報告中指出美國正處於「史上最嚴重的危險中」。

> 它發現，面對蘇聯軍力突飛猛進，蘇聯經濟和科技力量強大且持續成長，將帶來……在世界各地對自由的攻擊，美國的長期展望也是毀滅性的險境。……報告中放下自滿，揭露出令人極不愉快的真相。[32]

蓋瑟報告確實引人擔憂，事實上更甚於季辛吉的《核武》一書。它認為美國可能不久即易受到蘇聯出其不意的核攻擊，除非加速生產洲際及潛艦發射的彈道飛彈；擴大分散其本身的報復性「第二擊武力」，「堅固」發射地點，以改進此種武力的保護力；並建立更多避難所，保護美國人民在攻擊後躲避放射性原子塵[33]。連這項分析的財政意義也令人心驚，執行蓋瑟建議的花費，除現有國防預算三百三十億美元外，還多出一百九十至四百四十億美元[34]。艾森豪認為支出增加這麼多，不僅造成通膨，也可能使美國變成「軍人國家」，但他雖斷然拒絕予以公開，卻無法完全無視於該報告，也不能否認其存在。為洛克菲勒特別研究報告而設的舞台再好不過。洛克菲勒嗅出大做公關的機會，在他強烈施壓下，季辛吉奮力將報告完成，一九五七年十二月只要醒著時都在工作，忘掉那是假日季節[35]。

第二報告完全符合社會氛圍。人類面臨「二項嚴峻威脅……共黨達到宰制世界的威脅……及能夠消滅文明的新武器科技」。美國落後的不僅在軍事支出方面，也在「重要科技領域。由克里姆林宮指定為最優先的某些領域，蘇聯在質與量上均超越我們」[36]。國防預算必須提高（但只多出三十億美元，遠低於蓋特報告建議的增幅）。國防部需要整個重組，以擴大部長權力，降低軍種間的對立[37]。第二小組建議創建大規模「立即備戰報復武力」，配備核武。其報告主張，「必要時願意投入核戰」是「我們自由的部分代價」。季辛吉甚至過分到宣稱，「非常強大的核武」可「用對平民影響微不足道的方式」加以使用[38]。

一九五八年一月六日發布的《洛克菲勒報告》（Rockefeller Report），表現超出其創作者的期望。由委員會撰寫的書籍很少成為暢銷書。這份報告卻大賣。洛克菲勒上國家廣播公司「今天」（Today）節目時，主持人說，想閱讀此報告的觀眾只須向該台登記。有個製作人笑說：「每本須附贈福特V-8汽車。」他完全看走眼。當收到超過二十五萬人登記，出版方不得不停止贈書[39]。總計六份報告在不到三年內，共賣出六十萬本以上[40]。如此暢銷部分應歸功於季辛吉高超的編寫能力。史勒辛格曾抱怨他看到的某些早期草稿「不痛不癢」[41]，但欣賞印行版的「鏗鏘有力」[42]。不過如同《核武與外交政策》，時機也很關鍵。《費城詢問報》（*The Philadelphia Inquirer*）指出：「不同於未公開的《蓋瑟報告》，《洛克菲勒報告》有發布。但由優秀勝任者組成的此二小組……結論大致是，美國陷於落後俄國的嚴重危險中……這是全體美國人應嚴重關切之事。」[43]第二組報告出版後才四天，參院戰備小組委員會（Preparedness Subcommittee）要洛克菲勒前去作證。二月三日康乃狄克州共和黨籍參議員普史考特・布希（Prescott Bush），為報告中建議的統一軍事指揮部背書[44]。

相比之下，其他報告造成的影響較不轟動。一九五八年四月現身的第四組報告，除提出「成長（以每年百分之五為佳）對達成國家目標的關鍵重要性」外，增色之處很少（但少數女性小組成員之一的安娜・羅森柏格（Anna Rosenberg），反對第二組建議增加國防支出對經濟的負面含義，使其討論內容值得注意）[45]。二個月後馬歇爾計畫前負責人凱茲主持的第三組，建議將自由貿易與私人（非公共）國際資本流通相結合[46]。第五組的〈教育與美國未來〉（Education and the Future of America）報告也在一九五八年六月問世。但直至次年十二月，第一組有關美國外交政策的報告才終於得見天日，而第六組的報告：〈民主思想的力量〉（The Power of the Democratic Idea），到一九六〇年九月才發表[47]。洛克菲勒雖稱之為「我曾有過最令人興奮、知識上激勵最大的經驗」，但並非人人都贊同[48]。小巴克利直覺上對凡掛著洛克菲勒名號的東西都很謹慎，其《國家評論》（*National Review*）雜誌指斥這些報告，是「現有自由主義藍圖」的大雜燴[49]。或許如此，但其影響力不容否認。艾森豪顯然是回應第二組的報告，宣布將重新評估國防部的組織，但參謀首長聯席會議盡其所能地大事化小。洛克菲勒的口頭禪「國家目的」很快便風行一時，韓德林（Oscar Handlin）

及摩根索為此寫書，《時代》也刊出系列相關文章[50]。有人說這些報告的主要目標，在於「維持新聞中的尼爾森是政府的認真好學生」[51]。當然在二年半期間發表這些報告，最後以單冊摘要《美國前景》（*Prospect for America*）收尾，洛克菲勒確保了他一直是全國舞台上的人物。但我們會看到一個諷刺現象，因為特別研究最大的影響是發生在民主黨總統的政府上[52]。

管理特別研究專案的經驗對季辛吉有脫胎換骨的作用。除非把辦理哈佛國際研討班算進去，否則這是他首次被託付重大的管理職責；相對於書籍文章，他首次必須管人。他像許多學者一樣，習於獨立作業，學問上很有自信，社交上卻欠磨練。一開始他發現很難做。大學裡沒有很強的層級架構；學院院長並非長官。如今在洛克菲勒基金，季辛吉有上司，這個上司很習慣下面的人聽命於他。洛克菲勒傳記的作者們，對這兩人的關係有截然不同的記述。有一位寫的是「外交政策靈魂伴侶的羅曼史」[53]；另一位說，是較為矛盾、偶爾火爆的親近關係[54]。按後面的版本，季辛吉「在洛克菲勒面前卑躬屈膝」，在他背後卻「嘲笑……蔑視……不以為然」。這聽來非實情。他倆的友誼起伏不定。有一次季辛吉氣得甩下洛克菲勒「調頭就走」，因為他在晚餐時得知，自己的草稿副本被送給多位助理徵求評語和修正，無視於他的禁令：「沒有人可以編輯我的稿子。」季辛吉生氣地問那位偉大的藝術收藏家：「下次你買畫的時候，會找一個專家負責手，一個專家負責腳嗎？」。翌日季辛吉回辦公室去清理辦公桌，他發現洛克菲勒已等在那裡。他說：「你很強勢，我也很強勢。現在我們有兩個選擇。我們可以設法互相毀滅，也可以設法合作。」[55]洛克菲勒賞識季辛吉的才識，足以容忍他偶爾發脾氣。一九五七年八月他對前民主黨參議員班頓（William Benton）說：「我認為亨利．季辛吉是美國真正有出息的人之一。」[56]

季辛吉雖婉拒為洛克菲勒做全職工作，但他的付出都有酬勞。比方一九五八年他收到三千美元。但這只夠彌補他向哈佛請假，去替洛克菲勒做事所放棄的收入[57]。他的動機並非為錢；要說有，就是他覺得以「忙碌無比」的工作量，連理髮的時間都沒有，所得的報酬有點低。與美國最富盛名的大亨最活躍的孫子關係愈走愈近，有其令人滿意之處。他一九五六年十一月寫給葛勞博說：「即使不為別的，那也是極有趣的社會學研究。」[58]三週後他更進一步。「我對洛克菲勒家族的尊敬不斷上升。……我覺得他們發揮著上層階級最有用的功用：鼓勵卓越，他們也不會像官僚那樣，假裝要評斷每件工作的實質。」[59]

那份工作有些奇怪的福利。洛克菲勒曾贈送法國後印象派藝術家維亞爾（Jean-ÉdouardVuillard）的石版畫，給季辛吉當耶誕禮物；季辛吉則以柯波特（Truman Capote）〔旅遊文學〕新書《繆思出聲》（*The Muses Are Heard*）為回禮，其內容幽默講述美國歌劇團到蘇聯進行文化訪問之旅[60]。一九五七年洛克菲勒主動把波坎提科山丘（Pocantico Hills）的一棟房子借給季辛吉住，洛克菲勒家族在〔紐約州〕西徹斯特郡（Westchester）波坎提科山丘有三千英畝地產[61]。一年後洛克菲勒宮殿般的曼哈頓公寓，連同裡面令人炫目的藝術收藏，全交到他手裡。與這位貪得無饜收藏家的關聯無疑也協助季辛吉，順利被選入藝術家和作家所愛的純男性社團世紀協會（Century Association）[62]。對父母仍蝸居華盛頓高地擁擠公寓的人，這一切必然令人志得意滿。但也十分累人。季辛吉一九五八年三月向母親抱怨：「那好心的瘋子NAR〔Nelson Aldrich Rockefeller〕一定要讓我忙著為他寫文章，到後來變成比我自己寫書還做的多。我有三天待在紐約，住在尼爾森的公寓裡。他們夫婦人很好。可是現在我只希望他暫時別打擾我。」[63]

為因應要求極高的上司而對自己屬下要求更多，季辛吉當然不是史上第一人。他個性的新面貌，是在洛克菲勒特別研究專案的辦公室裡顯現，日後在政府機關替他做事的人都很熟悉這一面。他學會咆哮和怒斥。一九五〇年代聽聞這些斥罵最多的是，特別研究專案執行秘書及規劃委員南西・漢克絲（Nancy Hanks）。

她生於邁阿密海灘（Miami Beach），畢業自杜克大學（Duke University），是在洛克菲勒擔任艾森豪「政府組織顧問委員會」主席時開始替他工作，後洛克菲勒短暫主管衛生部時成為他的私人助理。漢克絲寫給父母的信中全是在抱怨「與HAK（譯註：季辛吉姓名縮寫）爭執」[64]。有一次吵得特別兇之後她寫道：「HAK與我較量，令我和所有其他人失望。他簡直心理有問題。……實在像個小孩，對主持這個專案的所有責任置之不理。把些小事，如沒有跟他保持連繫等等，全怪罪於NAR〔洛克菲勒〕和奧斯卡．魯豪森（Oscar Ruebhausen）*。……奧斯卡和NAR根本完全厭煩他。」[65]一九六一年最後一冊成品出版時，漢克絲回顧「許多『愉快的經驗』，那些在當時歸類為『激烈纏鬥』爭執恐怕會比較恰當。」[66]魯豪森後來回憶季辛吉，「因把簡單小事，如會不會有車子到機場去接他，車子是不是凱迪拉克（Cadillac）等，當成是故意要整他而受了不少苦。他會輕蔑地向別人訴苦博取同情……既要表現坦率，又要做馬基維利式操作」[67]。

但特研專案的辦公室政治比表面上複雜。漢克絲聰慧有魅力，一九五〇年代想在專業上求發展的女性所面臨的挑戰，她正是寫照。洛克菲勒未與妻子和五個子女同住時，她變成他的情婦；她有理由希望他會離婚[68]。當她的希望不會成真逐漸變得明朗時†，季辛吉證明他壞脾氣的背後也有敏感度。漢克絲一九六〇年向父母吐露：「亨利沒有他以前一半的可惡。他大概是尼爾森唯一肯交談和聽信的人。只要我能不斷鼓勵亨利走在對的路上，我倆就沒有問題。……全靠他的努力，我們才有『團隊』可以做事。現在情況真的很糟。我們的朋友〔洛克菲勒〕不再聽任何人的話。」[69]季辛吉與漢克絲的信件往來顯示，當洛克菲勒漸漸遠離她，那兩人卻更接近。季辛吉帶著歉意請漢克絲向這個專案的人員保證：「我令人不快的態度是反映我的性格，不是他們的能力。」[70]他也抱歉他對洛克菲勒的公關主管傑米森（Francis Jamieson）有如「芒刺在背」[71]。到一九六〇年，季辛吉發給漢克絲的電報，已用「愛人亨利」（LOVE Henry）署名[72]。她也同樣如此署名，連對他「生氣」時也一樣[73]。同年三月他送她花：一朵「艷麗的玫瑰」[74]。此時他倆的關係已成毫無掩飾的調情：「我真的被逗樂了，四處宣揚我的玫瑰，讓你徹底名譽掃地。世人全都會以為你心腸好又體貼！要很多年才能消除你的『禍害』。噢你把我害得好慘！我想要永遠保存你的花朵。」[75]

不過這絕對只是打情罵俏，帶著幾分對漢克絲遭遇的同情。他倆信件的基調依舊是神經質喜劇多於羅曼史。當她寄來最後一冊出版品，上面有尼爾森和勞倫斯的簽名時，他回信道：「我知道你能仿造洛克菲勒家某一個人的簽名，可是能夠仿造兩個就真是不簡單。」[76]一九六〇年六月，他逗她說，他聽到有講「你最迷人的報告」。「你一定沒有以前強硬……特別研究專案不可軟弱，否則我還會回來。」[77]

因為此時季辛吉已回到哈佛，顯然婚姻幸福，並在三十五歲時當了爸爸。起先他與安滿足於帶著愛犬〔取代史墨基的是另一隻可卡獵犬，名叫赫比（Herby）〕，住在佛斯特街（Frost Street）一間普通的雙拼房屋，隔壁是歷史學者艾普斯坦（Klaus Epstein）‡及妻子伊莉莎白。但隨著他在哈佛的地位更穩固，他感覺可以往更高的世界走。如《波士頓旅人》（*Boston Traveler*）刊登的照片，貝爾蒙鎮（Belmont）佛萊契路（Fletcher Road）一〇四號的季辛吉寓，是典型的哈佛教授宅，牆上全是擺滿書的書架，餐廳大到足夠招待

---

* 魯豪森是洛克菲勒在達特茅斯讀書時的室友。季辛吉看輕他，受不了他。此種敵意彼此都有。

† 洛克菲勒當上紐約州長時斷掉與漢克絲的關係。但他很快又開始另一段婚外情，對象是家族友人瑪格莉塔．墨菲（Margaretta "Happy" Murphy），她曾替他助選，後加入他的奧巴尼〔紐約州首府〕團隊。墨菲與漢克絲不一樣，她已婚。一九六二年洛克菲勒妻子訴請離婚。次年墨菲亦與先生分手。一個月後她與洛克菲勒結婚。此期間漢克絲被診斷出癌症，接受了乳房及子宮切除手術。

‡ 艾普斯坦也是逃離納粹德國的難民，當時他剛出版威瑪政治家艾茨柏格（Matthias Erzberger）的蓋棺論定傳記。

同事、學生和客座學者。據那篇報導說，安很樂於「處理〔他〕所有的私人書信」，製作「有關丈夫工作的剪貼簿」，準備晚上宴客的雞肉與飯[78]。長女伊莉莎白生於一九五九年三月；兩年後兒子大衛出世。儘管季辛吉夫婦已不再信奉猶太教，但大衛仍以猶太教儀式接受割禮，那個家庭聚會場合促使季辛吉，「滿懷驕傲地」回顧「多年的困苦」，反思他「幾乎處處多虧家庭精神的支持，使我們不論順境逆境總是全家齊心」[79]。但就在他寫下這些字句之際，家庭精神正在佛萊契路一〇四號閃爍消失中。安已回到劍橋，打算在此落地生根。但哈佛對季辛吉而言，只是到波士頓—華盛頓其他地方去大展鴻圖的中途站。替洛克菲勒工作使他見識到更炫麗的世界：曼哈頓的富裕、華府的權勢。當他奮力想打進這些世界時，安就被拋下。

季辛吉因《核武及外交政策》獲得的名聲，使他對自己更有信心。據一則早期的報紙描述：「季辛吉博士高五呎九吋，身材結實，戴牛角框眼鏡，自稱網球打得『還可以』，下棋下得『相當好』。」[80]在弟弟眼中，他此時以不健康的方式「支配著」安。華特．季辛吉在兩方面走著不一樣的美國路。他正為自己贏得經營家的名聲，能夠翻轉經營不善的公司。華特先任職於俄亥俄州亞克朗（Akron）的將軍輪胎公司（General Tire），後轉往生產美國製第二代商用電腦UNIVAC的史佩利蘭德公司（Sperry Rand），逐步培養當企業高階主管的能力。他也變得更有自信。一九五八年他與二十六歲的羅德克里夫畢業生尤金妮．范德魯吉（Eugenie Van Drooge）私奔，令父母大吃一驚。尤金妮在華特經營的半導體公司實習時兩人認識，她是聖公會教徒。不久就很清楚，這對夫婦不打算照猶太傳統扶養子女[81]。

三

季辛吉在一九六〇年一月寫給洛克菲勒：「誠實逼得我要報告，〔資淺教員〕不會比資深者更有趣。」[82]對季辛吉重回哈佛至少有二種不同說法。一種是強調他的「反哈佛」傾向，既自外於殘存的正宗白人優勢（WASP, white Anglo-Saxon Protestant），又輕視教職員中較清高的知識份子[83]。另一種說他是「冷戰公共知識份子」的原型，充分抓住這所傑出「冷戰大學」提供的所有機會[84]。哈佛當然變得很快。普塞（Nathan Pusey）當校長期間，由班德（Wilbut Bender）主管招生，哈佛的招生政策變得對學業要求更嚴格（但不如基夏柯斯基等科學家想要的那麼嚴）；課程則更國際化更兼容並蓄；研究則更仰賴聯邦補助，特別是化學、工程和醫學[85]。一九五三至六三年，進到哈佛的聯邦支援研究經費翻了五倍，由每年八百萬美元增至三千萬美元[86]。戰前校內教師大多擁有哈佛學位，但比例很快縮小到僅三分之一，因為教授是根據「〔校長自己主持的〕特別委員會認定，在本身領域傑出」而獲聘用或晉升[87]。普塞本身雖研究英國文學和古代史，卻在講求實用的時代主持校務。專門針對各地理區或學門的「中心」接連成立，著名的有俄國研究中心（Russian Research Center），一九四八年在克拉克宏（Clyde Kluckhohn）主持下成立；七年後由費正清主持成立東亞研究中心（East Asian Research Center）。一九五〇年代初，季辛吉和支持他的艾里特被迫為國際研討班及相關刊物《匯集》，辛苦募款省吃儉用。國際事務中心成立後，那些委曲得以成為過去。國際研討班繼續存在，成為艾里特所說的「為愛好而做」，《匯集》卻因既無時間又無錢，便任其無疾而終[88]。一九五九年的決定是改為年刊，但不曾再出版。[89]

設立一個研究國際的中心，在一九五四年已做成決定，當時福特基金會有一個檢視哈佛行為科學教學的新計畫，為此曾組成委員會。哈佛此時雖已有十三種關於國際政治各方面的課程，但該領域往往被貶為只是「時事」的分支，或「對昨日《時報》的評論」[90]。邦迪認定的中心主任首選，是國務院政策計畫處長兼助理國務卿鮑伊。鮑伊律師出身；一九五五年十二月到國務院任職前，是哈佛法學院的反托辣斯法專家。不過他曾在戰後德國的美國占領區，擔任克萊將軍的助理，及美國駐德高級專員麥克洛伊（John J. McCloy）的法律總顧問，也累積不少對西歐的專長。雖然他打算拒絕哈佛的邀約，留在政府部門，但邦迪很有說服力。他不但以國際事務中心主任並兼任政府系教授，吸引鮑伊回到哈佛，更說服他，季辛吉會是得力的副主任。

儘管鮑伊與季辛吉的關係很快惡化[91]，但起先這兩人倒是有志一同。由一九五八年公布的新中心介紹的用字判斷，至少有部分是兩人一起寫的：

> 今日沒有任何地區與世隔絕，沒有一處可以忽略；偏遠地方的行動和事件可能直接影響全世界。……與此同時有巨大的力量正以極快速度重塑世界。在戰爭、民族主義、科技及共產主義影響下，舊秩序已被打破；一度主宰世局的國家被迫適應萎縮的影響力。新國家出現，正掙扎求生。……全體都要擔憂的是原子，它是希望，也是威脅。[92]

未來會有五個研究領域：歐洲關係、政經發展、軍力及武器管制的角色、國際組織、遠東。該中心不會收大學生或研究生，鮑伊和季辛吉會以政府系教授在別處教學[93]。反之，它會「結合外交事務基礎研究與有實務經驗者的進階鑽研……免除關切日常主題的壓力」[94]。

季辛吉始終對可能發生系所地盤爭奪戰很敏感，深怕該中心最後淪為只是「現有學系的附隨組織」，特別是即使並未實際「否認國際關係可成為一門學科」，但「習於將國際關係當作政府次部門的政治（即政府）系」。他警告鮑伊，這個中心必須「毫無餘地地堅持在概念和執行上保持獨立」。那不「只是發展一個研究機構的問題」；也「有必要建立一種態度和學術訓練。這種目標違背哈佛的許多趨勢。卻是做出一番成績的唯一實際路途」[95]。他與鮑伊從一開始便同意，「重覆所有其他研究機構和國際事務中心也在做的東西沒有意義……〔因為〕人才供應太少，討論主題太有限」。他倆唯一真正的歧見是鮑伊提議聘用在職（midcareer）「研究員……向政府、學界、企業界、專業界和新聞界求才」，在該中心待上半年至二年。但季辛吉偏好普林斯頓高等研究院百分之百的學者結構[96]。

鮑、季兩人關係快速惡化，形成有點荒繆的冷戰縮影，導致早期合作的成果黯然失色，而冷戰正是他們研究的對象。國際事務中心原址設在神學大道（Divinity Avenue）六號，曾是哈佛閃族博物館（Harvard Semitic Museum）所在地，成立後快速發展。接下來聘請的二位高階成員素質甚高也有幫助：發展經濟學家梅森（Edward Mason），由公共行政研究所（Graduate School of Public Administration）所長轉任；博奕理論家謝林，一九五三年離開杜魯門政府後便待在耶魯。季辛吉與謝林的關係最後也是不歡而散，但兩人基於相互學術尊重，曾多年交換對歐洲事務及核子戰略的看法。獲有福特基金會（十萬美元）、洛克菲勒基金會（十二萬美元）、洛克菲勒兄弟基金（十萬五千美元）、迪倫（Dillion）家族、標準石油和IBM等充裕的財力支援，加上學校本身經費，鮑伊和季辛吉不必花太多時間去募款。與季辛吉的預期相反，在職研究員計畫很成功，主要由於定期討論會有助於減少各學門間的障礙，形成團隊精神[97]。該中心的自助餐廳擺著鮑伊選擇的長桌，以鼓勵午餐時的「學識交叉授粉」，裡面很少空著[98]。最主要的是該中心能夠吸引到一流學者，著名的有布里辛斯基、哈佩林、杭亭頓和奈伊（Joseph Nye，譯註：政治學者，前哈佛甘迺迪學院院長，曾提出軟實力、巧實力等外交學說）。同時沒多久它也成為美國外交政策辯論的重要參與者。早在一九六〇年它便發表兩篇有分量的報告：一是為眾院外交關係委員會所做的《意識形態與外交事務》（*Ideology and*

Foreign Affairs），一是為國務卿赫特所做的《北大西洋各國》（*The North-Atlantic Nations*）[99]。

那麼是哪裡出了差錯？小節上的意見不合似乎不足為道。季辛吉的確從未接受鮑伊主張的建立多邊核武力，即設置在北約控制下的海上（主要是潛水艇）核武力，人員由多國提供[100]。但這是學術辯論，非個人恩怨。鮑、季不合也無法歸咎於政治；在偏右派（如艾里特曾說）等於「一抗多」的大學裡，這兩人都是相對保守的人物[101]。有一說指鮑伊正是季辛吉一九五〇年代末六〇年代初，在文章裡一再嘲諷的那種「法匠公務員」；另一說指他是「狡猾的北方佬，典型正宗白人」〔其實他來自查士比克（Chesapeake）某古老家族〕，因此根本敵視資歷不如他（又是猶太人）的同事[102]。其實那是結構上的問題。鮑伊擔任高階政府職位數年後，期待國際事務中心的運作像層級組織；他視季辛吉為助理主任[103]。季辛吉觀點不一樣。他寫過暢銷書；他的意見受洛克菲勒洛重視；他上電視接受訪問。他很忙。他有兩處辦公室，劍橋只是其一，另一個在紐約洛克菲勒兄弟基金[104]。特研專案一直占去他的時間，直到一九六一年最後一冊出版。除去在紐約承諾的工作，季辛吉此時又接到全國各地一連串演講邀約。這些都得配合每週在哈佛講課二至三次來安排。他在哈佛的新助理說，她沒有「怨言，除了無可避免的時常見不到他」[105]。那很快也成為鮑伊的許多不滿之一。他指控季辛吉「寫作是為了上報」，「文章獲刊登主要因為〔其〕名氣」，工作表現「低於可接受標準」[106]。兩人關係決裂始於火爆的爭吵。一九五八年三月季辛吉對母親說：「我跟那惡毒狂人鮑伊鬥到發瘋，有一陣子耗掉我所有的精力」，以解釋他為何未在母親生日那天去看她。到最後是冰冷的緘默。謝林記得那兩人辦公室毗鄰，卻「有時要先問過秘書，才走出來確定對方不在」，不過這是作文章的誇大寫法[107]。

邦迪信守諾言。一九五九年七月他以福特基金會補助，在政府系設立兩個兼職教席，一個要給季辛吉，一個要給法國學者霍夫曼[108]。由於兩個都是副教授級終身職，需經過系上（現有終身職教師）投票，也得成立特別委員會。儘管有人持保留意見，特別是蘇聯專家烏藍，他認為季辛吉的《核武》一書非學術著作，但兩人均獲通過[109]。季辛吉現在得到終極的工作保障。他當上哈佛終身職教授，實質上不可能被解雇。的確，只要他願意就能做一輩子。

這份工作的內容究竟是什麼？從事教學的季辛吉偏好研究所的討論課，由較成熟的學生聽客座專家的論文報告，再由季辛吉領導討論。他與霍夫曼及親法的的懷利（Quaker Larry Wylie）曾一起負責關於西歐的研討課。他也主持國防研究計畫（Defense Studies Program）下的國防政策研討課，力圖降低退伍軍人多數就讀哈佛商學院的趨勢，並提高外聘講者素質〔包括密西根州激流市（Grand Rapids）選出的共和黨眾議員傑洛．福特（Gerald Ford，譯註：日後的美國副總統暨總統），和來自華府的鷹派年輕參議員亨利．傑克遜（Henry M. “Scoop” Jackson）〕[110]。有一個限教職員參加的特高階研討會，即哈佛—麻省理工聯合武器管制研討會（Harvard-MIT Joint Arms Control Seminar），創辦於一九六〇年，前因是美國人文暨科學院（America Academy of Arts and Sciences）提供經費，對此主題完成了三項具影響力的研究。由哈佛國際中心及麻省理工國際中心共同主辦的武器管制研討會，每隔二至三週固定集會，討論一或數位參與者事先傳閱的論文[111]。討論時間是晚上，通常在昆西街（Quincy Street）哈佛教職員俱樂部樓上昏暗的房間舉行。周遭老舊的環境，更別說有些參加者喜歡穿格子外套和抽煙斗，與討論的創新性質不符。季辛吉和謝林固定參加，另有科技專家如生化學家朵提、伊鈦的勒格宏（Richard Leghorn）、麻省理工林肯實驗室（Lincoln Lab）的歐佛赫吉（Carl Overhage）[112]。年輕的哈佩林是紀錄（也是季辛吉國防政策研討課的助教）。討論的層次很高，參與者全是這新興領域的專家。一九六〇年十二月就有一次典型的研討，由在莫斯科舉行的第六屆普格瓦希（Pugwash）會議*的出席者報告心得[113]。

但季辛吉也教大學生。他的「國際政治原理」（Principles of International Politics〔政府系一八〇〕）很受歡迎，儘管應讀書單長達嚇人的四頁，通常仍吸引超過百人來修。課程內容（據教學計畫）涵蓋「國際政治主要概念及議題，並著重於強權基本問題，包含『強權政治』的本質、策略及控制」，首次開課時有十本「必讀」書籍：修昔底德《伯羅奔尼薩戰爭》（*Peloponnesian War*）、馬基維利《君王論》、柏克《法國革命省思》（*Reflections on the Revolution in France*）、邱吉爾《集結風暴》（*Gathering Storm*）、摩根索《國際政治》、季辛吉自己的《核武與外交政策》。〔後來修昔底德和馬基維利被晚近的史學家取代，且多半是英國人，如布洛克、豪爾德（Michael Howard），一九六三年又換成在美國的國際關係理論家如赫茲（John Herz）、華爾茲（Kenneth Waltz）〕。「建議」書單則涵蓋過往及當代國際關係，並明顯偏向十九、二十世紀歐洲史。一九六三年版的學生「課程秘笈」（Confidential Guide to Courses），掌握到季辛吉的授課風格：「〔他〕在講台上頗為可觀，趾高氣揚地踱來踱去，一下稱讚馬基維利，一下嚴詞批評甘迺迪，又讚揚季辛吉，因為他替我們外交政策管理不當的災禍提供解決之道。」[114]《哈佛校刊》曾以一段詼諧的對話，總結季辛吉與同事霍夫曼的特徵：

問：談到個人，我想請教你關於季辛吉的特色？

答：研究複雜的部分。

問：關於什麼的複雜部分？

答：關於局勢。

問：原來如此。那霍夫曼教授呢？

答：做出困難的區別。[115]

季辛吉也像他大學時代的恩師艾里特一樣，時常「出遠門」，無法讓每個修課學生隨時找得到他。他看過艾里特如何管理行程並青出於藍。但這並非說他不受學生歡迎。反之，修政府系一八〇這門課的人，一般都樂於聽季辛吉對答如流地回答時事問題，也喜歡其答覆中的尖酸機智。哈佛至今仍常是如此，凡知名度好到能上《面對國家》的教授，學生上他的課仍會有一絲興奮。對官學兩棲教授會表達懷疑的僅屬少數積極型學生。邁爾（Charles Maier）大四時在《哈佛校刊》發表〈教授兼政府顧問的角色〉（The Professors' Role as Government Adviser）一文，並顯著地以季辛吉的照片為配圖。他警告說：「教授兼顧問新階級的成長有利有弊。」弊主要在於這個「新教授階級」可能變得極度「傲慢自大，極度沈迷於新獲得的肯定」，以致「洋洋自得，不求學術上的長進」。這當中的強烈意涵是，教授兼顧問有「由傳統批判者角色變為政權代言人的風險」[116]。那是一九六〇年六月。三年後《哈佛校刊》刊出的文章中，把季辛吉和謝林描繪為不負責任的「平民好戰者」，不懂得「怎樣用說理防止衝突」。他們在國際事務中心辦公室的工作，只是「累積資料，輸入電腦，然後判定某某日期最適合在蘇聯投下原子彈」[117]。在六〇年代結束前，對哈佛教授與「國安單位」關係的疑慮，將轉為激烈的抗議行動。

* 此項會議是回應一九五五年羅素及愛因斯坦的聲明而召開，他們呼籲由科學家集會共同評估及因應「大規模殺傷力武器」所形成的危險。

四

「教授兼顧問」雖令某些學生覺得太靠近政府，但有一方面他根本是距政府太遠。冷戰並非博奕理論家公開進行的偉大對決。檯面上有許多是假象，如在宣傳中編造想像的飛彈差距，實情多隱而不現，如情報機關間的機密戰。即便消息再靈通的圈外人，對冷戰的謊言和秘密也只知皮毛。季辛吉唯有進入政府核心圈，唯有與聞「極機密」文件時，他才明白自己一九五〇年代對外交政策的評論，在許多方面都很無知；他大大低估了艾森豪政府的精明狡猾。

這尤其適用於全球的冷戰：即二大超強為掌控第三世界而起的衝突，稱之為第三次世界大戰也不為過[118]。如果說相互保證毀滅的威脅，終將足以為美、蘇和分裂的歐洲帶來「長久和平」，在亞、非、拉及中東等的許多地方卻辦不到。美蘇在那些地方的戰爭經常是透過代理人，且所付出的人命代價高得驚人。我們現在知道的冷戰內情，比當年非政府圈內人要多得多。在戰後「去殖民」的大亂局中，歐洲各帝國崩解或自行解散，使蘇聯享有優勢，這的確不是秘密。艾森豪曾怨道：「幾乎世上每個新誕生的國家，都寧可擁抱共產主義或其他形式的獨裁，遠超過願意承認另一個政府的政治宰制。」那些「新國家」讓他想起，有一列骨牌正等著一一被推倒*。有時這過程看似發生得比一九三〇年代「獨裁者所向披靡」還要快[119]。「侵略韓國；菲律賓虎克軍（Huk，譯註：反政府游擊隊）活動；決心占據整個越南；企圖顛覆寮國、柬埔寨、緬甸；幾近成功地接管伊朗；利用是非地〔義大利〕的港（Trieste）生事；企圖滲透瓜地馬拉」，都是「蘇聯對其政府能產生影響力的各國，為加速共黨征服而施壓」的例子[120]。艾森豪和杜勒斯剛上任時或曾大談「解放」，彷彿有辦法擊退蘇聯帝國；但他們很快就明白（如肯楠無法再看到機密檔案後明顯幸災樂禍地說），他們的「重擔」是圍堵[121]。雖然在艾森豪緊盯下，古巴及也可算是的北越，是落入共產主義的唯二國家，但並不表示莫斯科不曾嘗試。一九六一年一月赫魯雪夫公開宣誓，蘇聯支持「民族解放戰爭」。其用意是趁著去殖民化潮流，為莫斯科製造是所有革命者盟友的形象，為美國貼上新帝國主義者標籤。人們太容易忘卻這策略曾多麼成功。美國並未打多場韓戰式戰爭，只是透過大規模「灰」「黑」宣傳戰及暗中行動，即得以減緩蘇聯影響力擴大[122]。二戰期間發展出來的心戰構想，如今部署於每個被視為不穩的國家。

全球冷戰的地理範圍極廣。南越充斥美國新聞總署†編製的反共文宣；北越被中情局訓練的破壞者和煽動者滲透[123]。印尼、寮國、泰國被宣傳淹沒。美國也花很大心力將巴基斯坦（連同土耳其、伊朗、伊拉克）鎖入親西方國家的「北層」（northern tier），並打擊印度的中立主義[124]。被安插到埃及擔任納瑟公關顧問的艾契柏格（James Eichelberger），其實是中情局間諜[125]。那時的多媒體宣傳不只涉及經援軍援，還有商展、交流計畫、文化參訪、圖書館、流動電影院和廣播節目[126]。心戰在這方面與當代商業廣告趨勢是一致的：其假設是「隱身的說服者」對外交政策會像對商業銷售一樣有效。不過，心戰宣傳的結果無疑有好有壞。美國拼命想在國外發揮影響力，又不要複製歐洲的殖民主義，很快便有人出書予以嘲諷，如葛林的《沈默的美國人》（*The Quiet American*, 1955）、利德瑞（William Lederer）與柏迪克（Eugene Burdick）的《醜陋的美國人》（*The Ugly American,* 1957）。海外新聞活動總統委員會（President's Committee on Information Activities

---

* 艾森豪首次提及骨牌理論，是在法國於奠邊府戰敗後的記者會上。「有一排骨牌已排好在那裡。推倒第一張……最後一張必定也很快就倒下。」這麼說很奇怪，因為他對防止法國這張骨牌倒下幾乎毫無作為。

† 美國新聞總署（United States Information Agency），在海外營運時也稱美國新聞處（USIS, United States Information Service）。

Abroad）在報告中叫屈：「我們縱有大量經援軍援……反殖民紀錄、公認的良善意圖、自由與多元的社會，卻似乎愈來愈讓人聯想到過去及現狀的負面面向，特別是年輕人。」[127]要使獨立國家依從美國的願望當然不容易。開羅電台（Radio Cairo）收美國的錢，卻繼續譴責美國在歐洲的主要盟邦。更糟的是第三世界領袖人物，如馬來亞柔佛郵政工會（JohorePostal Workers' Union）書記薩瓦拉者（Thava Raja），參與交流計畫訪問美國時，經常發現他們是種族歧視的受害者[128]。

當說服無效時，取而代之的當然是顛覆。杜勒斯那一輩的人自二戰習得經驗，卻氣餒地眼看著蘇聯無情地改變東歐的政權，對他們而言，美國沒有明顯理由不能走同樣的路。於是中情局在杜勒斯指揮下，「策畫推翻二外國政府……企圖推翻另二政府但未成功……即使未參與卻至少考慮過刺殺數位外國領袖的陰謀」[129]。〔伊朗總理〕摩薩台（Mohammed Mossadeq）被推翻其實是英國主動，因為他把英國控制的英伊石油公司（Anglo-Iranian Oil Company）收歸國有，但美國中情局很快便涉入其中，大大增加政變可動用的資源[130]。在瓜地馬拉則是因美商聯合水果公司（United Fruit Company）而起，阿本斯（Jacobo Árbenz）一九五一年當選總統後將它收歸國有。中情局煞費苦心編造和散播他是克里姆林宮傀儡的故事，並策動軍事政變將阿本斯推翻[131]。一九五四年三月十五日艾森豪批准國安會五四一二號文件，確認這種行動是合法的，並將謀劃秘密行動的責任交付杜勒斯，但也確保白宮、國務院和國防部有權經由所謂「特別小組」加以批准[132]。一九五九年一月卡斯楚（Fidel Castro）奪得古巴政權，中情局想當然耳會開始安排行動也把他趕走。主持行動計畫的副局長比塞爾（Richard Bissell）興致勃勃，很願意把刺殺列入考量，不只是對卡斯楚，還有多明尼加共和國特魯希略（Rafael Trujillo）及剛果總理盧蒙巴（Patrice Lumumba）。一九六一年殺死特魯希略和盧蒙巴的刺客本身雖非中情局特工，使用的卻是中情局提供的武器[133]。當時很少顧及當這種種秘密行動被曝露在大眾目光下，可能產生什麼「反作用」，而那是享有新聞自由的社會必會發生的。光是指KGB以同樣骯髒手段打冷戰不足以合理化美方行動，尤其是美國針對的政權，有很多不只傾向共產主義，也同樣傾向民族主義。

五

季辛吉在一九五〇年代晚期對第三世界戰爭所知不多。他對艾森豪政府用犯規和公平手段，對抗共產主義散播的實際作為，當然低估了本身無知的程度。但他不曾無視於冷戰這日益重要的層面。一九五八年七月，在與美國廣播公司（ABC）麥克．華萊士（Mike Wallace）精彩的半小時訪問中，季辛吉順著訪問者的提問，自前一年大規模報復及有限戰爭孰孰優劣的辯論，被帶著離題。兩人的交談透露出不少，事業成功如何改變了季辛吉。他比首次上電視要從容得多，偶爾當華萊士的提問需要多思考時，他會讓自己露出詭譎的笑容，但講到較嚇人的字句時通常會面無表情，那正是華特馬修在《奇幻核子戰》裡完美詮釋的葛侯凱耶教授風格[134]。

華：為多了解你對有限戰爭的提議，或許由你來說明，你對美國當前軍事政策的了解會比較好。我們的軍事政策是什麼？

季：我們當前的軍事政策是基於大規模報復信念，我們揚言，若蘇聯在任何地方發動侵略，我們就會打全面戰爭。這表示我們的政策基礎，是建立在涉及毀滅整個人類的威脅上。這風險太大，我也認為代價太高。

華：你顯然認為那是不對的，是會危及我們的安全的。可不可以請你多加說明。只因為你所說的風險和代價，是否這種政策就沒有價值？

季：不。它的意義是，每當發生危機時美國總統必須抉擇，是否值得為某個目標造成美國城市被毀滅。美國總統必須決定，貝魯特或不論什麼問題，值不值得三千萬美國人命。其實我擔心的是美國總統勢必決定那不值得，於是鼓勵蘇聯侵略以蠶食方式接收全世界。

華：因為你認為，蘇聯明白我們無意願或無能力，當然是無意願，發動全面戰爭嗎？

季：蘇聯會知道，我們愈來愈不願涉入這種戰爭，所以他們的任務是對我們提出，看來絕不值得採取最後一步的挑戰，可是逐步累積會導致自由世界的消滅。……我不是建議由我方發動戰爭。唯有蘇聯攻擊才會出現作戰的問題。等到一旦蘇聯出兵，而我們害怕全面戰爭其實比他們怕得多，那他們就會逐步要脅自由世界投降。我所說的全都是假設我們也像蘇聯一樣願意冒險。否則我們就輸了，我想我們應該面對那個事實。……

華：那麼你認為應該重新評估美國戰略，以恢復把戰爭當做可用的政策工具嗎？

季：美國的戰略必須面對一項事實，就是美國可能遭遇戰爭，假設蘇聯的侵略使我們面臨戰爭，我們卻不願抵禦，那就意味著我們的自由會終結。從根本上說它是一種價值選擇。從這些方面看，是的，我認為必須把戰爭當做可用的政策工具。[135]

然而當華萊士追問季辛吉，要求他舉例說明他偏好的有限戰爭選項，實際上可能如何運作，這使訪談轉向新方向。季辛吉毫不遲疑地提出一個與時事相關的假想狀況，「譬如假設蘇聯攻擊伊朗」。就在泛阿拉伯主義（譯註：主張阿拉伯世界應統一的政治運動）軍官發動政變，推翻巴格達的哈希姆（Hashemite）王朝前二十四小時，季辛吉談到伊拉克正是美國缺少傳統軍力防衛的那種地方。「如果我們有更多師，也有空中運輸，那……我們可以空運幾個師進入那個地區，連同當地部隊進行防衛。」[136]當華萊士指責他僅提供「戰爭政策」，沒有「正面的和平政策」時，季辛吉老實不客氣地指出這種二分法不對。

季：國防政策對維持和平很重要。但那無法解決世上的政治問題。國防政策只是給我們一層防護，好讓我們躲在後面從事建設性措施。我們當前的要務是，與正橫掃全世界的大規模革命站在一起，並為我們建立不只為捍衛世界對抗共產主義，還基於其他動機想要建設自由世界的某種形象。我們必須清楚表示贊成什麼，而非反對什麼。如果我們對想要建設什麼樣的世界說得更清楚，如果我們能夠把這件關心的事傳達給其他人，就不會老是顯得那麼毫不妥協的好戰，就會令人聯想到正面措施而非只是軍事聯盟。[137]

華萊士再次要求他詳細說明，並舉出新聞報導中的另一國：法國殖民地阿爾及利亞。此時它發生動亂已進入第四年，還要再流四年的血才終於完成獨立。季辛吉的答覆同樣具有啟發性：

季：總體來說，我們應該反對殖民政權。另一方面我們應該想出辦法……獨立的阿爾及利亞無法以純獨立的國家生存。當代的一大矛盾在於，一方面有股力量把主權國家推向愈來愈多，另一方面已不再有所謂純獨立國家。所以我向來很感興趣的是，我們可以贊同成立北非聯邦，在經濟上和其他開發計畫上聯成一體，阿爾及利亞在其中可找到自己的定位，而非只是純獨立國家。[138]

納瑟新成立的阿拉伯聯合共和國（United Arab Republic）會被邀請加入嗎，它那一年已結合了埃及和敘利亞？季辛吉認為不會，他說美國對納瑟的政策一直「不夠友善到使他成為朋友，也不致敵對到去推翻他。……可是我會說，伊本·沙特（Ibn Saud）不代表我們在中東應認同的勢力」[139]，那暗指沙烏地〔首位〕國王，他偏好伊斯蘭教法多過世俗的泛阿拉伯主義，以致促使他曾下令取納瑟的命但未成功。

這當中有許多地方，洛克菲勒對季辛吉的影響顯而易見，包含對殖民政權不妥協的敵意，及熱衷於聯邦式解決之道。但季辛吉無疑也表達了他本身特有的理想主義觀點。當華萊士問到，他是否認為美國可存在於「全屬社會主義革命的世界裡」，季辛吉真誠地答道：

季辛吉：哦，你也知道，你可以主張認同社會主義和認同革命不太好。你也可以理直氣壯地說，資本主義社會，或是我更有興趣的說法：自由社會，是比十九世紀社會主義更具革命意義的現象，這正說明美國的一個問題。我認為我們應該在世上採取精神攻勢。我們應該認同當前的革命。我們應該指出，自由若獲得解放，可以造就很多這些事情。……即便我們進行的是建設性步驟……卻總是以共產主義威脅為合理化的理由，很少說是由於美國固有的活力，所以想要那麼做。比方我認為，我們對拉丁美洲的暴動反應非常不當〔指同年五月副總統尼克森訪問秘魯和委內瑞拉引發的抗議〕。別說：「這些是共產黨鼓動的，我們必須防止拉丁美洲共產化」，應說：「此事提醒我們該擔負的義務。我們因為信守某些價值，不是因為要打倒共產主義，才想要做這些事。」[140]

這實在不像現實主義的說法。事實上，季辛吉還特地嚴詞譴責國務卿杜勒斯，「沈迷於外交政策的折衝及談判面向，疏於傳達我們堅守的更深層理念，並經常在國外造成很大的不信任」[141]。

專訪中僅有一刻季辛吉支吾其辭，那是到快結束時，討論轉向國內政治。華萊士引述季辛吉向美國廣播公司另一位記者說的話：「我們的政府由老人組成，他們安於現狀。」季辛吉露出微笑但堅守立場。

季辛吉：我是說過這句話。我想我指的那一群群人都是用心良苦、非常真誠、非常愛國。他們的難題在於認為，自身成長的世界是正常的世界。他們傾向於當危機發生時，設法加以平息，然後束手等待……期待正常的力量會自行復原。所以他們執行政策有點像，哦，也許，像小鎮銀行家，認為景氣好的時候總能賺到利息。

可是當華萊士要他說出，他認同哪一個新生代政治人物，季辛吉未正面回答，只說他對政黨的政治分歧，看不出任一邊有「偉大的道德動力」。華萊士再問：

華：季辛吉博士，你在公共領域有沒有欽佩的人，希望由他領導美國的人？

季：噢，我必須說，首先我是以無黨派，以獨立人士身份受訪。在這一點上我不代表任一黨。要看情況。我敬重史蒂文生先生的許多發言，敬重艾奇遜先生的許多發言，儘管我在其他事情上與他有很大歧見。嗯……失去政權的政黨很難證明它能做什麼。

華：可是沒有共和黨人讓你馬上想到，是你相信擁有必要見識，可以在此時領導我們的人。

季：我不喜歡與名人往來。我認為尼克森先生近期的公開談話，顯示對當前形勢有所認知。可是如果你問我，我寧願不要談名人。

對社會普遍認為與尼爾森·洛克菲勒關係如此接近的人，這種回答確實很奇怪。亨利·季辛吉的政治教育才剛開始，並且還有很長的路要走。

第三部

第12章　知識份子暨決策者

你去西班牙買畢卡索（Picasso）的畫，然後帶回來掛在州長官邸，你不會請油漆匠來為它潤色。

——季辛吉對洛克菲勒[1]

有段時間我以為我在此事的最佳角色，是不要透過季辛吉。我發現那個媒介者是可疑的管道。

——艾里特對尼克森[2]

一九五八年時季辛吉已不只是「教授兼顧問」；他是知識份子兼名人。競逐總統的候選人會在演講時提及他的大名*。美國青年商會（U.S. Junior Chamber of Commerce）一九五八年選出他為「十大傑出青年」，

* 例如一九五八年八月十四日約翰・甘迺迪在參議院的演說：「我們已建立亨利・季辛吉所稱的馬奇諾防線（Maginot-line）心態。」甘迺迪覺得無須解釋季辛吉是誰。

同榜入選的還有流行歌手白潘（Pat Boone）[3]。季辛吉對突來的名聲固然樂在其中，但也太清楚擺蕩於波士頓—華盛頓（Boswash, Boston-washington corridor）這頭與那頭的困難。他寫過一篇明顯在自省的長文，一九五九年登在《報導者》上，題為〈決策者與知識份子〉（The Policymaker and the Intellectual），文中一一列舉這些困難並建議解決辦法。

理論上願意走出象牙塔的知識份子，自當抗拒得了那種不良的趨勢，即「日益專業化、官僚化的社會」，產出的是受制於委員會的領導人，只在乎「避免風險而非勇於堅持理念」。正因如此，公務機關搶著聘用像他這種人。不過會有兩個問題。一是知識份子「很快發現自身負擔沈重，其生活步調與顧問對象的高階主管幾無差別。他無法提供看法，因為他與決策者同樣備受干擾。結果是原屬知識份子王牌的創造力蕩然無存。二是比起樂意「細究熟悉主題而非冒新闢戰場之險」者，「挑戰政府或民間官僚體系前提的人，極少保得住顧問的位子」。顧問合約會獲得續約的是「提供背書而非新想法」的知識份子[4]。

重回超然的學術天地並非受青睞的另一條路。季辛吉在他周遭所有哈佛人的身上已看出其結果。

> 為追求普世原則曾產出諸多最偉大的學術努力，卻可能導致對國事近乎武斷。其結果也許是面對從選項中做選擇時有畏縮傾向，但做選擇與決策過程不可分割，或是傾向於忽略決策過程的悲劇面，而那正在於它有不可避免的推測成分。……行事作風有如為冷戰而冷戰的高明之士，須面對有時說話彷彿只要重新定義冷戰一詞就能結束冷戰的那些人。[5]

他的結語是，唯一的解決之道在於結合投入及獨立。儘管有種種曲折挑戰，知識份子必不可逃避決策過程。但他必須保有「以獨立地位與決策者相處的自由，並保留以本身標準評估決策者要求的權利」[6]。

按照此文便不難看明白季辛吉擔任洛克菲勒顧問那段經過。洛克菲勒在一九五八至六八年間，時常顯露出問鼎美國總統勝利在望。

二

一九五八年七月洛克菲勒延請季辛吉，「一起討論兩、三篇簡短的重要演講」時，所涉及的權位已很高[7]。洛克菲勒此時正爭取共和黨紐約州長候選人提名，到了八月，他順利出線[8]。但所有相關人士都看得出，這很可能是競選總統的跳板。否則外交政策不屬州長權責，有何理由就更正面的新外交政策風格發表演講[9]？

洛克菲勒的政治追隨者幾乎像他的私生活一樣是分裂的。有些人如老手傑米遜（Frank Jamieson）和辛曼（George Hinman）建議他，在奧巴尼（譯註：此處指紐約州首府）等待時機，鞏固自身地位。有些如忠心的守門人羅南（Bill Ronan）和愛炫耀的文膽休斯（Emmet J. Hughes）則慫恿他挑戰大位。季辛吉迅速取得外交政策講稿寫作過程的主導地位，他抗議洛克菲勒偏好冗長的集體修改過程（「那不該經過二十五手」）[10]，並促請他「提升〔外交政策〕討論到高於純戰術的層次」[11]。其結果有好有壞。至少有一次季辛吉草擬的演講是十足敗筆，對事先參加過「至少兩個雞尾酒會」的聽眾來說，內容太過學術[12]。當史勒辛格問洛克菲勒，他若選上州長是否會提名季辛吉出任州務卿，那恐怕是在挖苦*。（那是他完全沒資格做的職位。）[13]

洛克菲勒最大的挑戰是，要對抗在共和黨組織內擁有堅實支持基礎的現任副總統。尼克森固然不得黨內保守派的關愛，洛克菲勒卻肯定為他們所憎惡。況且一九六〇年總統大選前那段時間，尼克森獲得在美國外交政策上擔任日益突出的角色，甚至與赫魯雪夫直接面對面，即一九五九年七月在莫斯科美國展覽會（American National Exhibition）上，由電視轉播的著名「廚房辯論」（kitchen debate）。同時美蘇超強之間的關係有改善跡象，損及洛克菲勒特別研究專案所突顯的敵我意識。

艾森豪主政後期外交政策辯論主要集中於二議題。一是推動禁止核試，隨著民眾對輻射外溢造成的危險認知提升，此事已凝聚動力。經知名科學家及政治人物背書（特別是曾任一屆紐約州長，競選連任時輸給洛克菲勒的哈里曼），一旦蘇聯在發射史波尼克衛星後立即正式提議，就很難加以反對，到一九五八年三月他們宣布片面禁止核試後更是困難。同樣爭議性不小的是德國：涉及非軍事化、非核化、中立化及統一等各方面。也有知名人物支持中歐「脫離戰事」（disengagement）的主張，尤其是圍堵政策建構者肯楠，一九五七年在英國廣播公司（BBC）的瑞斯講座（Reith Lectures，譯註：自一九四八年開播的名人年度講座，名稱為紀念其首任總經理）所言[14]。繼蘇聯提出相同主張，並在一九五八年一月裁減紅軍三十萬人，以行動支持其言論後，這一點也很難反對[15]。以二戰的恐怖剛過不久，誰能嚴厲指責赫魯雪夫反對德國重新武裝？

季辛吉對此二議題均持不妥協立場。「當『峰會』、『脫離戰事』、『中立化』等蠢言出現，當肯楠先生發表演講，其合理的語氣只掩蓋內容的爆炸性及災難之虞的本質」，即不可軟化。禁止核試非好事。在德國問題上任何讓步只會更糟。他在〈飛彈與西方聯盟〉（Missiles and the Western Alliance, 1958）中，促請《外交事務》的讀者勿接受這些觀念，並重提他之前的有限核戰論及為北約擘劃「可用馬達移動、主要部分不斷變換位置的飛彈系統」，其目標「非以摧毀蘇聯本土為主，而是對蘇聯武力在歐洲可能的斬獲，構成不成比例的風險」[16]。一九五七年波蘭外長拉帕基（Adam Rapacki）倡議的中歐非核化拉帕基計畫（Rapacki Plan），將有效移除美國在歐洲的核武，並使蘇聯核武僅距西歐目標六百哩。季辛吉認為，促成查驗制度而非裁減數量會好得多[17]。《前鋒論壇報》的標題簡化此位作者間或厚重的文章：「季辛吉呼籲歐洲接受飛彈基地」[18]。私底下季辛吉痛批肯楠「歇斯底里」且「自以為是」的提議[19]。如他對史勒辛格所說，其挑戰在於擬訂不同於艾森豪、又具有可信度的對策[20]。問題在於禁止核試及德國均屬本質上極複雜的議題，也絕不會有助於政治競選勝出。

禁止核試的想法對民眾有吸引力。此刻由麥康主持的原能會反對禁試。科學家則立場分歧：拉比贊成，愛德華・泰勒和路易士・史特勞斯（Lewis Strauss）反對[21]。一九五八年八月二十二日艾森豪順應「全球輿論」，宣布自十月三十一日起美國停止核試一年，以做為與蘇聯談判的先行動作[22]。荒謬的是當時兩超強因預期禁試，已大肆進行貨真價實的核試：一九五八年前十個月全球共有八十一次核爆[23]。而科學證據顯示，地下核試與自然地震活動難以分辨，使情況變得更加複雜[24]。季辛吉力求取得平衡。一九五八年十月在某篇文章把他寫為反對武器管制後，他對《哈佛校刊》說：「我素來認為不帶感情、慎重研究裁武問題很重要。」美國應「隨時準備就此主題談判。」[25]癥結出在缺少某種擁有廣泛查驗及執行權的超國家權威，則要自另一方取得具約束力的承諾便極為困難。季辛吉警告：「若我們只能選擇戰爭或世界政府，那可能在世

* 紐約州務卿是負責管理州內各種專門職業和公司行號。

界政府成立前就先兵戎相見。」[26]同月刊登在《外交事務》討論禁試的文章中，他主張唯有納入「包含傳統武器的整體裁武協定」，禁止核試才有意義。單談禁試只會侵蝕美國的科技能力，蘇聯也會設法矇騙。總之「一九五六年與匈牙利革命領袖正在談停火時卻逮捕他們、儘管保證不會妄動卻處決他們的人」，真有可能尊重協議嗎？因此季辛吉提出他自己的提議。美國應邀請蘇聯加入一個聯合國委員會。它將設定核試容許釋出的輻射塵上限，且比近期的水準低很多。然後該委員會「以五五平分為基礎，定一個配額給美國與盟邦，再定一個給蘇聯集團」。雙方同意兩年內向聯合國登記所有會釋出輻射塵的試驗，也同意不超出本身的配額。這兩年內配額會逐步減少，最終減為零。此後唯一准許的核試，限「乾淨」武器的地表試爆、地下試爆和外太空試爆。季辛吉最後說：「雙方技術專家將同意一個適當的查驗機制，那應該相對簡單。」[27]

泰勒覺得禁試主張極不可取，這漂亮的規劃卻獲他大力認可，原因或許在於他相信，有保密強迫症的蘇聯會拒絕最後查驗的部分[28]。但季辛吉的提議以其複雜性，比先前的「開放天空」所能提供的政治利益少得多。結果艾森豪政府改變立場，提議有限的協議，禁止所有大氣層及高於特定門檻的地下測試。當蘇聯避談監控該協議所必要的查驗站數目時美國讓步。艾森豪那時的看法是，任何協議都「比完全沒有協議好」[29]。

這正是季辛吉最鄙視的為協議而協議。他在內布拉斯加州奧瑪哈（Omaha）演講前接受訪問時，猛烈抨擊政府：「大多數美國人都像事不關己的旁觀者。……我們快要輸掉冷戰，全世界的人都正轉向共產主義。」他說，韓國是敗象的開端。以他一九五一年在韓國的觀察，眼見美國領導的聯軍無法贏得決定性勝利，深感「痛心疾首」。「那是從韓國開始的。我們根本失去勇氣。從此我們一直畏怯又缺乏想像力。」[30]一九五九年二月他在寫給洛克菲勒的信中表達，他相信「我們正走向無異於英國在敦克爾克後的那種絕望狀況」[31]。洛克菲勒在回信中，感謝季辛吉增進他「對如許多力量的廣度和相互關係的認知，那些力量不僅影響我們未來的人生，也促成一股深入關切我國人民的潮流」[32]。

三

季辛吉在國外也像在美國名氣愈來愈大。一九五九年六月，他以出席慶祝北約十週年的「大西洋會議」（Atlantic Congress）代表身份出訪英國，在那裡得以會見英國外交部次官歐姆斯比—戈爾（David Ormsby-Gore），及反對黨工黨的三位領袖：黨魁蓋茲克爾（Hugh Gaitskell）、副黨魁畢文（Aneurin Bevan）及畢文盟友克羅斯曼（Richard Crossman）[33]。不過，季辛吉造成影響最大的是在其出生地德國。一九五八年年底，他應聯邦共和國政府之邀飛往德國，到慕尼黑、波昂、漢堡、及出生地富爾特等巡迴演講[34]。他在慕尼黑是對一九四八年成立[35]、相當於西德外交關係協會的「國務學會」（Gesellschaft für Auslandskunde，Society for Statecraft）發表演說，他也是在此首次見到《時代週報》（*Die Zeit*）當時的副總編輯瑪莉昂・登霍夫（Marion Countess Dönhoff）女伯爵*。他倆相談甚歡，「雖然（我想）有我對肯楠的看法」——季辛吉或可加上一句，儘管二人社會出身天差地別[36]。

他的時機很好。柏林危機正在醞釀。艾森豪得到警告，冷戰正進入「戰爭風險會升至極高點，也許是空前之高的時期」[37]。那年十一月赫魯雪夫要求西方軍隊離開柏林，並將進入柏林的管制交給東德當局。艾森豪和他駐波昂的大使布魯斯（David Bruce），均不樂見西柏林成為西方「遭敵對領土包圍」的孤島。如果有

* 兩人建立起持久的友誼，不過直到她七十五歲生日，彼此相識已三十年，她才建議彼此開始用熟朋友的你（Du）而非您（Sie）。

使柏林中立化成為自由市，但不致顯得是向蘇聯投降的方法，他們很可能就那麼做了，正如若非蘇聯如此公然意圖破壞西半部正成長中的民主，他們很可能同意德國統一。基於柏林顯然無法以傳統武力防衛，所以別無選擇，只能再次以全面戰為要脅。（如這位愛玩撲克的總統所說：「不要先下白色籌碼，再加到藍色籌碼，我們應該讓他們知道所有籌碼全下去了。」）[38]西柏林防衛特別困難，加以德國問題特別敏感，使它成為冷戰的終極爆發點[39]。西德政府很樂於由德國出生、如今是哈佛教授的季辛吉，來說明為何西方不管哪種軍事「脫離」，均會增加而非降低戰爭風險[40]。他的論點獲得巴伐利亞主戰的國防廳長法蘭茲．史特勞斯（Franz Josef Strauss）公開支持[41]。

但美國立場有一個基本弱點，在季辛吉接受《明鏡》（*Der Spiegel*）周刊奧格斯坦（Rudolf Augstein）和亞勒斯（Konrad Ahlers）的長篇訪問時已看得出來，而該刊當時已穩坐中歐抨擊力最強的政治周刊。季辛吉表示，若蘇聯封鎖西柏林，美國應建立一條經由東德領土至西柏林的通道。若蘇聯攻擊通道，北約會保衛它。若蘇聯將北約軍隊趕出東德領土並占領西柏林呢？如果這樣，季辛吉答：「我會贊成向蘇聯發出最後通牒，必要時進行全面戰。」《明鏡》：「為柏林和德國打全面戰？」季辛吉：「是的，要是沒有其他方法保衛〔西〕柏林自由。」甚且要是其他西歐盟邦不肯打全面戰，那美國與聯邦共和國會獨自作戰[42]。《明鏡》的編輯以那個答覆做為標題。可想而知東德媒體起而攻之，指此為美國魯莽好戰的例證[43]。季辛吉當然只是說出美國政策的含義。但那仍顯出他自己在《核武與外交政策》所提論點的難處。連他也發現，可為西柏林打一場有限核戰的主張說不通。

季辛吉滿懷預感回到美國。他在哈佛某個活動上發言，與資淺同事很有才氣的波蘭移民布里辛斯基，當時是政府系助理教授，辯論柏林。正在建立蘇聯政治專家名聲的布里辛斯基，認為莫斯科是虛張聲勢。

他說：「俄國人不打算打仗。」他們的要求「是隱藏其真正目的，即設法阻止難民逃出東德的煙幕」。季辛吉較為悲觀，他預期「蘇聯會繼續製造麻煩」，並說艾森豪對此問題的處理令他「生氣而不快」[44]。又一次四強會議的籌備工作已展開。過去曾在倫敦和莫斯科（一九四五及四七）、紐約（一九四六）、巴黎（一九四六、四八、四九）、柏林（一九五四）、維也納和日內瓦（一九五五，「開放天空」那一年）開過。每一次結果均無法就德國達成協議。但季辛吉擔心此次會與禁止核試一樣，艾森豪屈服於民意壓力，寧要壞協議，不要無協議[45]。會議期間他完成下一篇《外交事務》文章〈尋求穩定〉（The Search for Stability），詳細剖析蘇聯以中立化為基礎對德國統一的最新提議[46]。

〈尋求穩定〉一文值得注意，不僅在於對柏林辯論有所貢獻，也顯示季辛吉此時仍自視為外交政策現實主義批評者到何種程度。他指出：「對接受德國分治太過『現實主義』，將使蘇聯得以把阻礙統一的責任推給我方。」在此議題上季辛吉無疑以理想主義者自居，願以支持統一對德國問題做一場豪賭：

> 西方……儘管歷經兩次世界大戰，儘管未可厚非會害怕德國惡勢力再起，但必須支持德國統一。西方也許須默認德國分治，但不能視而不見。任何其他方向最後均會產生我們應最為懼怕的：在歐陸中央有一個好戰而不滿的強權。力求德國統一並非討價還價的工具，而是歐洲穩定的條件。[47]

德國統一是原則問題：是最具理想主義的總統威爾遜，四十年前所宣示的自決原則。季辛吉問道：「我們在亞、非洲捍衛的東西卻不許歐洲享有嗎？蘇伊士危機時我們堅持維護原則，不惜與盟國對立。如今也要留下堅守原則，只對抗盟國的印象嗎？」季辛吉願意考慮，是否可能由北約及華沙公約（Warsaw Pact）*軍隊退出某種「中立帶」，以代替統一。他甚至為此提出五種方案†，內容彷彿肯楠論點的變化版。然而仔細檢視下，季辛吉的提議是經小心設計以求必遭俄方拒絕。季辛吉寫道，中立帶「唯有……納入令人滿意、以自由選舉為基礎的德國統一計畫，〔且〕有審慎的研究顯示，大批美英部隊可駐守在低地國和法國，始可考慮」[48]。

如季辛吉所說，蘇聯「可能拒絕任何符合我們價值和利益的提議。若果如此，很重要的是我們願意承認失敗，且不把協議或談判本身當做目的」[49]。像這樣主張美國政策須以「強烈信念」為基礎，不計外交失敗的後果，正是現實主義的對立面。

我們該如何理解季辛吉提供德國問題解答時的理想主義？一是他數次訪問西德（一九六〇年又去過）所受到的感動，比他文字上所承認的更深刻。西德領導人不止艾德諾，還有柏林市長布朗德（Willy Brandt），都給他「正人君子」的印象。艾德諾奉為圭臬的是「在他有生之年讓德國與西方的關係無比密切，以致就算最平庸的繼承者也打破不了」。艾德諾和布朗德都下定決心絕不向蘇聯讓步。在華府某些人眼裡，他們似乎意圖行使「對峰會的否決權」。但季辛吉「怎麼也想不通為何德國人不能對德國城市的命運擁有否決權」[50]。可想而知他不贊同四強達成的對柏林為期五年的「臨時協議」，包括西方強國承諾不在柏林從事「顛覆」活動。在季辛吉看來這是「拙劣之作」，無形中向蘇聯放棄介入西柏林政治的權力[51]。

但他對德國採取如此絕對的立場另有原因。很簡單，季辛吉的總統候選人若想要有機會自尼克森手中奪得共和黨提名，便須在國家安全上打敗他。

四

洛克菲勒認為尼克森可以打敗。也相信季辛吉會助他達成。如艾森豪所說，「洛基」是「討厭鬼」，他繼承的財富使他習於「雇用頭腦卻不用自己的」[52]。季辛吉當然比洛克菲勒更懂核武。他或許是美國最懂德國的人。問題是他懂德國比了解美國多。即使在一九八〇年代晚期，美國人平均也只到過聯邦五十州的一半。這五十州裡，有三十九州只有不到一半的美國人去過[53]。一九五九年時季辛吉去過的可能不到十州。

成年後大多不是在紐約就是在麻州的人，必會高估洛克菲勒相對於其共和黨主要對手的支持度。一九五八年洛克菲勒漂亮贏得紐約州長選舉，而那是不景氣的一年，共和黨候選人大多選得不好，他（如副總統後來所說）「以黨之失敗」令尼克森顏面無光[54]。與他比較，尼克森已確定是紐約自由派的眼中釘。對《紐約郵報》老闆桃樂絲・史奇夫（Dorothy Schiff）而言，「尼克森主義〔已〕取代麥卡錫主義，成為當前對我國聲譽最大的威脅」[55]。情勢似乎對洛基有利。但此後兩年讓季辛吉學到，在紐約支持度高與保證贏得

---

* 華沙公約是一九五五年的集體防禦條約，將蘇聯與阿爾巴尼亞、保加利亞、捷克、東德、匈牙利、波蘭、羅馬尼亞綁在一起，是為直接回應西方決定讓西德加入北約。後者原意是讓聯邦共和國加入歐洲國防共同體，但創設此共同體的一九五二年條約未能獲法國國民議會（National Assembly）批准。

† 〔一〕美、英、法軍隊可退至威悉河，蘇軍可退至維斯杜拉河（Vistula）。威悉河與奧得河間的德軍限制只能有防衛性武器，奧得河與維斯杜拉河間的波蘭軍亦然。〔二〕……萊茵河與聯邦共和國東部邊界間的北約部隊，華約在東德衛星國的軍隊，可設上限，以使雙方軍事設施在數量上大體相等。〔三〕不然北約與蘇軍可自易北河（Elbe）後退比如百哩。萊茵河與奧得河間可建立管控體制。〔四〕……德國中立〔可搭配〕波蘭、捷克和匈牙利中立。〔五〕我們應致力於以奧得河為界，華約與北約軍隊各退同等距離，留下緩衝區，由平衡的德國和波捷防衛部隊在某種查驗制下防護。

全國性競賽還差得遠。也許有感於把所有籌碼放在洛克菲勒身上有風險，至少在他正式宣布有意與尼克森角逐前是如此，季辛吉婉拒擔任其全職顧問的邀約。一九五九年五月他對洛克菲勒表示，那是「我一生中最困難的決定之一」，但他必須優先「穩住在哈佛的地位。……我感覺最遠大的任務仍有待未來，……在適當時機我會準備好放下這裡的一切」，想必那是洛克菲勒贏得共和黨提名時[56]。

但洛克菲勒不是會接受拒絕的人。起初他不得不安於這位教授兼顧問草擬的演講稿[57]。如一九五九年七月，季辛吉提供他若干「相當尖銳」的關於蘇聯威脅的段落，「以反制當前的安樂感」[58]。一個月後洛克菲勒再度嘗試邀請季辛吉，「負責請人撰寫並協調外交政策及國防領域的報告」。他需要的是「當前實情，以便有用且有效地影響國家政策，無論那是透過私下交談形式……或另外的可能性，即他假如成為全國性候選人，便以這些做為競選主軸」[59]。這次季辛吉同意「幫忙」[60]。特別研究專案更名為「國家研究計畫」（National Studies Program），實質上將重生為洛克菲勒競選團隊的政策組。因季辛吉堅持保留在哈佛的職位，該計畫由他與律師柏金斯（Roswell "Rod" Perkins）共同主持，史黛希·梅伊（Stacy May）負責經濟政策[61]。

一九五九年夏，要在國安上贏過尼克森的策略看似很有希望。尼克森七月的蘇聯行，即與赫魯雪夫著名的「廚房辯論」那一次，引起共和黨某些派系憂心，當政府應採強硬路線時卻與蘇聯「相談甚歡」。這些疑慮更因赫魯雪夫九月訪美而加深。季辛吉對此次訪問格外不放心。他在同年九月告訴洛克菲勒：「（那）不會改變任何事。」

我無法想像成功會是什麼形式。……如此互訪很可能削弱長久努力建立的盟國關係。……總統大受讚譽我覺得沒什麼。慕尼黑之後也是如此。……何況我相信，明年此時我們會處於重大的柏林危機中。……在某個時間點……赫魯雪夫先生會宣布，由於談判失敗他別無選擇，只能與東德簽和約。……此刻極力想要自眼前趨勢得利的人，將來不會比一九四〇年的英法領導人形象更好。[62]

他為洛克菲勒見過赫魯雪夫後，建議他發表的聲明擬稿，其內容無可否認並不那麼激烈[63]。季辛吉建議他優雅地謙虛以待，勿以對抗姿態面對蘇聯領導人。蘇共第一書記位階或許高過紐約州長。但「以赫魯雪夫這種機會主義者及蘇共黨員，能見到洛克菲勒家族的人，其意義類似於令拿破崙熱切想獲得既有君王們所接受的心態。再者……你有一天可能成為總統。」[64]季辛吉寧願自己以文字去衝撞。他在《紐約時報》撰文，談圍繞著赫魯雪夫訪美的「危險與希望」，旨在澆其冷水。冷戰並非「我方及蘇聯領導人間有誤解的結果」。而是蘇聯的政策造成：鎮壓東歐自由、拒絕在武器管制上妥協、「對所有周邊地區施壓」、及「無緣無故對柏林威脅」。赫魯雪夫在這些議題上毫不妥協，卻獲得「與總統見面而盟邦被排除在外」的獎勵。這是「西方聯盟危險地接近分崩離析此一趨勢的頂點」[65]。

赫魯雪夫夫婦以數日時間走訪美國各地，停留於紐約（在此向聯合國大會提出大膽的全面裁武計畫）、加州、愛阿華州、賓州。此行一如廚房辯論，也不乏有趣的時刻。赫魯雪夫欲前往迪士尼樂園，顯然因安全理由遭拒，他為此大發雷霆。但自蘇聯觀點來看，此行整體而言明顯很成功，其高潮是與艾森豪的兩天會議，地點在馬里蘭州凱特克丁山區（Catoctin Mountains）的總統渡假地大衛營。為回報對方同意不為柏林談判設訂時限，艾森豪同意參加次年再度舉行的四強峰會，會後訪問俄國[66]。季辛吉在劍橋的某個論壇上輕蔑視之。他被引述在談到柏林時說：「赫魯雪夫若比較他今天和一年前的地位，必會得出與西方打交道的上策就是恐嚇（我們）的結論。我們在跟自己玩比手畫腳的遊戲」[67]。

問題出在別人高談「大衛營精神」之際，他此刻說的話聽來很煞風景。他急著告知《哈佛校刊》主編：「我不反對這種峰會」[68]。「我不反對妥協。」洛克菲勒必須自己發聲明，否認反對邀請赫魯雪夫[69]。十一月他遭遇類似麻煩，因他看似主張美國應片面恢復地下核試[70]。洛克菲勒強烈要求提高國防支出，與艾森豪立場相左，也對他無助益，艾森豪並非未注意到，他在紐約州徵稅及支出有「大政府」傾向（譯註：共和黨一般主張減稅、少管制的小政府）。這種策略效果欠佳，洛克菲勒也知道。一九五九年十二月他決定，即使不退出，至少也不會參與第一波初選。季辛吉心煩意亂，承認「當我得知你退出時幾乎感到絕望—

不是為你，而是為國家及全世界的自由理想感到絕望。在我們這個時代四年是很長的時間，許多現今存在的機會會消失。很多可避免的痛苦如今必須經歷。我相信，我們正走向黑暗、或許絕望的時代，更不幸的是，現在一切看似平靜，我恐怕那是颶風眼的平靜。[71]

他未完全投向洛基或許是明智之舉。

五

一九六〇年的選舉注定旗鼓相當。要不是憲法第二十二修正案九年前設下任期限制（諷刺的是那是共和黨支持的修憲），艾森豪或許會被說服競選連任，也可能選贏。因此他的背書很可貴，但他對洛克菲勒和尼克森均有重大疑慮，所以一再拒絕表示支持。民主黨內一路領先的是年輕、上鏡頭的麻州參議員約翰・甘迺迪（John F. Kennedy），他傾向於寧可與尼克森對壘。但他自己也在爭取黨內提名。他的德州對手林登・詹森（Lyndon Johnson）在某些方面是更強的候選人：新教徒，且當北方自由派與南方「狄西派」（Dixiecrats，譯註：因贊同種族隔離一九四八年曾脫離民主黨，一年後又併回），裂痕開始危險地拉大，尤其是為民權時，他是南方人。另外角逐提名的是密蘇里州參議員希明頓，他曾任職於杜魯門政府，也獲得這位前總統支持。

在此情況下，季辛吉即使替洛克菲勒寫演講稿，仍堅持政治立場獨立，或可謂小心謹慎。當他聽到邦迪曾對某個哈佛學生說，「季辛吉傾向共和黨思想」，連忙破除這種說法：

> 我沒想到你把我想得這麼糟。我對兩黨的感覺就像某人談論一九四五年職棒世界大賽（World Series），兩黨都沒資格贏，但民主黨可能比對手多一點。候選人（不論表態與否）中我偏愛洛克菲勒，但這無礙於我與另一陣營幾位看好者保持良好關係。有很好的理由支持洛克菲勒是共和主義最佳替代人選的論述。
>
> 這麼說只是半認真的，不過我一直奮力維護我的獨立。[72]

洛克菲勒若不選總統，有一個選項是另投明主。前面曾提到，當華萊士請他舉出「有見識、可在此時領導我們」的共和黨人時，季辛吉意外地提到尼克森而非洛克菲勒。他曾一再邀請尼克森到哈佛國際研討班演講卻未成[73]。其實，這兩人氣味相投之處，多過季辛吉與富裕的紈褲子弟、總統可能人選洛克菲勒。他倆後來結為美國外交政策史上最特殊的夥伴關係之一，因而在此值得問一問，為何那段要等到一九六八年才開始。

理查·米豪斯·尼克森（Richard Milhous Nixon）與季辛吉一樣，與洛克菲勒不同，出生時〔一九一三年〕未含著銀湯匙。父親在洛杉磯東南的威提爾（Whitierr）開雜貨店兼加油站；他的三個兄弟裡有二個在他大學尚未畢業前便死去。尼克森也像季辛吉，生長在宗教保守的家庭。他回憶大四時，「基本教友派信徒」的父母，如何把聖經一字不可懷疑的想法「灌輸給我」，他們「警告〔我〕別碰科學」[74]。他像季辛吉極為聰明，成績優秀；要不是父親需要他在自家店裡幫忙，限定他讀威提爾學院，他也會去唸哈佛。他也像季辛吉一樣勤奮，「自我要求十分嚴格，講究原則……誤以為逼到精疲力竭，把事情往壞處想時，自己表現最好」[75]。年輕時他也像季辛吉，經歷過宗教信仰危機。在威提爾接觸到休姆、米爾和其他哲學家，使他在二十歲時高喊：「我不再是『教友』！我不再是基本教義派。我並未抗拒大學教授的異端之說。」[76]

甚至更令人吃驚的是，尼克森年輕時也自認是理想主義者，還引用康德的話，指他為調和哲學知識與上帝存在提供絕佳之道。他滿懷對威爾遜總統的景仰，儘管他像一九三〇年代初大部分的美國人一樣，認為美國參加一次大戰是「天大的錯誤」，「只是使工業之輪滾向另一場規模更大的戰爭」。尼克森大四寫的思想深入的文章〈我能相信什麼〉（What Can I Believe）中，呼籲將基督的教導用於國際領域：

> 廢除凡爾賽和約可憎的面貌。……就人力可及盡快解除世界各國武裝。重建為各國成立的國際聯盟，並在現有法庭外為經濟爭議增設世界法庭。啟動大規模教育、科學宣傳計畫，以拉近地球上各民族為目的。為最終取消關稅和移民限制而努力。……我相信所有的全球問題可由調查法庭解決，它會考量個別

衝突，提供建議性判決。……我嚮往的世界是國與國間沒有高牆，沒有種族仇恨，沒有武裝；我看到的世界是，每個國家生產它在經濟、藝術、音樂等等領域最擅長的產品；我看到的世界是，不分國籍的男女一起旅行、用餐，甚至一起生活。我看到的世界是，互助合作努力向上，追求最終最高的生命價值。[77]

這僅是尼克森年輕時，不少出人意表的自由立場之一。他也贊成對經濟做「民主管控」以減少不平等、放寬移民限制、甚至當年大部分州禁止的異族通婚。然而尼克森依舊是保守派，特別在外交政策上。如前所述，他一貫強硬反共，以撻伐希斯（Alger Hiss，譯註：美國政府官員，曾參與聯合國的建立，被指為蘇聯間諜和共產黨）聞名於國會。正因尼克森能在一九六〇年代的某些關鍵議題上，尤其是非裔美國人的民權，採取自由立場，同時又能以鷹派外交政策平息保守派，使他成為來勢洶洶的共和黨候選人。在這方面尼克森也與季辛吉有不少共通處。他倆甚至有某些共同性格特質。兩人都對遭輕視極度敏感，特別是來自被他們視為體制內的要人。兩人承受壓力時對屬下的脾氣會壞到暴虐[78]。兩人內心都很寂寞，即便季辛吉已懂得在派對上運用急智贏得人緣。兩人都被認為、本身也覺得總是外人[79]。兩人都不知如何放鬆。

所以當尼克森寫信告訴他，多麼喜歡《紐約時報》那篇談赫魯雪夫訪美的文章（〈超級棒〉），喜歡到在演講中加以引用，季辛吉不只是受寵若驚。尼克森確切地告訴他：「在主要方面我的看法與你所表達的完全一致。」[80]對這類奉承的確要有所保留；以如此甜言蜜語口氣寫信給對手的主要顧問，正是尼克森的典型作風。話說回來，這兩人顯然確有所見略同之處。再者，從哈佛到共和黨這位領先者之間，存在著明顯的溝通管道。就在季辛吉不斷襄助洛克菲勒之際，其恩師艾里特持續追求在華府飛黃騰達的夢，努力不懈地耕耘與尼克森的關係，不但頻頻提出哈佛的各種邀請，更就投其所好的主題提供眾多政策論文給副總統[81]。到一九五八年尼克森已用「我的好友」稱呼艾里特[82]。艾里特尤其會利用，尼克森深信自己受到自由派媒體迫害的心理，經常在《國家》周刊和《紐約時報》攻擊尼克森後，寫信去安慰他。在說服尼克森，行政部門需要徹底整頓，以擴大總統相對於官僚體系及立法機構的權力上，他也扮演關鍵角色。赫特獲任命為國務卿後，艾里特在權力走廊得到新位置：國務院的一間辦公室。正當季辛吉哀嘆峰會外交的不公不義時，艾里特正與尼克森飛往莫斯科去見赫魯雪夫。他在一九六〇年三月寫道：「若我真是迪克．尼克森倚重的顧問之一，我會備感榮幸。我盡我所能為他所用。」[83]

種種條件似已具足。季辛吉在哈佛的老師是尼克森的顧問；他甚至慫恿尼克森向洛克菲勒遞出橄欖枝，並考慮延攬一些哈佛人才到他的競選團隊。但此時卻非亨利與迪克見面之時。部分是因為艾里特不希望如此。但主要是季辛吉斷然拒絕。

對艾里特而言，季辛吉正快速成為魔法師的學徒（譯註：源自哥德的詩作〈The Sorcerer's Apprentice〉，在此意指學生攪亂了老師的仕途）；十年後獲尼克森任命為他所信賴的外交政策顧問的，是徒弟而非師傅。更叫人不是滋味的是國家安全顧問這個職務，後來在尼克森和季辛吉定義下，很類似艾里特多年來促請艾森豪創設的那種「助理總統」，而艾森豪一九五九年初也曾認真考慮採用，當時其弟米爾頓建議設置二個「超級顧問」，一管外交政策，一管內政。（無論尼克森理論上多喜歡此構想，但只要他是副總統就會堅決反對到底，因擔心這些新職位可能動搖他在政府中已屬弱勢的地位。）*[84] 艾里特感覺他在哈佛的弟子已變得妄自尊大。一九六〇年一月他建議尼克森嘗試「與尼爾森達成某種諒解，可得到他最大的協助，卻不必太妥協你本身未來行動的自由」。不過他刻意排除經由季辛吉提出此議：

我不確定為你去連絡尼爾森的最佳中間人會是我，不過你知道我曾協助他辦理他的「特別專案」。……我想過一陣子，我在此事上最好不要透過亨利・季辛吉來進行。我發現那個中間人是可疑的管道，並且〔其〕野心如今因尼爾森非常明智的決定已落空。

艾里特建議尼克森從哈佛教職員名單為其競選團隊選才，他的前學生顯然不在名單上[85]。艾里特協助尼克森的努力，因尼克森的競選幹部成功地排擠他，不幸在一九六〇年春宣告失敗[86]。在季辛吉背後捅他一刀，是艾里特在一九六〇年選舉大戲的最後一場演出。（艾里特極不滿尼克森對待他的方式，到一九六一年尼克森展開巡迴演講時，他拒絕提供意見。）[87]

然而，連艾里特的背叛也無關緊要。因為季辛吉總之已打定主意不替尼克森做事，後來有好幾年也一再重申對尼克森的輕蔑。其原因值得思量。最佳的解釋是，尼克森在季辛吉所處的環境名聲欠佳是先入為主。不少「美國中產階級」看待並認同「尼克」尼克森這個外人，自力更生、勤奮努力、像普通老百姓，他心目中的放鬆就是在船上，與另兩個普通人一起喝啤酒，如里波佐（Bebe Rebozo，譯註：佛州銀行家，尼克森親信好友）和艾普蘭納（Bob Abplanalp，譯註：美國發明家及尼克森親信，曾發明噴霧器閥）：二人均是移民之子，白手起家[88]。劍橋和紐約卻只看到「狡滑的迪基」（Tricky Dicky，譯註：始於一九五〇年加州聯邦參議員選舉的貶抑綽號）。部分癥結當然在於尼克森特別不擅社交。他自己承認是「內向人從事外向行業」，

* 尼克森聰明地辯解，任命兩個超級顧問會加深民眾的觀感，認為「這位總統沒有其他總統認真」。此說足以使該構想無疾而終。

他害羞到病態程度，獨自坐著在黃色筆記簿上塗鴉時內心最平靜。尼克森從未學會怎樣讓別人感到自在[89]。初次與他見面必然觀感不好[90]。一般人根本見不到尼克森，所以不會有這種經驗。他們只有在電視上或講台上看到他時「見過」他，此時他拼命努力準備和背稿，在精心設計、標的明確的政治表演中，會收到很好的效果。唯有波士頓—華盛頓那些人，在競選高位者一定要參加的無數社交場合及募款活動上，免不了說些尼克森在台下的閒話。但東岸自由派堡壘不信任尼克森的主因，是他行事不光明磊落：在希斯案中他否認曾待過關鍵證人錢伯斯（Whittaker Chambers）的農場[91]；一九五二年的募款醜聞，差一點使他無法成為共和黨總統候選人；他明顯喜好從事負面選舉及所有其他暗黑政治操弄；他不可說的特質（借用艾森豪私人秘書安・威特曼（Ann Whitman）的說法）：「裝作好人，卻不是好人」[92]。尼克森年輕時曾玩票業餘戲劇演出。他始終不脫二流演員扮演莎翁劇中壞人的特質[93]——「微笑的可惡壞蛋」——即使不是（《奧賽羅》中）暗黑、記恨、挑撥是非的煽動者伊阿古（Iago），一開場便宣稱：「我不是表面上的我」，也是（《哈姆雷特》裡的壞叔叔」克勞地（Claudius）。* 季辛吉從未見過尼克森，不知他倆有那麼多共通點，只想與某傳記作者筆下的「仇恨者尼克森；褻瀆者尼克森；狂怒者尼克森；不道德棒球員尼克森」[94]，簡言之，即《華盛頓郵報》漫畫家布拉克（Herb Block）一畫再畫的醜惡尼克森，「不要有瓜葛」。

他寧願替其民主黨對手工作，或許是季辛吉拒絕尼克森最有力的證據。他曾暗示邦迪，一九五九年時已有甘迺迪在內的民主黨主要競逐者與他接觸。在洛克菲勒明顯退出後，他們又與他連絡。一九六〇年二月詹森刻意讀出季辛吉給《紐約時報》的一篇投書，使之列入參議院紀錄，文中或多或少認定艾森豪已走下坡（「戰前及二戰期間取得的專長，與當今戰略問題幾乎毫不相干」，甚至「在飛彈及核武時代……很危險」）[95]。季辛吉仔細地告知魯豪森和柏金斯。他對魯豪森和柏金斯說，當民主黨最初連繫他時，那是在他

重新替洛克菲勒工作前，他曾回覆他將

> 回答特定問題，但不撰稿或自願提供意見。到六月前我一直如此。後來直到尼爾森退出我都未與他們連絡。之後甘迺迪和希明頓再次接觸我，但我避談此問題。
>
> 我的看法如下：在我國主要公共人物當中，我唯一真正相信的是尼爾森。我願為他放棄我高度重視的個人獨立立場。至於其他人，我想我不給任何人承諾，勿涉入黨派政治，便是一大貢獻。要是尼爾森不參選，我打算置身事外；其實我打算暑假離開一段時間，至少有部分時候找不到我。
>
> 只要我替尼爾森做事，你們可以放心，我一定會告訴你們，在事前我可能與其他重要人物的談話。若看到報紙報導不符我已經告訴你們的，請不要相信。我對忠誠問題相當介意，勿須擔心。[96]

然而，季辛吉不想被侷限。他促請洛克菲勒，就算「閃電雷劈」也不要考慮重回一九六〇年角逐者名單。此刻超脫於政治紛擾之上，可使他成為「一九六四年幾乎勢在必得的選擇」[97]。到一九六〇年三月他發出訊號，打算辭去接近結案的特別研究專案[98]。問題是洛克菲勒也不把話說死，冀望民意支持度突增或得到艾森豪背書，可推動他再回去角逐共和黨提名。季辛吉進退兩難。只要洛基不死心，他就無法得體地放棄他。事情過去兩年後，他向史勒辛格簡述他的立場：

---

* 費尼（Mark Feeney）曾令人難忘地主張，尼克森是伊阿古、馬伏里奧（Malvolio，譯註：莎翁喜劇《第十二夜》裡角色）、理查三世（Richard III，譯註：莎翁同名歷史劇主角）的混合體，不過，這些其他面貌在一九六〇年時並不明顯。挑戰在於要記起未墮落前、在水門事件和辭去總統職位使他名譽掃地前的尼克森。

洛克菲勒在一九六〇年若參選，我會支持他。他要是當選，我無疑會是他的幕僚。直到一九六〇年選戰，我一直是他的主要外交政策顧問。（我在選戰期間退出，因為我不想與尼克森被提名有任何關係。）想必你記得我曾盡力協助甘迺迪，那是透過你和羅斯托）……我在一九六〇年支持洛克菲勒，本就無關乎所屬政黨。依我評估，他隸屬共和黨是減分。我沒有往來或支持過其他共和黨人。我支持洛克菲勒是因為認同他的理念，相信他的目標。[99]

儘管把立場說得如此刻意明確，卻有令人不解之處，不盡符合美國政壇的你爭我奪。他是否與尼爾森．洛克菲勒同進退？基本上這位教授的答覆是，看情形。

六

艾森豪對裁武是認真的。一九六〇年五角大廈提出首個整合戰略計畫SIOP-62，將三個不同軍種相結合時，經指認出的蘇聯目標超過二千五百個。最終的國家戰略目標清單（National Strategic Target List）針對核武，確立一千零五十個指定原爆點（Designated Ground Zero，DGZ），包含一百五十一個都會－工業資產。即使該計畫的最小版本也預見有六百五十個原爆點，會遭到一千四百多件武器、總共二十一億噸當量的攻擊。照艾森豪的新任科學顧問（季辛吉的前化學教授）基夏柯斯基所說，這是「不必要不可取的過度殺傷威力」。艾森豪承認，基夏柯斯基對此主題的簡報「讓我嚇破膽」[100]。美國三軍彷彿沒有更高明的戰略，只能盡可能把最多武器丟到蘇聯。這只加深艾森豪的疑慮：國防預算因不必要的武器而膨脹。

隨著巴黎四強會議即將召開，看似有望達成的目標是禁試協議。蘇聯接受美國提議的暫停大氣層及較大規模地下試爆。所餘有待取得協議的是凍結期多久及現場勘驗次數[101]。可是當蘇聯打下鮑爾斯（Gary Powers）的U-2間諜機，那是中情局於五月一日自巴基斯坦派出進入蘇聯領空（當天是公定假日，空中幾乎沒有其他飛機），巴黎會議被搞得灰頭土臉[102]。艾森豪說得很對，這是「自作聰明的爛攤子」[103]。季辛吉不得不忙著解釋禁試的專業概念[104]，並向洛克菲勒保證，會讓他了解仍在醞釀的柏林危機的最新狀況[105]。巴黎會議失敗提供證明艾森豪政策不當的新機會。季辛吉對洛克菲勒談到「飛彈劣勢」，暗示支持「飛彈差距」（missile gap）理論，它「沒有整體報復武力的弱點那麼令人擔憂」，後者不夠分散又防護不足，無法嚇阻蘇聯突擊。即便這個差距消除，也會出現以「彼此無法傷害」為基礎的不穩定平衡。季辛吉過去的批評曾拿一九三〇年代做對比；現在他再往前推，講到一次大戰的源頭：

> 假使經過幾年時間，明顯發現我們受威脅及反威脅的情況，必然要以某一方退讓來解決，光是這種安全感便可能造成攤牌。畢竟導致一次大戰的危機一開始看來，無異於以要脅逼向戰爭邊緣而解決的無數其他危機。當戰爭終於來臨，卻是為相對無關緊要的問題而打一場全面大戰，原因在於不曾考慮其他選項。[106]

補救之道以前提過：擴大軍事選項到以「投降與最後決戰之間」為範圍，深化美國與北約其他各國的連結，將部分英美報復性武力交由北約掌控[107]。到一九六〇年六月季辛吉不再討論，「『飛彈差距』在一九六〇至六四年間會成真」；唯一的問題是，差距會否導致蘇聯奇襲，或只導致「蠶食自由世界……柏林危機只是其預兆」[108]。

此次季辛吉的時機更好。巴黎峰會失敗，民間氣氛回到史波尼克發射後的驚恐。此時洛克菲勒和甘迺迪都告訴聽眾和記者，國防支出須加快腳步以消除飛彈差距，並創造大規模報復之外的選項。尼克森因他所謂的「好欺侮」（sitting dock，譯註：原意指易受攻擊）指控，遭致來自兩黨的擠壓，但他不可能既承認批評者說的有道理，又不致暗中譴責到艾森豪[109]。洛克菲勒有更大的難題：他若想在共和黨代表大會前一躍超前尼克森，就需要艾森豪的支持，但對艾克自認最懂得的議題大肆批評總統，又怎能奢望得到支持？一九六〇年六月有件事令季辛吉不快，為留下來向洛克菲勒做簡報，他被迫取消酬勞優厚的德國巡迴演講[110]。他現在的作用是「對外交政策議題提供最終諮詢」，與柏金斯共同管理一群研究員，並審查他們草擬的說帖[111]。季辛吉鼓勵洛克菲勒考慮的構想中，有一項是愛德華．泰勒向他建議的北大西洋邦聯（North Atlantic Confederation）[112]。六月八日洛克菲勒投下震撼彈：對尼克森爭取黨提名做誇大的「嚴重控訴」，內容大多由休斯草擬，但有些看得出是季辛吉式語句（「我們今日在世上的地位，比十五年前二戰結束時大幅衰弱」），要激怒艾森豪沒有比這更故意的[113]。洛克菲勒還問艾森豪他是否該參選，更是火上加油，艾森豪讓他了煎熬了兩天，然後斷然告訴他，在國家安全上「他認為不必要地驚擾民眾是不對的」。他建議洛克菲勒不要再回來選；他會被恥笑「又下，又上，又再下，芬尼根」[114]。〔Finnegan，譯註：借用名作家喬伊斯（James Joyce）名著《芬尼根守靈夜》（Finnegans Wake）中情節，芬尼根被認為死了，卻又活過來，人們仍把他按倒，叫他安息〕

季辛吉經由這許多錯誤盡力維持其公開獨立地位。當他上伊蓮娜．羅斯福在WNEW-TV的《人類展望》

（*Prospects of Mankind*）節目[115]或接受《紐約時報》訪問時[116]，不是以洛克菲勒顧問的身份，而是以他本人。他的《外交事務》新文章〈武器管制、查驗與突襲〉（Arms Control, Inspection and Surprise Attack），在一九六〇年七月刊出，那是共和黨代表大會在芝加哥召開的重要月份。此文未提及競爭提名的對手。其實此時季辛吉筆下一個鮮明的特點即刻意不談政治。《外交事務》這篇文章的論點是反對裁武，贊成「非透過數量，而是透過機動性或強化報復性軍力」以加強嚇阻。季辛吉認為，「負責任的武器管制措施」目標，「必須是不帶感情地決斷，如何維持其間的均衡，而非如何去除報復性武力」。減少核武數量並不像倡議裁武者以為的，是無懈可擊的撥亂反正之道。甚至查驗或偵察制度能做到的也要受限：查核制度必須「足夠可靠以防止規避，免得可能打亂戰略平衡，卻又不能無所不包，以致破壞報復性武力的安全保障」。最後要是有一邊在飛彈防禦技術上有所突破，那連季辛吉本身偏好的應對之道：「維持攻擊性武力數量穩定」（亦即相互嚇阻）也可能失敗[117]。政治人物若試圖根據這篇重度說理又極為悲觀的文章來做競選演說，很快就會發現講台下人去樓空。

實情是季辛吉一直認真地保持學術思想上的獨立。美國人文暨科學學會（American Academy of Arts and Sciences）期刊《戴達羅斯》（*Daedalus*），不理會競逐白宮的選戰，邀請二十位主要權威專家，多半是哈佛—麻省理工武器管制研討會成員，為有關核武及武器管制的特刊撰文[118]。季辛吉也獲邀，他藉機做了那最不政治的調動：一個迴轉。他寫道，「有幾項發展」已引起「我對傳統武力與核子武力的相對重視程度看法改變」。其中一項發展是「我們的軍事體系及聯盟中，對有限核戰的性質存在歧見」，這引發「我們會不會知道如何限制核戰的疑慮」。

> 由於沒有國家有過戰術式使用核武的經驗，因此估計錯誤的可能性相當高。使用與傳統戰爭相同的目標系統，因而造成大量傷亡，此種誘惑將難以抗拒。作戰步調可能快過談判的可能性。雙方無前例可循，將在不明的情況下行動。[119]

這是季辛吉立場顯著的改變，等於對才三年前出版的關於此主題的暢銷書，否定了書中核心的論述。其實就長程飛彈出現及蘇聯軍火快速增長的新現實而言，這並非不合理的調整。季辛吉顯然也在注意西德政治人物的主張。他承認：「若蘇聯攻擊西德導致聯邦共和國殘破，即使蘇聯在某個時間點表示願意退回起點，它仍會大有斬獲。」在德國問題上，很可能「接受對現狀投下賭注，打一場清除爭議區的戰爭，是對共黨有利」[120]。無論如何民眾厭惡使用核武的想法有增無減。在此情況下，唯一合理的行動方向是提升西方的傳武能力。季辛吉再度提議新的指揮架構：不過這時他提的並非先前主張的區分戰術與戰略武力，而是將傳統與核子指揮體系分開。如此核武選項成為最後手段，而非有限戰一開始即可考慮的選項。

有時大轉彎是忠於學術的證明。據聞經濟學家凱因斯曾說：「當我的資訊改變，我就改變結論。閣下會怎麼做呢？」核武競賽的實際情況自一九五七年起確實出現變化。不過，對至少是兼職政治顧問的人來說，如此立場不一致有其不利之處，尤其季辛吉現在希望看到的增加傳統武力，顯然會增加開支。唯一的好處是，這個主張不只與一位而是兩位總統候選人吻合，尼克森若非受制於對艾森豪的忠誠，很可能也會接受。

季辛吉自回到哈佛後，替尼爾森·洛克菲勒做事很久，也十分賣力。他草擬演講稿、委託及編輯他人撰寫的立場說帖、隨時應需要提供諮詢。但到一九六〇年年中，洛克菲勒成為共和黨候選人的機率日漸降低。這一切努力都要付諸東流嗎？有些學者或追求完美，或為免生事，習慣性把手稿放著不出版。後面會看到，季辛吉後來選擇把一整本書的打字稿，放在抽屜裡生灰塵。但一九六〇年時，他不願讓前三年所有的文章和說帖全部湮滅。後來集結成書的書名是《選擇的必要》（*The Necessity for Choice*），它從許多角度來看都很恰當。表面上它是季辛吉近期對美國外交政策各面向的專文合集，同時對歷史進程與政策形成的關係意在言外，也含蓄勸告下一任總統要在二種行動方向中擇其一。當然提建言不針對任一候選人，他本人便不必做選擇。季辛吉堅持在國際事務中心「贊助下」出書，而非由它直接出版，直接出版代表要與哈佛大學出版社（Harvard University Press）簽訂商業吸引力較低的合約，這麼堅持獨立性惹惱了鮑伊[121]。

凡是把以往文章轉為書中章節的著作，都會有前後不連貫的風險，而前一本書是暢銷書的作者對書評家的反應也有心理準備。米里斯（Walter Millis）在《紐約時報》上寫道，季辛吉「指責我們行事愚蠢，但那些已不再當道，不免有點白費唇舌」。米里斯在結論中描述此書為「一冗長論證……指美國無法『替自己』定義既符合本身價值、又適於本身安全的和平。他強調『選擇的必要』，卻不給我們東西選擇」[122]。馬丁（L. W. Martin）在《政治學季刊》（*Political Science Quarterly*）裡的判定是，「對近期戰略辯論偶有浮誇但紮實的說明。」、「他需要抨擊的對象，少見的肯定主要是針對他即將打壓的人。」[123]賴特（Esmond Wright）為漆咸樓寫的評論是「火花四射，照亮所過之處。但未給學者或政治家清楚的藍圖。雖呼籲精明的分析及靈敏的運作，但其固執僵硬，有如馬基維利向其君主所提，有關保衛共和對抗頑強敵人的想法及論點」。本書或可謂「敏銳深刻」但也「相當沈悶」[124]。

季辛吉的判斷如今看似非常不準。誠然《選擇的必要》是「飛彈差距」時代的產物。其出發點在提出警示，指杜魯門和艾森豪均未能堅守美國戰後的立場，「我們在世界的地位再〔如此〕惡化十五年……將使我們淪為在大半過問不了的世界中的美利堅壁壘（Fortress America）」[125]。美國缺乏戰略信念及一貫的軍事政策；所提武器管制方案與本身的核子戰略相矛盾；其各聯盟在裂解中；對開發中國家的援助計畫成效不彰。結果是美國的「生存餘地」已「危險地縮小」；千真萬確的「悲劇」——「國家災難」風險果真存在。美國身處蘇聯突襲的「致命威脅」中。西方世界「深陷麻煩中[126]。這些論點現在看來全都是過度解讀，尤其根據近年來對艾森豪的歷史研究。其實參謀首長聯席會議主席妥寧將軍，曾在閉門會議（但甘迺迪在場）告訴參院外委會，早在一九五九年二月即已無飛彈差距，那是根據U-2間諜機拍攝的空中照片所做判斷。到一九六一年中情局日冕（Corona）間諜衛星幾已百分之百確立，蘇聯幾乎沒有洲際彈道飛彈，在核武競賽上仍落後美國一些。我們也知道，蘇聯雖巴不得在由古巴到剛果的第三世界，有可利用邊緣政策的機會，但赫魯雪夫並未認真意圖為這些偏遠地帶打全面戰[127]。不過，後面會看到，對武裝日益強大的兩大超強，最後可能因外交誤判而為柏林走上戰場的危險，正如一九一四年歐洲強國為波士尼亞和比利時而爆發戰爭，季辛吉的憂慮絕非危言聳聽。他對好多西方評論者的嘲弄相當正確，那些人不切實際地冀望著蘇聯體系即將解放，或是以天真想法面對與蘇聯談判，以為帶著退讓立場前去，或放出願就初始立場尋求妥協的訊息，會有幫助。

季辛吉的具體政策建議，由後見之明觀之，甚至更令人欽佩，因為幾乎全在一九六〇年代獲得採行（但應加以說明，那些不是他獨有的創見）。他再次主張，為因應蘇聯可能用飛彈突襲的風險，必須透過「分散、鞏固、尤其是機動化」，使美國的第二擊能力較不易被破壞[128]。這一點有做到。季辛吉又否定他先前對有限戰的論點，而認為美國應增強傳統武力，以便可用非核武力對抗蘇聯的局部「脅迫」。不論是好是壞，這一項也做到。季辛吉說，西方應促使以確立奧得—尼斯河東界為基礎，完成德國統一*，並在那條線兩側進行對等裁軍。這也成為美國的政策目標，但直至一九九〇年才達成。他主張簽訂國際核武禁擴協議，對擁核與非核強國均予約束，並在國際原子能總署主持下，由一全球查驗體系負責執行，它有權掌握所有可裂解物質。一模一樣的條約在一九六八年首度簽署。他也促請美蘇超強，「談判中止核武生產並減少存量，條件是能夠設計適當的管制」，正是這一路線導致日後的限制戰略武器談判（Strategic Arms Limitation Talks）。唯一無下文的提議是「提升〔北約〕政治凝聚，開始朝聯邦體系發展」，然後將積存的核武交由它單獨管制[129]。諷刺的是，這是季辛吉在此書出版後最極力推動的主張（很可能由於那是洛克菲勒的最愛之一）[130]。

然而《選擇的必要》精華部分在於哲學多過政治論述。名為「政治演進：西方、共產主義與新國家」（Of Political Evolution: The West, Communism and the New Nations）這一章曾受到啟發，經過與經濟學家加爾布雷斯和亞瑟．路易斯（Arthur Lewis）[131]辯論，又與科學家哈斯金交換意見，才有它的誕生——季辛吉在本章提出新的歷史哲學見解，以回應那兩位經濟學家的假說，即蘇聯體制會因經濟發展而朝自由的方向演變。他同意共產社會勢必要改變：

> 但轉變的性質絕非事先注定的。它可朝開放前進；也可產生《一九八四》的灰色夢魘。它可能導向自由的強化；也可能使奴役的工具更精進。再者，單單轉變並非我們這一代唯一關切之事。同樣重要的是其發生的時間長短。畢竟迦太基遭摧毀一百五十年後，羅馬變成愛好和平現狀的強國，對迦太基絲毫談不上安慰。[132]

＊以當時狀況，東德－波蘭邊界大致沿奧得河和尼斯河走。此舉意味著失去歷史上大片的普魯士領土。不只是前納粹及極具影響力的「被逐者聯盟」（League of Expellees，譯註：指因二戰而逃離或自德國被驅逐者），許多德國人都認為這無法接受。

季辛吉明智地指出：「演進過程不會像後世看來進行得那麼順利，或方向如此明確。西方的多元主義來自數以百計的選擇，每次若做出不同選擇，可能帶來南轅北轍的結果。」宗教改革把重點放在個人良心，當然不是為了鼓勵多元主義。其實民主最後在歐洲出現，是多重這類特殊發展所導致：希臘—羅馬傳統、基督信仰政教分離、邦國數量變多、及「宗教戰爭僵局使容忍成為現實有其必要」。引用季辛吉的話：

工業化絕非這些因素中意義最重大者。要是少掉其他因素的任何一個，西方政治演變的過程可能截然不同。……只有在後人眼裡，演變才是必會發生。史家……只討論成功因素及表面上看到的成功因素。他無從知道對參與其事者最要緊的——決定成敗的抉擇因素，是什麼。

季辛吉認為歷史進程基本上異於自然史：

演化並非沿直線進行，而是經由一連串複雜的變異。一路上的每一步都有彎道和岔路，無論好壞都得走下去。左右抉擇的條件也許是最細微的差異。事後看來那抉擇也許幾乎是隨意的，或是在當時普遍狀況下只容許此一選項。無論以上哪種情況，都是所有之前的轉折相互作用的結果，反映出歷史或傳統或價值觀，再加上為求生存的直接壓力。[133]

季辛吉也意識到，演化也有可能導致衰落的初期徵兆：「刻板」及「僵化」。他說，「國家崩解」是因為「內部食古不化，加以塑造周遭環境的道德與實體能力衰退……要是在〔法國〕都爾（Tours）打敗阿拉伯人的武士，因為相信基督信仰終將獲勝的歷史必然性而投降的話，西方的歷史會如何演變？中歐現在當是穆斯林的天下[134]。

認真思考歷史者必須像季辛吉一樣，相信「選擇是必要的」，從而相信相反的事實也能言之成理。偏好以歷史命定論來解釋演進的目的者，不是太過講求意識形態，就是缺乏想像力。但這一章最突出的並非堅持偶發事件在歷史演進上的角色；而是季辛吉針對美國第三世界政策所做的推論。他寫道：「除非我們能夠讓自由及尊重人性尊嚴的觀念，對新國家產生意義，否則在未承諾防禦地區，常被我們誇耀的與共產主義的經濟競爭就沒有意義。」當然季辛吉也像當時的許多人，誇大了在以產出成長為標準的競賽上，蘇聯勝出的能力。但他主張，西方聲稱的優越性必須建立在人性尊嚴而非生產力之上，說得很對。民主政治在西方行得通，靠的是政府權力受到某些特殊限制，包括法治到普通老百姓「相信政治不重要」。這些限制不會在「新國家」自然發生。所以「除非我們自己去面對鼓勵保障人性尊嚴的體制的問題，不然自由的前途確實暗淡」。季辛吉再度以理想主義者而非現實主義者的角度寫作。在第三世界的冷戰競爭目標，並非贏得對立的經濟發展模式競賽，而是最重要的「填補……精神空虛」，因為「連共產主義也是透過馬克斯思想的神學性質，多過透過它本身引以為傲的物質主義面向，而吸引到更多信徒」[135]。

七

一如最常見的，所有議題最後都歸結到財政政策。洛克菲勒和甘迺迪一樣，均強烈要求增加國防預算及對外援助支出，並常引用如《選擇的必要》所提出的論點。尼克森也很想這麼主張，但那麼做不可能不與艾森豪更疏離。試想季辛吉在這種狀況下，收到尼克森國安事務助理柯許曼（Robert E. Cushman）將軍外洩的文件，會感到多困惑，那是白宮為一九六一會計年度國防預算發出的指令的副本。柯許曼抱怨，文件中承諾壓低國防支出，讀來「彷彿峰會失敗從未發生」。他寄副本給季辛吉，是「因為我基本上相信，且不論他的錯誤，你能夠以可領導我們走出現況的最大部分的特質，去影響那個人。若他回應時運用像這樣的材料做出猛烈反擊，他會使自己成為總統，甚至可能成為民主黨的候選人」[136]。這份文件並非機密，但蓋有「限官方使用」關防，且可追溯至副總統的幕僚，那表示季辛吉可引用，但不得拿給別人看。

季辛吉無從知曉，這是對他及洛克菲勒設下的陷阱，還是真正的主動示好。事實證明是後者。早在五月尼克森便認定，若沒有競爭對手一路走完初選，贏得共和黨提名，其實對他有害；甘迺迪辛苦贏過韓佛瑞，得到多出許多的媒體報導。洛克菲勒試圖延後再爭取提名，從未對尼克森形成嚴重威脅。他以為過去在黨代表大會上扭轉提名競賽的那種支持浪潮（最近一次是一九五二年，史蒂文生被「徵召」為民主黨候選人），會發生在他身上，純屬幻想。但此時尼克森想到，選洛克菲勒為競選夥伴，會提升他在自由派美國東北部的地位；最起碼讓洛基在黨代表大會前加入其陣營，可展現尼克森在最後與甘迺迪對壘之前，有能力轉向中間立場。七月二十二日，共和黨芝加哥全國大會開始前兩天，副總統秘密飛往紐約，與對手在其第五大道的公寓同進晚餐。他坦白說出自己的選舉盤算，並表示願意讓洛克菲勒當副總統候選人，還保證如果勝選，會提高副總統職位的重要性。洛克菲勒後來告訴季辛吉，若他肯參選副總統，尼克森願意讓他「（a）主導黨綱，（b）完全掌控外交政策，（c）紐約州人事任命權。」[137]洛克菲勒不出其訪客所料，沒有答應，後又提出「原則」聲明，尼克森若想得到洛克菲勒的支持，就必須把這些納入黨綱。休斯曾自芝加哥打電話進來，協助有閱讀障礙的洛克菲勒處理小字體附屬文字。

尼克森或許一心一意只想取得洛克菲勒的支持，便答應了一切要求，甚至大西洋邦聯的提議。癥結在於國防預算，洛克菲勒希望看到增加三十五億美元，相當於百分之九。尼克森知道艾森豪絕容不下這一點。因此他們不訂確切數字，而是同意以下文字：「美國可負擔且須提供更多支出，以充分執行強化我國國防態勢的此一必要計畫。美國的安全不得有費用上限」。「第五大道條約」的最後十四點內容，在凌晨三時三十分獲黨綱委員會主席裴西（Charles Percy）同意。消息傳出時成為大新聞，但這種密室交易對兩人均無多大好處。艾森豪指洛克菲勒是「個人背叛」，指尼克森是「否定」現任政府紀錄。保守派鼓噪者高華德，害怕看到黨綱中加進自由主義的民權條款，因而譴責「共和黨的慕尼黑」。（譯註：二戰前英、法、義、德簽下慕尼黑協定，犧牲捷克的蘇台德區，希冀能換得希特勒停止侵略卻徒勞無功。）尼克森對艾克讓步，對高華德不然。民權條款保留，但關於國防的用字更為和緩。最後的版本是：「美國能夠也必須提供，確保本身安全所必要的一切，並增加因應新情勢的必要支出。……給得過多是浪費。給得不足是災難。」[138]此刻輪到洛克菲勒得要讓步。他想被徵召的希望破滅，他對黨大會給予對「理察．尼克森」虛應故事的支持。

季辛吉不可能對此結果感到意外。他很聰明地避開芝加哥大會。卻在八月造訪洛克菲勒在緬因州海豹港（Seal Harbor）的避暑別墅，「向他解釋（如他告訴史勒辛格的）為何無法在秋季選戰中協助他」。史勒辛格在日記裡記著，理由很清楚：「亨利說他不會做任何可能幫尼克森的事。」季辛吉討厭尼克森，洛克菲勒有同感：「如亨利的說法，用兩個音節唸那個字：『他憎─惡尼克森。』」但木已成舟。洛克菲勒被迫替他討厭但答應支持的人助選，他「顯得情緒低落……對芝加哥欠缺回應感到相當失望」[139]。季辛吉覺得無此義務。當共和黨全國委員會（Republican National Committee）及尼克森競選團隊，請他就國安議題提供建議時[140]，他告訴對方，他明天就要到日本去，所以愛莫能助[141]。一九六〇年他是如此厭惡尼克森。

季辛吉忠於洛克菲勒。他仍自認為是他最傑出的顧問之一。（一九六〇年十一月他告訴柏金斯：「我不記得有任何外交政策問題，州長不是最先聯絡我的。」）[142]他繼續研究區域聯邦這個主題，但日漸懷疑在北大西洋及西半球建立邦聯的實際可行性[143]。他也一再促請洛克菲勒，開始為一九六四年角逐提名更有勝算奠定基礎，甚至提出「一些願見到你成功者」的姓名，如紐約州參議員賈維茲（Jacob K. Javits）和中西部報紙發行人考爾斯（John Cowles）[144]。季辛吉對美國國內政治的迎合奉承術開始感興趣，的確或可從這時期算起。到一九六〇年十二月，他固定參加奧巴尼的洛克菲勒高階幕僚週會，「商訂未來四年的策略」[145]。早在一九六一年一月他就建議洛克菲勒，對民主黨可能挑戰其州長位子先發制人，「思索甘迺迪可能採取的各種動作、他可能嘗試聯絡的團體、他可能試圖運用家族的方式、老甘迺迪對金融界的影響力等等」[146]。

一九六一年二月底，季辛吉寫給洛克菲勒一封長信，談到如何為六四年爭取總統提名做最佳準備：「也許屆時你不會選擇爭取總統大位，其原因或是甘迺迪執行的政策你基本上同意，或是任何共和黨候選人均可能只是犧牲打。……〔但〕我強烈猜測，我們很可能會處於危機中，而亟需你出力解決。」此次捲土重來，洛克菲勒必須自一九五九—六〇年的錯誤學到教訓，當時他遭批評的是忽略在紐約州的職責，但實際上是他未花足夠時間建立全國性組織[147]。此信的突出之處在於下筆時，剛好十九天前有新聞爆出，季辛吉正在考慮到甘迺迪政府任職，甘迺迪不僅是他敦促洛克菲勒在三年後要競選的對象，也是在去年十一月以些微差距打敗他憎惡的尼克森的那個人。

對季辛吉而言，洛克菲勒彷彿體現了民主社會所允許存在的貴族氣質。他曾對哈斯金說（為納入要出版的《抉擇的必要》而明顯淡化的一段文字）：

在我看來，最成功的民主社會基本上是貴族式的（由此可證明以下說法：我們長久依恃開國元勳（Founding Father）的道德資本，而我們擁有成文憲法，它本身即是一股保守力量）。貴族社會，或更好的由貴族概念塑造價值觀的社會，鼓勵自制，那並非由於貴族們道德優越，或比其他族群較不自私。而是貴族的結構與風氣迫使他們反對個人獨占鰲頭，因此也反對專制統治。他們以優質概念正當化本身的地位，那與平等主義民主的專制相反。[148]

季辛吉像舊日良師益友克雷默一樣，看不慣在華府所見的很多現象，特別是政府官僚體系的僵化傾向。一九五六年克雷默曾近乎歇斯底里地寫到他的挫折感：不得不坐在國防部，撰寫「精闢的分析研究、深入的政策檢討和見解不凡的文章」，而匈牙利的青年卻在布達佩斯街頭對抗共產主義，他所言確實觸動人心：

> 我們再清楚不過，歷史其實並非用筆或印刷墨水寫成。是的，我們可以合理化自己的作為，說得極盡冠冕堂皇。我們的備忘錄和思想文章，豈非爭取人心很重要的武器？然而所幸我們知曉，人們採信我們要他們接受的大膽且具想像力的政策，事實上並非由於大腦被精闢的論證說服，而是由於內心受到感動。此刻我們高坐於此，訓練太好的政治學者，不會為傳播新信仰，甘冒影響尊貴存在的風險，卻以律師或大學教授的口氣高談闊論。我們刻意堅持一種無血無淚的作風，避免流露出最後一絲感情脆弱的痕跡。[149]

理想主義者季辛吉也渴望英雄式領導，即使受制於不帶感情的作風亦然。他對史勒辛格說：「我們需要能夠大破大立的人——不只是改進現有的傾向，更要轉換到新的氛圍，新的世界。」[150]

但克雷默比季辛吉更擔心，他的徒弟為了當那個克雷默以「N. R.」稱之的貴族的顧問，已做出的各種妥協。一九五七年十二月他寫給季辛吉一封真誠的長信，敦促他記得「為利他——絕非自我本位——你有維持本色的責任。

> N. R.……無法了解……你在二十世紀中葉代表什麼。他蒐集稀有圖片；他絕不會想到要加以焚燬；如此野蠻作法他應該相當陌生。〔但〕人類不會被專家貼上標籤，以宣告其價值，所以當此時代，價值是以事實和數字來衡量，無法取代的人遭焚燒，只是被當做燃料，其風險非常之大，尤其是已經被大自然點著火而身處火焰中的人。資產階級風險較小，因為很難點燃；可是有些人——少數、難得的人，他們燃燒得多燦爛！

克雷默太清楚，他接下來寫的文字會令季辛吉痛苦。他語帶深意地說，要是那麼多年前他倆不曾在克萊邦軍營相識，也許比較好。他寫道：「我為你的成功感到驕傲。不只我，更有多到驚人的其他人都仰仗著你。你所代表的已可觀地超過你自己。」

> 但你的成功必不可毀掉你的內心和形體。……有價值的人絕不可讓自己被「別人」摧毀，無論他多「和善」、多平易近人、多幾近於不同凡響，無論被摧毀的主要動機，是「欽佩」及出於好意但未能理解。如我在克萊邦和帕倫堡已經告訴你的，獨立的秘訣在於獨力行事；甚至不能以成功為目標。此外，你不

可，絕不可指望事情最後會變「好」……唯有真正不「算計」，你才會擁有不同於小人的自由，使你可像任何人一樣免於受騙。迄今你始終信守這一點，是我對你如此有信心的因素之一。但到目前為止事情較好應付。你只須對抗純屬一般的野心誘惑，像是貪婪和複雜的學術業。如今陷阱卻在你自己的性格。亦即你受到本身最深層的原則所誘惑：矢志奉獻和善盡義務。然而，未來有其他更具決定性的任務。151

一九六一年前數月，當亨利・季辛吉準備回應等候已久的權力走廊的召喚，他很可能憶起並思考過克雷默勸戒的涵義。

第13章　彈性回應

我希望務實主義者與教條主義者並非以鐵幕區隔，我也希望若務實主義者與教條主義者之間有鐵幕，則務實主義者不會無條件贏得勝利。……我們應當自問的並非現有作為，而是應做什麼；不是現況如何，而是目標在哪裡；很可能我們會發現，最終指引國安政策實行的，是不易舉出證據證明的那些事；而人人針對日常問題所做的十分聰明的分析，在某種意義上有如柏拉圖地穴裡的某些光影那般虛幻。（譯註：柏拉圖在所著《理想國》中，藉老師蘇格拉底之名說出一群囚犯被關在地穴中的寓言，那些人只能看到洞穴的牆壁和牆壁上的光影，看不到出口及亮光來源。洞穴代表人體器官所能及的世界，人們常把這普通環境與存在的整體等量齊觀。）

——季辛吉，一九六三年七月[1]

我對制訂柏林計畫的貢獻，是在旁邊指指點點的多管閒事者。

——季辛吉對史勒辛格，一九六一年九月[2]

一

約翰．甘迺迪在美國人的集體記憶裡占有獨特地位。二〇一三年十一月的一項蓋洛普民調中，百分之七十四的美國人評價他為傑出或高於一般的總統，而雷根是百分之六十一，艾森豪四十九，詹森三十，尼克森十五——是戰後總統裡得分最低的[3]。二〇一一年的一項民調中，百分之十一的美國人舉出甘迺迪是最偉大的美國總統，艾森豪僅百分之一，詹森和尼克森不到零點五[4]。甘迺迪的聲譽不全是他遭到刺殺所造成，但刺殺事件仍不斷強烈吸引著民眾。大多數美國人都相信，甘迺迪政府具理想性，尼克森政府則是現實到不顧原則的地步。甘迺迪在就職演說中宣示：「讓每個國家知道，我們將付出任何代價，承擔任何負荷，面對任何艱難，支持任何朋友，反對任何敵人，以確保自由的存續和成功。」甘迺迪的灼見宏論至今仍為人們引用；卻無人記得尼克森首次就職時同等崇高的誓言，「領導世界終將走出動亂的低谷，登上自文明初起人類便一直夢想的和平高地」。政治對手的命運差異莫此為甚：震驚的刺殺、羞辱的辭職，甘迺迪與尼克森體現了美國政治的兩個極端。而使情況變複雜的一件事是，有一個人——亨利．季辛吉，曾替兩位總統都做過事。另一件事是，至少在他自己看來，理想主義者非甘迺迪，而是他季辛吉本人。

有不少哈佛學者到華府為甘迺迪工作，季辛吉只是其一。他的特殊之處在於內心依舊忠於洛克菲勒。這造成二個明顯後果。一是政府的其他成員無法完全信任他，包括直屬主管邦迪。二是他在關鍵外交政策議題上，看法顯著不同於大多數政府成員，特別是與歐洲有關的。值得注意的是，季辛吉先是私下、後來公開，對甘迺迪政府的現實主義加以批評；促成洛克菲勒對甘迺迪政府最易引爆的二個外交政策議題：德國和古巴，採取較理想主義的立場，那人也是季辛吉。

一九六一年的柏林及哈瓦那，令人很難想像出差別更大的都市：一是寒冷的普魯士工業大都會，仍深受十六年前才打完的全面戰爭之害；一是熱帶殖民地首都，僅有數棟新建的蘇聯式高樓及高射炮，顯示其政府屬革命政府。然而正是在此二南轅北轍之地，甘迺迪就職演說中以振奮人心的美言許下的承諾，將受到終極考驗。

二

哈伯斯坦（David Halberstam，譯註：美國猶太裔名記者、作家、史學家）不經意地引用了〔英國詩人〕雪萊（Shelley），說他們是「最優秀最聰明的」（the best and brightest）[5]。當年的媒體喜歡用「青年才俊」（whiz kids）或「智囊團」（brain trust）[6]。對德州州立西南師院（Southwest Texas State Teachers College）畢業的副總統詹森而言，他們只是「哈佛的」[7]。哈佛大學被新政府挖走五十餘位教師，不止邦迪和季辛吉，還有考克斯（Archibald Cox）、加爾布雷斯、凱森（Carl Kaysen）、羅文（Henry Rowen）、史勒辛格。難怪總統的母校被某些人視為「政府第四部門」[8]。要是鮑伊和謝林也接受邀請到華府去，國際事務中心所有高階人員幾乎全跑光了。但即使留在劍橋的人也感覺很有力。如邦迪所說：「哈佛來的人……其實比許多就在此地〔華盛頓特區〕的其他人，更為接近政府施政過程。」[9]艾森豪在對全國的告別演說中警告，要提防「軍事—工業複合體」*[10]興起。在甘迺迪治理下，掌權的則是學者—知識份子複合體[11]。

* 他原本想說「軍事—工業—國會複合體」，以反映他本身對某些國會議員的挫折感，包含繼他之後出任總統者，那些人堅持有飛彈差距存在，必須不計代價加以消除。他在最後一刻刪除「國會」。

儘管季辛吉與洛克菲勒的關係眾所皆知，事實上早在一九五八年十二月，甘迺迪競選團隊便曾與他接觸。提出邀請的是甘迺迪的文膽、內布拉斯加州律師索倫森（Ted Sorensen），如甘迺迪本人在後續信函中所說，請他「此刻思考一下，在未來數月裡應處理哪些長遠的問題和立場……特別是武器再評估問題、降低中程彈道飛彈重要性及海外基地等等」[12]。季辛吉回覆，他「樂於為研擬公共政策出力」，但要求會面「交換意見」，以協助「確立議題」[13]。一九五九年二月十五日，兩人在波士頓哈佛俱樂部（Harvard Club of Boston）見面共進午餐，「就國防及外交政策問題做一些討論」[14]。接著甘迺迪詢問季辛吉對一篇「飛彈計畫」[15]報告的看法，報告中主張，建造三十艘配備核武的北極星（Polaris）核子動力潛艇，即可解除與蘇聯的飛彈差距。（季辛吉表示懷疑）[16]。甘迺迪再問季辛吉對德國的看法，他頗有先見之明地說，他「〔覺得〕德國問題會無比重要」[17]。

這種私相往來遲早會曝光。一九五九年十二月十一日，在兩人開始接觸一年後，《波士頓環球報》爆料，提到甘迺迪正延攬十五位*哈佛、麻省理工及阿默斯特〔Amherst，譯註：指麻州大學（University of Massachusetts）阿默斯特校區〕學者，要組成「校園智囊團」，季辛吉也在其中[18]。哈佛法學院的切斯（Abram Chayes）後來回憶，該報唯一弄錯的是誇大此團隊多有組織及向心力[19]。前面曾提到，季辛吉立即向奧巴尼的友人保證，他不會背棄洛克菲勒[20]；他或許也提到，另兩位共和黨籍哈佛教授也在其中。不過如他向莎莉．考克斯．泰勒（Sally Coxe Taylor，嫁給擁有《環球報》的家族）承認：

〔貴報的〕報導基本上屬實……我去年與某團體開過兩次會，甘迺迪在會上要我們當中幾個，說出我們認為的重大問題是哪些。

我反對的並非報導本身，而是針對我認為甘迺迪想要把我和他連在一起。我對他及他的幕僚表明過無數次，若洛克菲勒不競選，我不會支持任何人，我也幾次拒絕成為其幕僚的邀約。[21]

新的十年正在展開。對季辛吉也像對他同輩的每個人一樣，一場日後證明為廣闊的社會及文化劇變，其初始的騷動令人難以視而不見。他在《選擇的必要》中說得簡明：「我們這一代會生活在變動中。變亂是常態。我們行動的成敗並非以短期的平靜來衡量。……一九六〇年代這十年需要英雄式努力。」[22]季辛吉與已開始建立新的「反文化」者不同之處，在於對他而言，即將來臨的是地緣政治的巨變。

一九六〇年初羅伯．辛默曼（Robert Zimmerman）正要自明尼蘇達大學（University of Minnesota）輟學，改名「鮑勃迪倫」（Bob Dylan），前往格林威治村（Greenwich Village，譯註：紐約市的藝文人士聚集區）。約在同時，季辛吉正警告大家，新的十年「可能是一段極危險的時間」。迪倫不久即會在歌曲〈大雨〉（Hard Rain）裡，清楚地述說他那一代對核子塵的恐懼不安。季辛吉則愛用做安全研究的嚴肅字眼，警告飛彈差距擴大可能導致蘇聯突襲。如此對比看似不相稱，但兩者最深層的畏懼難道有差別嗎？在也是一九六二年寫成的〈隨風飄蕩〉（Blowin' in the Wind）裡，迪倫一語道破當年的核心問題：「有些人能夠存在多少年／才准獲得自由？」願意傳唱這首歌的反殖民主義者，不亞於擁護非裔美人民權者。但季辛吉得以明確有力地說明同樣的基本概念，即便他是用散文而非詩歌：「我們不止對本身或其他民族的物質進步感興趣。也關心我們所相信的民主原則獲得實行。我們尊敬一個政府，主要並非因為它有效率，而是它保障人民的自由與尊嚴。」[23]季辛吉與甘迺迪在哈佛最忠誠的支持者史勒辛格，討論即將舉行的選舉時表示，希望甘迺迪勝選將意味著「一大進步……新氣象，新世界。要是甘迺迪只會說，他比尼克森更擅長操弄現狀，那他就輸了」[24]。

就普選票而言，一九六〇年大選是二十世紀得票最接近的。當選戰只剩二週時，季辛吉說，甘迺迪「必然」獲勝，他太有信心[25]。甘迺迪在電視辯論上確實占上風，他經過下午的男歡女愛後容光煥發，尼克森卻是滿臉鬍渣、冷汗直冒。但辯論內容上這兩位候選人旗鼓相當。甘迺迪指控尼克森是「失去古巴」的政府的一份子，卻無法自圓其說地堅持，同一政府應把金門馬祖讓給北京。尼克森則大肆奚落進攻古巴的想法，儘管他曾慫恿艾森豪批准此種行動。外交政策上沒有明顯贏家；較重要的是對黑人民權領袖馬丁・路德・金恩（Martin Luther King, Jr.）被監禁在亞特蘭大，尼克森回答時有所遲疑，使他失去不少非裔美人的票。（很少人相信他的競選夥伴小亨利・洛志所承諾，將來會有一位非白人閣員。）即使如此，尼克森贏得的州多於甘迺迪，普選票只少不到十一萬三千票，低於百分之〇・二。關鍵州伊利諾州和德州的造假及出錯程度，已足以有理由進行冗長的法律挑戰，甚至讓某些刑事罪名定罪。尼克森雖以政治冷酷無情聞名，卻決定不挑戰選舉結果，一如他在競選期間拒絕打宗教牌，於是甘迺迪以最些微的差距成為美國第一位信奉天主教的總統。

才過幾天，甘迺迪的交接小組便與季辛吉連絡，請他建議出任國務卿的人選。他再次發現自己處境不明。此信是先前往來關係的延續，還是向全國徵詢意見所發的諸多信件之一？甘迺迪對其政府中最首要的職位，真的沒有中意人選嗎？季辛吉草擬的回覆中有一段很長的前言，警告甘迺迪政府可能要面對「某些美國有史以來最嚴重的外交政策危機」。

> 柏林會發生危機。伊朗等國隨時可能垮台。非洲新國家的出現不會未經新動亂便完成……卡斯楚主義可能在拉丁美洲散播。……相對於我在哈佛的大多數同事，我相信比起將「新政」準則應用到全世界，（新

> 政府的任務」會無比複雜得多。……在全球各主要部分，經濟與社會的混亂因缺少任何政治框架而更為嚴重。引起爭議的不僅是經濟進展問題，還有政治正當性的本質。

他最後推薦第三度爭取民主黨總統提名卻未如願的史蒂文生。可是斟酌之後，季辛吉決定不寄出這封信[26]。他另寫了一封較短的信，建議已穩坐甘迺迪外交政策顧問之一的包爾斯（Chester Bowles）[27]。最後鮑爾斯當上第二大職位：國務次卿（undersecretary of state）；甘迺迪選擇由魯斯克出任霧谷（Foggy Bottom）最高職務*。

魯斯克曾擔任杜魯門政府主管東亞事務的助理國務卿，艾森豪時代他一直主持洛克菲勒基金會。甘迺迪讓主持他國務院，迪隆（Douglas Dillon）主管財政部、麥納馬拉（Robert McNamara）主掌國防部，所傳達的訊息是：他的政府有經驗且跨黨派。（迪隆和麥納馬拉都是共和黨，並具民間企業經驗）。這有理智及政治上的道理。畢竟甘迺迪和洛克菲勒均曾以十分相似的方式批評艾森豪，尤其是他過度依賴「全面」核戰威脅，還有各種內政的缺失。其重要性幾乎不下於哈佛連結的是，新政府與洛克菲勒特別研究專案的關係，對艾森豪的批評有很多最早都出於此專案。它的二百又十位小組成員、顧問、負責為洛克菲勒報告執筆者中，至少有二十六位進入甘迺迪政府：不只魯斯克和包爾斯，還有副國防部長吉爾派屈克；助理國務卿克里夫蘭（Harlan Cleveland）；副國家安全顧問羅斯托[28]。因此，曾主持特別研究專案的人也受到華府邀約便不足為奇。在甘迺迪就職次日，新政府尚在籌組中，《紐約客》（*The New Yorker*）雜誌刊出了大讚《選擇的必

* 華府的國務院所在地，國務院大樓原本是為戰爭部而建。

要》的書評，可謂錦上添花。每週替該雜誌撰寫「華府來鴻」（Letter from Washington）的羅維爾（Richard Rovere），形容季辛吉「很可能是最具影響力的軍事及外交政策批評家」，該書則是決策者的「基本讀本」[29]。甘迺迪本人到一九六三年才抽出時間閱讀此書，但他絕對看過這篇書評[30]。季辛吉這邊則是為甘迺迪的就職演說所感動。他對史勒辛格說：「我認為〔那〕很棒。基於自私的理由，我希望關於你要去華府的謠言不是真的，但萬一是真的，你可以把我變成有登記的民主黨員。」[31]

假設季辛吉聽說史勒辛格接到白宮職位的邀約時，曾感到難過妒嫉，那他自己未等多久也收到「朝廷」的徵召。因此而發生在他身上的諷刺現象不可不提：他收信時正住在洛克菲勒的一處豪宅：維京群島（Virgin Islands）的卡尼爾灣（Caneel Bay），那裡原是勞倫斯・洛克菲勒開發的豪華渡假地。那封信的日期是一九六一年一月二十八日，來自季辛吉的上司：文理學院院長邦迪。

> 〔邦迪寫道〕總統請我依你方便，盡快與你討論，關於你來此加入團隊的可能性。照他的看法，目前唯一的麻煩事就是，不止一個政府部門想要挖角你。他不願做得好像在干預特定部會的需求，但他確實想要讓你知道，假如你有興趣，他本人有意聊一聊一個想法，即請你加入羅斯托和我將組成的、直接為他所用的小團體。[32]

新聞在二月五日引爆。《環球報》迫不及待地報導：「季辛吉博士週五見過總統並在華府過夜。」他的「重要任命」會在「國際政治和戰略領域」[33]。

按邦迪所暗示，新「華府政治圈」確實發生過搶人之爭*。魯斯克也請他到國務院任職，不過既已有邦迪提出的白宮顧問職位，季辛吉很快便予以婉拒，照邦迪對甘迺迪的說法，動搖季辛吉的是「能夠以非常直接的關係替您工作的前景」[34]。但因事後明朗化的理由，季辛吉顯得遲疑。他在二月八日告訴邦迪：「你和總統心目中的職務挑戰很大，需要小心行事。」癥結在於他加入的「模式多過加入本身」[35]。他雖感到「榮幸……獲邀加入基調、任命和行動均令我大受感動的政府」，也「相信在我最關切的領域：外交及國安政策，未來四年將是國家前途、或許也是民主理念前途，決定性的四年」，然而他以對哈佛的承諾「促使匆忙離開不可能」為理由，要求兼職任命。這也可以給他時間，「對我能做出最有效貢獻的脈絡，進行整體思考」[36]。

剛過一週後，季辛吉回到華府，與邦迪研商細節[37]。最後他倆同意「在武器及政策的一般領域，及在思考德國問題所有面向的特殊領域……以顧問職任命」。邦迪建議，那職務或許如同總統科學顧問委員會的委員，「那些委員隨時準備就特殊問題提供意見，其形式視問題而定，並非根據事前的計畫」[38]。雙方同意，學期間及五月中旬到八月底的大部分暑假期間，季辛吉每月到華盛頓約一週，但六月除外，他已承諾六月要訪問歐洲[39]。若兼職的安排不可行，他們將「重新考慮全職職位問題」[40]。二月二十七日季辛吉的任命宣布[41]。看起來洛克菲勒的左右手已投身民主黨。

鑑於後來季、邦關係交惡，值得問問為何邦迪當時會這麼做。他既然接受國家安全事務總統特別助理一職，或簡稱國家安全顧問，必定完全預期會在制定外交政策上扮演主導角色†。那他為何延攬洛克菲勒若當

---

* 華盛頓特區周圍州際公路四九五號，有「環快」（Beltway）之稱，一九六一年十二月啟用。譯註：後來人們用以稱呼華府政治圈。

† 其實這沒有一定。尼茲曾誤以為，在重要部門擔任高階職位會更有影響力而拒絕此職，此後才找上邦迪。

上總統，會扮演同樣角色的人，此人對當時的關鍵議題，至少有一項毫無疑問了解得比他深？原因在於想用季辛吉的是甘迺迪，不是邦迪，而且是全職[42]。其實是邦迪說服季辛吉要求只做兼職[43]。

然而季辛吉不做全職有他自己的理由。他與洛克菲勒的密切關係，顯然經不起他全心全意投向另一個人，而那人他充分預料，將是一九六四年洛克菲勒角逐總統大位的挑戰對象。經媒體報導使季辛吉別無選擇，只能坦白交待他與甘迺迪的協商。當洛克菲勒為他遲疑而責怪他時，他又吃驚又感動。（季辛吉後來告訴史勒辛格：「他督促我接受任何我可以真正效力的職務。他說，雖然我離開他對他個人是個打擊，但是他希望甘迺迪成功，因為這會是我們大家的成功，他說他拒絕揣測國難。」）[44]因此兼職適合季辛吉也適合邦迪。在討論細節期間季辛吉寫信給洛克菲勒，熱誠感謝他「諒解……過去數週我必須做的決定」[45]。現在他能夠親身體驗在政府最高層工作的挑戰，有可能被總統本人請教意見，同時仍可以為各方預料下次大選會挑戰甘迺迪的人當顧問。季辛吉出任白宮顧問整個期間，依舊視需要提供洛克菲勒諮詢[46]。

不可否認洛克菲勒在紐約市的研究辦公室裡，一群綽號「女童軍」（Brownies）的女研究員，這段時期都很閒。瓊・葛斯威（June Goldthwait）和同事，對她們一九六一年大部分的工作州長幾近不聞不問備感挫折[47]。她與季辛吉繼續在琢磨某種大西洋邦聯的構想，那仍是洛基的所愛[48]。可是到同年四月洛克菲勒決定「暫停……進一步行動」。看來治理紐約州已有足夠事務讓他應付[49]。但洛克菲勒的研究人員持續追蹤，甘迺迪在各種議題上的表現[50]。甚至還招募了新「女童軍」，包括南希・麥金斯，她當時剛到柏克萊（Berkeley）攻讀博士〔研究維希法國（Vichy，譯註：二戰期間納粹德國控制的法蘭西國）的天主教會〕，暑假才來這裡[51]。季辛吉因新職位現在很少到紐約，但仍繼續督導有關外交政策的研究，指揮葛斯威及其研究員，準備「關於……國防、柏林、拉美、民防、北約、伊朗、援外、武管及南越……的雙月刊摘要」[52]。

季辛吉持續對洛克菲勒的情感牽掛到什麼程度，由一次腦力激盪會議留下的紀錄可見一斑，那是四月三十日在洛克菲勒的泰利鎮（Tarrytown）宅邸舉行，會中他與季辛吉、洛克菲勒文膽兼特別助理莫洛（Hugh Morrow），試圖替他研擬盡可能涵蓋面最廣的外交政策立場。做紀錄的雖是莫洛，但發言無疑以季辛吉為主[53]。經討論出現三個明顯主題：一、有限核戰再度成為選項；二、不論蘇聯侵犯任何地方均須挺身而出；三、也是最重要的，美國外交政策需要理想主義。這份文件是季辛吉堅持外交政策需有道德基礎的例證，如此令人矚目，因此理當多加引用。

按照新起的和平運動或庫柏力克《奇愛博士》的標準，準備使用核武屬道德行為的說法，當然很不合常理。但那忽略了基本前提，即不打算使用核武也許會使蘇聯在冷戰中必然獲勝：

> 核武只在平衡。高談核武浩劫會使我們跛腳。我們必須準備使用核武，但也增強傳統武力。……若非擁有核武，民主的猶太—基督教武力今日將不復存在。是核武而非〔揚言〕威脅，保存了文明。應恢復核武試爆——除去其污染並做戰術使用。

據莫洛的紀錄，主張反對試爆中子彈*，是基於「完全人為的道德觀念」。季辛吉在一個月後寫給洛克菲勒的信中說：「西方的重大課題是，能夠保存我們價值觀的和平。我們當然也可以投降求取和平。但為保有我們的價值觀，我們可能必須面對一種看似矛盾的情況。我們必須盡一切光明正大的作為去避免戰爭。同時

---

* 中子彈構想最早出現於一九五八年，是當做「強化放射性」武器。中子彈爆炸附近地區，核融合釋出的中子可使人類致命；但相對較少的熱能及爆破效應，可使建物及基礎建設受到的損壞小於氫彈。

我們必不可將核武污名化，以至於為共黨核武勒索製造條件的程度。」[54]

同樣地，泰利鎮第二論述把「古巴、寮國、南越、柏林、伊朗〔當做〕國家目的測試點」，就很難與抗議歌曲作者起共鳴。不過紀錄中清楚記載，季辛吉認為，讓這些地方落入共黨政府之手，是比挺身反擊更大的罪惡；

> 我們不可容許自由地區進一步縮小。我們在此必須挺住。我們已無退路：如同在滑雪道上滑至半途，快接近起跳點，速度已經快到止不住了。……
>
> 我們在古巴、寮國、柏林若不挺住，就會動搖自由世界集體的信心，到無人願與我們並肩的地步。……
>
> 我們必須在世界各地組織並訓練民主領導團隊。……
>
> 當缺乏遍及半球的警力，在美國的我們必須行使警察權威，直到有此警力存在。……
>
> 我們不能要求先完美再行動。我們無法先讓每一國都民主。……我們要勇於面對支持誰的問題；先保衛壞蛋，再改革他們。……
>
> 單單去年在越南便有九千人傷亡——有一萬三千名游擊隊自北越進來。……
>
> 內部反政府顛覆行動比明顯的軍事威脅更危險。共黨自內部建立權力基礎，然後說，如果你們進來，我們也要進來——卻在同時送進游擊隊和補給品。把平民政府恐怖化。赫魯雪夫告訴我們他要這麼做。
>
> 我們為何不當一回事？……
>
> 我們未把這整套技倆（共黨滲透及顛覆），納入國內政治考量或外交政策。由於不涉及明顯軍事行

動，加以反制不符合我們的道德概念，但它應該符合。

在此未經修飾的莫洛紀錄明白指出，扮演全球警察勢必涉及與「壞蛋」做令人嫌惡的結盟，尤其是當時統治南越的那些。但這些妥協比起讓共黨得逞要好。這便是一切的關鍵。若共黨統治意味著要死數以千萬計的人——俄羅斯、中東歐及中國確是如此——那死者數以萬計的戰爭在道德上就說得過去：

當前應是停止在道德上自我欺騙之時。革除不斷擴散之惡，不會比警察打擊一幫歹徒或醫生割除惡性腫瘤，更違反道德原則。

我們勿再欺騙美國人民。……我們的軍事行動並非戰爭與和平問題，而是要維繫法律、秩序和正義。……

尊嚴（*Dignidad*）和人道（*humanidad*）——我們沒有尊嚴和人道感；我們欺騙大家，然後發出道德聲明。此種超正義的道德使我們成為氣度小、向內看、神經質的社會。……

且看世人如何看待我們：我們不道德。我們在做所有俄國人做的事，並企圖以所做效果不彰為由，來為自己在道德上開脫。……

有很多世人把我們看成唱聖歌的偽君子，理由相當充分。……我們認為派一千人進去而失敗是道德的，可是派一萬人而勝利是不道德的。……我們常使自己處於一種境地：為安全和自由所採取的必要措施被視為不道德。……

「信、望、愛，其中最偉大的是愛。」

我們需要更深層的道德目的及肯冒險的意願。價值觀、倡議、支持政策的理念，還有做為後盾的機制及工具。……外交政策本身不是目的。……我們必須制定政策，不是當談判者。

這雖是由撰寫講稿者為可能成為總統的人，匆忙寫下的概要，卻是某種信條。季辛吉即便收取甘迺迪的顧問費，他仍促請洛克菲勒「做國家的良心」，並保證「盡一切必要努力來協助你。……民主國家的領導人若不願，面對人民仍為所當為，這國家便無法存活」[55]。誠然這些在冷戰時期並非異端思想。赫魯雪夫本人在甘迺迪就職前二週，即相當明確地表示，事實將證明第三世界民族解放戰爭，是擴大共產主義至世界各地的最佳手段[56]。甘迺迪自己一九六二年在鹽湖城演講時，便指「支持各國獨立，以免一個陣營獲得終至壓制我們的足夠力量」，是他的核心目標之一[57]。那確實是他就職演說的主軸*。羅斯托也原則上反對，「任令共黨插手自由社會，卻無法加以還擊的不對稱」[58]。但季辛吉強烈懷疑，甘迺迪政府在實際執行時會發現，很難達成本身所標榜的目標。後面會寫到，他在許多方面低估了甘迺迪當總統的能耐[59]。不過他的基本洞見，認為務實作風往往會凌駕教義，事實證明是對的。

三

表面上甘迺迪政府比前任更精簡而有彈性，並使總統得以左右政策並做出決定。受哥大學者紐斯達的新書《總統權力》（*Presidential Power*），及參議員亨利．傑克遜的國家政策機構小組委員會的初步報告所影響，甘迺迪愉快地打破艾森豪複雜的官僚結構[60]。裁撤計畫委員會（Planning Board）和作業協調委員會（Operation Coordination Board），廢除軍方對計畫與作業的區分。邦迪是國安顧問，理論上應依賴不超過十二人的小智囊團，與總統密切合作[61]。這些幕僚再比照國務院的組織，按地理區分為小組，在需要時，依需求提出迅速有用的分析性「國安行動備忘錄」（National Security Action Memorandums，NSAM）[62]。總統本人不想與全體國安會成員開會，他喜歡與邦迪、國防部長、國務卿、中情局長及副總統定期會議[63]。為處理特定問題會組成跨部會「專案小組」，經常使國務院成為局外人[64]。當發生危機時，如一九六二年的古巴，特別挑選組成的國安會執委會，便成為甘迺迪的私房顧問團。邦迪想像艾森豪時期，疊床架屋的官僚體系是向老邁的總統，提出一致的立場請其背書，他則著手提供甘迺迪有意義的選項[65]。

白宮在甘迺迪手下的實際運作，因紐斯達和傑克遜的大規模重新設計而頗不相同。新制度有效地給予國安顧問比國務卿優越的地位，因為他更接近總統所致，特別是魯斯克堅持，「國務卿的職責是根據總統的看法行動」，而邦迪在推測總統想法上處於大為有利的位置[66]。但他與其他新貴學者經驗不足，最初曾費力地建立在中情局和軍方之上的地位。白宮本身是一片忙亂景象，但不見得都有成果。新聞秘書沙林吉（Pierre Salinger）曾留下生動的記述，講他與部屬如何擠在「比雙車庫大不了多少」的辦公間裡，被迫把四家通訊社的電文機塞在「洗手間的管路之間」。每日兩次的記者會像是「傍晚最尖峰時刻的紐約地鐵站」，大廳正

* 「對我們歡迎加入自由行列的新國家，我們誓言，一種殖民控制形式成為過去，不應只是由更殘暴許多的暴政取代。……讓所有鄰國都知道，我們會與他們聯手反對，在美洲任何地方的侵略或顛覆。……最後，對自己與我們為敵的國家，我們不是立誓而是要求：雙方重新開始尋求和平。……我們不敢以弱點誘使他們。因為唯有我方武器充足到不容置疑，我們始有不容置疑的把握，永遠不會動用它們。」

對面的白宮記者室「不堪入目」，桌上「報紙、紙牌、藥瓶隨處四散」，地板像「百老匯碎紙片遊行（ticker-tape parade）過後」。此種亂象距總統辦公室僅七十五呎（譯註：約二二點八公尺）[67]。儘管距橢圓形辦公室這麼近，記者群卻無視於國家總指揮官異乎尋常的性遊戲。

外界看甘迺迪的婚姻有如童話故事。他與迷人的夫人賈姬（Jackie）在一九五三年結婚，是雜誌主編夢想的神仙眷屬，育有一子一女，展現戰後完美的小家庭。實情卻很不一樣。甘迺迪外遇無數：與中情局探員梅耶（Cord Meyer）之妻、（《新聞周刊》華府分社社長）布萊德利（Ben Bradlee）大姨子瑪莉．梅耶（Mary Pinchot Meyer）；十九歲白宮實習生咪咪．艾佛德（Mimi Alford）；可能與電影明星瑪琳黛德麗（Marlene Dietrich）及瑪麗蓮夢露（Marilyn Monroe）；確實與茱蒂絲坎貝爾（Judith Campbell），她的情人還有芝加哥組織犯罪老大基安卡納（Sam Giancana）和其助手羅塞利（Johnny Roselli）[68]。這些和許多其他「碰巧的艷遇」被視為總統的業餘嗜好。內閣秘書達頓（Fred Dutton）曾怨道：「我們像一批處女，他像上帝，任何時候他想要，就與任何他想要的人搞」。所有這些聯邦調查局長胡佛及親近甘迺迪者都知道，尤其是他的秘書艾芙琳．林肯（Evelyn Lincoln）。*媒體卻完全未報導[69]。

當然那是六〇年代，時代才要開始要擺動。離婚率在降至戰後低點，每千對僅二．一對後，即將展開二十年的飆升，到一九七九年時來到每千對五．三對。一九五〇年代近距離替洛克菲勒工作的人，很難不注意到他的外遇。季辛吉在一九六二年三月時，當然已知道他與墨菲的關係，那時洛克菲勒剛與首任妻子瑪莉離婚。季辛吉未料到的是，一年後墨菲也與丈夫離異，並在首次婚姻失效後才一個月，便與洛克菲勒結婚。他沮喪地向史勒辛格保證，墨菲「如果嫁給尼爾森，一定會失望而不快樂；他是個寂寞的人，表面上多麼友善可親，卻疏遠而冷漠，她會發現自己像第一任洛克菲勒夫人一樣，被排除於他的人生之外」[70]。

季辛吉的判斷不可能不受本身經驗所影響，大約在同時間，他也面臨婚姻破裂。儘管次子大衛於一九六一年九月出生，季辛吉夫婦卻已有多年貌合神離。自結婚後安不時會醋勁大發；丈夫時常離家待在華府，聚少離多激使她更缺乏安全感。她堅信丈夫不忠，會搜他的口袋尋找犯罪證據，但無所獲，因為季辛吉不是甘迺迪。為試著減少兩人磨擦，季辛吉在「遠離一切的車庫」打造書房[71]。到一九六二年十一月，他不在劍橋太過頻繁，其父開玩笑說，他是「德國軍方用語的D.U.……『dauernd untauglich』（不適服役〔永久殘廢〕）」。孩子們與母親到紐約，首次去祖父母家，父親卻未同行[72]。一九六三年秋日某晚，兩人又為他想必的不忠而爭吵，吵到一半季辛吉一氣之下，不曾真正預謀便離家出走，從此沒再回來。不久後兩人決定分居。安與孩子留在劍橋，季辛吉搬到波士頓風景最美的區域燈塔丘（Beacon Hill）單身公寓[73]。

季辛吉與弟弟不同，他為實現對傳統家庭生活的期待，娶華盛頓高地、德猶裔、正統教派的「鄰家女孩」為妻。此舉違反他從被占領的德國返美前所做的決定。即便他自己已放棄宗教信仰，他是為了敬愛父母才這麼做。那是失敗的妥協，這類妥協通常不免如此結局。

* 提到林肯太太，甘迺迪有一次曾說：「如果他打電話告訴她，他剛砍下賈姬的頭，想要處理掉，那忠心的秘書會馬上拿著尺寸合適的帽盒出現。」

四

以甘迺迪在任第一年，白宮普遍缺乏紀律，他會馬失前蹄或許勢在必然。結果絆腳石是佛州外海相距九十哩的古巴島。一九五九年初卡斯楚的游擊隊奪得古巴政權，自老羅斯福總統（Theodore Roosevelt）時代起它便是美國非正式的屬國。卡斯楚是富於政治魅力的民族主義者，那年春天他訪美時大受媒體歡迎，尤其是在哈佛大學，他在校內士兵廣場（Soldiers Field）對一萬人發表長篇演說。（代表法學院論壇及校方介紹講者的邦迪，難掩對這位加勒比海煽動家及其大鬍子隨扈的嫌惡。）[74]但有愈來愈多證據顯示卡斯楚準備投向蘇聯，配合流亡海外的前古巴政權支持者愈來愈有效的遊說，使中情局的艾倫·杜勒斯及比塞爾認為，卡斯楚必須下台。比塞爾對本身策畫暗中行動的技巧很有自信，他草擬變更政權計畫，包含建立政治反對勢力，持續宣傳攻勢，並由民兵部隊攻打古巴，而有古巴內部反卡斯楚起義為後援更理想[75]。在一九六〇年選舉中，古巴對大部分美國選民並非主要議題[76]，但到十月媒體報導，甘迺迪贊成「美國干預古巴」，使它成為爭議焦點，尼克森偽善地譴責此一立場，「可能是此次競選期間，他做過的最危險而不負責的建議」[77]。甘迺迪迅速公開拒斥使用「赤裸裸的武力」。但他勝選後不久，曾聽取比塞爾的冥王星行動（Operation Pluto）計畫簡報，無論他有何疑慮，他確實並未提議加以取消[78]。

當決定登陸豬玀灣（Bay of Pigs）而非古巴千里達港（Trinidad）時，此次行動改名為薩巴達（Zapata），有四件事保證它會失敗。一，中情局和參謀長聯席會議對可行的進攻計畫意見不和。（中情局贊成用游擊隊；軍方要部署正規部隊。）二，原該是「秘密」行動，卻普遍被卡斯楚政權和美國新聞界所預期，一點意外成分都沒有。三，政府內部懷疑此計畫的人，著名的有史勒辛格和包爾斯，無法為他們的看法辯護，因位階輸給支持比塞爾的魯斯克、麥納馬拉和參謀長聯席會議主席藍尼澤（Lyman Lemnitzer）[79]。史勒辛格甚至應甘迺迪要求，不得不草擬白皮書為干預行動辯解[80]。四，也很關鍵的是總統本人不重視，有相當多證據顯示失敗的可能性頗高，他相信承襲自艾森豪的專家們，也相信他本身迄今非比尋常的幸運[81]。「懷疑論者」所做的只是促使此次行動輕率展開，其附近沒有軍隊火力以確保成功。甘迺迪本人否決讓美軍直接參與進攻，取消第二次對卡斯楚空軍的空襲，在行動開始潰敗時拒絕提供空中支援[82]。有四位美國飛行員在行動中喪生。三天的激戰中有百餘古巴流亡者身亡；一千二百人被俘，其中有許多在進攻失敗後的數月內遭到處決，當地反卡斯楚而起來支持政變者亦被處決。前總統艾森豪對《紐約日報》（*Newsday*）表示，「武力在這個世界是赤裸而殘酷的東西」，拒絕為此次慘敗負任何責任。「若要用它，就必須準備好要打到底。」[83]

最優秀最聰明者造成了悲慘的災難。甘迺迪怒道：「我們這次真的搞砸了。中情局和五角大廈那批人怎麼錯得這麼離譜？」[84]史勒辛格在日記中嘆道，這個政府被「揭露為不過是艾森豪——杜勒斯過去的延續」。「我們不但看似帝國主義者，還是沒有用的帝國主義者，那更糟；最糟糕的是，我們像愚蠢、無用的帝國主義者。」[85]甘迺迪雖公開表示為此次慘劇負責，幕後卻有很多人受罰。在麥斯威爾・泰勒（Maxwell Taylor）將軍的調查小組，完成可定罪的報告後[86]，杜勒斯和比塞爾遭解職，原能會主委麥康（John McCone）接任中情局長[87]。一九六二年十月麥斯威爾・泰勒接替藍尼澤成為參謀長聯席會議主席[88]。不應該的贏家是邦迪，比起提出關鍵論點，指失敗的風險遠大於直接取消的代價的那些人，他其實一樣也是大輸[89]。是邦迪堅持解散艾森豪的「文件工廠」；堅持不到十二個學者專家可取代舊的國安會，更別說國務院[90]。但邦迪在事後權力卻變大。國安會搬到白宮西廂地下室，確保從此無人能比邦迪更接近總統[91]。地下室的保齡球道改成戰情室（Situation Room，其實是兩間房間），就位於國安會旁，意在使決策過程重新聚焦，設置「彙集來自各國安單位的所有機密資訊的場所」[92]。

季辛吉開始擔任白宮兼職顧問的新職時，踏入的正是如此大亂局，他對古巴幾乎完全不知情，大多數時間留在遠方的劍橋，中情局信差偶爾送來的極機密資料，都存放在神學大道辦公室裡，特別購置的保險箱中[93]。邦迪派給他的首件任務，使他倉促投入美國國防政策整體改造中，那是他長久的倡議，也是甘迺迪競選時的主張。季辛吉被請去首都「一兩天」，當被要求對額外軍事預算提出看法時，他很吃驚。他後來回憶，是突如其來打鴨子上架

> 我到達時……拿到一巨冊文件，包含約五十種不同的建議，加上一份說明。那是兩個專案小組各自花費六週時間的研究成果。給我這份報告前後約有兩小時，每半小時為一段。我拿到那一大本的一小時，就要我做一份評語備忘錄，並與麥克見面做初步檢討。我沒有機會與報告的作者討論，了解他們的本意，也不知道總統關心它的哪一方面。最後，我熬夜為一份已被取走的報告寫備忘錄，一直寫到清晨四點。[94]

季辛吉在這種情況下寫作，只得訴諸學術細節。國防部明白，舊有克勞維茲式（Clausewitzian）對總體戰與有限戰的區別；很好。但似乎未能掌握如何區分有限嚇阻（finit deterrence），指認為「某些或所有形式的侵略……可透過威脅蘇聯將遭到無法承受的損傷而產生嚇阻」，好讓「傳統觀念的勝利由懲罰能力所取代」；與反制武力（counterforce），或指「強大到足以承受第一擊仍能戰勝的報復武力」，或指「先發制人而可獲勝的報復武力」，季辛吉認為此說「愚蠢」[95]。

華府要是有人讀過哈佛—麻省理工武管研討會的這份文件，也沒有人提過。反倒來了第二件任務：評論索倫森關於以「彈性回應」概念，做為甘迺迪新國防戰略基礎的備忘錄。季辛吉再度採取強硬立場：總統為何提議取消「預防戰、先發制人戰或其他大規模第一擊」？[96]為何無條件排除這些選項？

季辛吉想採取主動，便為甘迺迪草擬「重大國防選項」的長篇複雜備忘錄，說明反對第二擊反制武力戰略的理由、贊成及反對第一擊戰略的理由、贊成及反對有限嚇阻的理由。他的核心論述不變，即過度依賴核子嚇阻很危險，因為除非蘇聯做出毀滅性第一擊，很少有別的問題看來值得打總體戰。「顯著增強自由世界的有限戰武力」有其必要，正是為讓美國及盟邦保有「局部介入」的選項。不過他在此以新方式呈現觀點。不錯，更強調傳統武力有其不可分割的風險。那也許會「令盟邦驚慌或誘發蘇聯倉促行動。……我們必須小心，勿形成寧可被傳統武力擊敗、也不會使用核武的印象」。但不增強傳統武力的風險更大：發生衝突時，總統有可能「失去決定使用核武的主控權」，而落入恨不得動手的軍方。季辛吉在此拿一戰爆發做類比，此事顯示「允許軍方就『純』戰略考量制定計畫的危險性。……一次大戰無可避免……部分是由於無人知道，如何自動員的態勢中退卻」。沒有證據顯示甘迺迪曾看過這份文件[97]。但假使他看過，他很可能會同意。此時芭芭拉．塔奇曼（Barbara Tuchman）的《八月砲火》（*The Guns of August*）尚未出版，但豬玀灣鎩羽而歸已讓甘迺迪嚐到，受軍方計畫人員擺布的滋味。到下一次古巴危機時，他會極度擔心泰勒後來所說的「按時間表作戰」。

一九六〇年代學界策士最大的缺失在於愛做抽象說理，把博奕理論推到邏輯的極端。相形之下，季辛吉渴望把核子時代的困境說得更具體。他抱怨：「我們有很多規劃關切的多半是，發動攻擊日或處理單一危機需要多少武力。若以上分析正確，則應多考慮局部危機隨著時間擴大的進程，尤其是到第十五天、三十天、四十五天等等，情勢會如何發展。」[98]不過，古巴和另一個可能淪入蘇聯勢力範圍的寮國，是他不了解的地區。在他眼中，美蘇衝突的主戰場不言而喻是在歐洲，特別是德國[99]。對此議題他自認特別有資格提供建議[100]。政府顧問中還有誰對德國問題了解得更透徹？

五

人們對一九六一年柏林危機的記憶，比不上對次年的古巴危機。可是在許多方面柏林的危險更勝於古巴。原因是美國在德國的地位要弱勢許多。正因如此甘迺迪政府對柏林遠比對古巴，更願以核戰為威脅。至於赫魯雪夫，他懷疑在他看來只是小小改變前德國首都的狀態，美國對此會願意大張旗鼓到戰爭邊緣[101]。一九六一年六月，赫魯雪夫如同一九五八年十一月，發出最後通牒，給西方三強六個月時間，自柏林撤軍。他的目的是與東德政權單獨簽訂和約，從此由東德控制柏林的出入。赫魯雪夫有兩大考量：一是阻止人民由東柏林流向西柏林，那威脅到德意志民主共和國的存續發展；二是對抗西德恢復軍力，他擔心西德最後會靠自己變成核子強國。測試美國的決心在他心中是否最為重要，並不完全清楚。

甘迺迪當選後不久即得知，俄國受到「沈重壓力得解決柏林問題，並阻止鐵幕後難民移往西方」[102]。但美國的立場卻因某些（非全部）歐洲盟邦不肯妥協而變複雜。英國雖願意支持柏林為自由市，法國卻拒絕。戴高樂（de Gaulle）在巴黎告訴甘迺迪：「任何自柏林退卻，任何狀態改變，任何軍隊撤離，任何對運輸及通訊的新阻礙，都意味著失敗。」[103]如歐洲最高聯軍指揮官（Supreme Allied Commander Europe，SACEUR）諾斯達（Lauris Norstad）將軍所說，問題出在凡「為柏林而戰必會是核戰，不然就是立即可恥的失敗」[104]。

理由似乎很明顯：以紅軍駐守在附近的武力規模要大得多，西方為柏林打傳統戰毫無勝算。

柏林危機的處理方式與豬玀灣差很多。國務院、國防部、參謀長聯席會議組成大規模的柏林特別小組一起合作，負責協調的是助理國務卿柯勒（Foy Kohler）和助理國防部長尼茲，加上參謀長會議的代表格雷（David Gray）少將[105]。但柏林本身的狀況很特別。美國在柏林的指揮官，政務方面聽命於駐波昂大使，軍務方面卻聽命於海德堡的四星上將，再透過他向巴黎的諾斯達上將報告[106]。諾斯達不只是歐洲最高聯軍指揮官，也是西方三強為保衛柏林，在一九五八年十一月成立的秘密軍事組織活橡木（Live Oak）的指揮官。火上加油的是，一九六一年八月甘迺迪派戰後美國占領區的前總督克萊將軍，以他的個人代表身份到柏林。甘迺迪的駐莫斯科大使湯姆森（Llewellyn Thompson）十分盡責，他很快便看出東德可能「封鎖防區邊界，以終止他們必然認為是芒刺在背的難民持續由柏林流出」[107]。但在華盛頓他立即受到壓力，連這個問題也不能屈服。敦請他採取強硬立場的包括季辛吉。

三月十日週五，季辛吉列席國安會；次週星期一、二他聽取國務院專家麥吉（George McGhee）、亨利·摩根（Henry Morgan）、波倫（Charles Bohlen）、希爾布朗（Martin Hillebrand），以及中情局、國防部相關人員對柏林的簡報[108]。在邦迪建議下，前國務卿艾奇遜被請來主持檢討小組。艾奇遜的結論直言無隱，季辛吉在柏林應變計畫跨部會協調小組會議上，曾聽過初步版本。柏林問題是「意志衝突」，無法靠談判解決。蘇聯不再相信，為了柏林「美國願意打核戰」。必須讓他們認清，華盛頓「確實準備用核武保護柏林，我們把整個聲譽都投注於其上」。艾奇遜建議同時增強核武與傳武，以備一有企圖阻止西方進入柏林的行動便攤牌。他也敦促，訂好對整個蘇聯集團進行制裁及暗中行動的計畫。但他表明：「最危險的莫過於，採取本報告描述的那種行動方向，卻未能決定接受核戰，而非決定答應赫魯雪夫現在提出的要求。」[109]季辛吉的看法大致相同。他四月四日對羅斯托表示：「我們可能……不惜說出，雙方均不應強逼只能以戰爭達成的要求。這麼說的反面當然就是暗示，倘若強逼柏林問題，我們會採取極端行動。」[110]他認為：「最好的辦法是在軍事計畫上不放鬆，並表達維持柏林地位的明確決心。」[111]

西德政府的地位極為痛苦。此事不只攸關德國前首都的命運，也攸關分裂德國的生存。然而做關鍵決定的是在華府、倫敦、巴黎，更別說莫斯科，卻並非在波昂。特別是對柏林問題，西德總理艾德諾深感矛盾。他在天主教萊因區長大，年齡大到（八十五歲，艾德諾生於一八七六年）足以記得俾斯麥政權曾歧視非新教徒。他確曾半開玩笑地說，當開往柏林的火車經過易北河時，他喜歡把車廂的窗簾拉下，以免看著普魯士的「亞洲大草原」。私底下他也不強烈反對德國分治；比起統一可能讓即使非共產黨，也可能是社會主義者掌權，分治好得太多。他其實願意考慮交換，把整個柏林給東德，換取薩克森和梅克倫堡（Mecklenburg）的某些部分[112]。但艾德諾的主要目標是確保西方，尤其美國，保衛西德的承諾不會搖擺。

在艾德諾訪華府前，季辛吉試著解釋其複雜的動機。他指出：「跟艾德諾抽象地談彈性的智慧，就好像告訴戒酒協會（Alcoholics Anonymous）成員，晚餐前來杯馬丁尼不會對他有害。艾德諾寧可錯在太過忠於盟邦，而非採取利用德國居中的位置，操弄鄰國相互對立的政策。」這位西德領袖十分擔憂，新政府強調增強傳統武力，「是美國要放棄歐洲的前兆」，再來是「撤出美國核武，任令德軍受蘇聯戰術核武的擺布」[113]。他的關鍵洞見是：美國願為西德的自由，甘冒與蘇聯打總體戰的風險，這個嚇阻的核心假設其實不可信。所以美國在歐洲軍事態勢的任何變動，必會被艾德諾解讀為，脫離和撤出的先聲。（他畢竟在一九二○年代擔任過科隆市長，那時是西方強國上一次自德國出走。）

我們必不可認為，季辛吉對此主題提出意見時，仍受到對出生國保有的愛所驅使。當然憲法上，（德意志」聯邦共和國是真正的民主國家，基民黨和社民黨領袖擁有無污點的反希特勒紀錄。但主管西德政府及產業運行的第二層人物，卻有許多並非如此。對實業家畢亨巴赫（Kurt Birrenbach）等「好德國人」，季辛吉私下甚至會厲聲譴責*。此外他在正式場合已不再能自在地講德語。他向邦迪坦承：「說來奇怪，我的德語詞彙不夠好到可以即席對複雜的主題演講。因為我唸中學和大學都是用英文，我對國際和軍事事務的思考也都是用英文。（我的足球德語字彙超棒，不知有沒有聽眾會感興趣。）」[114]†至於西德人，必定會對季辛吉有疑心；對於曾殺害他那麼多親人的人民，他真正的情緒難道不是憎惡嗎？艾德諾的一個助理吐露，令「老人家」最擔心的兩個美國人是季辛吉和史蒂文生[115]。他與同僚們決定不下，季辛吉背地裡想要的德國命運是哪一種：應該打一場有限核戰使它化為灰燼，還是放棄全面核戰威脅，任憑它由蘇聯處置。

其實季辛吉在五月五日一份關於西德的備忘錄裡表明，他主要顧慮的是美國外交政策的公信力。他呼應艾奇遜，指出：「柏林的命運是北大西洋共同體（North Atlantic Community）前途的試金石。若在柏林失敗，柏林生活在自由中的可能性下降，那必定打擊聯邦共和國的士氣。……所有別的北約國家對西方表現得如此無能，勢必得出所言的結論。對世界其他地方而言，共產主義運動無可抗拒的本質獲得突顯。」

但若蘇聯執意改變柏林現狀，不論其形式是切斷對聯軍營地的補給線，或中斷平民的進入權，均意味著

* 季辛吉形容畢亨巴赫「屬於指責別人、自我保護的那種德國人」，但「仍有一些影響力。他主掌蒂森企業（Thyssen Enterprises）。老蒂森雖曾提供希特勒財務資助，畢亨巴赫本人在納粹時期卻流亡海外。他是總理的友人，總理因誤以為他對美國人特別有一套，就用他向英語系國家傳達意見」（一九六二年五月二十五日對史勒辛格）。

† 季辛吉曾恭維瑪莉昂．頓霍夫（Marion Dönhoff，譯註：德國名記者，《時代周報》（*Die Zeit*）發行人），「如此有定力，坐著聽完我用德語演講」。

「攤牌」。攤牌一定得納入可能打核戰爭：

（a）蘇聯能夠遏阻且很可能擊敗，以北約現有可用武力，我們能夠往柏林增援的幾乎任何規模的傳統攻擊。

（b）一次全面核攻擊很可能摧毀不了蘇聯的報復武力。

（c）假若蘇聯準備強行得逞，則我們〔因而〕面臨有必要在局部或受限的報復戰中，訴諸核武。由此可知，在未先確定以下問題的答案前，我們不應採取任何一種局部行動：我們是否打算接受傳統武力的戰敗，抑或必要時要使用核武？[116]

季辛吉十分明白，這不符合國安會全職人員一貫的想法[117]。麥納馬拉同樣力陳：「考慮訴諸核武前，先大量使用傳統武力」，包括以秘密行動在東德激起暴亂[118]。季辛吉也開始察覺邦迪的舉棋不定，那顯現於他不願明確表示，他究竟希望季辛吉做什麼，即使季辛吉給他三個選擇，由「從政治影響觀點分析現有作戰計畫」，到就「北約地區幾乎任何主題」提供意見[119]。不過哈佛的學期在一九六一年四月底已快結束，季辛吉享有兩項優勢。一是邦迪和其團隊因豬玀灣失利而步伐不穩。季辛吉除了提出打字的備忘錄，又給邦迪手寫字條，責備《紐約時報》對他「不公平」的抨擊。邦迪很感激。他回覆：「當你覺得對某個失誤有責任時，要繼續勇往直前並不容易，而單純的友誼很受用。」[120]

其次是季辛吉已承諾訪問波昂，此時他在當地已頗具聲譽，特別是他在核戰略上的研究，因此足以獲安排，與艾德諾及好戰的國防部長法蘭茲．史特勞斯會面。季辛吉與後者的相遇帶著幾近喜劇的性質。史特勞斯在三位德國將軍陪同下，厲聲指責其美國訪客，他認為，美國增建傳統武力其實不利於德國的安全。季辛吉是否知道，德國地面部隊事實上優於美國？他是否知道像「施密特」（Helmut Schmidt）等社民黨人，「完全斷章取義地引用季辛吉的著作，以證明甘迺迪總統的顧問支持社民黨的國防路線」（即反對將西歐的防禦，建立在以大規模報復為威脅的基礎上）？當天晚上在美國大使館的晚宴上，「史特勞斯比下午更放肆，更無彈性。也許部分該歸咎於酒喝得太多」。

他說在柏林問題上，美蘇關係就如同他與他的狗。如果他叫狗到爐子下面去，狗一定會鑽到桌子底下，他立刻又加一句：「不然你可以到桌子底下去」，以維持場面他在控制中的錯覺。……〔最後〕他變得失控，暗示不管誰說什麼，尤其德方，柏林都會失守。……討論不知怎的來到東德可能發生暴亂的主題。史特勞斯說，只要他是國防部長，即使就在他們面前，在分隔線的另一邊，有德國人當街被射殺，德軍也不會有動作。［德國外交部］的巴肯（Richard Balken）接著說，如果他是師指揮官，不管史特勞斯說什麼，他都會行動。史特勞斯大喊：「那我就逮捕你。說實話也許我現在就該逮捕你。」雖然他是開玩笑地說，但他可能真有此意。[121]

剛好一週後，季辛吉與艾德諾的會面透露出更多德方的想法。儘管季辛吉一再保證（「我說柏林不是德國城市，而是對所有地方的自由考驗。……德國不可再被當做外國」），總理卻滿懷疑慮。美國「未能領導北約走向整合的核子戰略。如今面臨不止飛彈差距，還有艾德諾此時所了解的，蘇聯在所有核武都領先[122]，艾森豪已暗中承諾，「將柏林讓給」赫魯雪夫。〔英國首相〕麥克米倫（Macmillan）在此「極度軟弱」

中打算默不作聲。唯有戴高樂可依恃，那也只因為他擁有獨立核能力。

艾德諾說，美國必須設法了解歐洲的恐懼。他們擔心的情況是，美國總統在攻擊中身亡，我們便失去領導報復的人。還有碰到美國的選舉年會如何？他問我能否誠實地說，在選前一個月艾森豪有可能用氫彈報復？我說：「事實上，會的。」他問：「歐洲真的可以如此仰賴一個人的決定？」[123]

此次提及法國新達成的核地位*，其重要意義季辛吉並未錯失。他剛聽過法國外交官德霍斯（François de Rose）的完整簡報，德霍斯表明，法國會考慮將其嚇阻武力整合至北約指揮架構內，僅須交換美方的技術援助[124]。美國決策者開始領會到核子時代的新挑戰：如何防止核武擴散，核武即使在盟邦手中，也必會增加無意中引發大決戰的機率，除非美國能對使用核武行使某種形式的否決。季辛吉與史特勞斯、艾德諾、德霍斯會面，使他比以往更能理解強化北約的迫切需要，即使只為抗拒戴高樂或許還有史特勞斯，想要自行其是的衝動[125]。假如法、德由衷相信，「我們強調傳統武力實際上是一種擺脫歐洲的計謀」，就很難責怪他們想擁有自己的核嚇阻武力[126]。更進一步的論述，歐洲人很少明講，即在政治上，走這條路比增加傳統武力容易。

季辛吉的德國行，顯著提升他在華府及更廣闊的世界的可見度。他與史特勞斯均公開表示彼此意見不同；不僅德國新聞界，《紐約時報》和倫敦《觀察家報》都在注意[127]。《紐約郵報》六月初熱切指出，總統最近在國會演講，要求快速增加「傳統」軍力，聽來彷彿可能是季辛吉撰的稿。「美國保證必要時為柏林而戰是季辛吉的一個主要論點。」季辛吉忍不住給《郵報》一句不夠外交詞令的話：「杜勒斯政策的難處不在於他看錯共產主義，而在於其他方面他看對的太少。」[128]季辛吉的「會談錄（memcon）」†或許有趣，但很難相信邦迪樂於讀到所有這些。更重要的是邦迪的看法開始與他敢言的下屬產生歧異。

對季辛吉，同樣對艾奇遜而言，課題清清楚楚。赫魯雪夫六月初在維也納與甘迺迪會晤時，他霸道的行為季辛吉毫不感到訝異；這正合乎季辛吉（而非較樂觀的總統）所預期[129]。在他心中，為柏林攤牌勢在必行，原因很簡單，即蘇聯要這麼做。關鍵在於詳細擘劃美國回應的各階段，尤其要確保總統始終掌控著升高的過程。另一個選擇是悄悄對俄國讓步：具體放棄美國所堅持平民在柏林市內可自由行動，以至於容許關閉東西柏林間、西柏林與周遭德意志民主共和國之間的邊界。這是湯姆森在莫斯科正確預言、也是蘇聯及東德在七月初已決定的行動[130]。華府迄今無人公開討論此種結局。但強硬派與溫和派的歧見已很清楚[131]。七月十九日國安會的關鍵會議召開前，邦迪明確劃分「艾奇遜和尼茲領導的柯勒小組強硬派」，與暗示包括他自己在內的較溫和派，他們贊成「現在就說明白，不論和約或沿高速公路（Autobahn）以東德取代俄國，均非要為此打仗的事」，並「認真向蘇聯試探最終解決此一危機的要素」[132]。

史勒辛格曾極力向總統本人促請：「應讓亨利．季辛吉進入擬訂柏林計畫的核心」[133]。未獲採納。起先季辛吉不解邦迪為何閃躲，不肯對他明確說明。他寫道：「我相信為真正貢獻己力，我必須能夠追蹤一個或一組約定的問題一段時間。」但邦迪卻把他當做「出點子的人」，隨便給他一份文件，只給他一個下午去陳

* 法國於一九六〇年二月十三日，在阿爾及利亞南部成功引爆一枚核彈。

† 「會談錄」是關於面對面談話的備忘錄。這些是現存季辛吉最早寫成的會談錄。其生動的筆法，與有美國外交官在場所發送的古板官式報告，呈現強烈對比。

述自己的看法：「所以我對我國外交政策某些樣貌的不安，難免自行顯現於評論中，而在參與撰寫政策報告的人看來，那些評論必然是膚淺而惹人生氣。就像未注意過棋局進展，卻在棋局下到一半被問到該怎麼走。」[134]

儘管季辛吉擁有德國專長，關於柏林主要的工作卻派給歐文（Henry Owen）和凱森（Carl Keysen）。備感挫折的他收回整個暑假為邦迪做全職工作的提議，表示願回復「專案顧問」的地位[135]。邦迪先是故作不解地接受了[136]。他倆曾斷斷續續談到「對文人控制北約的特別研究……當做專案問題」[137]，還有機會嚴詞譴責政府對裁武立場的聲明草稿。（照季辛吉的說法：「不如把整個草稿廢掉，從頭再寫。」）[138]但經過數週無結果的書信、電話和會議，真相才明朗：「他說我對柏林的看法太固定，我認同『強硬』路線，會令總統對李普曼和傅爾布萊特（William Fulbright）參議員那些人感到為難。」為避免尷尬，邦迪此時建議季辛吉，當「總統的私人柏林顧問，正式職責交給別人，也許是較資淺的幕僚」[139]。季辛吉不情願地同意，但對羅斯托吐露他始終存在的疑慮：

> 麥克〔麥克喬治・邦迪〕贊同我應參加所有處理柏林的會議。用什麼名義呢？我不免要連絡各部會。以什麼職位呢？……坦白說我如果對國際局勢不是那麼絕望，我會退出。……我以一介平民為軍事政策和北約戰略所做的貢獻，比現在擔任白宮顧問要大得無比多。假使對柏林問題現在又開始重演同樣的過程，我覺得我還是回去當教授得好。[140]

這位教授在華府政治圈，學到他永遠不會忘記的一課，而這一課離結束還很遠。

至此最優秀最聰明者的光環不再。《時代》雜誌如今對甘迺迪的「白宮教授及亂出主意者隊伍」多所指責，其中包括「總統特別顧問亨利．季辛吉」。《時代》宣稱，經「現實的殘酷考驗，約翰．甘迺迪的體系運作欠佳。在外交政策領域，其紀錄可悲。當困難來襲時，甘迺迪的解決之道似乎是活動而非行動」[141]。如此嚴厲並不恰當。柏林是格外複雜的問題。更何況甘迺迪頻頻遭到相互矛盾的情報及分析疲勞轟炸。儘管季辛吉並不知情，或許最令人困惑的是，主要根據日冕衛星計畫得知，其實沒有飛彈差距，或應說是有美國超前的差距[142]。這使赫魯雪夫顯然決心逼出柏林衝突——其徵兆表現於在七月宣布增加國防支出三分之一——更令人費解。與此同時甘迺迪正在吸收謝林的新論文，文中似乎全面排斥，使用「戰術」飛彈的有限核戰概念[143]。甘迺迪正確地意識到艾奇遜的作法也許太狹隘，便要史勒辛格準備「關於柏林問題尚未探討課題的不具名備忘錄」。史勒辛格繼而打給季辛吉和〔哈佛教授〕切斯（Abe Chayes）。在七月六日，總統直昇機前往甘迺迪在鱈魚灣（Cape Cod）的休假地海阿尼斯港（Hyannis Port）前，只用兩小時匆忙草擬的文件裡，提出一連串令人憂心的問題，以求擴大政府的柏林戰略考慮面。

是否有「當前進入程序外，我們願意讓世界成為灰燼的政治目標〔？〕」甘迺迪對德國統一的「真正意圖」是什麼？艾奇遜著重的可能情況是蘇聯阻斷軍方進入柏林，要是蘇聯有別的動作怎麼辦？核戰「具體」的意義是什麼？美國的盟邦在可能的衝突中扮演什麼角色？[144]對核戰議題堅持最力的是季辛吉。他的夢魘始終是，在甘迺迪本人知道真正打起來「核戰的意義是什麼」之前，軍方在危機中會強迫總統採取他不明白的行動[145]。突然間季辛吉似乎獲得了他向邦迪爭取多月的角色：與羅文和凱森一起，籌劃分階段軍事回應蘇聯挑釁的計畫：不排除以核武為威脅，但小心行事以避免第三次世界大戰[146]。固然邦迪仍是總統身邊的人。但至少他在傳遞帶有季辛吉印記的訊息。邦迪也確於此時重新呈給甘迺迪，季辛吉五月就寫好的關於柏林的「強有力」備忘錄[147]。季辛吉終於發現在總統行政大樓（Executive Office Building）的辦公室（三九九室）裡有值得做的工作，即便他仍是每週只在華府待二、三天[148]。

「我不喜歡對政策使用『強硬』、『軟弱』或『堅定』這類形容詞」，季辛吉在柏林危機期間不止說過一次，這些區分對柏林問題尤其沒有意義。七月十五日的國安會議在副總統詹森支持下，促請宣布國家緊急狀態，召集預備部隊，增加國防開支，及採取其他經濟措施。反之，季辛吉建議採取外交行動，但求勿讓美國顯得不會妥協[149]。他反對宣布緊急狀態。反而他願意考慮，甚至是實質上承認東德政權，假使不然就要打核戰的話[150]。他深信軍方未提供總統有清楚說明的選項，便一直專注於討論「談判失敗的軍事後果」[151]。這些論點並未遭到忽視。七月二十五日晚，甘迺迪向全國發表電視演說時，稱柏林「為西方勇氣與意志的偉大考驗之所」；羅斯托引用電影《日正當中》（*High Noon*）[152]。但當總統揭櫫美國的立場時，並未聽從艾奇遜，他未宣布緊急狀態，而是選擇比照赫魯雪夫最近增加國防支出，讓美軍增加六個師，同時暗示美國現在只在意維持准入及駐軍西柏林[153]。

赫魯雪夫懂得美方的用意。他在麥克洛伊位於索契（Sochi，譯註：俄國黑海邊城市）附近的別墅，與他交談時大言不慚地說，他「無論如何要簽和約；占領權隨即終止，出入切斷，然後必須與德意志民主共和國達成協議；假如你們企圖使用武力，我們會以武力反制；戰爭勢必是熱核戰，你我或許會存活，但你們所有的歐洲盟國會徹底毀滅」[154]。然而他也「重申，願意保障西柏林自由獨立……甚而表示他認為，西方對這類保障的任何提議都會被接受」[155]。

甘迺迪增強傳統武力，同時敞開談判大門，等於在某些方面採用了季辛吉的建議。不過他是透過邦迪間接得到建議。季辛吉向史勒辛格發洩，他「對麥克排擠他的強烈感受」（如史勒辛格所記錄）

總統雖要他過來做全職，麥克卻強烈聳恿他不要；麥克從未問過一次他對任何事的意見，甚至對亨利寫的一系列關於柏林非常言之有物的備忘錄，連一點回應也沒有；總統表達想見他的意願時，麥克從未說清楚他〔總統〕想見他要談什麼，結果使亨利全無準備又緊張萬分，無法表現自己真正的能力；那整個經驗對他是羞辱。[156]

季辛吉被排除於總統的小圈子外，無從知曉關鍵且超級務實的決定已做出，若蘇聯決定關閉柏林邊界，美國將默許，傅爾布萊特參議員曾公開預測蘇聯會這麼做[157]。甘迺迪親口告訴羅斯托，赫魯雪夫「必須有所作為以終止難民潮。或許是一道牆。我們無法加以阻止」[158]。盧埃林・湯姆森〔駐蘇聯大使〕在莫斯科只差未對赫魯雪夫明講，美國會接受某種形式的限制由東德移出[159]。八月九日華沙公約其他國家同意築牆計畫，東德政權偷偷摸摸取得混凝土柱、鐵絲網、木材，及其他環西柏林圍牆所需的建材。兩天後路透社（Reuters）報導，東德人民議會（People's Chamber）通過「『內容不明的決議』，表示其成員同意，東德政府為處理柏林的『雪恥』情況欲採取的一切措施」[160]。一九六一年八月十三日凌晨一點，東德領導人烏布利希（Walter Ulbricht）的奴工開始蓋起柏林圍牆[161]。美國駐柏林司令官注意觀察但未有動作。甘迺迪聽聞此消息時，冷靜地囑咐魯斯克去看棒球賽，自己回到在鱈魚灣外海的遊艇上[162]。他頂多打算做的是，派盧修斯・克萊（Lucius Clay，德國美占領區總司令）陪著副總統詹森到柏林去，授權增加美國在西柏林的駐軍。

以全局觀點來看，最終導至柏林圍牆豎起的連串事件是一場災難，是「態度不一、優柔寡斷和政策失敗」的結果[163]。從甘迺迪偏好的務實角度來看，這卻是最最佳結局[164]。最最要緊的是避開了核戰。（甘迺迪在柏林危機期間，有一度曾厲聲對副國防部長吉爾派屈克說：「拜託……用用你的腦袋。我們談的是七千萬美國人會喪命。」）[165]再來，傳統武力衝突也未發生，否則最後不是導致核戰，就是西方屈辱。甘迺迪說：「圍牆比戰爭好多了。」[166]第三是蘇聯和其東德附庸曝露出真面目：面無表情的自由之敵。但甘迺迪以為「柏林危機到此為止」是錯的。

以季辛吉對可能發生的軍事狀況著力甚多，他卻未能預見到放棄東柏林人，任其自生自滅，或許出人意表。興建柏林圍牆確實只是關起鐵幕的最後一個道裂縫。理論上這堵牆是圍住西柏林，不是東柏林。可是當平民試圖由東越牆往西時，邊界守衛打死他們，首位死者里特芬（Günter Litfin）八月二十四日遭射殺，真正被禁足的是誰再清楚不過。這對季辛吉是雙重可恥的事。一則圍牆代表不再假裝德國在可預見的未來有可能統一。其次這看似美國又一次向蘇聯讓步。季辛吉再一次是理想主義者，而甘迺迪是現實主義者。

季辛吉想要的是美國堅持，民族「自決」普世原則，一如四十年前不是別人正是威爾遜宣布的，應適用於德國，更及於整個柏林。美國應明確表達政策，好讓蘇聯必須「為使德國繼續分裂負責」。這表示如實接受西德政府拒絕承認德意志民主共和國合法性（即使艾德諾私下始終滿意於德國實質的分治）。那年夏天季辛吉為此主題寫過許多文件，其中之一說：「我知道有人會說，艾德諾不能否決美國的政策。但我不明白，盟邦為何不該對影響本身國家前途的決策，擁有主要發言權。」[167]他在另一份文件裡明白拒斥一種看法，即「現實主義驅使我們認可無力改變的事」，因此美國應「接受德國分裂已成定局」。反之，他主張西方「必須擁護德國統一，即便有兩次世界大戰的經驗」。不可否認，季辛吉為統一費唇舌並非出於天真。他相信若西方被看成接受德國分裂，那西德可能有意採取「拉巴洛政策」*，「試圖與東德單獨交易」。他說，「若西方對其利益有正確的認識」，就會繼續支持德國統一，先組成邦聯，再舉行自由選舉，配合去軍事化及承認與波蘭以奧德河—奈茲河為界不能改變，這麼做不是為了莫斯科會接受，而正是為了它會拒絕[168]。

季辛吉認為華府低估，西德民眾對建立柏林圍牆的強烈不滿，以柏林市長布朗德表達得最為激昂，這一點是對的[169]。但他要是以為現在他口中的「邦迪先生」[170]，會注意他主張對德國統一的立場要有原則，那就錯了。季辛吉在寫給麥克斯威爾・泰勒的私函中，明白說出他本身的反感：

> 戴高樂是對的。
>
> 蘇聯人讓我們看起來像猴子，軟弱的猴子，我們卻迫不及待地表現我們的受虐狂，低聲下氣懇求他們請來談判，好讓我們再對他們放棄什麼。
>
> 與其在筆記裡抱怨，分割柏林是多麼不合法，我們應該宣布談判的先決條件，是那些水泥牆必須拆掉，分割必須終止。……
>
> 蘇聯若不回應，想必他們不會，那談判將無限期延後。我們隨即知會他們，我們寧可打仗，也不會放棄對柏林的權益及准入權，並冷靜地繼續增兵，要怎麼改變讓他們去傷腦筋。
>
> 法國百分之百會贊同我們，我相信也很容易說服〔艾德諾〕加入。這會孤立英國沒錯，但柯勒們和歐文們對當前法國的孤立，似乎並不特別煩惱。至於印度、達荷美、上伏塔、和其他「未承諾防衛」地區，到時候再來操心；一九六一年柏林這檔事是我們的問題，就是現在，我們必須停止把它當做好感度

* 此處意指威瑪共和與蘇聯簽訂的拉巴洛條約（Treaty of Rapallo，一九二二年）。在兩次大戰間，歷任德國政府多次嘗試與莫斯科打交道，藉以擺脫凡爾賽條約的束縛，此其一。季辛吉後來也提出類似論點，以反對布朗德的東方政策（Ostpolitik，譯註：指後來西德開始與東德及其他東歐國家關係正常化）。

競賽來行事。[171]

如同此信強烈的語氣所顯示，季辛吉那時是主戰派。就他而言，柏林危機離結束還早，畢竟蘇聯在蓋起圍牆後，還可能有其他行動，直接侵害美國在柏林的權益。他憤怒地警告泰勒，「國務院那幫人」很快「就會緊抱著某種懦弱的談判立場不放，當做美國在四方會議的立場，也許先在大使級論壇上……總統無機會對我方談判立場應設定的整體路線，表達他的決定」。就美國對柏林圍牆的外交反應、及可能的軍事反制措施，提供甘迺迪較強硬的選項很重要：「他必須站在歷史的高標準前，自審慎而精準呈現的不同方案中做選擇。」[172]要是蘇聯企圖以任何方式限制飛往滕珀爾霍夫（Tempelhof）機場的空運，美國切不可遵從。其實「基於諸多理由，若共黨被迫打下一架最好」[173]。到九月初季辛吉預言會有「持續很久的危機」[174]。他顯然不知道有關於飛彈差距的新情報，他警告說蘇聯已恢復核試，原因正是「他們與我們旗鼓相當，且可能比我們強」；如果他們預料那種優勢是暫時的，那「我們必須預期今年內會攤牌」[175]。

季辛吉處於攤牌的心情中。九月八日他寄給史勒辛格長達十一頁，攻擊邦迪的長篇大論。他寫道：「我已經很清楚，我無法再做出有用的貢獻。原先我打算提出正式辭呈。但後來我決定最好避免公開決裂」，因為照他的說法，「此時正式辭職可能在國外被解讀為『堅定』路線失敗」。所以他決定「只是不再到華盛頓。如果以過去四週為標準，不會有人需要我的服務。……要是我看見有最起碼的效力機會，那我對情勢發展的憂慮，應會激勵我努力，而非我求去的理由。但我的貢獻如此微不足道，甚至如此令人誤解，我別無選擇，只有退出」。前面曾提及，季辛吉當兼職顧問的角色從未確切講定。也許由於邦迪認為這位哈佛同事是威脅，也許由於他的觀點太「教條」，邦迪一直與他保持距離，不讓他參加白宮真正重要的會議。

這次經驗對季辛吉是「卡夫卡（Kafka）式」的。邦迪多次搪塞後終於請他為柏林工作，但非以正式「白宮『柏林專家』」身份，他甚至在對柏林指導小組（Berlin Steering Committee）的報告中引用季辛吉，也為人所知；可是季辛吉本人自春季起便不曾出席國安會議，也未獲邀參加柏林工作小組（Berlin Working Group）下十個分組的任何一個；他寫的各種備忘錄遭到忽視；重要職務「以排除我的方式指派，有時作法特別羞辱」；他（經羅斯托建議）致力貢獻於「東德情報活動問題」，還是以羞辱告終。柏林圍牆建起後那一週，他「大多時間都花在閱讀世界各地發來的電報」，因為邦迪不給他事情做。（「我現在鐵定是白宮人員中的消息靈通人士之一」，他挖苦的加上一句：「不過我擔心我的英文永遠變差了。」）被排擠在戰情室之外，連邦迪也極少跟他聯絡，他覺得像是「在旁邊亂說話亂出主意者」。但這並非季辛吉腦海中出現的最嚇人的景象。他轉而談美國政策的實質面，特別是處理柏林危機的方式，他自比為「坐在正駛向懸崖的駕駛人旁，卻被要求確保油箱加滿，油壓足夠」[176]。

讀此信不免當做，只是在白宮出師不利的華府新手，發出極痛苦的懇切吶喊。史勒辛格盡責地把部分內容呈給甘迺迪看，甘迺迪則勸說邦迪，去平息季辛吉受傷的感受。在他倆都不可能覺得自在的會面上，邦迪向季辛吉保證，「有許多行動是根據」他暑期的工作而採取。邦迪熱切稱讚季辛吉的「能力、熱忱、多產等等等等」，還舉例：「你看，就拿徵召後備軍人（季辛吉反對）的問題來說，你知道嗎，亨利，有五萬人因為你不必上前線……我們也許一句話也沒說，當然因為太忙，可是你放心，你發出的所有東西都被仔細考慮過。」

他希望將來有需要時，還能借重季辛吉的專長。季辛吉在會後怨恨地記下：「麥邦（MB）很努力地放低姿態，由於寫給史勒辛格（Arthur Schlesinger Jr.）信中的幾乎每一點他都提到，顯然是有人教他要說這些話。」然而他鼓起勇氣只回了邦迪一句：「也許可以用五萬人不必上前線做口號去競選。」邦迪以長官之姿不理會這嘲諷。他送季辛吉出門時說：「而且亨利，他們當中有很多也是從麻州來的」，結果，季辛吉究竟有沒有辭職完全不得而知[177]。

據史勒辛格之子史蒂芬說，季辛吉曾回憶，「儘管有甘迺迪對他的承諾，邦迪卻將他推擠出甘迺迪政府」的經過。史勒辛格問為什麼。季辛吉答：「顯然他覺得受到我的威脅。可是我願意替甘迺迪做事，他阻攔反而讓我走上為尼克森任職之路。因為我若成為甘迺迪政府的一員，尼克森絕對不會用我。」[178]季辛吉的怨嘆中有實質的委屈，也有受傷的自尊。他當時對史勒辛格爸說：

> 我關切的不在於「軟弱」和「強硬」這些口號。我憂心的是缺乏整體戰略，使我們受制於個別事件。令我苦惱的是，官僚體系本身的態度及對於官僚體系的態度，前任政府因此提出太多舊調重彈的政策。結果是過度關心戰術，缺少指導概念，我們大多數困境便由此而來。……我所看到的規畫對我來說，大多無關乎未來的危難。我們正走向重大危機，也許是災難，而官僚體系仍把按部就班的程序當做政府的主要目的，總統拿到的計畫並未適切地詳細說明他有何選項，最後也會證明計畫內容空洞。

季辛吉批評的包括過程和產物。艾森豪時代舊有的官僚習氣又暗中捲土重來，總統再次「面臨官僚體系造成既成事實，他可以批准或修正，卻無從真正考量各種可能方案」。結果是軍事政策「缺少總統想要的彈性」。現任政府的裁軍計畫基本上是艾森豪版本的翻新。美國有關德國的談判立場「尚有待訂定」。尤其對柏林問題的認定錯誤。

問題不只在於常被討論的自由進入柏林，還包含柏林、聯邦共和國及西歐等人民的希望與期待。要是他們對我們失去信心，即便我們獲得准入柏林的某種保證，當前的危機仍會變成重大挫敗。倘若目前的趨勢不變，其結果會是一個有某些准入保證但沒落、士氣低迷的都市、一個中立主義抬頭的德國、一個大為弱化的北約。〔同時〕……蘇聯不讓步受到鼓勵，直至總統很可能要面對他企求避免的：在屈辱與全面核戰中做選擇。[179]

季辛吉的理想主義究竟有多深，自他後來與史勒辛格的某次交談可看出。研究美國史的史勒辛格，對「我國自己決定壓制自決原則」——意指一八六一年始自桑特堡（Fort Sumter）的南北戰爭，他感到「在滿百週年的今年，鼓吹那個原則有多神聖，令人有些不自在」。研究歐洲史的季辛吉馬上挑戰，他所暗指的南方邦聯（Confederacy）與德意志民主共和國的（很糟的）類比。他說：「如果法國違反南方州的意願在里奇蒙成立政府，北方州因英國的壓力而接受這個事實，這種情況才可類比。你認為這對當年未來一個世代的美英關係會有什麼影響？」他重申之前的論述：他的「夢魘」依舊是「德國民族主義再起，德蘇達成國與國的協議，瓦解十五年歐洲統合的成就」。他雖「願意對安全問題、准入程序和類似事務保持彈性」，但堅持「放棄對德國適用自決原則會產生災難性後果」[180]。

季辛吉與邦迪的齟齬不只關乎酸葡萄心理。因為柏林危機並未結束。甚而在數週內，美蘇不分勝負的攤牌會達到危險的高峰，其原因或多或少正是季辛吉所憂慮的。

六

冷戰期間美蘇人民接觸的機會很少。絕大多數美國人很少見過真正的俄國人，反之亦然。科學家之間的互動是例外。如前所述，自一九五五年起，關心裁減核武問題的學者每年都會在普格瓦希會議見面。一九六一年的集會地點在佛蒙特州綠山（Green Mountains）的斯托（Stowe）村。避開華府的潮溼和屈辱無疑令季辛吉寬心，他也是此次會議的參與者。他自蘇聯代表得知的訊息證實他的信念：德國問題離獲得解決還早得很。

在全體會議上，俄國出生的美國代表物理學家哈賓諾維奇（Eugene Rabinowitch），也是曼哈頓計畫老將及《原子科學家學報》（*Bulletin of the Atomic Scientists*）創辦人，抱怨「美國政府對柏林是在玩十九世紀的政治，這些措施此時此刻完全是錯亂。結果……像『若為柏林被欺侮太甚我們會反擊』這種話，只是虛張聲勢，沒有美國人會當真」。季辛吉由哈佛同事兼敵手鮑伊陪同，連忙向俄國代表保證：「我看過我國政府某部分的作業，我可以向他們保證，我們為柏林提出的威脅十足是認真的。蘇聯的政策若以假設我們是虛張聲勢為根據，只會導致災難。」俄國歷史學者柯瓦斯托夫（Vladimir Khvostov）答道，這「證明蘇聯恢復核試的政策正確」，季辛吉反駁：「若蘇聯打算片面中斷我們准入柏林，那恢復核試的確是正確的，因為只要中斷我們的准入就會導致戰爭。」在俄方主動提議下，接續此次交手的是隔天晚上更長的會議，出席者有季辛吉、柯瓦斯托夫、生化學家席薩基恩（Norair Sissakyan）、紅軍參謀總部的泰林斯基（Nikolai Talensky）將軍。在聊過現已熟悉的柏林立場，經季辛吉以慣常的尖酸幽默感炒熱氣氛後，話題轉向更大的德國東部邊界問題。泰林斯基在季辛吉激使下問，「我是否認為我們可與蘇聯達成協議，由他們保證柏林的准入，交換我們保證德國東部邊界〔許多西德保守人士仍反對以奧得尼斯河為界〕。然後對准入柏林的保證，可納入蘇聯另與東德簽訂的和約」。季辛吉強調他是以平民身份發言而這麼認為，蘇聯人當然不理會他如此撇清，接著他加上第四點，東德會成為蘇聯代理人，接手處理柏林的進出，但他堅稱此種協議必須由莫斯科而非華盛頓採取主動。

次日過去，沒有進一步交換意見，但會議結束那天，蘇聯代表即將搭巴士前往機場時，又有人朝季辛吉走過來，這次是柯瓦斯托夫和物理學家坦姆（Igor Tamm），兩人頻頻向他丟出新問題。他是否堅持西柏林不可有蘇聯軍隊？由聯合國保證美國在西柏林的權益可否接受？季辛吉答，美國「不會同意，每年由聯合國大會的多數即可改變的狀態。坦姆問保證五年如何。我說太短。他又問十年。我答，如果再這樣加碼，我會建議一百五十年，也許我們可以折衷。他笑說我們了解彼此。我說：『我不確定。』」最後坦姆說到正題：蘇聯對德國的提議以何種形式提出可被接受？由科學家投書給《真理報》夠不夠？季辛吉說不行；必須出自俄國政府發言人。「之前一直保持沈默的柯瓦斯托夫這時說，以同是歷史學者，他要對我說，我的歷史學得很好。」[181]

季辛吉曾多次透過「後台管道」的交流，與蘇聯代表溝通，此次是第一回。這類對話在冷戰中很重要，正是因為雙方可宣稱不代表官方立場，即便彼此都認為對方是在替政府說話（非官方性質也給季辛吉發揮急智的機會，以他愛講黑色幽默，頗能逗樂蘇聯佬）。坦姆如同其學生沙卡洛夫（Andrei Sakharov），本身對普格瓦希會議的價值有些懷疑，理由正是蘇聯代表不能自由發言。但他剛透過季辛吉向華府送出的訊號十分重要[182]。九月二十五日甘迺迪對聯合國演說，談到柏林主題時態度極為和諧，連東德官方報《新德意志報》（*Neues Deutschland*）都稱讚他「了不起的……談判意願」[183]。相形之下蘇聯外長葛羅米柯（Andrei

Gromyko）卻立場強硬。季辛吉呼應艾奇遜，表示憂慮蘇聯仍懷疑美國的決心。顯然唯有某種具體的軍事行動才能使他們相信，他們在柏林應適可而止[184]。這麼做不會不合理。畢竟在蘇聯蓋起圍牆後，你無法保證他們現在不會限制西方，進入他們那部分的柏林。問題是能在柏林採取，又不致迅速升高為全面核戰的軍事步驟仍很少。季辛吉猜想諾斯達將軍會認為，任何傳統行動「幾乎全會觸發（使用）核武」[185]。

柏林危機從頭到尾，季辛吉一再被指控為過於鷹派。當《哈佛校刊》登出標題「季辛吉警告裁武可能導致蘇聯勝利」的報導時，他很生氣[186]。事實上就像他一直堅稱的，他對柏林的立場有太多細部差異，不可簡單地歸類為「強硬」或「堅定」。前面提過，他贊成對德國自治議題採取不妥協立場[187]。他堅信美國需要向莫斯科傳達，美國決心不再對准入西柏林做更多讓步，為此可能有必要採行軍事措施，包括恢復大氣層核試等。但季辛吉在史托的交談透露，他願意談判的議題很廣，自西柏林的狀況到德東邊界。他也真心害怕，諾斯達的軍事計畫有「不是全面戰、就是某種形式的屈辱等不當風險」[188]。十月十六日季辛吉寫下嚴厲的備忘錄，撕破諾斯達近期對總統、參謀首長、魯斯克和麥納馬拉的證詞，並指控諾斯達「僭越正確地該由總統所做的決定」，「要求空白授權，以在危機時採取他認為恰當的舉措，而不必詳細說明事件經過或下一步行動」。活橡木組織（Live Oak）主要包含在通往西柏林的高速公路沿線做「刺探」，一有蘇聯或東德反抗的跡象，接著就會快速升高，可能涉及核武，但不甚清楚會在何時。有趣的是，面對為柏林軍事攤牌的假想情況，季辛吉此時重提先前在《核武與外交政策》裡的論點，即用戰術飛彈打一場有限核戰是可能的。不過在他看來，若活橡木組織意味著另一種可能情況，是一發不可收拾地升高到涉及美蘇戰略武力的全面戰爭，則局部戰爭就不能被歸為「強硬」政策[189]。那是徒費脣舌。季辛吉的備忘錄未受重視。他淪落到看報紙去尋找加強傳統武力的資訊[190]。

季辛吉曾嘗試辭去顧問但未成功。十月十九日他再試[191]。史勒辛格照常表示同情。（「我認為這整件事是可怕的羞辱和失誤。」）[192]邦迪照樣試圖說服他留下。季辛吉照舊敞開將來「有建議需求」的門[193]。可是這次他決心完成正式辭職，直接寫信給甘迺迪，並請史勒辛格轉交，以免邦迪可能再度展現，「把我從一個不利地位轉到另一個的厲害手腕」[194]。但即使此時，仍是邦迪說了算。他寫道：「我們這邊渴望借重你的顧問長才絲毫未變，因此似無特別必要宣布你的辭職。」[195]

被將一軍。季辛吉怒不可遏。他忿忿地對史勒辛格說，邦迪唯一的動機始終是「給總統我有參與的印象，卻持續連最無關緊要的職責都不讓我碰」。他「對在這些關鍵時刻，個人競爭心以這種殘酷形式表現，感到義憤填膺」[196]。然而，他已提議「不……公開或私下談論我離開的事實或理由」。當《新聞周刊》打來求證，「我與白宮在柏林政策上歧見鮮明」，這「可能導致我辭職和公開決裂」，季辛吉不得不委婉地否認：

> 我說，對他的問題最佳的答覆是，我下週會到華盛頓去參加一些關於德國的討論。以柏林是如此複雜的主題，看法不同在所難免，我要是不願支持我國政策的主要路線，就不會過去參加。至於我與白宮合作的程度，這大多屬技術問題，與我在哈佛的義務及我在華盛頓能負起何種責任有關。[197]

看來季辛吉在白宮初試啼聲是以怨聲收場。他接觸機密資料的資格被取消；中情局搬走放在他劍橋辦公室裡的保險箱[198]。當柏林危機終於達到頂點時，他距離白宮戰情室遠得不能再遠，正確地說，他是在杜克大學演講。但由於不曾有公開聲明，世人仍認為他是「甘迺迪的助理」及「總統特別顧問」[199]。

緊張升高發生於一九六一年十月二十七日星期五。恰如季辛吉所預見，俄國授權東德邊界警察，要求盟國平民須出示證件，才能開車進入蘇聯占領區。克萊掌握先機，決心反抗這打破既定程序的作法，為跨界到東柏林的外交人員提供武裝護送人員。彼時雙方在柏林市中心均部署戰車。到二十七日晚，位於腓特烈大街（Friedrichstrasse）通稱查理檢查站（Checkpoint Charlie）的破舊崗哨兩邊，有十輛美國M48戰車對著十輛蘇聯T55戰車。兩方均配備實彈。彼此僅相距一百六十碼。到午夜甘迺迪在華府的電話線上，克萊報告另有二十輛蘇聯戰車正在路上。美國在全市的戰車總共才三十輛。那是冷戰的決定性時刻之一，也是最超現實的時刻之一，自腓特烈大街地鐵站走出來的柏林市民，發現自己居然在可能演變為大決戰的對峙中心。

克萊回憶他本人在柏林空運期間的經驗，他確定俄國人是虛張聲勢。以我們今日對赫魯雪夫所知的一切，克萊幾乎肯定是對的。然而甘迺迪和顧問群再一次退縮。總統暗中派其弟司法部長羅伯．甘迺迪（Robert Kennedy），去告訴對美方友好的蘇聯間諜布爾夏可夫（Georgi Bolshakov）：「若俄國戰車駛離，美國會在二十分鐘內跟進。」[200]魯斯克在同一時間指示克萊，進入柏林「非至關重大的利益，不構成訴諸武力來加以保護及維持的理由」。次日上午十時半，蘇聯戰車退出；半小時後美國戰車也撤走。赫魯雪夫藉著在共黨二十二屆全會上講話，適時宣布取消對柏林的最後通牒[201]。雙方有默契，美、英、法官員可繼續准入柏林的蘇聯區。

七

危機結束，並立下重要前例。甘迺迪不願冒核戰風險，寧可經由幕後管道做出讓步，只要檯面上看不到他目光閃爍。這是現實主義付諸行動。

柏林危機過後，甘迺迪重組外交政策團隊，後人稱之為感恩節大屠殺（Thanksgiving Day Massacre）。魯斯克的副手包爾斯由波爾取代；羅斯托調去主管政策計畫處；凱森成為邦迪在國安會的副手；另增聘佛瑞斯托（Michael Forrestal）及柯默（Robert Komer），各負責越南及中東[202]。問題來了：邦迪究竟為何毫不重用德國專家當之無愧的哈佛同事，即便連美國的存續似乎都取決於柏林之際？真如季辛吉對史勒辛格抱怨的，僅關乎「個人競爭心」？答案是還有另一個理由，使邦迪從一開始就決定，讓季辛吉與總統保持安全距離。史勒辛格在季辛吉辭職時露出口風[203]。因為他仍被視為洛克菲勒的人，而尼爾森・洛克菲勒仍像是一九六四年最可能挑戰甘迺迪總統位子的人。

季辛吉極力否認有忠誠度衝突。他強烈要求史勒辛格向甘迺迪保證：「雖然他過去曾是洛克菲勒州長的顧問，但替白宮工作期間即未接受洛克菲勒諮詢，現在也不會提議這麼做。他覺得外交政策在民主黨主政下，用的人比共和黨要好得多。」[204]當柏金斯請他替洛克菲勒草擬「檢討及批評甘迺迪政府外交政策」的演講稿時，季辛吉拒絕，理由是「只要我保持當白宮顧問的關係，不論多麼淡薄……我便不宜為攻擊現任政府跨刀」。但他對洛克菲勒的解釋卻充分表露出，他對甘迺迪幻滅的程度：

> 我充滿對國家立即有難的感覺。我們的德國政策動搖了艾德諾，不出幾年就會在當地造成民族主義或中立主義。大西洋合作十五年的成果遭到危害。我們的道德資本已被揮霍到，北大西洋共同體很快會成為癡心妄想的地步。我們的躊躇猶豫和缺乏目的，引得蘇聯不肯妥協。我們的裁武立場是虛矯的裝腔作勢。官僚體系有不少部分，因雜亂粗暴的政府作法而士氣不振。我們在低度開發世界改變的基調，無法克服優柔寡斷及國力衰落的形象。倘若當前的趨勢不變，我預期不止會有外交政策挫敗，更會發生崩

解。我們在各地的盟友都惴惴不安。在東南亞、剛果、伊朗、拉丁美洲，我們享有的優勢脆弱，只要一處崩潰就可能一發不可收拾。

季辛吉還明確表示，「一旦目前的柏林決策變得無可挽回，且那些決策一如我所推測」，他即將切斷與政府「少數僅存的關係」。雖然他無法撰寫直接攻擊甘迺迪的演講稿，但他願以幾乎其他任何方式協助洛克菲勒：

任何時間我都很高興與您見面，提供您我對當前議題的看法。我樂於為您的研究單位的成果，做事實正確性查核。我樂意為葛德金演講〔Godkin Lectures，譯註：哈佛大學自一九〇三年起舉辦的年度演講，名稱是紀念創辦《國家》周刊的葛德金（Edwin L. Godkin）〕仔細看過講稿〔洛克菲勒已答應在哈佛做此演講，談他最愛的聯邦主義〕[205]。我對我國的重要人士之一，也是我深交的摯友，願效力任何用得到我的判斷力的事。共和黨未提名您是極大損失。我對您有信心，相信不要太久就能再度與您合作無間。[206]

翌日他承諾「十一月中旬前」，給洛克菲勒「兩份我們討論過的備忘錄，是關於自由世界政治結構及賦予自由概念意義的措施等」[207]。

季辛吉在十一月三日給甘迺迪的信中正式辭職後，可以問心無愧地恢復替洛克菲勒工作。一個月後他為他起草關於核試的文件[208]。同月又寫了「自由的本質」論文，那很可能是葛德金演講的草稿[209]。一九六二年初，他回去替洛克菲勒當所有外交政策議題的顧問。他離開那段期間，紐約研究辦公室的士氣重挫。葛斯威抱怨，完全不清楚她的工作是否「（一）只為提供尼洛（NAR、Nelson Aldrich Rockefeller）政治子彈去打敗甘迺迪，贏得六四年選舉；還是（二）要做這個，但另外要協助教育尼洛，關於某些他若當選必須處理的問題，並在某種程度上協助擬訂積極的計畫和提案」。（她還說：「老實講，我最懷疑做不做得到第二項。」）[210]柏金斯和季辛吉為求改進，決定任命新的研究主任，先徵詢《哈佛校刊》前副總編輯[211]伊塞林（Jay Iselin），後又找上紐約州眾議員潔希卡．懷斯（Jessica Weis）的立法助理道狄杜夫（John Deardourff）[212]。為升職跳過她們感到難過，葛斯威和瑪莉．波藍（Mary Boland）都辭職。最後結果是季辛吉為洛克菲勒的工作量增加。到一九六二年三月，他已定期「與州長對談……到整體國家政策層次」[213]。

不過曾發生過周折。季辛吉回到洛克菲勒陣營不到一年，邦迪和凱森請他重做馮婦，擔任華府與波昂間的溝通管道[214]。季辛吉現在又得寫信澄清他效忠的對象，這次是寫給柏金斯。他解釋，邦迪要他從事「與我們北約計畫有關的特別任務：

> 〔但〕除去那為期約一週的任務外，我自十月底起便與政府沒有關係。
>
> 為執行上述任務，我再次被列入顧問名單。要解釋完成此任務的方法太過複雜。對「新疆界」（New Frontier）〔甘迺迪一九六〇年在民主黨全國代表大會上，接受提名演說中的口號〕的政治技巧，那些方法構成相當值得玩味的評論。
>
> 我用不少篇幅說明此事，因為我想讓你充分明白，雖然它只發生過這一次，但白宮在其他時候對我提出特定問題時，我可能會覺得有義務回答。當出現這種情況，我將無法參與為州長草擬，觸及相同特定

問題的立場聲明。

這並非眼前的問題，因為如我所說，我的連結非常淡薄，我也打算就此維持下去。正因現下不成問題，把話說清楚就很重要，針對在事後合理的時間內，我能接觸到政府資訊的任何事，我都無法為州長做相關的工作。在判斷是否應接受白宮指派的某項任務時，我當然會記住這一點。

我想說明的重點是，我相信國家正深陷危機中，當我覺得自己可以出力時，我有義務回應政府徵詢意見的要求。我也勿需多說，基於我對他的友誼和忠誠，尼爾森永遠可以對我有特別的主張。[215]

「彈性回應」（flexible response）是甘迺迪政府的標記理念之一。這一名詞也頗適用於季辛吉既想參與甘迺迪政府，又想維持與他最顯著政敵之一的關係，所採取的方式。彈性回應當做軍事戰略的缺點，已由柏林危機曝露；甘迺迪始終未採信，可以打不會快速升高為全面核戰的有限戰爭。他缺少可靠的軍事選項，便與赫魯雪夫做出不止一次而是兩次交易：讓柏林被一道醜惡的圍牆分隔，並有「死亡帶」（Todesstreifen），在二十八年存續期間，奪走估計在一百二十二到二百三十八條的人命[216]。

此次危機也顯示，有意在美國聯邦政府行政部門發展事業，彈性回應是很糟糕的策略。在此現實主義與理想主義，或季辛吉此時愛用的務實主義與信念主義，其差別又再度可以做對照。前面提過，在德國這個核心問題上，季辛吉是理想主義者，堅持採用威爾遜的自決原則。甘迺迪則是務實主義者，對季辛吉哀嘆的豎立柏林圍牆及由東德管制進入，他卻讓步。依後見之明，我們或許要感謝幸運之神，在戰情室裡是務實主義而非理想主義占上風。季辛吉無疑比甘迺迪更寧願考慮為柏林而戰，而非穿越市區蓋圍牆。

然而季辛吉有他自家版的務實主義。他像走在前面的老師艾里特，也渴望進入權力走廊。但在民主黨總統邀請下試圖進入，口袋裡又有一張共和黨政府的遠期支票，實在是太務實的策略，不易奏效。邦迪讓季辛吉對華府政壇盛行的暗黑藝術，學到痛苦的一課。若說他曾設法壓抑這位鷹派屬下到一事無成，不可謂不合理。邦迪這麼做教會季辛吉，接近總統並非美國政治上最重要的事；而是唯一重要的事，少了它連最優秀最聰明的哈佛青年才俊，也注定無用武之地。不幸的是，季辛吉必須學習的下一課，也幾乎同樣令人痛苦難當：政治上少有比記者提問更易令人上當、更危險的事。